AGRAPHOS NOMOS
and
DER CHARAKTER IN DER SPRACHE
DER FRÜHGRIECHISCHEN DICHTUNG

This is a volume in the Arno Press collection

MORALS AND LAW IN ANCIENT GREECE

Advisory Editor
Gregory Vlastos

Editorial Board
Kenneth Dover
M. I. Finley
Arnaldo Momigliano

See last pages of this volume for a complete list of titles

AGRAPHOS NOMOS

Rudolf Hirzel

and

DER CHARAKTER IN DER SPRACHE DER FRÜHGRIECHISCHEN DICHTUNG

Walter Marg

ARNO PRESS
A New York Times Company
New York • 1979

Editorial Supervision: MARIE STARECK

———

Reprint Edition 1979 by Arno Press Inc.

Reprinted from copies in The University of Illinois Library

MORALS AND LAW IN ANCIENT GREECE
ISBN for complete set: 0-405-11529-6
See last pages of this volume for titles.

Manufactured in the United States of America

———

Library of Congress Cataloging in Publication Data

Hirzel, Rudolf, 1846-1917.
  (Agraphos nomos)
   "Άγραφος νόμος

  (Morals and law in ancient Greece)
  In German.
    The work by R. Hirzel is a reprint of the 1900 ed. published by Teubner, Leipzig and issued as Abhandlungen der Sächsischen Akademie der Wissenschaften, Philologisch-Historische Klasse, Bd.20, no.1. The work by W. Marg is a reprint of the 1938 ed. published by Triltsch, Würzburg and issued as Kieler Arbeiten zur klassischen Philologie, Heft 1.
    1. Law, Greek. 2. Law--Philosophy. 3. Ethics, Greek. 4. Greek poetry--History and criticism.
I. Marg, Walter. Der Charakter in der Sprache der frühgrichischen Dichtung. 1979. II. Title.
III. Series. IV. Series: Sächsische Akademie der Wissenschaften, Leipzig. Philologisch-historische Klasse. Abhandlungen ; v.20, no.1. V. Series: Kieler Arbeiten zur klassischen Philologie ; Heft 1.
[Law]   340.5'38   78-14615
ISBN 0-405-11590-3

ΑΓΡΑΦΟΣ ΝΟΜΟΣ

VON

RUDOLF HIRZEL.

Des XX. Bandes der Abhandlungen der philologisch-historischen Classe
der Königl. Sächsischen Gesellschaft der Wissenschaften

N° I.

LEIPZIG
BEI B. G. TEUBNER
1900.

Vorgetragen für die Abhandlungen am 4. November 1899.
Das Manuscript eingeliefert am 24. November 1899.
Den letzten Bogen druckfertig erklärt am 25. Januar 1900.

ΑΓΡΑΦΟΣ ΝΟΜΟΣ

VON

RUDOLF HIRZEL.

Noch nie hat das Rechtsgefühl oder -bewusstsein eines Volkes in einer positiven Gesetzgebung auch nur vorübergehend einen genügenden Ausdruck gefunden. Immer sah man sich noch an andere Normen des Handelns gewiesen, ob man dieselben nun aus dem Gewohnheitsrecht entnahm, oder ob man mit rhetorisch-poetischer Emphase auf das Recht deutete, das in den Sternen und in unserem Herzen geschrieben steht, auf die Gesetze, die die Natur, die Gottheit selbst den Menschen sollte gegeben haben. Die Sache bleibt, die Namen wechseln. Geläufiger als uns war es in solchen Fällen den Alten von einem „ungeschriebenen Gesetz" zu reden. Und zwar war diese Bezeichnung keineswegs nur auf die getragene Sprache der Dichtung beschränkt, sondern gehörte der Praxis der Gerichte und des politischen Lebens an. Das beweisen am besten die Vorschriften, die Aristoteles in seiner Rhetorik an diesen Namen knüpft und die für den Gebrauch der Redner seiner Zeit bestimmt sind.

In dem Abschnitt, der von der Anklage und Verteidigung handelt, kommt Aristoteles gleich zu Anfang auf die verschiedenen Arten der νόμοι zu sprechen I 10 p. 1368^b 7: νόμος δ'ἐστὶν ὁ μὲν ἴδιος ὁ δὲ κοινός. λέγω δὲ ἴδιον μὲν καθ' ὃν γεγραμμένον πολιτεύονται, κοινὸν δὲ ὅσα ἄγραφα παρὰ πᾶσιν ὁμολογεῖσθαι δοκεῖ. Er unterscheidet also die particularen Gesetze einzelner Staaten von den allgemeinen, überall geltenden; jene sind ihm, so scheint es, die geschriebenen, diese die ungeschriebenen. Bald danach, wo er insbesondere von den gerechten und ungerechten Handlungen, den δικαιώματα und ἀδικήματα, spricht, scheint der Philosoph aber anderer Ansicht geworden zu sein. Das ungeschriebene Gesetz erscheint hier nur als eine einzelne Art des particularen und das allgemeine fällt mit dem Naturgesetz zusammen, wird aber nicht mehr wie vorher als ungeschrieben bezeichnet. Aristoteles sagt 13 p. 1373^b 4: λέγω δὲ νόμον τὸν μὲν ἴδιον τὸν δὲ κοινόν, ἴδιον μὲν τὸν ἑκάστοις ὡρισμένον πρὸς αὑτούς, καὶ τοῦτον τὸν μὲν ἄγραφον τὸν δὲ γεγραμμένον, κοινὸν δὲ τὸν κατὰ φύσιν. Hierauf ist zunächst mit einigen

Worten vom Naturgesetz die Rede; es folgt dann eine Erörterung, die sich mit dem particularen befasst, dem geschriebenen sowohl als dem ungeschriebenen, wobei dieses letztere wiederum in zwei Arten zerlegt wird (p. 1374ᵃ 18 ff.), deren eine auf der Sitte, die andere auf der Billigkeit, dem ἐπιεικές, beruht. Auch in dieser weiteren Erörterung hält Aristoteles daran fest, in dem ungeschriebenen Gesetz nur eine einzelne Art des particularen zu sehen.

Ueber diese offen daliegende Verschiedenheit der Darstellung hat man trotzdem früher hinweggesehen. Insbesondere ist DISSEN in seiner Abhandlung über die νόμοι ἄγραφοι (Kleine Schriften S. 161 ff.) davon ausgegangen, dass er im Sinne des Aristoteles einen doppelten νόμος ἄγραφος unterscheidet und in Folge davon von νόμοι ἄγραφοι „sive κοινοί sive ἴδιοι" spricht (S. 169). Bei Anderen führten die dargelegten Verschiedenheiten der Aristotelischen Darstellung zu Bedenken, die sich bis zur Annahme von Interpolationen des aristotelischen Textes steigerten.[1]) Dies gab SPENGEL den Anlass, in seiner Ausgabe der Rhetorik (II. S. 178) mit gewohnter Kürze anzudeuten, wie sich der vermeintliche Widerspruch der beiden Stellen heben lasse. Unter den angeführten Worten der ersten Stelle legt er hierbei besonderen Werth auf „λέγω δὲ ἴδιον μὲν καθ᾽ ὃν γεγραμμένον πολιτεύονται". „Nam", wie er selber sagt, „rempublicam administrant secundum leges scriptas, unde minime necesse est, nullas esse lites, quae non legibus scriptis, sed ἀγράφοις disceptentur, ex aequo et bono, ubi leges aut deficiant aut causae ex iis non dependere videantur." Wenn ich ihn recht verstehe, so geht SPENGEL's Meinung dahin, dass Aristoteles in den fraglichen Worten nicht eine erschöpfende Beschreibung des ἴδιος νόμος, sondern nur zu seiner vorläufigen Erläuterung ein Beispiel geben wollte und dass er hierzu die wichtigere der beiden Arten, den γεγραμμένος νόμος, wählte. Um davon abzusehen, dass auf diese Weise nur eins unter mehreren Bedenken beseitigt werden würde, so scheint mir SPENGEL's Auskunft aus zwei Gründen nicht genügend. Erstens ist nirgends in den Worten kenntlich gemacht, dass sie nur ein Beispiel geben wollen. Und zweitens müssten bei dieser Auffassung die folgenden Worte κοινὸν δὲ ὅσα ἄγραφα παρὰ πᾶσιν ὁμολογεῖσθαι δοκεῖ den Leser doch zu dem Missverständniss verleiten,

---

1) So bei GUMPOSCH Über die Logik und logischen Schriften des Aristoteles S. 110 ff., welche Abhandlung mir aber hier nicht zugänglich ist, und die ich daher nur aus der Polemik SPENGEL's, Aristotelis Rhetorica II. S. 178, kenne.

als wenn die ἄγραφα von dem ἴδιος νόμος ausgeschlossen wären. Man würde daher, wenn die SPENGELsche Auffassung den Sinn des Aristoteles träfe, sich entschliessen müssen, das störende ἄγραφα zu streichen; wofür indess ausserdem gar nichts spricht, und was noch besonders unwahrscheinlich wird durch eine an die aristotelische Stelle anklingende, dem Platon zugeschriebene Eintheilung des νόμος bei Diog. Laert. III 86: νόμου διαιρέσεις δύο· ὁ μὲν γὰρ αὐτοῦ γεγραμμένος, ὁ δ᾽ ἄγραφος. ᾧ μὲν ἐν ταῖς πόλεσι πολιτευόμεθα, γεγραμμένος ἐστίν· ὁ δὲ κατὰ ἔθη γινόμενος οὗτος ἄγραφος καλεῖται κτλ. Hier ist überdies durch den Zusammenhang klar, dass ᾧ μὲν ἐν ταῖς πόλεσι πολιτ. nicht ein Beispiel hervorheben, sondern den Begriff des γεγραμμ. νόμ. in seinem ganzen Umfang darstellen soll.

Natürlich durfte Aristoteles sich nicht widersprechen. Daher hat man von juristischer Seite her versucht, den Widerspruch als einen nur scheinbaren zu erweisen und sich hierbei des in solchen Fällen gewöhnlichen Mittels bedient, indem man für ein und dasselbe Wort an verschiedenen Stellen eine verschiedene Bedeutung annahm. Aus der bekannten Controverse über das jus scriptum und non scriptum hatte man sich die Meinung gebildet, dass das lateinische scribere ausser der „grammatischen" Bedeutung, wie man sie nannte, auch noch eine andere, die technische, haben könne, und übertrug nun diese Unterscheidung auch auf das entsprechende griechische Wort. Γράφειν sollte hiernach je nach den Umständen bald im „grammatischen" Sinne so viel als „niederschreiben" bedeuten, bald sollte es so viel sein als „etwas als positives Recht constituiren". Nahm man nun einen solchen Wechsel der Bedeutung an, so schienen sich die beiden aristotelischen Stellen leicht zu vereinigen. An der ersten Stelle sollte γράφειν die technische Bedeutung haben: der νόμος ἴδιος γεγραμμένος sollte das positive constituirte Recht bedeuten, das als solches gegenübertritt dem νόμος κοινὸς ἄγραφος, dem Recht, das von Natur und vor jeder Constitution gilt. Hiermit sollte es kein Widerspruch sein, dass an der zweiten Stelle der νόμος ἴδιος, der doch nach der ersten ein γεγραμμένος ist, abermals in zwei Arten zerfällt, den γεγραμμένος und ἄγραφος; denn γράφειν hat hier den „grammatischen" Sinn, und der νόμος γεγραμμένος und ἄγραφος sind daher das constituirte positive, d. i. im technischen Sinn der früheren Stelle das „geschriebene" Recht ganz äusserlich charakterisirt nach der Art seiner Kundgebung, ob es niedergeschrieben ist oder nicht.

Dieser Versuch[1]), die beiden aristotelischen Stellen zurecht zu rücken, so dass sie zu einander passen, befriedigt nicht. Es fehlt dazu die Hauptsache, nämlich der Beweis, dass γράφειν wirklich das Constituiren eines Rechts bedeuten könne. Bisher ist dies, so viel ich sehe, nur behauptet, aber nicht begründet worden.[2]) Und gerade Aristoteles giebt in seinen Schriften zur Annahme dieser Bedeutung keinen weiteren Anlass. Es ist aber auch unwahrscheinlich, dass er in einer zusammenhängenden Darstellung sich desselben Wortes zweimal und in verschiedenem Sinne bedient haben sollte, ohne über diesen Wechsel der Bedeutung irgend etwas zu sagen; viel näher lag es doch für ihn, wenn er das Constituiren des Rechts bezeichnen wollte, das in diesem Falle übliche τίθεσθαι[3]) oder einen der an dieses sich anlehnenden Ausdrücke zu gebrauchen, wodurch jedes Missverständniss ausgeschlossen wurde.

Die Bedenken, die sich aus der Vergleichung der beiden aristotelischen Stellen ergeben, scheinen also noch nicht gehoben zu sein. Sie bestehen vielmehr fort, wie in neuerer Zeit auch von RAMSAUER anerkannt worden ist.[4]) Und sie erlangen eine erhöhte Bedeutung dadurch, dass noch andere Fälle sich beobachten lassen, in denen die betreffende Partie der aristotelischen Rhetorik ebenfalls nicht recht in sich zusammenstimmt.

So ist es gewiss auffallend, dass, nachdem c. 13 der ἄγραφος νόμος ausdrücklich als eine Art des particularen oder ἴδιος νόμος

---

1) Wie ihn M. VOIGT gemacht hat, Die Lehre vom jus naturale etc. der Römer, I, S. 127, 175.

2) Auch die Inschrift von Gortyn mit ihren ᾇ ἔγραττει und κατὰ τὰ ἐγραμμένα beweist dies nicht: ZITELMANN Recht von Gortyn, S. 46. Und die Analogie von scribere reicht zum Beweise um so weniger aus, als sie selber strittig ist.

3) Vgl. z. B. Aristot. Polit. VI, 5 p. 1319b 40: τιθεμένους δὲ τοιούτους νόμους καὶ τοὺς ἀγράφους καὶ τοὺς γεγραμμένους. Dionys von Halikarnass braucht in demselben Sinn καθίστασθαι Ant. Rom. II 24: νόμους καλοὺς καὶ συμφέροντας ἀγράφους μὲν τοὺς πλείστους, ἔστι δ' οὓς καὶ ἐν γράμμασι κειμένους καταστησάμενος.

4) In der Ausgabe der Nikom. Ethik S. 565 sagt er mit Bezug auf die angeführten Stellen der Rhetorik: Quos locos Rhet. qui comparaverit, quaestionibus haud ita facilibus offendet; neque enim res est simplex neque Arist. satis sibi constat.

war bezeichnet worden, er nun doch c. 15 p. 1375a 27 ff., wo es sich darum handelt, dem geschriebenen Gesetz das ungeschriebene gegenüberzustellen, ignorirt wird und an seine Stelle der ἄγραφος im Sinne des κοινὸς νόμος tritt.[1]) Dass nicht bloss eine Flüchtigkeit des Ausdrucks vorliegt, muss man wohl annehmen: denn auch noch später in demselben Abschnitt bleibt Aristoteles dabei, den geschriebenen Gesetzen lediglich die allgemeinen gegenüberzustellen.[2]) Als wenn es einen ἴδιος νόμος ἄγραφος garnicht geben könnte, und namentlich Aristoteles selber nicht einen solchen vorher statuirt und sogar in seine verschiedenen Arten zerlegt hätte! Von diesen beiden Arten wird die eine, die in gewissen sittlichen Geboten besteht, wie z. B. den Wohlthätern dankbar, den Freunden hilfreich zu sein (p. 1374a 21 ff.), auch nicht mit einer Silbe mehr erwähnt; die andere, die Regel der sogenannten Billigkeit, das ἐπιεικές (p. 1374a 26 ff.), wird zwar erwähnt, aber doch nicht so, dass sie ausdrücklich als ἄγραφος νόμος bezeichnet würde.

Und auch sonst stimmt die Weise, wie hier von dem ἐπιεικὲς die Rede ist[3]), keineswegs genau zu der ausführlichen Beschreibung, die von diesem Begriff vorher gegeben war (p. 1374a 26 ff.). In dieser letzteren wird das Wesen des ἐπιεικὲς zunächt darein gesetzt, dass es auf Mängel in den gesetzlichen Bestimmungen hinweist und diese in der Praxis zu berichtigen sucht. In einzelnen Fällen, die danach aufgezählt werden, soll dieses Wesen des ἐπιεικὲς noch mehr hervortreten. So zeigt es sich darin, dass man menschliche Vergehungen nachsichtiger beurtheilt als das Gesetz und ihre einzelnen Arten genauer unterscheidet, je nachdem der Wille an ihnen mehr oder minder betheiligt ist; dass man

---

1) Der Anfang der citirten Stelle lautet: φανερὸν γὰρ ὅτι, ἐὰν μὲν ἐναντίος ᾖ ὁ γεγραμμένος τῷ πράγματι, τῷ κοινῷ νόμῳ χρηστέον καὶ τοῖς ἐπιεικέσιν ὡς δικαιοτέροις. Wie dann weiter der Conflikt des geschriebenen Gesetzes mit dem κοινὸς νόμος durch das Beispiel aus der Antigone erläutert wird, heisst der letztere ausdrücklich ὁ ἄγραφος (p. 1375a 35).

2) p. 1376b 24: πρὸς δὲ τούτοις σκοπεῖν εἰ ἐναντία ἐστί τινι ἢ τῶν γεγραμμένων νόμων ἢ τῶν κοινῶν.

3) Die für die Auffassung des ἐπιεικὲς in Frage kommenden Worte lauten p. 1375ᵃ 27 ff.: φανερὸν γὰρ ὅτι, ἐὰν μὲν ἐναντίος ᾖ ὁ γεγραμμένος (sc. νόμος) τῷ πράγματι, τῷ κοινῷ νόμῳ χρηστέον καὶ τοῖς ἐπιεικέσιν ὡς δικαιοτέροις. καὶ ὅτι τὸ γνώμῃ τῇ ἀρίστῃ τοῦτ' ἐστί, τὸ μὴ παντελῶς χρῆσθαι τοῖς γεγραμμένοις· καὶ ὅτι τὸ μὲν ἐπιεικὲς ἀεὶ μένει καὶ οὐδέποτε μεταβάλλει, οὐδ' ὁ κοινὸς (κατὰ φύσιν γάρ ἐστιν), οἱ δὲ γεγραμμένοι πολλάκις κτλ.

von dem mangelhaften Buchstaben des Gesetzes zurückgeht auf den ursprünglichen Gedanken des Gesetzgebers; dass man die einzelne Handlung nicht für sich allein, wie das Gesetz thut, sondern im Zusammenhang des gesammten Lebens und der gesammten Persönlichkeit betrachtet, dass man sie auch nicht bloss nach der Seite des äusseren Thuns, sondern vor Allem mit Bezug auf den Willen beurtheilt; endlich, dass man, den Weg der Gesetze und ihres strengen Rechts überhaupt verschmähend, lieber entweder Unrecht leidet oder sich an einen Schiedsrichter wendet. Angesichts der bunten Mannigfaltigkeit, in der sich so das Wesen des ἐπιεικὲς vor uns ausbreitet, versteht man nicht recht, was Aristoteles im folgenden Abschnitt sagt, dass das ἐπιεικὲς „immer währt und sich nie verändert".[1]) An die begriffliche Einheit des ἐπιεικές, die unter dessen wechselnden Erscheinungsformen sich immer gleich bleibt, kann natürlich nicht gedacht werden. Beziehen wir aber die Prädicate der Dauer und Unveränderlichkeit auf die einzelnen Erscheinungsformen, so erheben sich gleich Schwierigkeiten, da weder die Gedanken eines menschlichen Gesetzgebers, noch der Spruch eines Schiedsrichters einen Anspruch auf ewige Geltung machen können. Um recht einzusehen, dass die Auffassung des ἐπιεικὲς in dem späteren Abschnitt eine andere ist als in dem früheren, müssen wir noch die Frage beantworten, wie Aristoteles in dem späteren Abschnitt das ἐπιεικὲς auffasst. Hierbei dürfen wir uns, da Aristoteles selbst unmittelbar keine Antwort giebt, durch spätere Autoren leiten lassen. Der Verfasser der Rhetor. ad Herennium II 20 bestimmt das aequum et bonum, d. i. das ἐπιεικὲς als dasjenige „quod ad veritatem communem pertinere videtur", d. h. doch wohl als dasjenige, das für alle Menschen von einleuchtender Wahrheit ist.[2]) Bei Quintilian Instit. XII 3, 7 ist die aequitas, von welcher da, wo das Recht zweifelhaft ist, „recti pravique discrimen" abhängt, „optimo cuique notissima". Da hier das ἐπιεικὲς als eine Norm des Rechts erscheint, die allen Menschen innewohnt, so verstehen wir, wie nun weiter Modestinus (Dig. 27, 1, 13, 7) gewisse einzelne Aeusserungen des ἐπιεικὲς geradezu aus dem natürlichen Recht

---

[1]) c. 15 p. 1375ᵃ 31: καὶ ὅτι τὸ μὲν ἐπιεικὲς ἀεὶ μένει καὶ οὐδέποτε μεταβάλλει.

[2]) Dabei mag der Begriff der Wahrheit wie so oft in den der Gerechtigkeit hinüberspielen.

ableiten konnte[1]) und wie der Begriff der „aequitas naturalis" den römischen Juristen ganz geläufig war.[2]) Neuere und neuste Gelehrte, Juristen und Philosophen, haben dann ähnlich geurtheilt.[3]) Das ἐπιεικὲς erscheint als der Ausfluss eines natürlichen, allen Menschen gemeinsamen Rechtsgefühls. Setzen wir diese Auffassung auch bei Aristoteles ein[4]), so ist jetzt klar, in wie fern von dem ἐπιεικὲς gesagt werden konnte, dass es immer bleibt und sich nie verändert: denn es ist so ewig als die menschliche Natur selber.[5]) Und ferner verstehen wir nun, weshalb Aristoteles an der gleichen Stelle das ἐπιεικὲς mit dem κοινὸς τῆς φύσεως νόμος zusammenzufassen scheint, oder weshalb er doch beide in einem Athem

---

1) Ἐὰν γάρ τις διὰ νόσον ἢ δι' ἄλλην ἀνάγκην, οἷον θαλάσσης ἢ χειμῶνος ἢ ἐφόδου ληστῶν ἤ τινα ἑτέραν παραπλησίαν, ἐμπροθέσμως μὴ δύνηται ἐντυχεῖν, συγγνώμης τυγχάνειν. οὗ τὴν πίστιν ἤρκει συστῆσαι καὶ ἐξ αὐτοῦ τοῦ φύσει δικαίου, πλὴν ἀλλὰ καὶ διάταξίς ἐστιν τῶν αὐτοκρατόρων Σεβήρου καὶ Ἀντωνίνου ταῦτα λέγουσα.

2) Die Belege bei Brissonius De verbor. sign. unter aequitas.

3) Oldendorp in seinem libellus de aequitate (gegen den sich Giphanius wendet Comment. in Eth. Nic. V 10 S. 438 f. nach der Frankfurter Ausg. von 1608) rechnet diese darin zum jus naturale und behauptet insbesondere „aequi boni materiam esse eandem quae juris naturalis". Auch nach Hugo Grotius De aequitate (Anhang zu De jure belli ac pacis Amsterdam 1720 S. 38 f.) stützt sich die aequitas auf „naturae principia". Selbst Stahl Philosophie des Rechts (3. Aufl.) II^a S. 308 giebt zu, dass ihrer tieferen Wurzel nach die Billigkeit theils auf der ursprünglich gleichen Berechtigung der Menschen, theils auf der gleichen Liebe zu Allen ruht, und noch deutlicher drückt sich Trendelenburg aus, nach dessen Naturrecht 2. Aufl. § 83 S. 189 „die Billigkeit in abstracterer Bedeutung darauf geht, gegen den Sinn des positiven Gesetzes die Vernunft des natürlichen Rechts geltend zu machen".

4) Wäre Giphanius' Erklärung (Comment. S. 427 Frankfurt 1608) von Eth. Nik. V 12 p. 1136^b 32 ff. richtig, so würde dies ein weiterer Beleg dafür sein, dass in der That Aristoteles das ἐπιεικὲς gelegentlich auf die im Texte angegebene Weise fasste. Denn das πρῶτον δίκαιον, das hier dem νομικὸν gegenübergestellt wird, bedeutet nach Giphanius' Erklärung das φύσει δίκαιον und ist identisch mit dem ἐπιεικές (vgl. Zeller Phil. d. Gr. II 2³ S. 646,4). Aber nach den Belegen, die Ramsauer beibringt, scheint mir die schwierige Stelle anders erklärt werden zu müssen und das πρῶτον δίκαιον nichts anderes zu sein als das ἁπλῶς δίκαιον, also das objektiv Gerechte; gegen dasselbe verstösst ein Richterspruch, wenn er zwar nach bestem Wissen und Gewissen gegeben wird, aber falsch ist; subjektiv und nach dem Gesetz kann dagegen ein solcher als gerecht gelten, so dass hier ein Unterschied zwischen dem νομικὸν δίκαιον und dem πρῶτον δίκαιον hervortritt, der mit dem zwischen positivem und natürlichem Recht, oder zwischen Recht und Billigkeit, nichts zu thun hat.

5) Umgekehrt wird von römischen Juristen das jus naturale definirt als „id quod semper aequum ac bonum est"; Paulus in Dig. I 1,11.

nennt. Ebenso wie dieser steht auch das ἐπιεικὲς hier in scharfem Gegensatz zum γεγραμμένος νόμος. Anders dagegen ist das Verhältniss zum γεγρ. νόμ. von Aristoteles an der früheren Stelle (p. 1374ᵃ 25 ff.) gefasst worden. Das ἐπιεικὲς steht hier nicht so wohl im Gegensatz zum γεγρ. νόμ., als bildet vielmehr dessen Ergänzung oder Berichtigung. In Folge dessen scheint es auch mit diesem in die gleiche Sphäre zu gehören und wird deshalb von Aristoteles ebenso wie der γεγρ. νόμ. unter den ἴδιος νόμος subsumirt.

Diese Verschiedenheiten in der Auffassung, einmal des ἄγραφος νόμος und dann des ἐπιεικές, können wohl die Vermuthung begründen, dass die beiden Abschnitte der Rhetorik, auf die sie sich vertheilen (c. 13 und 15), ursprünglich nicht einer und derselben zusammenhängenden Darstellung angehören. Dieselbe Vermuthung hat vielleicht einen Anhalt auch noch an einem mehr äusserlichen Merkmal. Nehmen wir an, dass c. 15 und c. 13 ursprünglich nicht einer zusammenhängenden Darstellung angehörten, so ist die Wiederholung des Citats aus der Antigone nicht mehr so auffallend, als sie auch SPENGEL erschien.[1]) Doch hat die Meinung von SAUPPE[2]) viel für sich, dass das Citat an der zweiten Stelle überhaupt nicht von Aristoteles herrührt.

Dagegen erwächst von anderer Seite her der vorgetragenen Vermuthung eine Bestätigung aus dem Umstande, dass c. 13 und ihm sich eng anschliessend c. 14 leicht aus dem Zusammenhang der übrigen Darstellung herausgehoben werden können, die sich sogar nach ihrer Entfernung viel besser zusammenschliesst. Zu Anfang von c. 10 wird die Disposition des Folgenden gegeben: περὶ δὲ κατηγορίας καὶ ἀπολογίας, ἐκ πόσων καὶ ποίων ποιεῖσθαι δεῖ τοὺς συλλογισμούς, ἐχόμενον ἂν εἴη λέγειν. δεῖ δὴ λαβεῖν τρία, ἓν μὲν τίνων καὶ πόσων ἕνεκα ἀδικοῦσι, δεύτερον δὲ πῶς αὐτοὶ διακείμενοι, τρίτον δὲ τοὺς ποίους καὶ πῶς ἔχοντας. Die hier angekündigte Erörterung ist erledigt mit dem Ende von c. 12, wie in den Schlussworten dieses Kapitels p. 1373a 37 noch besonders hervortritt: ὡς μὲν οὖν ἔχοντες ἀδικοῦσι, καὶ ποῖα καὶ ποίους καὶ διὰ τί, σχεδὸν ταῦτ' ἐστίν. Was jetzt im Text auf diese Worte folgt, ist eine Besprechung der ἀδικήματα und δικαιώματα, die sich durch

---

1) S. 192 seiner Ausg. der Rhetorik: Mirum hunc Sophoclis locum supra modo I 13 laudatum denuo repeti, ut versus ab alio adiectos esse conicias.
2) Ausgew. Schriften S. 339.

c. 13 und c. 14 hinzieht und in der angeführten Disposition nicht vorgesehen war. Wohl aber entspricht es derselben durchaus c. 15 unmittelbar an c. 12 anzufügen: denn da mit c. 12 die angekündigte Erörterung über die συλλογισμοί, d. i. über die technischen Beweismittel, programmmässig zu Ende geführt worden ist, so erübrigt nun nur noch, dass auch über die ἄτεχνοι πίστεις geredet werde, was denn in der That in c. 15 geschieht.

Nehmen wir in dieser Weise c. 13 und 14 heraus, so ist die Theorie der dann übrig bleibenden Erörterung eine in sich durchaus einhellige; wenigstens wird sie nicht mehr durch die hervorgehobenen Widersprüche gestört. In c. 10 war der νόμος ἴδιος mit dem γεγραμμένος identifizirt und ihm der κοινὸς als ἄγραφος gegenübergestellt worden; dasselbe geschah, wie wir gesehen haben, wieder in c. 15, während die Theorie des c. 13 eine andere war. Freilich, kann man einwenden, fällt nun auch eine besondere Erörterung über das ἐπιεικὲς weg, wie man sie zum rechten Verständniss der Behandlung desselben in c. 15 wünschen könnte. Indessen Aristoteles, als er die an c. 10 sich anschliessenden Abhandlungen schrieb, scheint eine solche eben nicht für nöthig befunden zu haben, da er auch in c. 12 Fälle der ἐπιείκεια bespricht, sogar mit diesem Worte (p. 1372b 19 und p. 1373ª 18), ohne sich doch desselben vorher irgend wie bedient, geschweige denn es erläutert zu haben.

So treten uns innerhalb des ersten Buchs der aristotelischen Rhetorik zwei verschiedene Auffassungen des ἄγραφος νόμος entgegen. Nach der einen fällt er zusammen mit dem κοινὸς τῆς φύσεως νόμος und sein Gegensatz ist deshalb der ἴδιος νόμος oder γεγραμμένος; nach der anderen Auffassung ist der ἄγραφος lediglich eine Art des ἴδιος νόμος, die ihrerseits wieder in zwei Unterarten zerfällt, deren eine durch das ἐπιεικὲς repräsentirt ist, und der κοινὸς τῆς φύσεως νόμος tritt dem ἴδιος gegenüber, ohne als ἄγραφος bezeichnet zu werden. Die zweite Auffassung, wie wir sie in c. 13 gefunden haben, scheint die mehr entwickelte und durchdachte zu sein.

Die nächste Frage ist natürlich, ob wir auch sonst noch bei Aristoteles derselben Auffassung begegnen, der einen oder der andern, oder beiden zusammen. Es sind nicht zu viel Stellen, an denen wir sonst noch bei ihm den ἄγραφος νόμος oder, was für uns hier auf das Gleiche hinausläuft, das ἄγραφον δίκαιον antreffen.

Nur zu einer beiläufigen Erwähnung des ἄγραφον δίκαιον giebt ihm in der Nikomachischen Ethik seine Abhandlung über die Freundschaft Anlass. Er unterscheidet hier in derjenigen Art der Freundschaft, welche auf den Nutzen gerichtet ist, zwei Unterarten, von denen die eine auf gewissen Abmachungen beruht und zu bestimmten Zwecken eingegangen wird, die andere aus dem Charakter oder Naturell (ἦθος) entspringt. Diese nennt er deshalb die ethische, jene die „gesetzmässige" (νομική); ihr Verhältniss unter einander vergleicht er mit dem der beiden Arten des δίκαιον, so dass die „gesetzmässige" Freundschaft dem κατὰ νόμον, die ethische dem ἄγραφον δίκαιον entspricht.[1]) Was hat sich Aristoteles hier bei dem ἄγραφον δίκαιον gedacht? RAMSAUER's Antwort genügt nicht, wenn er in seiner Ausgabe der Ethik auf Rhetor. p. 1374ᵃ 9 ff. verweist „ubi τῶν ἀγράφων δικαίων καὶ ἀδίκων δύο εἴδη distinguuntur, quorum alterum ad honestatis praecepta, alterum ad illud ἐπιεικὲς pertinet quo legum iniquitas pro rerum conditione exaequatur". Was die „honestatis praecepta" aber mit der ethischen Freundschaft zu thun haben, da diese doch keineswegs eine „moralische" in unserm Sinne dieses Wortes sein soll, verstehe ich nicht. Aber auch das ἐπιεικὲς scheint mir nicht hierher zu gehören, vielmehr würde es einen Widerspruch involviren: denn an jener Stelle der Rhetorik hat es seinen Maassstab gerade an den νόμοι, die es ergänzt oder berichtigt, jedenfalls damit voraussetzt; die ethische Freundschaft dagegen soll eben ohne νόμοι zu Stande kommen, sodass in ihr für das ἐπιεικὲς gar kein Platz ist. Wir werden daher auf eine andere Erklärung gewiesen. Derjenigen Freundschaft, die auf Abmachungen, auf Verträgen beruht, tritt die andere gegenüber, die in dem Charakter, dem Naturell der Freunde ihren Grund hat; genau so wie anderwärts bei Aristoteles das δίκαιον, das durch Verträge entsteht, von dem andern geschieden wird, das aus der Natur hervorgeht.[2]) Uebrigens kann schon die Bezeichnung des δίκαιον als eines doppelten (διττόν) lehren, dass Aristoteles nur die beiden Hauptarten desselben im Sinne hat, das κοινὸν oder φυσικὸν und das ἴδιον.

1) Eth. Nik. VIII 15 p. 1162ᵇ 21 ff.: ἔοικε δέ, καθάπερ τὸ δίκαιόν ἐστι διττόν, τὸ μὲν ἄγραφον, τὸ δὲ κατὰ νόμον, καὶ τῆς κατὰ τὸ χρήσιμον φιλίας ἡ μὲν ἠθικὴ ἡ δὲ νομικὴ εἶναι.
2) Rhet. I 13 p. 1373ᵇ 7 ff. Auch Eth. Nik. V 10 p. 1134ᵇ 18 ff. ist das νομικὸν δίκαιον gegenüber dem φυσικὸν dasjenige, das auf einer συνθήκη beruht (ᵇ32).

Wenn er daher jenes als das ἄγραφον bezeichnet, so nimmt er damit in der Auffassung des ἄγραφον denselben Standpunkt ein, den er, wie wir sahen, auch in c. 10 und 15 des ersten Buchs der Rhetorik vertritt.

Anders verhält es sich mit einer andern Stelle der Nikomachischen Ethik, die sich im Schlussabschnitt derselben (X 10) findet. Um die sittliche Theorie in der Praxis zu verwirklichen, führt Aristoteles hier aus, bedarf es bestimmter Gesetze, durch welche die Bürger der einzelnen Staaten zur Tugend angehalten werden. Ob diese Gesetze aber geschrieben oder ungeschrieben seien, darauf komme es nicht an.[1]) Unter den ungeschriebenen Gesetzen sind hier nicht Naturgesetze zu verstehen, sondern, worauf der Zusammenhang führt, Gesetze einzelner Staaten, wie sie in den überlieferten und herrschenden Sitten (νόμιμα καὶ ἔθη) zum Ausdruck kommen. Der Standpunkt des Aristoteles ist also hier wie in der Rhetorik p. 1374ᵃ 20 ff.: die ἄγραφοι νόμοι werden den ἴδιοι νόμοι nicht entgegengesetzt, sondern bilden nur eine einzelne Art derselben. — Deutlicher noch als in diesem Abschnitt der Nikomachischen Ethik[2]), der aber vielleicht nicht zufällig den Uebergang zur Politik macht, hat sich Aristoteles an einer Stelle der letzteren VI 5 p. 1319ᵇ 40 ff. ausgesprochen.[3]) Vor Allem, führt er hier aus, ist es die Aufgabe des Gesetzgebers, für die Erhaltung des Staates und seiner eigenthümlichen Verfassung zu sorgen und dem entsprechend die Gesetze, die geschriebenen wie die ungeschriebenen, einzurichten. Dass unter den ungeschriebenen Gesetzen eigenthümliche Gesetze eines einzelnen Staates gemeint sind, kann hier keinem Zweifel unterliegen.

Diese Verschiedenheit in der Auffassung des ἄγραφον, der

---

1) p. 1180ᵃ 35 ff.: αἱ μὲν γὰρ κοιναὶ ἐπιμέλειαι δῆλον ὅτι διὰ νόμων γίγνονται, ἐπιεικεῖς δ' αἱ διὰ τῶν σπουδαίων. γεγραμμένων δ' ἢ ἀγράφων, οὐδὲν ἂν δόξειε διαφέρειν, οὐδὲ δι' ὧν εἷς ἢ πολλοὶ παιδευθήσονται, ὥσπερ οὐδ' ἐπὶ μουσικῆς καὶ γυμναστικῆς καὶ τῶν ἄλλων ἐπιτηδευμάτων. ὥσπερ γὰρ ἐν ταῖς πόλεσιν ἐνισχύει τὰ νόμιμα καὶ τὰ ἔθη, οὕτω καὶ ἐν οἰκίαις οἱ πατρικοὶ λόγοι καὶ τὰ ἔθη κτλ.

2) Denn man könnte, da hier die öffentliche Erziehung des Staates mit der privaten der Familie verglichen wird, die ἄγραφοι νόμοι ausschliesslich auf die letztere beziehen wollen.

3) διὸ δεῖ, περὶ ὧν τεθεώρηται πρότερον, τίνες σωτηρίαι καὶ φθοραὶ τῶν πολιτειῶν, ἐκ τούτων πειρᾶσθαι κατασκευάζειν τὴν ἀσφάλειαν, εὐλαβουμένους μὲν τὰ φθείροντα, τιθεμένους δὲ τοιούτους νόμους καὶ τοὺς ἀγράφους καὶ τοὺς γεγραμμένους, οἳ περιλήψονται μάλιστα τὰ σώζοντα τὰς πολιτείας κτλ.

wir bisher bei Aristoteles nachgegangen sind, gewinnt ein rechtes Interesse doch erst dadurch, dass ihre Spuren auch sonst noch durch das Alterthum verbreitet sind. Die gewöhnliche Meinung[1] freilich scheint das nicht Wort haben zu wollen, sondern urtheilt in Bausch und Bogen über den ἄγραφος νόμος, als wenn man darunter immer und überall das Gleiche verstanden hätte.

Sehen wir uns einmal den Gebrauch an, den von dem jus scriptum und non scriptum die römischen Juristen gemacht haben. Hiernach sind das jus scriptum und das non scriptum Unterarten nur des jus civile oder nostrum und haben als solche nichts weder mit dem jus naturale noch mit dem jus gentium zu thun, die ihrerseits vielmehr neben dem jus civile und von ihm getrennt als besondere Arten stehen. Dies ist die Eintheilung des jus, die wir in den Institutionen Justinians finden (I 2, 3 ff.) und die insbesondere Ulpian gegeben hatte (Dig. I 1, 6). Einer ähnlichen Eintheilung folgt auch Cicero Part. orat. 130, wenn er erst natura und lex unterscheidet und danach nur innerhalb der lex die scripta und non scripta.[2] Diese Eintheilung stimmt mit derjenigen überein, die Aristoteles in c. 13 des ersten Buches seiner Rhetorik gegeben hatte. Die Uebereinstimmung reicht aber noch weiter. Wo Aristoteles von den ἄγραφα δίκαια als einer Unterart des ἴδιος νόμος spricht, versteht er darunter, was die Gewohnheit und Sitte sanctionirt hat, τὰ ἔθη.[3] Und so ist auch römischen Juristen das jus non scriptum nur eine negative und unbestimmte Aus-

---

[1] Vertreten z. B. durch DISSEN in der oben (S. 4) angeführten Monographie, NAEGELSBACH Nachhomer. Theol. S. 80 ff., HILDENBRAND Rechts- und Staatsphilosophie I S. 29, aber auch durch ZELLER Ueber Begriff und Begründung der sittlichen Gesetze (Abh. der Berl. Akad. 1882. II.) S. 3 f. und LEIST Gräco-italische Rechtsgesch. S. 599 ff. Eine Andeutung des Richtigen bei STALLBAUM zu Plato De legg. VII 793 A: Utraque haec (die beiden vorher unterschiedenen Arten der νόμοι ἄγραφοι) etsi inter se cognata sunt, tamen non fuerunt temere miscenda et inter ipsa confundenda, id quod a plerisque fieri meminimus.

[2] Atque haec communia sunt naturae atque legis; sed propria legis et ea, quae scripta sunt, et ea, quae sine litteris aut gentium jure aut majorum more retinentur.

[3] Abgesehen von den besprochenen Stellen erhellt dies namentlich aus Polit. III 16 p. 1287^b 5 f.: ἔτι κυριώτεροι καὶ περὶ κυριωτέρων τῶν κατὰ γράμματα νόμων οἱ κατὰ τὰ ἔθη εἰσίν, ὥστε τῶν κατὰ γράμματα ἄνθρωπος ἄρχων ἀσφαλέστερος ἀλλ' οὐ τῶν κατὰ τὸ ἔθος. In Rhetor. I c. 13 umfassen die ἄγραφα ausser dem, was durch die Sitte geheiligt ist, auch noch das Recht, aus dem die Anwendung der ἐπιείκεια entspringt.

drucksweise für das Gewohnheitsrecht.[1]) Sogar die besondere Hochschätzung, die ein Jurist wie Paulus vor dem Gewohnheitsrecht bezeugt[2]), ist nicht auf die Römer beschränkt, sondern klingt in ähnlichen Urtheilen des Aristoteles wieder.[3]) Für zufällig wird man eine solche Uebereinstimmnng nicht halten, wenn man bedenkt, dass Ulpian die Eintheilung des jus mit Berufung auf die Griechen und unter Anführung der griechischen Worte giebt[4]), und dass Cicero in der angeführten Schrift (o. S. 14, 2) ebenfalls griechischen Quellen folgt.[5]) Aber auch die Art der Uebereinstimmung spricht dafür, dass die Römer hier von den Griechen abhängig sind: denn es ist doch schwer denkbar, dass bei beiden unabhängig sich das ἄγραφον und das non scriptum in derselben Weise technisch so fixirt und verengt hätten, dass das jus naturale und das jus gentium davon ausgeschlossen blieb.[6])

So fehlt es denn auch nicht an weiteren Belegen, die uns zeigen, dass der Gebrauch des Wortes ἄγραφον in der Bedeutung des auf die Sitte gegründeten Rechts gerade bei griechischen Schriftstellern ein feststehender war. Von so späten Autoren wie Zonaras[7])

---

1) Hermogenian Dig. I 3, 35: sed et ea, quae longa consuetudine comprobata sunt ac per annos plurimos observata, velut tacita civium conventio non minus quam ea quae scripta sunt jura servantur.

2) Dig. I 3, 36: immo magnae auctoritatis hoc jus habetur, quod in tantum probatum est, ut non fuerit necesse scripto id comprehendere.

3) Vgl. o. S. 14, Anm. 3.

4) Dig. I 1, 6, 1: Hoc igitur jus nostrum constat aut ex scripto aut sine scripto, ut apud Graecos: τῶν νόμων οἳ μὲν ἔγγραφοι, οἳ δὲ ἄγραφοι. Anders urtheilt Puchta Gewohnheitsrecht I 60: „Ulpian theilt das Recht ein in geschriebenes und ungeschriebenes. Er beruft sich dabei auf die Griechen, und auch Cicero hat sie schon. Der Gedanke ist so einfach und mit den römischen Ansichten so übereinstimmend, dass man gar keine fremde Abstammung anzunehmen braucht, welche auch Ulpian nicht geradezu behauptet."

5) Wenigstens heisst es zu Anfang von De partit. orat., dass der Inhalt dieser Schrift nur eine Wiederholung dessen ist, was Cicero gewohnt war mit seinem Sohne griechisch zu verhandeln.

6) Ein besonders auffallendes Beispiel dieser technischen Fixirung von non scriptum scheint Jnst. I 2, 3 vorzuliegen. Hier, scheint es, werden die responsa prudentium, die doch nach Pomponius Dig. I 2, 2, 5 zu dem jus gehören, „quod sine scripto venit compositum", lediglich deshalb unter das jus scriptum aufgenommen, weil das „jus non scriptum" ganz und gar vom Gewohnheitsrecht occupirt war. Doch hat Savigny System des heut. röm. Rechts I 106ᵉ die Sache anders erklärt.

7) Dessen Unterscheidung von ἔγγραφος θεσμοθεσία und ἄγραφος συνήθεια Dirksen anführt Verm. Schriften I S. 103, 38.

oder dem Scholiasten zu Sophokles[1]) dürfen wir natürlich absehen. Dagegen kommt für uns in Betracht Artemidor, der einmal die φύσις von den νόμοι trennt und danach diese wiederum in geschriebene und ungeschriebene eintheilt, wobei er unter dem νόμος ἄγραφος ausdrücklich das ἔθος verstanden wissen will.[2]) Die Eintheilung wird für die ὄντα überhaupt statt für die δίκαια gegeben, ist aber sonst dieselbe, die wir bei den Römern gefunden haben, und im Wesentlichen auch dieselbe, an die sich Aristoteles Rhet. I c. 13 hält, nur dass bei Artemidor wie bei den Römern das ἐπιεικὲς als Unterart des νόμος ἄγραφος in Wegfall gekommen ist. In derselben Weise, mit Aristoteles übereinstimmend, äussert sich der Neuplatoniker Hierokles: die νόμοι und die ἔθη eines Landes werden unterschieden, dabei die letzteren als νόμος ἄγραφος bezeichnet, und sodann von beiden noch gesondert τὰ φύσει δίκαια.[3]) Auch bei dem Juden Philon wird man im Wesentlichen die gleiche Theorie wiederfinden. Die νόμοι, welche bei den einzelnen Staaten und Völkern gelten, werden in γεγραμμένοι und ἄγραφοι geschieden[4]), die ἄγραφοι νόμοι sind die ἔθη[5]), also etwas Particulares, und dürfen insofern mit dem τῆς φύσεως νόμος nicht verwechselt werden. Auch darin trifft Philon mit Aristoteles zusammen, dass er es für verdienstlicher erklärt, den ἄγραφοι νόμοι zu folgen,

---

1) In den σχόλια νεώτερα zum Ajax 350 (bei Dindorf II S. 207) lesen wir: νόμος ἐστὶν ἔγγραφος συνήθεια· συνήθεια δὲ ὁ ἄγραφος νόμος.

2) Onirocr. IV 2 p. 202: τῶν ὄντων ἃ μὲν φύσει ἐστὶν ἃ δὲ νενόμισται — — τῶν δὲ νενομισμένων ἃ μὲν συνθέμενοι ἀλλήλοις οἱ ἄνθρωποι αὐτοὶ ἑαυτοῖς προστάττουσι, καὶ καλεῖται τὸ τοιοῦτον ἔθος· ἔστι δέ, ὡς ἡ Φημονόη (so Hercher für φήμη) λέγει, νόμος ἄγραφος· ἃ δὲ φόβῳ τοῦ παραβαίνεσθαι γραψάμενοι νόμους καλοῦσι παρὰ τὸ νενομικέναι ταῦτα οὕτω δεῖν ἔχειν.

3) Bei Stob. flor. 39, 36: οὐδὲν δ' ἧττον τῶν νόμων καὶ τὰ ἔθη φυλακτέον τά γε ὄντως πάτρια καὶ τάχα που πρεσβύτερα καὶ τῶν νόμων αὐτῶν — — —. εἶτα τὸ μὲν ἔθος ἄγραφός τις εἶναι βούλεται νόμος, καλὸν ἐπιγεγραμμένος νομοθέτην, τὴν τῶν χρωμένων ἁπάντων εὐαρέστησιν, ἴσως δέ που καὶ τοῖς φύσει δικαίοις ἐγγὺς βάλλων.

4) Quis rer. div. her. § 59 p. 515 M: οἱ κατὰ πόλεις νόμοι γεγραμμένοι καὶ ἄγραφοι.

5) De justit. § 3 p. 361 M: Ἔθη γὰρ ἄγραφοι νόμοι δόγματα παλαιῶν ἀνδρῶν οὐ στήλαις ἐγκεχαραγμένα καὶ χαρτιδίοις ὑπὸ σητῶν ἀναλισκομένοις ἀλλὰ ψυχαῖς μετειληφότων τῆς αὐτῆς πολιτείας. Ὀφείλουσι γὰρ παῖδες παρὰ γονέων τῶν οὐσιῶν κληρονομεῖν ἔθη πάτρια, οἷς ἐνετράφησαν καὶ ἐξ αὐτῶν σπαργάνων συνεβίωσαν, καὶ μὴ καταφρονεῖν παρ' ὅσον ἄγραφος αὐτῶν ἡ παράδοσις. Auch Legat. ad Cajum § 16 p. 562 M unterscheidet er von den ἱεροὶ νόμοι seines Volkes die ἄγραφα ἔθη.

als den γεγραμμένοι.¹) Trotzdem hat Philon, ohne aber deshalb mit sich in Widerspruch zu kommen, vom ἄγραφος νόμος auch noch in einem etwas anderen Sinne geredet, wobei er unter dem Einfluss theils seines religiösen Glaubens, theils der stoischen Philosophie stand. Ungeschriebene Gesetze stellen in ihrem Leben die Weisen der ältesten Geschichte, die Patriarchen und Stammväter des jüdischen Volkes dar, von denen eben deshalb zur Nacheiferung der Späteren Moses geschrieben hat.²) In ihnen ist das Gesetz erfüllt und persönlich geworden.³) Sie selber aber bedurften wiederum einer Norm, nach der sie sich richteten und die ihnen die Natur darbot. Auch diese Norm wird von Philon einmal als ungeschriebenes Gesetz bezeichnet.⁴) So verschieden hiernach zunächst der Sinn ist, in dem Philon den Ausdruck verwendet, so scheint ihm schliesslich doch immer der gleiche Begriff vorzuschweben und er auch bei den weiteren Verwendungen des Ausdrucks auf dessen zuerst besprochene Bedeutung zurückzukommen. Ἄγραφος νόμος ist ihm ein Gesetz, das nicht auf Stein oder Papier sich darstellt und verkündet, sondern lebendig hervortritt in dem Handeln und Treiben, sei es eines ganzen Volkes oder einer Gemeinde als Sitte (ἔθος), sei es einzelner hervorragender Vertreter desselben, der Patriarchen oder

---

1) In Fortsetzung der o. S. 16, 5 angeführten Stelle aus De justit. § 3 p. 361 M heisst es: Ὁ μὲν γὰρ τοῖς ἀναγραφεῖσι νόμοις πειθαρχῶν οὐκ ἂν δεόντως ἐπαινοῖτο, νουθετούμενος ἀνάγκῃ καὶ φόβῳ κολάσεως· ὁ δὲ τοῖς ἀγράφοις ἐμμένων, ἑκουσίαν ἐπιδεικνύμενος τὴν ἀρετὴν ἐγκωμίων ἄξιος. Vgl. Aristot. Rhet. I 14 p. 1375ᵃ 15: καὶ ὃ παρὰ τὰ ἄγραφα δίκαια (sc. μεῖζον ἀδίκημά ἐστιν)· ἀμείνονος γὰρ μὴ δι' ἀνάγκην δίκαιον εἶναι· τὰ μὲν οὖν γεγραμμένα ἐξ ἀνάγκης, τὰ δ' ἄγραφα οὔ. Ebenda 13 p. 1374ᵃ 21 werden, abgesehen von ἐπιεικές, die ἄγραφα bezeichnet als τὰ καθ' ὑπερβολὴν ἀρετῆς καὶ κακίας, ἐφ' οἷς ὀνείδη καὶ ἔπαινοι καὶ ἀτιμίαι καὶ τιμαὶ καὶ δωρεαί κτλ. Aehnlich auch Dion Chrys. or. 76 p. 649 M: καθόλου δὲ τοὺς μὲν νόμους κτλ. (vgl. was Dion. Hal. Ant. Rom. VIII 60 von Marcius Coriolanus rühmt τά τε δίκαια οὐκ ἀπὸ νόμου μᾶλλον ἀνάγκης διὰ τιμωριῶν δέος ἀκούσιος ἀποδιδούς, ἀλλ' ἑκὼν κτλ. Ebenda IX 8 wird unterschieden zwischen Menschen, die von Scham- und Ehrgefühl, und solchen, die durch Furcht und Zwang getrieben werden.) Ein Ausspruch des Kleobulos bei Plutarch Conv. VII Sap. p. 154 E lautet: μάλιστα σωφρονεῖν δῆμον, ὅπου τὸν ψόγον μᾶλλον οἱ πολῖται δεδοίκασιν ἢ τὸν νόμον.

2) De Abrah. § 1 p. 2 M. de nobil. § 2 p. 438 M. Quod omn. prob. § 15 p. 461 M. de decal. § 1 p. 180 M.

3) Es ist dieselbe Auffassung, nach der Cicero de rep. I 52 vom Tugendhaften sagt, dass er „suam vitam ut legem praefert suis civibus".

4) ἄγραφος νομοθεσία de Abrah. § 1 p. 2 M.

Heroen[1]), sei es endlich des höchsten Wesens, des Universums oder der Gottheit.[2]) — Ein gewisses Schwanken im Gebrauch des Ausdrucks ἄγραφος νόμος beobachten wir auch bei Dionys von Halikarnass. An die aristotelische Theorie aus Rhet. I 13 erinnert es zunächst, wenn die νόμοι von den πάτριοι ἐθισμοί geschieden werden und zu diesen noch ein κατὰ φύσιν δίκαιον tritt[3]), wenn sodann mehrfach das Recht der Sitte unter der Bezeichnung des ungeschriebenen erscheint.[4]) Hier ist der ἄγραφος νόμος der particulare, der eines einzelnen Volkes. Anderwärts kennt aber Dionys noch ein anderes ἄγραφον, das in dem allen Menschen gemeinsamen Recht der Natur besteht. Durch den Zusatz ἀνομοθέτητον aber, den er macht[5]) und wodurch er dieses von jedem constituirten unterscheidet, wird nicht bloss jedes Missverständniss beseitigt, sondern scheint überdies auch angedeutet zu werden, dass für Dionys wie für Philon in der Auffassung des ἄγραφον diejenige Bedeutung überwog, wonach es das bei einem einzelnen Volke geltende, auf dessen und nicht auf allgemein menschliche Gewohnheiten und Sitten gegründete Recht bezeichnete. In ähnlicher Weise heissen auch bei Plutarch nicht bloss die speziellen Tapferkeitsgesetze der Spartaner ἄγραφοι, insofern ihre Geltung nur auf der Sitte beruht[6]), sondern auch

---

1) Z. B. des Herakles, wie ihn namentlich, aber freilich nicht sie allein, die kynisch-stoische Legende feierte: Quod omn. prob. § 15 p. 461 M. Der νόμος, der sie regiert, ist (Quod omn. prob. § 7 p. 452 M) οὐχ ὑπὸ τοῦ δεῖνος ἢ τοῦ δεῖνος θνητοῦ φθαρτὸς ἐν χαρτιδίοις ἢ στήλαις ἄψυχος ἀψύχοις ἀλλ᾽ ὑπ᾽ ἀθανάτου φύσεως ἄφθαρτος ἐν ἀθανάτῳ διανοίᾳ τυπωθείς. Vgl. Dion Chrys. or. 76 p. 648 M: κἀκεῖνοι (sc. οἱ γεγραμμένοι νόμοι) μὲν ἐν σανίσιν ἢ στήλαις φυλάττονται· τῶν δὲ (sc. τῶν ἐθῶν) ἕκαστον ἐν ἡμετέραις ψυχαῖς.

2) De opif. mundi Anfg. De mundo § 2 p. 604 M.

3) Ant. Rom. II 14. Und so ist oft noch bei ihm von einem κοινὸς ἀνθρώπων, κοινὸς τῆς φύσεως und θεῖος νόμος die Rede, der aber nicht als ἄγραφος bezeichnet wird: z. B. I 5. III 10. 11. 23.

4) So sagt er von Romulus Ant. Rom. II 24: δοκεῖ δὲ καὶ τῆς ἄλλης εὐκοσμίας, ᾗ χρώμενοι Ῥωμαῖοι διεφύλαξαν εὐδαιμονοῦσαν τὴν πόλιν ἐπὶ πολλὰς γενεάς, ἐκεῖνος ἄρξαι νόμους καλοὺς καὶ συμφέροντας ἀγράφους μὲν τοὺς πλείστους, ἔστι δ᾽ οὓς καὶ ἐν γράμμασι κειμένους καταστησάμενος κτλ. Romulus ist es, der durch sein δόγμα — kann man sagen — das ἔθος begründet. Ein solches δόγμα eines Einzelnen wird am Anfang des ἔθος von Philon gefordert: vgl. o. S. 16, 5. An einer anderen Stelle, II 27, ist Dionys im Zweifel, ob das Recht des Vaters am Sohn zu dreimaligem Verkauf ein νόμος γεγραμμένος oder ἄγραφος war. Sodann II 74 werden unterschieden τὰ ἐγγράφως περιληφθέντα νόμοις und τὰ ἔξω γραφῆς εἰς ἐπιτηδεύσεις ἀχθέντα καὶ συνασκήσεις χρονίους.

5) ἄγραφον καὶ ἀνομοθέτητον φύσεως δίκαιον: Ant. Rom. VII 41 u. 52.

6) Apophth. Lacon. 9 p. 221 B: Ζευξίδαμος, πυνθανομένου τινὸς διὰ τί τοὺς

von einem *νόμος ἀδείας ἄγραφος* hinsichtlich der Delphine ist bei ihm die Rede[1]), auf die nur ausnahmsweise Jagd gemacht zu werden pflegt. *Νόμος ἄγραφος* schlechthin ist auch hier nicht das überall und für alle Menschen verbindliche Naturgesetz, sondern lediglich eine Sitte, eine Gepflogenheit, an die sich ein einzelnes Volk gebunden hat, oder die man in gewissen Fällen des Lebens zu beobachten pflegt. Denselben Sprachgebrauch hat Pseudo-Aristoteles im Sinne, wenn er (de virt. et vit. c. 5 p. 1250² 16 ff.) unter den Functionen der Gerechtigkeit neben dem Beobachten der „geschriebenen Gesetze" (*γεγραμμένοι νόμοι*) das Beobachten der „väterlichen Gewohnheiten und Bräuche" (*τὰ πάτρια ἔθη καὶ τὰ νόμιμα*) aufzählt.

Wichtiger als die Anschauungsweise und der Sprachgebrauch Späterer ist für die rechte Würdigung der aristotelischen Stellen, von deren Betrachtung wir ausgegangen sind, die Art und Weise, wie hier die Zeitgenossen und Vorgänger des Aristoteles sich verhalten haben. Vor Allem kommt sein Lehrer Platon in Betracht.

Platon stellt den *ἄγραφος νόμος* sehr hoch. Nicht bloss erklärt er sich wiederholt dagegen, alle gesetzlichen Bestimmungen auch schriftlich zu fixiren[2]); die *ἄγραφοι νόμοι* sind ihm sogar das feste Band, das den ganzen Staat zusammenhält.[3]) Aber obgleich die Ueberschwänglichkeit der letzteren Aeusserung an ein natürliches oder göttliches Gesetz denken liesse, so hat Platon doch auch hier unter dem *ἄγραφος νόμος* lediglich die altüberlieferte Sitte und Gewohnheit verstanden. Denselben Sprachgebrauch hält er auch sonst fest.[4]) Auch die *νόμοι ἄγραφοι*, welche bei ihm die Blutschande und Päderastie verpönen, werden zwar mit Rücksicht auf die Natur empfohlen[5]), sind aber darum noch keine Natur-

---

περὶ τῆς ἀνδρείας νόμους ἀγράφους τηροῦσι καὶ τοῖς νέοις ἀπογραφάμενοι οὐ διδόασιν ἀναγινώσκειν, „ὅτι" ἔφη „συνεθίζεσθαι δεῖ ταῖς ἀνδραγαθίαις κρεῖττον ἢ ταῖς γραφαῖς προσέχειν".

1) Sept. Sap. Conv. 19 p. 163 A.
2) Rep. IV p. 425 B ff. Gess. VI p. 773 C ff. VII p. 788 B.
3) δεσμοὶ οὗτοι πάσης εἰσὶ πολιτείας Gess. VII 793 B.
4) Gess. VIII 841 B. Politik. 295 A. E. 298 D. Hiernach ist denn auch Rep. VIII 563 D zu verstehen, dass man in der Demokratie sich weder um geschriebene noch um ungeschriebene Gesetze kümmere. Vgl. noch VOIGT Die Lehre vom jus naturale I S. 109, 138.
5) Gess. VIII 838 E: τέχνην — — τοῦ κατὰ φύσιν χρῆσθαι τῆς παιδογονίας συνουσίᾳ. 839 A: κατὰ φύσιν μὲν γὰρ πρῶτον κεῖται (sc. ὁ νόμος).

2*

gesetze[1]), sondern kommen auf demselben Wege zu Stande, auf dem sich Sitten und Gewohnheiten bilden.[2]) Und andererseits an der einzigen Stelle, wo bei Platon von einem φύσεως νόμος, einem φύσει δίκαιον die Rede ist[3]), erscheinen diese nicht als ἄγραφα.[4]) Es scheint also, dass Platon in der Verwendung des Ausdrucks ἄγραφος νόμος sich streng an denjenigen Sprachgebrauch gehalten hat, der nach seiner eigenen Angabe der damals gewöhnliche war.[5]) Mit diesem aus den Schriften des Philosophen genommenen Ergebniss stimmt der Bericht, den Diogenes Laertius über seine Lehre giebt[6]), vollkommen überein.

Der älteste Gewährsmann aber für die Theorie der νόμοι, die sich uns in der aristotelischen Rhetorik I c. 13 zeigt, ist wohl Thukydides. In der Leichenrede des Perikles rühmt dieser seine

1) Nach STAHL Phil. des Rechts II 1 S. 113 f. liegt aller rechtlichen Anordnung ein natürliches Verhältniss zu Grunde.

2) Gess. VIII 838 A ff. Vgl. hierzu F. DÜMMLER Prolegg. zu Platons Staat S. 52 f. Bei Paulus Dig. 23, 2, 14, 2 unterliegt dergleichen einem jus naturale, bei Ovid Metam. 10, 353 einem foedus naturae (GROTIUS De jure belli ac pacis II 5, 12).

3) Gorg. 483 E ff. Doch scheint auch in Gess. XI 931 E in den Worten τούτων οὖν οὕτω φύσει διατεταγμένων mit Bezug auf die Pflicht, die Eltern zu ehren, etwas wie ein Naturgesetz vorzuschweben. Vgl. indessen o. S. 19, 5. Die Gesetze für die Weiber werden Rep. V 456 C so eingerichtet, dass sie deren Natur entsprechen.

4) Auch die Worte Gorg. 484 A involviren diess nicht. Hier heisst es zwar vom Uebermenschen, dem Vertreter des φύσεως νόμος, dass er unter die Füsse trete τὰ ἡμέτερα γράμματα; da aber hinzugefügt wird καὶ μαγγανεύματα καὶ ἐπῳδὰς καὶ νόμους τοὺς παρὰ φύσιν ἅπαντας, so ist klar, dass nicht der Gegensatz des ungeschriebenen Gesetzes zu den geschriebenen Gesetzen der Menschen vorschwebt, sondern dass einander gegenübergestellt werden das natürliche Gesetz und die menschlichen Gesetze, die wiederum theils geschriebene theils ungeschriebene sind (gegen das ἔθος τῶν ἀνθρώπων hat sich Kallikles schon 482 D erklärt). Es bedarf daher für unseren Zweck gar nicht der Zweifel, die gegen das überlieferte γράμματα von VALCKENAER und COBET erhoben worden sind.

5) Gess. VII 793 A: ὅτι ταῦτ' ἔστι πάντα, ὅσα νῦν διεξερχόμεθα, τὰ καλούμενα ὑπὸ τῶν πολλῶν ἄγραφα νόμιμα· καὶ οὓς πατρίους νόμους ἐπονομάζουσιν, οὐκ ἄλλα ἐστὶν ἢ τὰ τοιαῦτα ξύμπαντα. Vgl. auch REHM Gesch. d. Staatsrechtsw. S. 43.

6) III 86: Νόμου διαιρέσεις δύο· ὁ μὲν γὰρ αὐτοῦ γεγραμμένος, ὁ δ' ἄγραφος. ᾧ μὲν ἐν ταῖς πόλεσι πολιτευόμεθα, γεγραμμένος ἐστίν· ὁ δὲ κατὰ ἔθη γινόμενος οὗτος ἄγραφος καλεῖται· οἷον τὸ μὴ γυμνὸν πορεύεσθαι εἰς τὴν ἀγορὰν μηδὲ γυναικεῖον ἱμάτιον περιβάλλεσθαι. ταῦτα γὰρ οὐδεὶς νόμος κωλύει, ἀλλ' ὅμως οὐ πράττομεν διὰ τὸ ἀγράφῳ νόμῳ κωλύεσθαι. τοῦ ἄρα νόμου ἐστὶν ὁ μὲν γεγραμμένος, ὁ δ' ἄγραφος. Von einem φύσεως νόμος ist hier nicht weiter die Rede, wie auch in seinen Schriften Platon von einem solchen nur im Sinne einer der seinigen entgegengesetzten Lebensanschauung sprach (Im Gorgias o. Anm. 3).

Athener, dass sie den Gesetzen gehorsam sind, den geschriebenen und den ungeschriebenen.[1]) Die Erklärungen, welche von den letzteren neuere Herausgeber des Thukydides geben, könnten zu Missverständnissen verleiten, wenn sie darunter Gesetze verstehen, die „auf dem sittlichen Gefühl beruhen" (Krueger), oder die „in dem Bewusstsein Aller ihre Anerkennung finden" (Classen). Aber an allgemeine Moralgesetze oder überhaupt an Gesetze, die alle Menschen verbinden, ist hier nicht zu denken, wenigstens nicht in erster Linie zu denken. Darauf führt schon der Anfang des betreffenden Thukydides-Kapitels, wo den Athenern nachgerühmt wird, dass sie ihre Verfassung und Gesetze für sich und nicht mit Andern gemeinsam haben.[2]) Dasselbe wird aber auch bestätigt durch den bisher beobachteten Sprachgebrauch, der uns in den ἄγραφοι νόμοι die altüberlieferten ἔθη des Volkes erkennen lehrt.[3]) Es sind diese ἄγραφοι νόμοι, deren Uebertretung auch nach Aristoteles und Andern (s. o. S. 17, 1) nicht Strafe, aber Schande bringt, gerade wie sie auch von Thukydides charakterisirt werden als ὅσοι αἰσχύνην ὁμολογουμένην φέρουσιν. Bei dieser Auffassung der Worte trifft endlich der Perikles des Thukydides zusammen mit dem Perikles, den wir aus den Berichten Anderer kennen und der gleichfalls die Athener ermahnte, auf die ungeschriebenen Gesetze zu achten und zwar speziell auf diejenigen καθ᾽ οὓς Εὐμολπίδαι ἐξηγοῦνται[4]), also nicht auf allgemeine Moral- oder Naturgesetze, sondern auf solche, die in priesterlicher Tradition, in einem religiösen ἔθος begründet waren.[5]) Neben diesen Gesetzen eines einzelnen Volkes, die theils durch einen einzelnen gesetzgeberischen Akt, theils durch die Gewohnheit sanctionirt sind, kennt aber Thukydides noch andere, die anderen Ursprungs sind und deren Geltung sich über ein weiteres Gebiet erstreckt. Auch

---

1) II 37, 2: ἀνεπαχθῶς δὲ τὰ ἴδια προσομιλοῦντες τὰ δημόσια διὰ δέος μάλιστα οὐ παρανομοῦμεν, τῶν τε ἀεὶ ἐν ἀρχῇ ὄντων ἀκροάσει καὶ τῶν νόμων, καὶ μάλιστα αὐτῶν ὅσοι τε ἐπ᾽ ὠφελίᾳ τῶν ἀδικουμένων κεῖνται καὶ ὅσοι ἄγραφοι ὄντες αἰσχύνην ὁμολογουμένην φέρουσιν.

2) II 37, 1: χρώμεθα γὰρ πολιτείᾳ οὐ ζηλούσῃ τοὺς τῶν πέλας νόμους κτλ.

3) Ebenso der Scholiast: οἱ ἄγραφοι νόμοι τὰ ἔθη εἰσί.

4) (Lysias) g. Andok. 10: καίτοι Περικλέα ποτέ φασι παραινέσαι ὑμῖν περὶ τῶν ἀσεβούντων, μὴ μόνον χρῆσθαι τοῖς γεγραμμένοις νόμοις περὶ αὐτῶν ἀλλὰ καὶ τοῖς ἀγράφοις, καθ᾽ οὓς Εὐμολπίδαι ἐξηγοῦνται, οὓς οὐδείς πω κύριος ἐγένετο καθελεῖν κτλ.

5) Die Εὐμολπιδῶν πάτρια: Cicero ad Att. I 9, 2.

er spricht daneben noch, wie Platon von einem Naturgesetz, und zwar von demselben Naturgesetz, welches die Knechtung des Schwächern durch den Stärkeren rechtfertigt[1]). Dasselbe thut sein Nachahmer Dionys von Halikarnass.[2]) Die Nachahmung des Dionys kann uns in einem anderen Falle beim richtigen Verständniss des Thukydides helfen. Der attische Historiker, wo er im Allgemeinen von den Parteikämpfen seiner Zeit redet, hebt hervor, dass das Treiben in den Hetairien gegen die geltenden Gesetze (*κείμενοι νόμοι*) gerichtet war und dass die Genossen einer solchen nicht durch das göttliche, Treue und Glauben unter den Menschen schirmende, Gesetz (τῷ θείῳ νόμῳ) zusammengehalten wurden, sondern durch die Gemeinschaft des Verbrechens.[3]) Gegen menschliches und göttliches Recht lehnten sie sich auf, scheint der Historiker sagen zu wollen und damit zwischen den *κείμενοι νόμοι* und dem *θεῖος νόμος* einen Unterschied zu machen. Nun befassen aber die *κείμενοι νόμοι* neben den geschriebenen auch die ungeschriebenen Gesetze eines Volkes[4]), und unter den letzteren, könnte man meinen, sei doch auch der *θεῖος νόμος* mit begriffen. Die Meinung des Thukydides scheint dies aber gerade nicht zu sein. Die *ἄγραφοι νόμοι*, wie er seinen Perikles sagen lässt (o. S. 21, 1), haben ihre Eigenthümlichkeit darin, dass ihre Uebertretung nicht Strafe, sondern Schande nach sich zieht; von einem göttlichen Gesetz aber zu reden, wenn man nicht an eine darüber wachende und nöthigenfalls strafende Gottheit glaubt, hat keinen Sinn.[5]) Dass auch antike Leser den Thukydides nicht anders auffassten und deshalb nach seinem Vorgang die menschlichen Gesetze, die geschriebenen wie die ungeschriebenen, von dem göttlichen unterschieden, dafür giebt uns die Bestätigung Dionys von Halikarnass, wenn er den Appius Claudius die Römer warnen lässt μὴ συγχεῖν τὸν κόσμον τῆς πολιτείας μηδὲ κινεῖν ἔθη πατέρων ἀκίνητα μηδ᾽ ἀναιρεῖν ἐξ

---

1) V 105, 1 ff., wo dieses Naturgesetz erst als φύσις ἀναγκαία, dann aber ausdrücklich als νόμος bezeichnet wird. Vgl. I 76, 2.

2) Ant. Rom. I 5.

3) III 82, 6: οὐ γὰρ μετὰ τῶν κειμένων νόμων ὠφελίας αἱ τοιαῦται ξύνοδοι ἀλλὰ παρὰ τοὺς καθεστῶτας πλεονεξίᾳ. καὶ τὰς ἐς σφᾶς αὐτοὺς πίστεις οὐ τῷ θείῳ νόμῳ μᾶλλον ἐκρατύνοντο ἢ τῷ κοινῇ τι παρανομῆσαι.

4) Die Worte II 37, 3 ὅσοι τε ἐπ᾽ ὠφελίᾳ — — κεῖνται καὶ ὅσοι ἄγραφοι ὄντες — φέρουσι sind damit nicht im Widerspruch.

5) Vgl. zum Ueberfluss Xenoph. Mem. IV 4, 21 ff.

ἀνθρώπων πίστιν ἱερὸν χρῆμα.[1]) Zu der Verfassung oder den geschriebenen Gesetzen kommen hier die ungeschriebenen Gewohnheiten und als drittes erscheint wie bei Thukydides die Treue als etwas Heiliges, das unter den besonderen Schutz der Götter gestellt ist.[2]) Das wäre also die aristotelische Dreitheilung des Rechts, die wir aus Rhet. I 13 kennen: denn was dort φύσει δίκαιον heisst, ist dem Inhalt nach nicht wesentlich verschieden vom θεῖος νόμος des Thukydides, steht diesem jedenfalls näher als dem φύσεως νόμος des Historikers (o. S. 22, 1), der nur das Recht des Stärkeren sanctioniren soll. Thukydides erscheint somit für unsere Kenntniss als der älteste Vertreter einer Theorie, die, wie wir sahen, im späteren Alterthum eine weite Verbreitung hatte.

Von dieser Theorie, die im ἄγραφος νόμος wesentlich nur die Sitten und Gewohnheiten eines einzelnen Volkes sieht, unterscheidet sich durchaus die andere, die in ihm vielmehr ein allgemeines, über die Grenzen der einzelnen Völker und Staaten hinausreichendes Gesetz erblickt. Trotzdem hat man diesen Unterschied verwischen wollen. Dass mit solchen Compromiss-Versuchen wenigstens für den Aristoteles nichts ausgerichtet wird, ist bereits gezeigt worden. Des Weiteren wird sich jetzt herausstellen, dass auch diese andere Auffassung des ἄγραφος νόμος ihre besonderen Vertreter hat und dass die Zahl derselben und die Consequenz, mit der sie verfahren, nicht aus einem vorübergehenden Belieben oder Zufall des Sprachgebrauchs sich erklärt, sondern auch hier tiefer in einer eigenthümlichen Theorie begründet ist.

Dass der ἄγραφος νόμος nur ein göttliches Gesetz bedeutet, das für alle Menschen gilt, darüber sind Hippias und Sokrates einig in dem Gespräche, das sie Xenophon Mem. IV. 4, 5 ff. über die Gerechtigkeit führen lässt.[3]) Ἀγράφους δέ τινας οἶσθα, ὦ

---

[1]) Ant. Rom. VI 61. Vgl. auch IX 34 was Appius Claudius der Plebs und ihren Führern vorwirft, dass sie ἐπὶ πίστεως συγχύσει καὶ νόμων ἀνατροπῇ καὶ πολιτεύματος πατρίου φθορᾷ ποιησάμενοι τὴν κάθοδον οὐ μετριάζουσιν κτλ.

[2]) Dass man das Gebot der Treue bei Thukydides nicht ohne Weiteres unter die ἄγραφοι νόμοι subsummire, davor muss auch Pseudo-Aristoteles De virtut. et vit. 5 p. 1250^b 16 ff. warnen, wo neben den ἔθη und den γεγραμμένοι λόγοι, aber von ihnen gesondert noch erscheint τὸ διαφυλάττειν τὰς ὁμολογίας d. h. die πίστις, wie nachher ^{b}24 ausdrücklich gesagt wird. Auch nach Isokrates 8, 34 beruht das Halten der Verträge auf einem allgemeinen menschlichen Gesetz und nicht auf dem besonderen einer einzelnen πόλις.

[3]) Auch dieses Kapitel der Memorabilien ist der Kritik Krohn's zum Opfer gefallen: Sokrates und Xenophon S. 125 ff. Insofern diese Kritik hauptsächlich

Ἱππία, νόμους; Auf diese Frage des Sokrates erfolgt die Antwort: Τούς γ' ἐν πάσῃ χώρᾳ κατὰ ταὐτά νομιζομένους (a. a. O. 19). Hierauf wird dann noch weiter bemerkt, dass diese ungeschriebenen Gesetze nicht von den Menschen, sondern von den Göttern gegeben seien. Dass es neben dieser Art von ἄγραφοι noch andere giebt, welche nicht in allen Ländern und bei allen Menschen gelten, sondern auf ein einzelnes Volk beschränkt sind, welche auch nicht göttlichen, sondern menschlichen Ursprungs sind, davon verlautet nichts, und so wie Frage und Antwort des Sokrates und Hippias beschaffen sind, können diese beiden von einer anderen Art des ἄγραφος νόμος als der, von der dann die Rede ist, überhaupt nichts gewusst haben.

Um so eher werden wir dasselbe nun auch für Sophokles annehmen dürfen, wenn er in der Antigone 454 f. die Unverletzlichkeit der ἄγραπτα κἀσφαλῆ θεῶν νόμιμα preist.[1]) Die ewigen Gesetze der Götter werden den κηρύγματα Kreons entgegengesetzt, die im Vorhergehenden (449) zwar als νόμοι bezeichnet werden, aber doch kaum als geschrieben zu denken sind; zu dem Beiwort ἄγραπτα, das den Gesetzen der Götter mit so viel Emphase gegeben wird, fehlt daher im Zusammenhang der Stelle der rechte Anlass, und es erklärt sich dieses Beiwort wohl nur daher, dass es ohnedies an jenen Gesetzen speciell haftete und sie charakterisirte. Göttliche und natürliche Gesetze scheinen übrigens dem Sophokles in Eins zu fliessen.[2])

Dass für Manche der Inhalt des ἄγραφος νόμος in dem des κοινὸς aufging, zeigt sich besonders in der Rhetorik, die man jetzt gewöhnlich dem Anaximenes beilegt. Das Gesetz der πόλις ist hier das geschriebene.[3]) Und daneben erkennt der Verfasser dieser

---

darauf beruht, dass dem Sokrates hier die Meinung zugeschrieben wird, das νόμιμον und das δίκαιον seien ein und dasselbe, — ein Umstand, der auch Anderen im höchsten Grade anstössig war — hoffe ich bei einer anderen Gelegenheit noch ein Mal darauf zurückkommen und die Hinfälligkeit dieser Begründung zeigen zu können.

1) Antigone sagt zu Kreon:
οὐ γάρ τί μοι Ζεὺς ἦν ὁ κηρύξας τάδε
οὐδ' ἡ ξύνοικος τῶν κάτω θεῶν Δίκη
τοιούσδ' ἐν ἀνθρώποισιν ὥρισεν νόμους,
οὐδὲ σθένειν τοσοῦτον ᾠόμην τὰ σά
κηρύγμαθ' ὥστ' ἄγραπτα κἀσφαλῆ θεῶν
νόμιμα δύνασθαι θνητὸν ὄνθ' ὑπερδραμεῖν.
οὐ γάρ τι νῦν γε κἀχθὲς ἀλλ' ἀεί ποτε
ζῇ ταῦτα, κοὐδεὶς οἶδεν ἐξ ὅτου 'φάνη.

2) Vgl. mit der Antigone-Stelle OR 865 ff. und hiermit Emped. vs. 437 Mull. (Aristot. Rhet. I 13 p. 1373^b 14 ff.).

3) Rhet. ad Alex. 2 p. 1421^b 35 ff.: δίκαιον μὲν οὖν ἐστὶ τὸ τῶν ἁπάντων

Rhetorik nicht noch particulare ἄγραφα an: denn dieselben ἄγραφα, die wir anderwärts als particulare finden, sind von ihm unter die κοινὰ aufgenommen.¹) Die ἄγραφα sind lediglich die bei allen Menschen geltenden Naturgesetze.²)

Die Rhetoren würden nicht Vorschriften über den ἄγραφος νόμος gegeben haben, wenn die rednerische Praxis nicht längst von ihm Gebrauch gemacht hätte. Bei Demosthenes tritt er uns wiederholt entgegen und zwar der Regel nach als ein bei allen Menschen geltendes Gesetz³), das die Natur selbst gegeben hat.⁴)

ἢ τὸ τῶν πλείστων ἔθος ἄγραφον διορίζον τὰ καλὰ καὶ τὰ αἰσχρά. τοῦτο δ᾽ ἐστὶ τὸ γονέας τιμᾶν καὶ φίλους εὖ ποιεῖν καὶ τοῖς εὐεργέταις χάριν ἀποδιδόναι· ταῦτα γὰρ καὶ τὰ τούτοις ὅμοια οὐ προστάττουσι τοῖς ἀνθρώποις οἱ γεγραμμένοι νόμοι ποιεῖν, ἀλλ᾽ εὐθὺς ἀγράφῳ καὶ κοινῷ νόμῳ νομίζεται. τὰ μὲν οὖν δίκαια ταῦτά ἐστι, νόμος δ᾽ ἐστὶν ὁμολόγημα πόλεως κοινόν, διὰ γραμμάτων προστάττων πῶς χρὴ πράττειν ἕκαστα.

1) Zu den particularen ἄγραφα wird sonst gezählt, dessen Uebertretung Schande und dessen Erfüllung Ehre bringt (o. S. 21): nach Anaximenes ist es das ἔθος ἄγραφον d. i. das κοινόν, welches τὰ καλὰ καὶ αἰσχρὰ bestimmt. Zu den particularen ἄγραφα rechnet Aristoteles Rhet. I 13 p. 1374ᵃ 23 f. τὸ χάριν ἔχειν τῷ ποιήσαντι εὖ und βοηθητικὸν εἶναι τοῖς φίλοις; bei Anaximenes erscheint sowohl das τοῖς εὐεργέταις χάριν ἀποδιδόναι wie das φίλους εὖ ποιεῖν unter den Geboten des κοινὸς νόμος.

2) So werden sie zwar nicht ausdrücklich genannt, aber die Worte ἀλλ᾽ εὐθὺς ἀγράφῳ καὶ κοινῷ νόμῳ νομίζεται führen darauf; εὐθύς d. i. noch ehe das Gebot des geschriebenen Gesetzes an den Menschen ergeht.

3) Gegen Aristokr. 61: οὐ μόνον παρὰ τὸν γεγραμμένον νόμον ἀλλὰ καὶ παρὰ τὸν κοινὸν ἁπάντων ἀνθρώπων. Vgl. 85: κατὰ τὸν κοινόν ἁπάντων ἀνθρώπων νόμον.

4) g. Stephan. I 53: οὐ γὰρ τοὺς γεγραμμένους νόμους ὁ τοιοῦτος ἄνθρωπος μόνον ἀλλὰ καὶ τὰ τῆς φύσεως οἰκεῖα ἀναιρεῖ. V. Kranze 275: φανήσεται τοίνυν ταῦτα πάντα οὕτως οὐ μόνον τοῖς νόμοις, ἀλλὰ καὶ ἡ φύσις αὐτὴ τοῖς ἀγράφοις νομίμοις καὶ τοῖς ἀνθρωπίνοις ἤθεσι διώρικεν. Statt ἤθεσι in den letzten Worten giebt WESTERMANN ἔθεσι, was sich durch Verbindungen wie τὰ πάτρια ἔθη καὶ τὰ νόμιμα (Pseudo-Aristot. de virt. et vit. c. 5 p. 1250ᵇ 7), ἔθει καὶ ἀγράφῳ νόμῳ (Platon Gess. VIII 814B), τὰ κοινὰ τῶν ἀνθρώπων ἔθη καὶ νόμιμα (Polyb. IV 67, 4) rechtfertigen liesse. Aber es ist kein Grund an der Ueberlieferung etwas zu ändern; die ἄγραφα νόμιμα sind dann die ἔθη· und werden mit den ἤθη ebenso verbunden, wie wir bei Platon Gess. XII 968 D lesen τρόπων ἤθεσι καὶ ἔθεσι (vgl. dazu STALLB., auch bei Herodot II 35 ist ἤθεά τε καὶ νόμος überliefert). Inhaltlich ist die Stelle aus der Kranzrede noch darum bemerkenswerth, dass die φύσις hier als die Quelle der ἄγραφα νόμιμα erscheint und zwar mit einem Wort ὥρικεν, das von Sophokles Antig. 451 (allerdings in einem seit DINDORF von Manchen angezweifelten Verse) von den des Rechtes waltenden Göttern gebraucht wird. Hat man dies einmal beachtet, so glaubt man wie einen Protest gegen eine solche Ansicht zu vernehmen bei Isokr. Panath. 169: ἐδεῖτο μὴ περιιδεῖν τοιούτους ἄνδρας ἀτάφους γενομένους μηδὲ παλαιὸν ἔθος καὶ πάτριον νόμον καταλυόμενον, ᾧ πάντες ἄνθρωποι χρώμενοι διατελοῦσιν οὐχ ὡς ὑπ᾽ ἀνθρωπίνης κειμένῳ φύσεως ἀλλ᾽ ὡς ὑπὸ δαιμονίας προστεταγμένῳ δυνάμεως.

Doch ist von vornherein nicht zu erwarten, dass ein Redner, der sich in seinen Reden den wechselnden Umständen und Gegenständen auch in der Sprache anpassen muss, überall dieselbe Theorie und Terminologie consequent festhält, und es darf uns daher nicht Wunder nehmen, dass Demosthenes da, wo er die ungeschriebenen Satzungen des Areopags bezeichnen will (g. Aristokr. 70), zu dem in solchem Fall üblichen Ausdruck ἄγραφα νόμιμα greift.

Ein ähnliches Schwanken beobachten wir bei Cicero. Auf Seite derer, die die ungeschriebenen Gesetze für particulare erklären und sie deshalb vom natürlichen gesondert halten, haben wir ihn früher gefunden (o. S. 14). Anderwärts dagegen ist es ein Naturgesetz, das er als ungeschriebenes bezeichnet. In einer seiner Reden beruft er sich als auf eine „non scripta lex" auf dieselbe naturalis ratio[1]), die auch von den Juristen seines Volkes als solche anerkannt wurde[2]) und auf die sich auch Demosthenes in der Aristocratea bezog (o. S. 25, 3).[3]) Und ein ander Mal fordert er, dass man, wo es das Wohl des Staates mit sich bringt und wo die geschriebenen Gesetze versagen, sich lediglich an das göttliche und natürliche Gesetz halte.[4]) Doch giebt diese letztere Stelle zu einer weiteren Bemerkung Anlass, dass nämlich der

---

1) Pro Milone 10: est igitur haec, judices, non scripta sed nata lex, quam non didicimus, accepimus, legimus, verum ex natura ipsa arripuimus, hausimus, expressimus, ad quam non docti sed facti, non instituti sed imbuti sumus, ut, si vita nostra in aliquas insidias, si in vim et in tela aut latronum aut inimicorum incidisset, omnis honesta ratio esset expediendae salutis. Auch de invent. II 65 f. leitet er aus dem „naturae jus" ab „vindicationem per quam vim et contumeliam defendendo aut ulciscendo propulsamus a nobis".

2) Gajus in Dig. 9, 2, 4, wo ebenso wie von Cicero a. a. O. 11 die Uebereinstimmung des Naturgesetzes mit dem der zwölf Tafeln hervorgehoben wird. Vgl. noch Paulus in Dig. 9, 2, 45, 4.

3) Dasselbe (τὸν ἐπιόντα πολέμιον ὅσιον εἶναι ἀμύνασθαι) bei Thukyd. III 56, 1 als νόμος πᾶσι καθεστώς.

4) Philipp. 11, 28: Quid? C. Cassius pari magnitudine animi et consilii praeditus nonne eo ex Italia consilio profectus est ut prohiberet Syria Dolabellam? qua lege, quo jure? Eo quod Juppiter ipse sanxit, ut omnia, quae rei publicae salutaria essent, legitima et justa haberentur. Est enim lex nihil aliud nisi recta et a numine deorum tracta ratio imperans honesta, prohibens contraria. Huic igitur legi paruit Cassius, cum est in Syriam profectus, alienam provinciam, si homines legibus scriptis uterentur, his vero oppressis suam lege naturae. Den Satz „salus populi suprema lex esto" hat Cicero bekanntlich auch in seine Mustergesetzgebung aufgenommen: de legg. III 8.

ἄγραφος νόμος, auch wo er das Naturgesetz bedeutet, doch nicht in jedem Fall den gleichen Sinn hat, sondern abermals einer Modification der Bedeutung unterliegt.

In der Philippica Ciceros ist das ungeschriebene Gesetz der Natur und der Gottheit nicht eine einzelne gesetzliche Bestimmung, sondern vielmehr die Quelle alles Rechts und Gesetzes, zu der man zurückkehrt in Zeiten, in denen die daraus abgeleiteten einzelnen geschriebenen Gesetze aufgehört haben zu gelten. Es ist die die Welt durchwaltende „recta ratio", deren Wirken Cicero ganz ebenso schildert und preist in seiner Schrift von den Gesetzen (II 9 ff.); sie ist das Gesetz, das galt, noch ehe Gesetze aufgezeichnet wurden, die Norm aller menschlichen Gesetze. In ähnlichem Sinne reden vom ἄγραφος νόμος noch der Jude Philon[1]), Maximus Tyrius[2]), Tertullian[3]), der Verfasser einer dem h. Johannes Chrysostomus beigelegten Rede[4]) und Pseudo-Archytas.[5]) Bei Allen ist es die stoische Ansicht, die hiermit, bei Jedem auf seine Weise, durchbricht; und Alle variiren schliesslich nur, bewusst oder unbewusst, ein Thema, das zuerst der alte Heraklit angeschlagen hat[6]), wenn er auch noch nicht dieses Urgesetz als ἄγραφος νόμος bezeichnete.[7]) Von dem vorher erwähnten allgemein geltenden ungeschriebenen Naturgesetz unterscheidet sich das soeben besprochene auch dadurch,

---

1) o. S. 17, 4; vgl. auch de Josepho § 6 p. 46 M. über das Verhältniss der particularen Gesetze einzelner Staaten und Völker zum allgemeinen der Natur.

2) Or. 12 § 5 ff.

3) Adv. Judaeos c. 2: Denique ante legem Moysi scriptam in tabulis lapideis legem fuisse contendo non scriptam, quae naturaliter intellegebatur et a patribus custodiebatur etc. etc.

4) De lege et fide p. 827 B (ed. Montfauc. vol. I): ἔθηκεν ὁ θεὸς νόμον ἐν τῇ φύσει ἄγραφον τὸν φωτίζοντα ἡμῶν τὰς διανοίας.

5) Stob. flor. 43, 129: Πονηρῶν ἀθέων νόμοι θεῶν ἄγραφοι ἀντινομιζόμενοι πονηρὰν μοῖραν καὶ ζαμίαν τῷ μὴ πειθομένῳ διδόντες, πατέρες καὶ ἀγεμόνες τῶν γεγραμμένων νόμων καὶ δογμάτων ἀνθρώποις τεθέντων.

6) fr. 91 Byw, wo es unter anderem heisst τρέφονται γὰρ πάντες οἱ ἀνθρώπειοι νόμοι ὑπὸ ἑνὸς τοῦ θείου.

7) Die Lehre Heraklits ist übrigens aus einer verbreiteten Anschauungsweise herausgewachsen. Das spricht sich darin aus, dass die göttlichen Gesetze nicht immer als besondere mit einem eigenthümlichen Inhalt neben den geschriebenen stehen, sondern bisweilen ein und dieselbe Bestimmung sowohl die Form eines göttlichen als eines menschlichen Gesetzes hat. So ist es ein göttliches Gesetz die Eltern zu ehren; dasselbe gebieten aber auch die solonischen Gesetze. Und auch was Demosthenes, v. Kranze 274 f., anführt, bildet, wie er besonders hervorhebt, den Inhalt nicht bloss geschriebener sondern ebenso eines Naturgesetzes. S. auch u. S. 45, 4.

dass es nicht in eine Mehrheit coordinirter Bestimmungen zerfällt, sondern als ein einziges erscheint.[1])

Während die Ansicht, nach der alle menschlichen Gesetze sich aus dem einen göttlichen nähren, in ihren Anfängen eine conservative Tendenz verfolgte, prägt sich dagegen in einer anderen, und abermals unter Berufung auf das Naturgesetz, ebenso entschieden ein revolutionärer Charakter aus. Die Naturrechtslehre des Alterthums macht einen ähnlichen Wandel durch, wie die der neueren Zeit, in der die GROTIUS und PUFENDORF abgelöst werden von ROUSSEAU und seinen Genossen.[2]) So tritt neben Heraklit, den Vertheidiger der bestehenden Ordnung, Alkidamas als der Ankläger und zwar ebenfalls im Namen der Natur, indem er Freiheit und Gleichheit der Menschen fordert[3]) — eine Forderung, die von Späteren auf ein ungeschriebenes Gesetz der Natur gegründet wird.[4]) Und auf ein Naturgesetz stützte sich auch Empedokles, als er die kaum minder revolutionäre Forderung aussprach, kein Lebendiges zu tödten ($\mu\dot{\eta}$ $\varkappa\tau\varepsilon\dot{\iota}\nu\varepsilon\iota\nu$ $\tau\dot{o}$ $\ddot{\varepsilon}\mu\psi\nu\chi o\nu$).[5]) Das Naturgesetz des Alkidamas und Empedokles spricht lediglich ein Sollen aus, es redet aus ihm eine ideale Natur, nicht die der Wirklichkeit und täglichen Erfahrung.

Was Alkidamas und Empedokles aber auch wieder gemeinsam ist mit Heraklit und seinen Nachfolgern, ist diess, dass die Einen wie die Andern unter ihren Naturgesetzen nicht schon bestimmte Gesetze der Wirklichkeit verstehen: denn auch die Partei Heraklits versteht darunter nur Normen, mit denen zwar die Gesetze der Wirklichkeit übereinstimmen sollen, die aber nicht schon unmittelbar und durch sich selber solche Gesetze aus-

---

1) Von Philon de Josepho § 6 p. 46 M. und von Heraklit a. a. O. wird diese Einheit besonders stark betont. Wenn trotzdem Pseudo-Archytas a. a. O. und Maximus Tyrius a. a. O. 6 von einer Mehrzahl solcher Normal-Gesetze reden, so ist dies bei dem Einen wohl eine Accommodation an gewisse vulgäre Vorstellungen, bei dem Anderen blosse Rhetorik.

2) GOMPERZ Griech. Denker I 63 spricht in dieser Hinsicht von einem Doppelangesicht des Heraklit, dessen Lehre Haupt- und Urquell religiös-conservativer, nicht minder aber skeptisch-revolutionärer Richtungen geworden sei.

3) Aristot. Rhet. I 13 p. 1373^b 18. VAHLEN Der Rhetor Alkidamas, in Sitzungsber. d. Wien. Ak. phil.-hist. Cl. 43, 504 f. Nach Heraklit (fr. 44 Byw) hat Gott selber (vermittelst des $\pi\acute{o}\lambda\varepsilon\mu o\varsigma$) die Menschen zu Freien und Sklaven geschaffen.

4) Justinian Nov. 74, 1. 89, 1 und 9.

5) Aristot. Rhet. I 13 p. 1373^b 14.

sprechen. Es ist dieses Gemeinsame, das uns ein Recht giebt, die conservative wie die revolutionäre Naturrechtslehre des Alterthums zusammenzufassen und so von der früher besprochenen Auffassung des Naturgesetzes zu unterscheiden. Nach dieser letzteren ist das Naturgesetz eine Reihe einzelner natürlicher oder göttlicher Gesetze, nicht die blosse Norm für sein sollende Gesetze wie bei Heraklit; und diese Gesetze sind ferner nicht bloss ideal, wie die des Alkidamas und Empedokles, sondern längst realisirt und als eine Macht im Leben allgemein anerkannt. Sie sind so real, dass ein Vertreter dieser Auffassung, Hippias bei Xenophon, ursprünglich als göttliches Gesetz nur ein solches anerkennen will, das nie und nirgends übertreten wird[1]) — bis er dann von Sokrates eines Bessern belehrt wird —, dass ihm, mit andern Worten, das göttliche oder, wie wir auch sagen dürfen, das Naturgesetz zusammenfällt mit einer allgemeinen abstracten Formel, unter der die concreten einzelnen Handlungen der Menschen begriffen sind. Nur bei dieser Auffassung deckt sich daher das Naturgesetz mit der allgemeinen Sitte, dem ἔθος aller Menschen[2]): das Naturgesetz Heraklits hat damit Nichts zu thun und noch weniger die Naturgesetze des Alkidamas und Empedokles, die vielmehr gerade im Widerspruch zu der herrschenden Sitte proclamirt werden. Es ist dieselbe Auffassung, die wir auch bei Aristoteles in den beiden früher besprochenen Partieen der Rhetorik finden[3]); an der ersten der beiden Stellen (I 10) hat er dieses allgemeine Gesetz auch als ἄγραφον bezeichnet.

Recapituliren wir die gewonnenen Resultate, so haben wir zunächst bei Aristoteles das Vorhandensein verschiedener Auffassungen des ἄγραφος νόμος constatirt: nach der einen ist er ein allgemeines, für alle Menschen geltendes Gesetz, nach der andern stellt er die Sitte und Gewohnheit eines einzelnen Volkes dar. Wir dürfen beide Auffassungen nicht vermischen. Dass sie zu sondern sind, wurde bestätigt dadurch, dass neben Solchen, die sich beider Auffassungen nach Gelegenheit bedienen, jede von

---

1) Xenoph. Mem. IV 4, 20. s. o. S. 23.
2) Deutlich ausgesprochen von Anaximenes o. S. 24, 3.
3) Nur wird sie an der zweiten Stelle (I 13) fälschlich mit den Beispielen gerade des Alkidamas und Empedokles belegt: wie denn Aristoteles zu seiner Zeit noch gar nicht in der Lage war, die verschiedenen Auffassungen des Naturgesetzes immer streng auseinander zu halten.

ihnen doch auch ihre besonderen Vertreter hat. Ganz zuletzt hat sich noch ergeben, in wie fern von der einen Auffassung zur andern eine Brücke führt: der ἄγραφος νόμος, auch wenn man ihn als Naturgesetz fasste, erschien doch bei einer gewissen Fassung des Naturgesetzes als ἔθος, nur als ἔθος ἁπάντων ἀνθρώπων κοινόν; zu dieser Fassung neigte der xenophontische Hippias, deutlich ausgesprochen lag sie bei Anaximenes vor. Hieran lässt sich nun noch Weiteres anknüpfen: denn ebenso finden wir es bei Demosthenes[1]) und bis zur Confusion bei Dion Chrysostomos.[2])

So feindlich Natur und Gewohnheit, φύσις und ἔθος, bisweilen sich gegenübertreten, so nahe stehen sie sich doch auch wieder. Noch in neuerer Zeit hat es PUFENDORF für nöthig gehalten gegen diejenigen zu eifern, die in dem bei allen Menschen geltenden Recht ohne Weiteres das Naturrecht erkennen wollten[3]); und selbst Juristen[4]) und Philosophen[5]) unserer Tage halten Natur-

---

1) Vgl. die o. S. 25, 4 angeführte Stelle der Kranzrede. Die φύσις erscheint hier als die Ursache der ἄγραφα νόμιμα und unter diesen sind, wie bereits a. a. O. bemerkt wurde, die ἀνθρώπων ἔθη zu verstehen. Auch bei Eurip. Bacch. 895 f. in den Worten τό τ' ἐν χρόνῳ μακρῷ νόμιμον ἀεὶ φύσει τε πεφυκὸς findet Ew. BRUHN Einl. S. 23 den Hinweis auf den Glauben, „dass dasjenige, was (in Wahrheit nur) eine lange Zeit hindurch νόμῳ bestanden hat, ewig und φύσει existirt".

2) Or. 76. Als Beispiel eines ἄγραφος νόμος wird zum Schluss der Rede das Gebot angeführt μὴ κωλύειν τοὺς νεκροὺς θάπτειν, dasselbe Gebot, das wir als göttliches aus Sophokles, als Naturgesetz aus Aristoteles (Rhet. I 13) kennen. Und auch Dion hat seinen ἄγρ. ν. nicht anders gefasst; denn er bezeichnet ihn als überall geltend (παρὰ πᾶσι φυλαττόμενον S. 269, 31 Dind.), als einen, der niemals übertreten wird (οὐ λελυμένον S. 269, 4, was an Hippias erinnert s. o. S. 29, 1) und über dessen Beobachtung die Götter wachen (S. 270, 6). Dann aber, wenn wir auf den Anfang der Rede blicken, soll dieser selbe νόμος ἄγραφος doch nur der ν. ἄγρ. eines einzelnen Volkes oder einer Stadt (ἔθνους ἢ πόλεως) sein. Und dass dem Rhetor auch weiter noch der particulare ν. ἄγρ. vorschwebt, giebt sich darin zu erkennen, dass die Strafe, die dessen Uebertreter trifft, dieselbe ist, die als einzige Strafe des particularen ν. ἄγρ. auch Thukydides und Aristoteles vorgesehen hatten (s. o. S. 17, 1. S. 21. S. 22), die Schande (αἰσχύνη S. 269, 24 Dind.). Es scheint also, dass Dion die beiden Arten des ν. ἄγρ., die wir unterscheiden mussten, confundirt hat. Wir werden uns darüber um so weniger wundern dürfen, als dasselbe, noch dazu in bewusster Theorie und mit unumwundenen Worten, Hierokles thut (s. dessen Worte o. S. 16, 3 und vgl. u. S. 31, 3).

3) De jure naturae II 3, § 7 ff.

4) PUCHTA Gewohnheitsrecht I 160: „Das Gewohnheitsrecht ist nicht ein gesetztes, sondern ein so zu sagen eingebornes, auf der natürlichen Verwandtschaft der Ueberzeugungen beruhendes Recht".

5) SPENCER Political Institutions S. 623.

recht und Gewohnheitsrecht keineswegs immer streng auseinander. Es ist dieses hin- und wieder hervortretende Gemeinsame, das beide im Ausgang des vergangenen und im Anfang dieses Jahrhunderts zu Bundesgenossen machte im Kampfe gegen das codificirte Recht.[1]) Die Alten haben sich durch dieses Gemeinsame nicht bloss zur thatsächlichen Confusion beider Rechte verleiten lassen — das wurde schon erwähnt[2]) — sondern haben mit vollem Bewusstsein anerkannt und klar ausgesprochen, wie nahe das Gewohnheitsrecht sogar eines einzelnen Volkes, das ἔθος πάτριον, dem φύσει δίκαιον steht.[3])

Um so eher konnte es geschehen, dass in der Auffassung der Menschen gewisse rechtliche Gebote aus der einen Kategorie in die andere hinüberglitten, aus dem Naturrecht in das Gewohnheitsrecht oder umgekehrt, zumal der Name des ἄγραφος νόμος ihnen deshalb nicht genommen wurde. Die vergleichende Sittenforschung, wie sie im Laufe des 5. Jahrhunderts in Griechenland aufkam[4]) und später der Skepsis so reichliche Nahrung bot, hatte daher desto leichteres Spiel, wenn sie darauf ausging, solche Gesetze, die früher für allgemeine und göttliche oder natürliche galten, als particulare und menschliche zu erweisen. Nach Anaximenes (s. o. S. 24, 3) urtheilen alle Menschen über das, was anständig ist (τὸ καλόν) und über sein Gegentheil, das Schimpfliche (τὸ αἰσχρόν), auf dieselbe Weise und werden hierbei von Natur durch ein ungeschriebenes und allgemein geltendes Gesetz bestimmt. Die Skeptiker und ihre Vorläufer wissen es dagegen besser: sie werden nicht müde uns zu versichern, dass gerade die καλά und αἰσχρά etwas durchaus Particulares sind und dass die Menschen verschiedener Völker und Städte hierüber ganz verschieden denken.[5]) Und auch die so gläubig und naiv lautende

---

1) ROUSSEAU, der Apostel der Natur, war zugleich der Anwalt des Gewohnheitsrechts: Contrat Social II ch. 12 (RAUMER Geschichtl. Entwicklung der Begriffe von Recht u. s. w. S. 85).

2) S. o. S. 30, 2 über Dion Chrysostomos.

3) Vgl. Hierokles in den o. S. 16, 3 angeführten Worten.

4) S. was PUFENDORF zusammenstellt De jure naturae II 3 § 8 ff. (S. 191 ff. der Frankfurt. Ausg. von 1684) und FERD. DÜMMLER Prolegg. zu Platons Staat S. 45 ff. bemerkt. Hierher gehört auch Thukyd. II 97, 4 über die Verschiedenheit der νόμοι von Persern und Thrakern, eine Hauptstelle ist bei Herodot II 35 f. die durchgeführte Vergleichung ägyptischer Sitten mit denen anderer Völker.

5) Eur. Phön. 499. Plutarch Themist. 27. Maxim. Tyr. or. 17, 4. Sext. Emp. Pyrrh. hyp. III 198 f. Diog. Laert. 1, 83. Cornel. Nepos pr. 3. Tacit. Histor. 3, 33.

Ansicht des Anaximenes zeigt sich bereits von diesem skeptischen Gift angefressen: denn obgleich er geneigt ist die ungeschriebene Sitte, auf Grund deren entschieden wird, was anständig ist und was schimpflich, für eine allgemeine zu halten, so fügt er doch vorsichtig berichtigend hinzu, dass sie, wo nicht bei allen, so doch bei den meisten Menschen gelte (τὸ τῶν ἁπάντων ἢ τὸ τῶν πλείστων ἔθος ἄγραφον). Es wird nicht überflüssig sein, diesen Wechsel der Auffassung auch an einzelnen Geboten der Sitte darzulegen.

Die Eltern zu ehren ist nach Xenophon[1]) und Anaximenes, mit denen noch Andere[2]) übereinstimmen, ein überall geltendes göttliches oder Naturgesetz. Motivirt wird ein solches Gesetz mit der Dankbarkeit, die wir den Eltern schuldig sind[3]); da nun aber Aristoteles die Pflicht der Dankbarkeit unter die ἄγραφα von nur partikularer Geltung rechnet[4]), so folgt daraus eigentlich schon, dass in seinen Augen auch die besondere Bezeigung derselben gegenüber den Eltern keineswegs der Ausfluss eines allgemeinen, überall und immer beobachteten Naturgesetzes war. Der gleichen Ansicht wie Aristoteles scheint aber auch sein Schulgenosse Xenokrates gewesen zu sein: das Gebot, die Eltern zu ehren, rechnet er unter die, welche Triptolemos aufgestellt hatte, und zwar nicht als Gesetze für die Menschen insgemein, sondern speciell für die Athener.[5]) Und es ist wohl kein Zufall, dass gerade der Lehrer beider, Platon, die Erfüllung der Kindespflichten nicht einem Naturtrieb überlassen wollte, sondern es für nöthig fand, ein besonderes Gesetz darüber zu geben.[6]) Den Schein eines göttlichen oder Naturgesetzes, der das Gebot Vater und Mutter zu ehren umgab, wird man eben schon früher mit ähnlichen Beobachtungen zerstört haben, wie sie später die Skeptiker für ihre Zwecke benutzten.[7])

---

1) Memor. IV 4, 20 s. o. S. 23.

2) z. B. Dionys. Hal. Ant. Rom. VIII 51, wenn er die Pflichten des Sohnes gegenüber der Mutter von einem φύσεως νόμος ableitet. Suidas u. Μᾶλλον ἢ Φρύξ.

3) Aristot. Eth. Nik. VIII 14 p. 1162ª 6 ff. Xenokrates bei Porphyr. de abstinentia IV 22 (= fr. 98 Heinze). Cicero pro Plancio 80.

4) Rhet. I 13 p. 1374ª 23 f.

5) Porphyr. de abstin. IV 22 (= fr. 98 Heinze). Vgl. noch J. BERNAYS Theophrastos' Schrift über die Frömmigkeit S. 158 und A. DIETERICH Nekyia S. 163 ff.

6) Gess. XI 932 A f. Das Naturgesetz, das ihm dabei vielleicht vorschwebte (s. o. S. 20, 3), genügte ihm offenbar nicht.

7) Sextus Emp. Pyrrh. hyp. III 210: τοὺς πατέρας τε ὑπὸ τῶν παίδων ἐπιμελείας ἀξιοῦσθαι κελεύει παρ' ἡμῖν νόμος· οἱ Σκύθαι δὲ ὑπὲρ τὰ ἑξήκοντα ἔτη

Dem Gesetze der Pietät ist eng verwandt das der Dankbarkeit (s. o. S. 32, 1), und beide haben daher auch das gleiche Schicksal gehabt: auch in dem Gesetz der Dankbarkeit sehen die Einen ein allgemeines Naturgesetz, Andere nur ein particulares ἄγραφον (s. o. S. 25, 1). Das Gleiche gilt von dem Gesetz, welches fordert den Freunden hilfreich zu sein (s. o. a. a. O.). Einen ebensolchen Wandel in der Auffassung haben auch die Gesetze durchgemacht, welche die Blutschande verpönen (s. o. S. 20, 2), und jedenfalls aus denselben Ursachen.

Das Gesetz, welches gebietet die Todten zu bestatten, kennen wir aus Sophokles als ein göttliches[1]) und ewiges (s. o. S. 24), aus Aristoteles (Rhet. I 13 p. 1373^b 7 ff.) als ein natürliches und allgemeines.[2]) Allein wer nun den Berichten der Skeptiker[3]) oder schon früher Herodots[4]) Glauben schenkte über die abweichenden Sitten der Völker, von denen die einen ihre Todten ins Wasser werfen, andere sie sich als Speise dienen lassen, für den musste wohl jenes allgemeine göttliche oder Naturgesetz in ein particulares ἄγραφον zusammenschwinden.

Ja auch an der Allgemeingiltigkeit des heiligsten aller göttlichen Gesetze, welches gebot die Götter zu ehren[5]), konnte man irre werden, wenn man auf die so gänzlich verschiedenen Götter anderer Völker und auf die dementsprechende Verschiedenheit des Gottesdienstes sah. Waren dies überhaupt noch Götter und konnte ein solcher Cultus wirklich als Gottesdienst gelten?[6])

γενομένους αὐτοὺς ἀποσφάττουσιν. καὶ τί θαυμαστόν, εἴ γε ὁ μὲν Κρόνος κτλ. Vgl. die Scene zwischen Strepsiades und Pheidippides in Aristoph. Wolk. 1375 ff. und besonders 1421 ff., wo der menschliche Ursprung des Gesetzes, das die Eltern zu ehren gebietet, vorausgesetzt wird. — Vom jus naturale ausgeschlossen, aber so, dass es wenigstens dem jus gentium verbleibt, wird das Gebot ut parentibus pareamus von Pomponius in Dig. I 1, 2.

1) Unter den νόμιμα θεῶν erscheint es auch bei Eur. Schutzfleh. 19.
2) S. o. S. 30, 2 über Dion Chrys.
3) Diog. Laert. IX 84.
4) III 38.
5) Xenoph. Memor. IV 4, 19. Anaximenes s. o. S. 24, 3. Vgl. dazu Julian or. VII p. 209 C.
6) Jedenfalls gründet sich nach Antisthenes die vulgäre Götterverehrung nur auf particulare νόμοι, nicht auf ein Naturgesetz: Philodem π. εὐσ. p. 72 Gomp. Cicero de natur. deor. I 32. Und auf dem besten Wege, die Allgemeingiltigkeit jenes Gesetzes zu leugnen, war der Verfasser des Sisyphos, wenn er in den bekannten Versen (Nauck fragm. tragic.² S. 771) den Götterglauben für die Institution eines einzelnen menschlichen Urhebers erklärte. — Nur vom jus naturale

Nach diesen Beispielen, die man ja allerdings noch reichlicher wünschte, ist aber doch vielleicht die Vermuthung erlaubt, dass auch bei den übrigen ἄγραφα der Vorgang ein ähnlicher war. Man wird in den ἄγραφα insgesammt, ob sie nun ethisch-rechtlicher oder nur ritueller Natur waren, göttliche Gesetze gesehen haben, die sich als solche von den geschriebenen menschlichen unterschieden.[1]) Die Frage, ob die Geltung dieser Gesetze so weit reichte als die Macht ihrer göttlichen Urheber, wird man sich ursprünglich gar nicht ernsthaft vorgelegt haben; zu ihrer Heiligung genügte es zu wissen, dass sie seit undenkbarer Zeit in Ansehen standen[2]), und eine weitere Sanction durch den Hinweis auch auf die räumliche Ausdehnung über das ganze Menschengeschlecht war nicht nöthig. Dem Inhalt nach fielen daher die göttlichen ungeschriebenen Satzungen des Sophokles gewiss mit den particularen ἄγραφα des Aristoteles zusammen, wenigstens zum Theil, insoweit sie nämlich nicht der neuen Theorie zu Liebe in das Naturrecht übergegangen waren.[3]) Und auch Aristoteles selber, wo er vom Standpunkt des Sophokles redet, d. i. die ἄγραφα als die allgemeinen, für alle Menschen geltenden Gesetze fasst[4]), hat darunter schon die ἄγραφα mitgedacht, die er später von einem andern Standpunkt aus als particulare bezeichnet. Es genügt daher die frühere Stelle der Rhetorik für sich allein ihrem Zwecke vollkommen und bedarf nicht erst noch der Ergänzung und näheren Ausführung durch die spätere, wie sie vermittelst der Erklärungskünste Neuerer versucht worden ist (o. S. 4 ff.).

Wenn sonach auch der concrete Inhalt des ἄγραφον, die einzelnen ἄγραφα, zum Theil die gleichen blieben, so war doch mit dem Begriff des ἄγραφον eine Aenderung vorgegangen, und die Aenderung blieb hierbei nicht stehen. Aus dem göttlichen all-

---

ausgeschlossen, dafür aber in das jus gentium aufgenommen wird die „erga deum religio" von Pomponius in Dig. I 1, 2 (s. o. S. 32, 7).

1) Vielleicht deutet auf eine solche Scheidung der Gesetze auch Antiphon, wenn er or. I 3 sagt, dass die Athener ihre Gesetze empfangen hätten παρὰ τῶν θεῶν καὶ τῶν προγόνων (vgl. auch 27 οὔτε θεοὺς οὔθ' ἥρωας οὔτ' ἀνθρώπους αἰσχυνθεῖσα).

2) Vgl. auch Eur. Bacch. 894 Kirchh.: ὅ τι ποτ' ἄρα τὸ δαιμόνιον, τό τ' ἐν χρόνῳ μακρῷ νόμιμον ἀεὶ φύσει τε πεφυκός.

3) Wie wir dies noch in dem einem Falle (Aristot. Rhet. I 13 p. 1373^b 9 f.) sehen an dem Gesetz, das Bestattung der Todten fordert.

4) Rhet. I 10 p. 1368^b 8 f.

gemeinen Gesetz, wie wir sahen, war eine menschliche particulare Sitte geworden. Die Entwickelung ging aber noch weiter, und zwar in derselben Richtung. Es findet, kann man sagen, eine zunehmende Entwerthung des ἄγραφον statt. Erst war es ein göttliches Gebot, dann eine menschliche Sitte; aber während es als solche bei Aristoteles und Thukydides noch mit einer gewissen moralischen Würde umkleidet ist[1]), hat es bei den Späteren diese gänzlich abgestreift.[2]) Und nur eine Folge dieser Entwerthung ist es, dass, während sonst über den Wechsel und die Unbeständigkeit der geschriebenen Gesetze geklagt wurde und dem gegenüber das immer gleiche, ja ewige Wesen der ungeschriebenen desto ehrwürdiger erschien, später umgekehrt die geschriebenen Gesetze die relativ beständigen sind und die ungeschriebenen nach den verschiedensten Richtungen zu dem buntesten Wechsel unterliegen.[3])

Noch in einer anderen Beziehung ist die Auffassung des ἄγραφον im Laufe der Zeit hier und da eine andere gewesen. Auch Solche nämlich, die über den Begriff des ἄγραφον einig waren und darunter die particulare Satzung eines einzelnen Volkes verstanden, weichen doch darin unter einander ab, dass sie diesem Begriff eine verschiedene Ausdehnung geben. Rechtliche Begriffe, die in der Praxis einer gewissen Zeit und eines Volkes sich kräftig geltend machten, verlangten eine Aufnahme auch in die Theorie; und waren es nun Begriffe, die an der Grenze des Naturrechts schwankten, so bot sich das ἄγραφον, an dem wir dasselbe

---

1) Die eine Art der ἄγραφα bei Aristoteles Rhet. I 13 p. 1374ᵃ 21 ff. sind τὰ καθ᾽ ὑπερβολὴν ἀρετῆς καὶ κακίας, ἐφ᾽ οἷς ὀνείδη καὶ ἔπαινοι κτλ., die andere besteht in dem ἐπιεικές. Und auch für die ἄγραφα des Thukydides ist das Gleiche anzunehmen, da er sonst nicht deren Beobachtung den Athenern zu so hoher Ehre anrechnen könnte (s. o. S. 21, 1).

2) Denn mit der eigentlichen Moral hat das jus non scriptum der Römer, das blosse Herkommen, gar nichts zu thun, ebensowenig aber die particularen ἄγραφα Philons, was besonders in der o. S. 16, 5 angeführten Stelle hervortritt, oder die ἄγραφα, welche in dem Referat über Platons Lehre angeführt werden (o. S. 20, 6). Wer die letzteren übertritt, der verletzt zwar den Anstand oder mag für einen Narren angesehen werden; ein schlechter Mensch, der sich gegen ein moralisches Gebot vergeht, ist er deshalb noch nicht. Bei Artemidor Onir. IV 2 (S. 203, 13 f. Herch.) muss das ἄγραφον sogar herhalten, um als Wort für die Gewohnheiten oder Angewöhnungen des einzelnen Menschen zu dienen. S. o. S. 16, 2.

3) Bei Artemidor a. a. O. (s. o. S. 16, 2). Besonders kommen die Worte τῶν δὲ γεγραμμένων νόμων δύναμις ἀεὶ ἡ αὐτή (S. 203, 18 Herch.) in Betracht.

bemerkt haben, als geeignetstes Vehikel dar. Ein solcher Begriff war das ἐπιεικές (s. o. S. 7 ff.). Aus der Praxis der attischen Gerichte mochte sich die Bedeutung desselben dem Empiriker Aristoteles aufdrängen[1]), und so ist es wohl zu erklären, dass in der einen Partie seiner Rhetorik[2]) neben das Recht der Sitte in das particulare ἄγραφον als zweite Art desselben noch das ἐπιεικές eingeschoben wird. Diese Theorie des Aristoteles scheint ziemlich isolirt dazustehen; das ἐπιεικές hat sich in der eigenthümlichen Bedeutung, die ihm darin gegeben wird, nicht weiter behauptet; zu erörtern ob die stoische Gesetzesstrenge ihm hinderlich gewesen ist, gehört nicht hierher. An die Stelle des ἐπιεικές aber ist bei Andern ein anderer Begriff getreten, der das gleiche Schicksal hatte, bald unter das Naturrecht aufgenommen, bald davon ausgesondert zu werden, der Begriff des Völkerrechts (jus gentium). Früher[3]), aber auch später[4]) noch mit dem Naturrecht zusammengeworfen, ist das Völkerrecht zeitweilig durch die neuen und eigenthümlichen viele Völker verbindenden rechtlich-politischen Verhältnisse des römischen Reichs zu solchem Ansehen gelangt, dass es auch in der Theorie seinen besonderen Platz forderte. Und wenigstens Cicero, nachdem er es erst vom Naturrecht gesondert und unter die „leges" subsumirt, hat ihm diesen Platz in der Weise gegeben, dass er es unter die ungeschriebenen Gesetze als eine Art derselben neben den „mos majorum" einreihte.[5])

Das „ungeschriebene" Gesetz behauptet auch noch im modernen Europa seine stille Herrschaft über die Menschen, nicht bloss im Winkel der Republik Andorra und nicht bloss durch

---

1) Platon hat das ἐπιεικὲς in den Gess. VI 757 E viel geringschätziger behandelt: τὸ γὰρ ἐπιεικὲς καὶ ξύγγνωμον τοῦ τελέου καὶ ἀκριβοῦς παρὰ δίκην τὴν ὀρθήν ἐστι παρατεθραυσμένον, ὅταν γίγνηται.

2) I 13 p. 1374ᵃ 26 ff.

3) Bei Aristoteles fallen Naturrecht und Völkerrecht zusammen. Wenigstens wenn wir uns an Ulpians Definition des letzteren halten (Dig. I 1, 1, 4), würde dem Völkerrecht auch angehören das Gebot die Todten zu bestatten; Aristoteles aber (Rhet. I 13 p. 1373ᵇ 10) behandelt dieses Gebot als ein φύσει δίκαιον.

4) Z. B. von PUFENDORF. Bei HOBBES De cive (Opp. latt. II) sect. III 14, 4 S. 316 wird das sogenannte jus gentium zwar der lex naturalis subsumirt, aber von der lex naturae im engeren und gewöhnlichen Sinne des Wortes unterschieden.

5) De part. orat. 130: Atque haec communia sunt naturae atque legis; sed propria legis et ea, quae scripta sunt, et ea, quae sine litteris aut gentium jure aut majorum more retinentur.

den Codex der Ehre; gelegentlich wird es sogar laut gepredigt, namentlich durch englische Denker.[1]) Trotzdem fehlt viel, dass es in der Theorie und Praxis unseres Rechtslebens eine ähnliche Rolle spielte wie im Alterthum; wenigstens unter seinem Namen als „ungeschriebenes Gesetz" spielt es diese Rolle nicht. Wie ist es zu dieser Bedeutung im Alterthum gekommen und wie zu seinem Namen?

Namhafte Gelehrte sind der Meinung, dass von ἄγραφοι νόμοι bereits in sehr alter Zeit die Rede war und eine auf sie bezügliche Bestimmung sich schon in den solonischen Gesetzen fand.[2]) Die Worte des Andokides, die diess beweisen sollen, reichen aber zu diesem Zwecke nicht aus. Der Redner spricht von der Revision der athenischen Gesetze, wie sie nach der Herstellung der Demokratie energisch wieder in Angriff genommen und zum Abschluss gebracht wurde. Er berichtet, wie die Gesetze geprüft und, so weit sie die Sanction erhielten, aufgezeichnet wurden. Von den Gesetzen, die auf diesem Wege zur Aufzeichnung kamen, wird nun aber deutlich geschieden ein anderes, das der Redner mit folgenden Worten einführt (85): ἐπειδὴ ⟨δ'⟩ ἀνεγράφησαν, ἐθέμεθα νόμον, ᾧ πάντες χρῆσθε. Gemeint ist das Gesetz, ἀγράφῳ δὲ νόμῳ τὰς ἀρχὰς μὴ χρῆσθαι μηδὲ περὶ ἑνός. Nach den Worten des Redners muss man dieses Gesetz für die Krönung des gesammten Gesetzeswerkes halten, hervorgegangen nicht aus der Revision der bisherigen Gesetzesmasse, sondern hinzugefügt auf Grund eines ganz neuen gesetzgeberischen Aktes.[3])

---

1) Spencer Political Instit. S. 329. S. 749. Vgl. auch Carlyle Past and Present (Schilling-Ausg.) S. 147. Sollte es zufällig sein, dass in England wie in Athen das „ungeschriebene Gesetz" nicht bloss für die Philosophen, sondern auch, und unter demselben Namen, auch in der Praxis gilt?

2) Das bei Andokid. de myster. 85 f. überlieferte Gesetz, ἀγράφῳ δὲ νόμῳ τὰς ἀρχὰς μὴ χρῆσθαι μηδὲ περὶ ἑνός, war nach Dissen Kl. Schriften S. 164 nicht erst in Folge der Revision der Gesetze eingeführt worden, sondern bestand schon seit früherer Zeit. Dieselbe Ansicht bei Hug Studien S. 72, 2. Bestimmter bezeichnet Wilamowitz Kydathen S. 50 das Gesetz als ein solonisches.

3) Dass diess der Sinn der Worte des Andokides ist, scheint auch Dissen a. a. O. anzuerkennen, hält sich aber trotzdem für berechtigt, dieser gesetzlichen Bestimmung ein höheres Alter zuzuschreiben. Richtiger urtheilte in dieser Beziehung Platner Der Process und die Klagen I S. 86: „Nach der Anarchie ist dem Andocides zufolge ein Gesetz erlassen, dass sich niemand ungeschriebener Gesetze bedienen solle" u. s. w. Ebenso Grote History of Greece VIII S. 407 (2 edit. London 1851).

Von dieser Auffassung der Worte abzugehen oder der Angabe des Andokides zu widersprechen, liegt aber kein Grund vor. Eine Bestimmung, wie die, um die es sich hier handelt, dass man sich hinfort nicht mehr auf ungeschriebene Gesetze berufen sollte, war zwar den athenischen Verhältnissen des 5. Jahrhunderts angepasst, zur Zeit Solons aber kaum am Platze. Wie konnte es damals Jemandem beikommen, sich auf ein ungeschriebenes Gesetz zu berufen? Verstand man darunter ein Gesetz, das überhaupt nicht aufgezeichnet und lediglich durch das Herkommen geheiligt war, so konnte ein solches damals kaum, auch nur mit einem gewissen Schein, auf Gesetzeskraft Anspruch machen, da man so eben und zwar in umfassendem Maasse die Niederschrift der Gesetze als das Mittel ihrer Sanctionirung anerkannt hatte, zu einer Zeit überdiess, da das Ansehen des Geschriebenen noch nicht durch Missbrauch gemindert war. Aber auch, wenn wir, was entschieden das Richtige ist, unter dem ungeschriebenen Gesetz ein solches verstehen, das nur bei der neuen Codification des Rechts nicht wieder aufgenommen wurde[1]), so setzt die fragliche Bestimmung eine Verwirrung in den Rechtszuständen, eine Unklarheit über das, was nun eigentlich Gesetz war, voraus, wie wir sie für die Zeit vor Solon oder auch vor Kleisthenes anzunehmen nicht berechtigt sind. Wohl aber passt eine solche Bestimmung zu den Zuständen einer Zeit, aus denen das Bedürfniss nach einer Revision der Gesetze am Ende des 5. Jahrhunderts entsprang — Zuständen, wie wir sie namentlich durch Andokides und durch Lysias kennen. Bei der Gesetzmacherei in Athen war die Masse der Gesetze allmählig so angewachsen, dass ein Ueberblick über dieselben sehr erschwert wurde, und es konnte geschehen, dass man auf längst abgeschaffte Gesetze sich als auf noch geltende berief oder wohl gar auf fingirte.[2]) Aber auch für die Zustände, wie sie in der Zeit nach der Revision zu erwarten waren, war eine solche Bestimmung ganz wohl berechnet. Zu erwarten war, dass solche πάτρια, solche Bestimmungen der solonisch-kleisthenischen Gesetzgebung, die die Revision ausgemerzt hatte, nicht mit einem Schlage aus dem Gedächtniss schwinden würden, dass man vielmehr auch später noch versuchen könnte, ihnen wieder zur alten

---

1) Diese meines Erachtens richtige Auffassung der Worte haben HEFFTER Ath. Gerichtsverf. S. 215, 5 und LEIST Graeco-ital. Rechtsgesch. S. 559 verfehlt.

2) RAUCHENSTEIN zu Lysias g. Nikom. 11.

Geltung zu verhelfen, wie diess auch thatsächlich geschehen ist.¹) Die fragliche Bestimmung über die ungeschriebenen Gesetze wäre hiernach ebenso sehr den Umständen und der Zeit der Revision angepasst und ebenso wenig solonisch gewesen als die andere, welche ein Verdrängen der νόμοι durch die ψηφίσματα verhüten sollte (Andokid. 1, 89). Hinzugefügt darf übrigens werden, dass jene Bestimmung, wenn sie ja solonisch sein sollte, lauten musste: ἀγράφῳ δὲ θεσμῷ (nicht νόμῳ) μὴ χρῆσθαι.²) Täuscht mich aber meine Beobachtung nicht, so findet sich eine solche Verbindung wie ἄγραφος θεσμὸς nirgends: als wenn das Sprachgefühl der Griechen sich dagegen gesträubt hätte.

Die Bemerkungen über den ἄγραφος νόμος bei Andokides, so wenig sie hier überflüssig waren, gehören doch nur insofern hierher, als sie den sprachlichen Ausdruck betreffen: die Sache selbst, die bei Andokides damit bezeichnet wird, ist, wie wir sahen, eine ganz andere als die uns hier interessirt.³) Immerhin ist es doch vielleicht nicht ganz zufällig, dass der Ausdruck ἄγραφος νόμος sowohl in dem bei Andokides gebrauchten, als in dem uns hier interessirenden Sinne erst dem 5. Jahrhundert angehört.

Dass alles gedeihliche Handeln der Menschen an die Beobachtung von Recht und Gesetz gebunden ist, auf diese Thatsache fällt in den Erinnerungen der ältesten Zeiten nur hin und wieder ein grelles Schlaglicht, in der Regel nur dann, wenn von der Sühne eines Unrechts zu berichten ist. Erst allmählig erwuchs aus solchen Ahnungen die klare Forderung, das gesammte Leben mit einem Netz von rechtlichen und gesetzlichen Bestimmungen zu überziehen, dessen Maschen im Laufe der Zeiten immer dichter wurden. Im 7. und 6. Jahrhundert der griechischen Geschichte lag diese Forderung einer systematischen Zusammenfassung von Rechten und Gesetzen in der Luft, und die solonische Gesetzgebung ist allem Anschein nach nur einer unter mehreren Versuchen dieser Art.⁴) Der athenische Gesetzgeber, den seine Mitbürger später mit Stolz den ihrigen nannten, hat sich den vollen herzlichen Dank seiner Landsleute aber nicht sogleich verdient. Es

---

1) Das letztere zeigt Lysias g. Nikom. 17 ff. Gewisser solonischer Gesetze war man sich als nicht mehr geltender bewusst: Aristot. Ἀθ. πολ. c. 8, 5.
2) In den solonischen Versen bei Aristot. Ἀθ. πολ. c. 12 vs. 16 νόμου mit KENYON zu lesen haben wir kein Recht; KAIBEL und WILAMOWITZ behalten ὁμοῦ bei.
3) Bei PETITUS Leges Atticae S. 191 wird freilich Alles durch einander geworfen.
4) GILBERT Jahrb. f. class. Phil. Suppl. 23 S. 476 f.

bedurfte hierzu des Durchgangs durch die peisistratische Tyrannis und durch neue Parteikämpfe. Die Herrschaft beständiger Gesetze erschien nun als ein Segen gegenüber der Herrschaft einzelner Menschen. So kam man zu der Revision und Reform der solonischen Gesetzgebung, welche Kleisthenes ausführte. Wie diese Reform nur durch die Macht des Demos gelang, so diente sie auch dessen Zielen und Absichten, und es ist begreiflich, dass von nun an das Volk von Athen in seinen Gesetzen das Bollwerk der jungen Freiheit, das Bollwerk des jungen Staates von Athen erblickte. Von hier an datirt der Cultus, der mit dem Gesetz und seinem Namen getrieben wurde. Die Weihe gaben ihm die Thaten und der siegreiche Ausgang der Perserkriege: denn Herodot (V 78) spricht gewiss nur aus, was die Athener seiner Zeit dachten, wenn er den Aufschwung und die Leistungen Athens während der Kriege für eine Frucht der demokratischen Verfassung erklärt. Damals ist wohl zuerst der dann Jahrtausende weiter lebende und immer von Neuem zündende Gedanke in das Bewusstsein der Menschheit getreten, dass nur das Gesetz uns Freiheit geben kann. Es war ein panhellenischer Gedanke, der als solcher im Kampfe mit den Barbaren erwuchs: dem Barbaren gegenüber, den Despoten knechteten, erschien sich der Hellene als der Diener allein des Gesetzes.[1]) Athen aber war auch hier Hellas in Hellas. Die grossen Ereignisse der Zeit prägten in Athen nur noch tiefer die bereits seit dem Sturz der Peisistratiden bestehende Vorstellung ein, dass an die Stelle der Herrschaft von Tyrannen die Herrschaft des Gesetzes getreten sei. Und leichter als Andern wurde es dem Volke von Athen gemacht, sich diese Vorstellung anzueignen, da es in den Gesetzen seines Staates sein eigenstes Werk erblickte.[2]) Dem Gesetze sich unterwerfen und dem souveränen Volke dienen, erschien als gleichbedeutend. Seitdem galt das Gesetz als das Symbol der Demokratie, ebenso wie die vielgepriesene Gleichheit[3]), und ist es geblieben, mit den

---

1) Eur. Med. 536 ff., vgl. auch noch Menander bei MEIN. fr. com. IV 268 (fr. 150). Herod. VII 104. Nach einer feinen Bemerkung von FUSTEL DE COULANGES La cité antique S. 206 liegt es in der menschlichen Natur, sich nur einer moralischen Idee zu unterwerfen: die Tyrannis entbehrte einer solchen, die Zeit des gottgeweihten Königthums aber war für Griechenland längst vorüber.

2) So sagt auch von Solon Herodot I 29: ὃς Ἀθηναίοισι νόμους κελεύσασι ποιήσας ἀπεδήμησε κτλ.

3) Mit der es sich zur ἰσονομίη verbindet, die schon bei Herodot III 80

unerlässlichen Distinctionen und Einschränkungen, bis in die Theorien der späteren Staatsrechtslehrer hinein.[1])

Doch kam diese Bedeutung nicht dem Gesetz schlechthin, sondern nur dem geschriebenen Gesetz zu. Nur das Gesetz, das aufgezeichnet vor Aller Augen stand, redete die gleiche Sprache zu Jedermann und nur das Gesetz, das in der Schrift befestigt war, liess sich nicht beugen, irgend Jemand sei es zu Liebe oder zu Leide. Im geschriebenen Gesetz fanden die demokratischen Schwärmer fürs Gesetz die an dasselbe zu stellenden Forderungen am reinsten verwirklicht. So konnte es geschehen, dass der Name des Gesetzes überhaupt, νόμος, zur Bezeichnung insbesondere des geschriebenen wurde.[2]) Und so konnte es ferner geschehen, dass man auch das ungeschriebene Gesetz und Recht, um es als wahres Gesetz und Recht erscheinen zu lassen, sich irgendwie als geschrieben vorstellte: wie Neuere sich auf das Recht berufen, das in den Sternen geschrieben steht, wie nach dem Apostel das Gesetz den Herzen der Heiden, nach Julian unseren Seelen eingeschrieben ist (or. VII p. 209^c), so weiss auch schon Aischylos (Schutzfleh. 673 ff. Kirchh.), dass unter den Satzungen der hochehrwürdigen Dike als drittes das Gebot, Vater und Mutter zu ehren, geschrieben steht (γέγραπται).[3]) Wie die Götter[4]), so mussten

---

das Kennzeichen der Demokratie ist, und mit deren Begriff es auch wohl wechselt, wie es bei Eurip. Suppl. 430 f. Kirchh. vom Staate des Tyrannen heisst: Ὅπου τὸ μὲν πρώτιστον οὐκ εἰσὶν νόμοι κοινοί, κρατεῖ δ' εἷς τὸν νόμον κεκτημένος Αὐτὸς παρ' αὑτῷ, καὶ τόδ' οὐκέτ' ἔστ' ἴσον. Auf die νόμοι gründet sich das ἴσον nach Perikles bei Thuk. III 37, 1. Ultra-Demokraten wie Kleon treten für die Herrschaft des Gesetzes ein (Thuk. III 37, 3 f.), während der sonst so vorsichtige Nikias vor einer Verletzung derselben nicht zurückscheut (Thuk. VI 14).

1) Man lese z. B. Aristot. Polit. III 16 p. 1287^a 17 ff. IV 5 p. 1292^a 2 ff. Dion. Hal. Ant. Rom. II 3 S. 121, 22 Kiessl. X 1 S. 1, 11 ff. Vgl. auch Wilamowitz Kydath. S. 47 f. Aus neuester Zeit können verglichen werden noch Treitschke's Bemerkungen Politik II S. 267.

2) Anaxim. Rhet. c. 2 p, 1422^a 2 f. Demosth. g. Aristokr. 70. g. Stephan. I 53. Aristot. Eth. Nik. VIII 15 p. 1162^b 22. Polit. III 15 p. 1286^a 9 ff. Sext. Emp. Pyrrh. hyp. I 146. Auch Platon Gess. VII 793 A f., obgleich er den populären Sprachgebrauch, der von πάτριοι νόμοι redet, erwähnt, schliesst sich doch für seine Person dem andern an, der nur geschriebene Gesetze als rechte νόμοι anerkennt (Rehm Gesch. d. Staatsrechtsw. S. 43. 45). Und so geht auch Perikles in Xenophons Memor. I 2, 42 von der Voraussetzung aus, dass νόμος das geschriebene Gesetz ist.

3) Vgl. auch Pufendorf Eris Scand. S. 42 (Frankfurt 1686) u. S. 268 f. = Apologia § 24 u. de fundam. propos. leg. natur. § 23.

4) Zu dem Bemerkten vgl. noch Eur. Ion 442 f., wo die Götter angeredet werden mit den Worten:

sich auch die grossen Gesetzgeber der Vorzeit den Forderungen der Gegenwart fügen.[1]) Nicht bloss dass man ältestes Gewohnheitsrecht damals codificirte, sondern man glaubte auch, dass die Gesetze des Minos bereits von Anfang an auf ehernen Tafeln (ἐν χαλκοῖς γραμματείοις) aufgezeichnet waren, wenigstens für den Gebrauch des einen seiner beiden Gesetzeswächter.[2]) Vor Allem Theseus, da er, wie die attische Legende wollte, der Stifter der Demokratie war[3]), sollte folgerecht auch das unerlässliche Fundament dazu in geschriebenen Gesetzen gelegt haben.[4])

Glücklich ist jedes Volk zu preisen, das seine Gesetze hoch hält und bereit ist dafür zu sterben. Aber wenn der Eifer für die Gesetze und ihre Fortbildung in die Hast der Gesetzmacherei ausartet, so entsteht nur eine neue Art von Tyrannis[5]), die den Willen und das selbständige Denken des Einzelnen der Laune des souveränen Volkes und dem Buchstaben[6]) unterwirft. Die Republik trägt in ihrem Wesen die Neigung zu solcher Gesetzmacherei[7]), und auch die athenische Republik des 5. Jahrhunderts zeigt diese Neigung, sogar in besonders hohem Grade: die Gesetze jagten einander und vernichteten einander, und Volksbeschlüsse, die nur auf den Moment berechnet waren und einer vorübergehenden Stimmung entsprangen (ψηφίσματα), wurden von solchen,

       Πῶς οὖν δίκαιον τοὺς νόμους ὑμᾶς βροτοῖς
       Γράψαντας αὐτοὺς ἀνομίαν ὀφλισκάνειν;
Demeter als Thesmophoros hält auf antiken Bildwerken eine Schriftrolle in der Hand: WELCKER Gr. Götterlehre II 495.

1) Vgl. über ähnliche Fictionen bei den Juden SELDEN De jure nat. et gent. I c. 9.

2) Platon Minos p. 320 C vgl. Schol. Odyss. 19, 179. Aristoteles Pseudep. fr. 487 (S. 490). FR. A. WOLF Prolegg. ad Homer. S. 40², 32. Ein geschriebenes Gesetz des Rhadamanthys bei Apollodor Bibl. 2, 4, 9, 2. Die Fiction wurde hier insofern erleichtert, als bereits das Recht von Gortyn sich auf ältere geschriebene Satzungen bezieht: ZITELMANN S. 46.

3) Nicht bloss eine Legende sieht hierin FUSTEL DE COULANGES La cité antique S. 288. 312 f.

4) Eur. Suppl. 433 f. Kirchh. Hiernach ist wohl auch Soph. O. C. 914 vom geschriebenen Gesetz des theseischen Athens zu verstehen, obgleich, was sich noch als charakteristisch für Sophokles ergeben wird, das geschriebene Gesetz nicht als solches bezeichnet ist. Vgl. A. HUG Studien S. 72, 2. Auf dasselbe Ergebniss führt schliesslich Demosth. 59, 75 f. Vgl. auch F. DÜMMLER Prolegg. zu Platons Staat S. 15.

5) BENJAMIN CONSTANT bei RAUMER Geschichtl. Entwicklung der Begriffe von Recht u. s. w. S. 149.

6) STAHL Phil. des Rechts II 1, 203 f.

7) MONTESQUIEU Esprit des Lois VI 3.

die allgemeine Normen aufstellten (eigentlichen νόμοι), dem Namen nach kaum unterschieden.[1]) Selbst die Welt der Götter spiegelt auch hier nur die irdischen Dinge, wenn sie in der Vorstellung damals lebender Menschen den gleichen Wechsel der Gesetze zeigt.[2]) Auf diese Weise musste die Achtung vor den Gesetzen in ihr Gegentheil umschlagen, und während noch Perikles seinen Athenern nachrühmt, dass sie sich auszeichnen durch Gehorsam gegen alle Gesetze, geschriebene wie ungeschriebene[3]), klingt es wie eine Antwort darauf voll grimmigen Hohns, was Platon sagt, dass man in der Demokratie sich nicht um geschriebene und nicht um ungeschriebene Gesetze kümmere.[4]) Athen gleicht hier wieder einmal dem Florenz des Mittelalters[5]); auch haben an beiden Orten grosse Dichter den Finger auf das Uebel gelegt und spottend, in treffenden Gleichnissen, ihre Heimat vor den kommenden Zeiten verklagt.[6])

So war die Reaction gegen das Unwesen der geschriebenen Gesetze im Gange und blieb nicht bei der Negation stehen. Sie wies auf die bleibenden Normen des menschlichen Handelns hin, welche galten durch allen Wechsel und alle Widersprüche der geschriebenen Gesetze hindurch und die in Mitten des übertäubenden Lärmens derselben unerschüttert nach wie vor ihre stille Gewalt über die Gemüther behaupteten. Das waren die ἄγραφα, ob sie nun ihrem Inhalt nach mehr als religiös-rituelle Satzung oder als moralisches Gebot auftreten. Alles Recht bedarf aber eines äusseren Halts, der ihm erst die zu seinem Wesen gehörende Macht im Leben verleiht. Die ἄγραφα fanden ihn im Areopag, der auch nach der Einschränkung durch Ephialtes und Perikles in Ansehen sich nicht nur erhielt, sondern zu Zeiten sogar wieder stieg. Mochte er die eigenen Mitglieder, mochte er

---

1) Beloch Griech. Gesch. II 539, 1 macht es dem Verfasser der Rede über Halonnesos zum Vorwurf, dass er § 24 keine deutliche Vorstellung von dem Unterschied zwischen νόμος und ψήφισμα zeigt. Für die spätere Zeit ist dieser Vorwurf begründet, nicht für die frühere, in der Kleon bei Thukyd. III 37, 3 einen νόμος nennt, was in Wahrheit nur ein ψήφισμα war.

2) Aesch. Prom. 151 Kirchh.: νεοχμοῖς δὲ δὴ νόμοις Ζεὺς ἀθέτως κρατύνει. Dass auch das politische Leben der Erde im Olymp sein Gegenbild fand, hat mit Bezug auf die Königsherrschaft schon Aristoteles bemerkt: Polit. I 2 p. 1252^b 24 ff.

3) Thuk. II 37, 3.

4) Rep. VIII 563 D.

5) J. Burckhardt Kultur und Renaissance S. 60 f. 67 f.

6) Der Komiker Platon bei Meineke II 620 (fr. 1) 692 (fr. 42) und Dante Purgatorio VI 139 ff.

die übrigen Beamten und Bürger politisch und moralisch überwachen oder die Gesetze controliren, in den verschiedenen Functionen, die ihm im Laufe der Zeiten, in der Fülle seiner Macht und als er darin verkümmert war, überwiesen wurden, immer zeigt er sich in seinem Urtheil gebunden an die Normen ungeschriebener Gesetze.[1]) Und dieselben Normen, insbesondere diejenige, welche gebot das Wohl des Vaterlandes vor Allem zu fördern, leiteten ihn und gewannen ihm Ruhm unter Verhältnissen, in denen die geschriebenen Gesetze schweigen[2]), im Daseinskampf der Griechen mit den Persern.[3])

Aus dem Zeitalter ungeschriebener Gesetze war der Areopag als eine Ruine stehen geblieben in einer Zeit, die alles Heil nur von geschriebenen Gesetzen erhoffte. Aber auch zu ihm hielt eine starke Partei im Volke, die alten Geschlechter, der Adel, dessen Leben von der Erinnerung an das Alte zehrt, dessen Aufgabe es daher ist, die historische Basis der Staaten zu erhalten[4]) und, ohne sich dem Fortschritt entgegenzustemmen, doch die Gegenwart stets an die Vergangenheit anzuknüpfen. Es sind die πάτρια, die hier hochgehalten werden und hochgehalten werden sollen.[5]) Ueber die πάτρια, über das Herkommen, wachte aber auch der Areopag.[6]) Und diese πάτρια wiederum sind im Wesentlichen das, was man sonst als ἄγραφα bezeichnete.[7]) So war es

---

1) Ausdrücklich von ἄγραφα des Areopags spricht nur Demosthenes g. Aristokr. 70. Vorausgesetzt werden sie bei Isokr. Areop. 37 ff. Und an eben solche ist doch wohl auch bei den πάτρια νόμιμα Diodors XI 77, 6 und bei den νόμιμα des Pausanias I 29, 15 zu denken. Vgl. Schömann-Lipsius Griech. Alterthümer I 357, wonach die Befugnisse des Areopags „zum nicht geringen Theile sich mehr auf Gewohnheitsrecht als auf geschriebenes Gesetz" gründeten. Dass er daneben auch an geschriebene Gesetze gebunden war, s. R. Schöll Ber. d. bayer. Ak. 1886 philos.-philol. Cl. S. 92 Anm. 95.

2) Vgl. Cicero o. S. 26, 4.

3) Aristot. Polit. V 4 p. 1304ᵃ 20 f. Philippi Areopag und Epheten S. 298.

4) Riehl Die bürgerliche Gesellsch. S. 127.

5) Auf die freilich überhaupt im antiken Staatsleben viel öfter zurückgegriffen wurde als im modernen.

6) Vgl. z. B. Harpokrat. u. ἐπιθέτους ἑορτάς.

7) Platon Gess. II 680 A. VII 793 A f. Daher ist mit offenbar nur wechselndem Namen bald von den Εὐμολπιδῶν πάτρια die Rede (o. S. 21, 5 und C J A IV 1, 27ᵇ) bald von deren ἄγραφοι νόμοι (o. S. 21, 4). Von den seit undenklichen Zeiten geltenden ἄγραφα war πάτριος längst im Gebrauch; erst später ist es dann, wie wir annehmen dürfen, auch auf geschriebene Gesetze, insbesondere die solonischen, übertragen worden.

das eigenste Interesse, welches den Adel treiben musste, für die ἄγραφα einzutreten. Dieselben hatten für ihn eine ähnliche Bedeutung, wie für den Adel neuerer Zeiten der Codex der Ehre: man durfte sie zwar ungestraft übertreten, aber man trug dafür die Schande heim (s. o. S. 21). Und der Adel aller Zeiten hat die Neigung gehabt, ihnen gegenüber das geschriebene Gesetz gering zu achten. Wie der antike Adel hierüber dachte, zeigen die Beispiele des Thukydides und Platon, die beide der Beobachtung der ἄγραφα einen besonders hohen Werth für das bürgerliche Leben beilegen, ja in ihnen den Kitt des ganzen Staates sehen[1]), und das des Nikias, der sich nicht scheut, das geschriebene Gesetz dem ungeschriebenen zu opfern.[2])

Um die Macht der ἄγραφα noch mehr zu erhöhen, kam zu der Würde des Alters, die über ihnen lag, noch der Abglanz göttlicher Majestät. Aus den dunkeln Zeiten, in die ihr Ursprung reichte, war ein menschlicher Gesetzgeber nicht bekannt; so ahnte man in dem Geheimniss, das sie umgab, einen Heros oder noch lieber einen Gott als ihren Urheber.[3]) Gegenüber diesem festgewurzelten Glauben konnte die Fiction der Demokratie, die sich mit sammt ihren geschriebenen Gesetzen von Theseus abzuleiten suchte, nicht viel ausrichten. Anfänglich freilich war es der göttliche Wille, der hinter jedem Gesetz stand und ihm seine Autorität verlieh[4]); der platt menschliche Ursprung aber der geschriebenen Gesetze, wenigstens des fünften und vierten Jahrhunderts lag doch zu offen zu Tage.

---

1) Vgl. Thukyd. II 37, 3 und über Platon o. S. 19, 3. Aehnlich Isokr. Areop. 39 ff.

2) Thuk. VI 14 (s. o. S. 40, 3); das ungeschriebene Gesetz, das hierbei in Frage kommt, bei Cicero Philipp. 11, 28 (s. o. S. 26, 4). Dasselbe ungeschriebene Gesetz, die σωτηρία τῆς πόλεως, schieben die Oligarchen auch vor, da sie gegenüber den Demokraten, die über Gesetzesbruch schreien, die Rückkehr des Alkibiades zu rechtfertigen suchen: Thukyd. VIII 53, 2 ff. „Rettende Thaten" widerstreben dem Geiste des Bürgerthums, das zäh am geschriebenen Recht festhält; der Aristokratie sind sie viel näher gelegt: RIEHL Die bürgerliche Gesellschaft S. 241. 249.

3) Lysias g. Andok. 10 f. Demosth. g. Aristokr. 70. Isokr. 12, 169. Ueber Sophokles s. o. S. 24.

4) FUSTEL DE COULANGES La cité antique S. 220 f. Noch bei Antiphon I 3. 27 heisst es ganz allgemein, dass die Gesetze stammen παρὰ τῶν θεῶν καὶ τῶν προγόνων. Ebenso Eur. Jon 442. 1312. Hippol. 98. Mit solchen Aeusserungen mag es denn zusammenhängen, wenn der Scholiast zu Soph. Antig. 454 kategorisch erklärt: οὐ γὰρ ἄγραφοι τῶν θεῶν οἱ νόμοι; oder es liegen dieser Erklärung die Verhältnisse einer späteren Zeit zu Grunde.

Insofern Götter die Urheber der ἄγραφα sein sollten, war in diese der Trieb gelegt, den Kreis ihrer Geltung so zu erweitern, dass er sich mit dem Machtbereich des betreffenden Gottes deckte. Ihre Wurzeln freilich hatten sie als πάτρια im Leben und Cult der Familien und Geschlechter[1]); über die hierdurch ihnen anfänglich gezogenen Schranken erhoben sie sich aber und wurden zu Gesetzen des ganzen Staates und Volkes.[2]) Platon hat uns diesen Vorgang geschildert in Worten, die nahezu den Werth eines historischen Zeugnisses haben.[3]) So wie hiernach der Staat der ältesten Zeit das Gewohnheitsrecht einzelner Familien sich aneignete und sanctionirte, fand er noch in späterer Zeit sein Interesse darin, die Beobachtung des religiösen und rechtlichen Herkommens in gewissen Geschlechtern, wie den Eumolpiden und Eupatriden, zu überwachen.[4]) Fast mit Nothwendigkeit brachte es der Inhalt mancher ἄγραφα mit sich, dass ihre Geltungsphäre sich erweiterte, nämlich überall da, wo dieselben immer wiederkehrende, überall gleiche Verhältnisse, sei es der Menschen unter einander oder zu den Göttern regelten. Vollends für eine Klasse der ἄγραφα war diese weitere Geltungsphäre schon durch ihr ganzes Wesen gegeben, indem sie sich auf den internationalen oder doch auf den Verkehr der griechischen Stämme und Staaten unter einander bezogen. Es sind diess die „gemeinen Gesetze der Hellenen"[5]), deren kaum vor dem fünften Jahrhundert, von hier an aber desto häufiger Erwähnung geschieht und deren Anerkennung ein Zeichen mehr ist des Zusammenstehens der Hellenen gegenüber den

---

1) Auch die Gebote, welche durch die Flüche der Buzygen sanctionirt wurden (L. Schmidt Ethik d. Griech. II 278 f. J. Töpffer Att. Geneal. 139), sind doch wohl πάτρια, die von Alters her in diesem Geschlecht herkömmlich waren. Ebenso möchte man an die Tradition der Eteobutaden anknüpfen die drei Gebote, die Lykurgos aufstellt Leocrat. 94 und für die charakteristisch ist die Forderung des Todtencultes: denn, wie J. Töpffer Att. Gen. 118 bemerkt, wurde vorzüglich bei den Eteobutaden der Glaube an den autochthonen Ursprung der Vorfahren gepflegt und hängt hiermit naturgemäss die Verehrung chthonischer Göttervorstellungen zusammen. Und auch die Vermuthung kann nicht ohne Weiteres abgewiesen werden, dass die drei Gesetze des Triptolemos (Porphyr. de abstin. IV 22 s. o. S. 32, 5) ursprünglich der Tradition eines einzelnen Geschlechtes angehören; Dittenberger's Ausführung über Xenoph. Hell. VI 3, 6 (Hermes 20, 15) würde desshalb doch zu Recht bestehen bleiben.

2) Wie diess von denen gilt, auf die in der vor. Anmkg. hingewiesen wurde.

3) Gess. III 681 A ff.

4) Töpffer Att. Gen. S. 66 ff. S. 177.

5) Scala Studd. des Polyb. I 301 ff.

Barbaren, des in den Perserkriegen erstarkten Bewusstseins gemeinsamer Art und Abstammung. Den äusseren Nachdruck, dessen ein Gesetz, um wirklich als solches zu gelten, nicht entbehren kann und welcher anderen ἄγραφα, wie wir bereits sahen (o. S. 43), durch den Areopag zu Theil wurde, mochten auch sie bis zu einem gewissen Grade wenigstens durch die Amphiktyonien[1]) und das delphische Orakel[2]) erhalten.

Im Allgemeinen bekundet sich die Achtung, die man vor den ἄγραφα im fünften und vierten Jahrhundert hegte, dadurch, dass um diese Zeit Versuche nachweisbar sind, sie zu formuliren und zusammenzufassen.[3]) Sie erscheinen hiermit ebenso als Gegenstand des Nachdenkens wie einer gewissen Propaganda: man wollte sich selber über ihren Bestand klarer werden, man wollte aber auch Anderen das Einprägen derselben erleichtern.[4]) Es geschah

---

1) Busolt Griech. Gesch. I² S. 682, 1.

2) Bemerkenswerth ist, dass nach einer bestechenden Conjectur Hercher's zu Artemidor IV 2 S. 203, 7 Herch. bereits die erste Pythia, Phemonoë, vom ἄγραφος νόμος gesprochen haben sollte. Freilich giebt diese Phemonoë, über die vgl. Scriptt. Physiogn. ed. Franz p. 461 und Susemihl Al. Litt. I S. 299, 80, keine Gewähr für ältere Zeiten.

3) Aesch. Schutzfleh. 673 ff. Kirchh. mit dem schol. Eurip. fr. 853. Xenoph. Memor. IV 4, 5 ff. Anaxim. Rhet. 2 p. 1421ᵇ 35 ff. Aristot. Rhet. I 13 p. 1374ᵃ 23 ff. In den letzten drei Fällen scheinen es freilich nur Beispiele zu sein, die angeführt werden; es ist aber merkwürdig, dass auch sie sich auf die Dreizahl beschränken so gut wie die zusammenfassende Aufzählung in den beiden ersten Fällen; es wird also wohl die heilige Drei sein, an die bisweilen auch die Flüche des Buzyges gebunden wurden (Cicero de off. I 52) und die auch in den drei Geboten des Lykurgos (Leocr. 94) so wie in den Gesetzen des Triptolemos (s. o. S. 46, 1) und den drei lykurgischen Rhetren (Plutarch Agesil. 26 de esu carn. 2, 1 vgl. Lykurg 13) hervortritt (vgl. Drei Bedingungen militärischer Tüchtigkeit bei Thukyd. V 9, 6). Zufällig wird die Drei hier so wenig sein als die Zehn im Dekalogus oder die Sieben in den sieben Geboten Noäh (Selden De jure nat. I 10 S. 116. Strassburg 1665). Auch Neuere stehen unter dem Banne der Dreizahl, wie P. A. Pfizer, der in seinen „Gedanken über Recht, Staat und Kirche" I S. 40 ff. drei den Menschen angeborene Rechte aufzählt, auf die Ehre, auf das Leben und auf die Freiheit. Von solchen Formulirungen und Zusammenfassungen war der Schritt bis zur Aufzeichnung, der sie den geschriebenen Gesetzen noch mehr an die Seite rückte oder gleichwerthig gegenüberstellte, nicht so weit: über die πάτρια der Eumolpiden vgl. in dieser Hinsicht Töpffer Att. Geneal. S. 7, 1, über die Gesetze des Triptolemos Welcker Gr. Götterl. II S. 33; ausserdem A. Mommsen Heortol. S. 299 f. Ueber Demetrios von Phaleron und seine Codificirung des Völkerrechts s. Scala Studien des Polybios I S. 156 ff. Bekanntlich ist in dieser Weise massenhaft das ungeschriebene Gesetz in England codificirt worden, ohne desshalb den Namen des „ungeschriebenen" einzubüssen: Blackstone Comment. on the laws of England I S. 66 f. ed. 18.

4) Auf das Einprägen (ἀσκεῖν) solcher ungeschriebener Gesetze dringt Eurip. fr. 853, noch deutlicher Xenoph. Cyrop. I 6, 34 (τὰ πρὸς τοὺς πολεμίους νόμιμα διδάσκειν).

da etwas Aehnliches, wie im Ausgang des vorigen und im Anfang dieses Jahrhunderts mit den Menschenrechten, die damals das allgemeine Interesse beanspruchten und deshalb Gegenstand der verschiedensten Katalogisirungsversuche waren: nur dass in neuerer Zeit entsprechend dem Leben des modernen Staates und seiner Geschichte innerhalb der Correspondenz von Rechten und Pflichten mehr die Rechte, im Alterthum mehr die Pflichten und ihre Gebote betont wurden.[1]) Merkwürdig und für das Zeitalter charakteristisch ist, dass unter den so formulirten ἄγραφα auch das Gebot erscheint „die gemeinen Gesetze von Hellas zu ehren".[2]) Von den Gesetzen der einzelnen Städte, d. i. doch insbesondere den geschriebenen ist nicht weiter die Rede; diesen gehorsam zu sein, erschien also offenbar von einem gewissen Standpunkt aus minder verdienstlich. Und es ist auch ganz natürlich, dass diejenigen Gesetze als die ehrwürdigeren erschienen, deren Geltungsbereich der weitere war. So musste vollends ein neuer Glanz auf den hergebrachten Namen der ἄγραφα fallen, da sie nun weiter unter den Händen von vielgewanderten Männern, wie Herodot und Xenophon[3]), und von Philosophen[4]), überhaupt von solchen, die Fähigkeit und Neigung hatten über die Schranken einer einzelnen πόλις oder auch des hellenischen Volkes hinauszublicken, sich aus πάτρια von beschränkter Sphäre verwandelten in Gesetze, die Kraft göttlicher oder natürlicher Autorität der ganzen Menschheit galten; der Vorgang war zum Theil ein ähnlicher wie bei der Aufstellung der Menschenrechte im vorigen Jahrhundert, die aus den Constitutionen einzelner amerikanischer Staaten hervorgingen und ihre letzten Wurzeln im religiösen Bedürfniss gewisser protestantischer

---

1) Vgl. in dieser Hinsicht sehr scharf über die Declaration der Menschenrechte in Frankreich Fr. Gentz Ausgew. Schriften von Weick 2, 81.

2) Τιμᾶν — — νόμους τε κοινοὺς Ἑλλάδος bei Eurip. fr. 853. Das gleiche Gebot hat offenbar auch der Scholiast zu Aeschyl. Suppl. 973 ff. im Auge, wenn er zu den θέσμια Δίκας auch das νόμους τιμᾶν rechnet; da er im Uebrigen ganz mit Euripides übereinstimmt, wird auch er und wird auch Aischylos darunter die νόμοι κοινοί verstanden haben.

3) Herodot VII 136. Xenophon Cyrop. VII 5, 73. Memor. IV 4, 19. Im Sinne Xenophons fordert daher jedenfalls der Verfasser des Agesilaos 1, 21 f. auch im Barbaren den Menschen zu ehren.

4) Aristot. Rhet. I 10 p. 1368ᵇ 8 f. Auch Xenophon (s. vor. Anmkg.) steht natürlich zum Theil unter dem Einfluss der philosophischen Bewegung; ebenso Sophokles (s. o. S. 24) und Euripides fr. 346, und schliesslich auch Demosthenes g. Aristokr. 85 (s. o. S. 25).

Sekten hatten[1]), und die Philosophen haben auch in diesem Falle nur das Gegebene fortgebildet, wie sie das Chaos in das ἄπειρον und weiter in die unendliche Luft verwandelten oder wie, was hier näher liegt, Heraklit, die alte Vorstellung von dem göttlichen Ursprung einzelner Gesetze erweiternd, alle menschlichen Gesetze aus dem einen göttlichen ableitete.[2]) — Nicht immer freilich haben die Vielen, die im fünften und vierten Jahrhundert von allgemeinen Menschen- und Naturgesetzen redeten, dieselben ausdrücklich als ἄγραφα bezeichnet; aber thatsächlich waren es doch ἄγραφα und konnten im Kampf der ungeschriebenen gegen die geschriebenen Gesetze nur das Ansehen der ersteren erhöhen.

Das Wesen des ungeschriebenen Gesetzes aber erweiterte sich nicht nur, sondern verschärfte sich auch und wurde so damals auch in dieser Hinsicht ein ebenbürtiger Gegner des geschriebenen. Erst seit Kleisthenes etwa ist das Wort νόμος auch auf die geschriebenen Gesetze übertragen worden. Damit war aber auch ein Wechsel seiner Bedeutung gegeben. Es drückt nun nicht mehr bloss die Sitte aus und den leisen fast unbewussten Zwang, den diese auf den Menschen ausübt, sondern bezeichnet, insofern es das schriftlich fixirte Gesetz bedeutet, ein klar ausgesprochenes strenges Gebot, das jeden Ungehorsam mit Strafe bedroht.[3]) Der νόμος wird der Tyrann der Demokratie[4]), der als solcher bloss durch Befehle wirkt. Diese Thatsache erkennen auch diejenigen an, die sich gegen eine so schroffe Form der Regierung, als der Freiheit des Menschen widersprechend, sträuben und, schon um

---

1) Georg Jellinek Die Erklärung der Menschen- und Bürgerrechte (= Staats- und Völkerrechtl. Abh. herausg. von Jellinek und Meyer I 3).
2) S. o. S. 27, 7 u. vgl. W. Dilthey Einleitung in die Geisteswissensch. I S. 97, 3.
3) Platon Gess. IV 722 E f. Lykurg Leokrat. 102. Die Stoiker: Digest. I 3, 2. Stob. ecl. II 190 f. 204 f. (= Floril. 44, 12). Epiktet. Diss. IV 3, 12. Strabo I 11. Cicero De legg. I 18 f. Philipp. XI 28. Auch bei Aristot. Polit. III 16 p. 1287^a 18 erscheint der νόμος als τάξις. Er wirkt durch Furcht (δέος): so ist Soph. Aj. 1074 zu erklären (s. o. S. 17, 1 und 21). Νόμος und ἔθος scheiden sich jetzt, wie z. B. bei Aristot. Polit. VI 4 p. 1319^b 3. VII 2 p. 1324^b 22. Demosth. g. Aristokr. 126. Dion. Hal. Ant. Rom. IV 78 (neque leges neque mores ein Komiker bei Cicero ad Att. II 19, 3). Bei Hesiod W und T 275 ff. ist diese Unterscheidung noch so wenig bekannt, dass selbst der aller gesetzlichen Ordnung entgegengesetzte Zustand, insofern er nur eine Gewohnheit ausdrückt, als νόμος bezeichnet werden kann.
4) τυραννικὸν ἐπίταγμα auch bei Platon a. a. O. Aehnlich im Sisyphos-Fragment vs. 6: ἵνα δίκη τύραννος ᾖ.

den Unterschied zwischen Gesetz und Gewalt (νόμος und βία) nicht untergehen zu lassen, sie durch die mildere der Ueberredung ersetzen möchten.[1]) Es ist nun freilich möglich, dass man von einem ἄγραφος νόμος redete seit der Zeit, als es überhaupt geschriebene Gesetze gab, also auch als man diese noch als ϑεσμοὶ bezeichnete: man würde sich dann nur derselben Fülle des Ausdrucks bedient haben, vermöge deren man auch von einer „ungeschriebenen Sitte" sprechen kann und thatsächlich von ἄγραφα νόμιμα oder ἔϑη redete. Wahrscheinlicher aber ist doch, dass der Name erst im Gegensatz zum γεγραμμένος νόμος aufkam, und sicher, dass er erst durch diesen Gegensatz seine schärfere Bedeutung erhielt.[2]) Auf diese Bedeutung des ἄγραφος νόμος weist Sokrates den Hippias hin bei Xenophon Mem. IV 4, 20 ff.: auch die ἄγραφοι νόμοι sind nach ihm νόμοι im prägnanten Sinne des Wortes, nur freilich mit der Eigenthümlichkeit, dass ihre Uebertretung nicht von Menschen, sondern von den Göttern bestraft wird.[3]) So war auch in dieser Hinsicht der ἄγραφος νόμος auf eine Linie mit dem γεγραμμένος getreten und der letztere konnte sich nun nicht mehr rühmen, allein das Gesetz im eigentlichen Sinne des Worts zu sein und den ἄγραφος, als die blosse Sitte, an Machtvollkommenheit wie an Würde zu übertreffen. Dieser Bedeutungswandel, der mit dem ἄγραφος νόμος vorging, erscheint daher als ein neues Symptom des Kampfes der beiden νόμοι und insbesondere als ein Versuch der Vertheidiger des ἄγραφος das Ansehen desselben zu steigern. Hiermit verträgt es sich vollkommen, dass Andere den gleichen Zweck auf anderem, ja entgegengesetztem Wege zu erreichen suchten, indem sie gerade umgekehrt den Unterschied des ἄγραφος vom γεγραμμένος betonten und eine eigenthümliche Weihe des ἄγραφος gerade aus der Art ableiteten, wie er anders als der γεγραμμένος auf den menschlichen Willen

---

1) So Platon a. a. O. Xenophon Memor. I 2, 44 f. Dion Chrys. 75 p. 646 M (der freilich 76 p. 649 M dem anderen Zweck der Rede entsprechend die andere Auffassung vertritt). Νόμος und πειϑώ verbinden sich auch in den wilden Klagen der euripideischen Hekabe 799 ff. 816.

2) Verglichen mit dieser erschienen was man sonst νόμοι nannte, nur als καϑαπερεὶ νόμοι, wie Diodor 30, 18, 2 sich einmal ausdrückt (SCALA Studd. des Polyb. I 307); ähnlich ὥσπερ νόμους ἐκείνης (sc. τῆς φύσεως) bei Aristot. de coelo I p. 268ᵃ 14.

3) Ebenso fasst Perikles den ἄγραφος νόμος bei Pseudo-Lysias c. Andocid. 10.

nicht durch Furcht vor Strafe, sondern durch Scheu vor Schande wirkt (s. o. S. 17, 1, S. 21).

Je herrischer das Gesetz und zwar namentlich das geschriebene Gesetz sich gebärdete, desto heftiger wurde auch der Widerstand von der andern Seite und zwar nicht bloss im Namen des ungeschriebenen Gesetzes, sondern fast noch mehr auf Grund der individuellen Natur des einzelnen Menschen, die sich gegen jeden Zwang wehrte. Scheinbar gilt diesem unbegränzten Streben der Persönlichkeit, als dessen rechte Typen Pheidippides in den Wolken[1]) und Kallikles im Gorgias genannt sein mögen, alles Gesetz als eine Schranke der ihm gebührenden Freiheit. Und doch, wenn es einmal das Bedürfniss fühlt sich zu rechtfertigen, weiss es sich keinen andern Rath, als ebenfalls auf ein Gesetz sich zu berufen, ein Gesetz der Natur, wie es Kallikles nennt (s. o. S. 20, 3), und das seine allgemeinste Formulirung in dem Satz des Protagoras gefunden hat, dass der Mensch das Maass aller Dinge sei. So werden auf diesem Umwege schliesslich auch diejenigen, die sich gegen jedes Gesetz auflehnen, zu Bundesgenossen des ἄγραφος νόμος; freilich ist es ein ἄγραφος νόμος von besonderer Art, den sie vertreten, keiner den die Masse der vergangenen oder der umgebenden Menschen dem Einzelnen aufnöthigt, sondern den dieser in seinem eignen Innern findet und kraft dessen er selbst Gesetze gibt.

Die Tendenz, die sich in diesem ἄγραφος νόμος kund giebt, ist eine durchgehende der Zeit, nur dass sie nach der Verschiedenheit der Menschen verschieden erscheint sowohl in der Art, wie sie durchgeführt, als auch in der Art, wie sie beurtheilt wird. Wen die Macht seiner Natur hinaushob über das gemeinmenschliche Maass, den banden auch die gemeinen Gesetze nicht, er war sich selbst Gesetz[2]); aber sich selbst war auch Gesetz, wer hervorragende Tugend (ἀρετή) nicht von Natur besass, sondern als eine sittliche sie sich erst erarbeitet hatte.[3]) Während man zu jenem

---

1) 1400: ὡς ἡδὺ καινοῖς πράγμασιν καὶ δεξιοῖς ὁμιλεῖν
καὶ τῶν καθεστώτων νόμων ὑπερφρονεῖν δύνασθαι.
Solchen Aeusserungen gegenüber begreift man recht die immer wiederkehrende Warnung des Thukydides und Anderer, nicht klüger sein zu wollen als die Gesetze.

2) Αὐτὸς νόμος Aristot. Polit. III 13 p. 1284ᵃ 13 f.

3) Das gilt so von den Bürgern des platonischen Idealstaates: Rep. IV 425 A. 427 A. Man solle οὐ τὰς στοὰς ἐμπιπλάναι γραμμάτων ἀλλ' ἐν ταῖς ψυχαῖς ἔχειν

emporstaunte wie zu einem Gott[1]), nahm man diesen sich zum Vorbild, er wurde zum Gesetz nicht nur für sich selber, sondern auch für seine Mitmenschen.[2]) Wiederum anders stellen sich diejenigen dar, die zwar ebenfalls Recht und Gesetz nicht von aussen her als etwas Fremdes empfangen, sondern beides lediglich aus sich selber schöpfen, aber nicht, um es nur an sich zu verwirklichen, sondern um Andere damit zu zwingen und zu regieren: sie erscheinen bald als Tyrannen[3]) und personifiziren die Verneinung jedes Gesetzes ausser dessen, das ihnen der eigene Vortheil und die Leidenschaft diktiren, bald gelten sie umgekehrt gerade als das Muster eines guten Herrschers, in dem das Gesetz, wie es sein soll, erst recht lebendig und kräftig geworden ist.[4])

τὸ δίκαιον fordert Isokrates Areop. 41. Der χαρίεις καὶ ἐλευθέριος ist nach Aristoteles Eth. Nik. IV 14 p. 1128ᵃ 31 f. οἷον νόμος ὢν ἑαυτῷ. So ist diese Vorstellungsweise bekanntlich bis zu den Christen gekommen: Paulus Römerbrief 2, 14 f. an Timoth. I 1, 9. vgl. auch an d. Korinth. II 3, 2 f.

1) Aristot. Polit. III 13 p. 1284ᵃ 10 f.: ὥσπερ γὰρ θεὸν ἐν ἀνθρώποις εἰκὸς εἶναι τὸν τοιοῦτον. Das „deus sibi ipse est lex" war später ein bekannter Satz (Pufendorf Eris Scand. S. 14. Frankfurt 1686).

2) Suam vitam ut legem praefert suis civibus: Cicero Rep. I 52, s. o. S. 17.

3) Eurip. Suppl. 429 ff.:
οὐδὲν τυράννου δυσμενέστερον πόλει,
ὅπου τὸ μὲν πρώτιστον οὐκ εἰσὶν νόμοι
κοινοί, κρατεῖ δ' εἷς τὸν νόμον κεκτημένος
αὐτὸς παρ' αὑτῷ, καὶ τόδ' οὐκέτ' ἔστ' ἴσον.

Vgl. den ἕνα κύριον πάντων — μὴ νόμων ὄντων, ἀλλ' αὐτὸν ὡς ὄντα νόμον bei Aristot. Polit. III 17 p. 1288ᵃ 3. schol. Hom. Il. 9, 99. Als ein Tyrann soll doch auch Zeus erscheinen in den Worten des Prometheus (Aesch. Prom. 189 f. Kirch.): οἶδ' ὅτι τραχὺς καὶ παρ' ἑαυτῷ τὸ δίκαιον ἔχων Ζεύς. Den gleichen Tadel schliesst in sich der Vorwurf, den Antiphon De caede Herod. 12 und 14 gegen den Kläger erhebt mit den Worten αὐτὸς σεαυτῷ νόμους ἐξευρὼν und αὐτὸς σαυτῷ νόμον θέμενος. Von Cajus sagt Philon Legat. ad Caj. § 17 p. 562 M: νόμον ἡγούμενος ἑαυτὸν τοὺς τῶν ἑκασταχοῦ νομοθετῶν ὡς κενὰς ῥήσεις ἔλυεν. Es ist das „novus rex, nova lex" moderner Despoten: Treitschke Politik II 112.

4) Βλέπων νόμος ist der ἀγαθὸς ἄρχων nach Xenophon Kyrop. VIII 1, 22. („Es ist ein glorreiches Vorrecht des Monarchen, das Gesetz selbst in seiner furchtbaren Herrlichkeit zu repräsentiren" Fr. Gentz Ausgew. Schriften, herausg. von Weick, V S. 10.) Nach Cicero De legg. III 2 ist der magistratus eine lex loquens. Auch Platon schildert seinen Staatsmann Polit. p. 295 E ff. als einen νόμος ἔμψυχος; wie Themistios seinen König or. I p. 15 b: καὶ αὐτὸς νόμος ὢν καὶ ὑπεράνω τῶν νόμων V p. 64 b: νόμον ἔμψυχον εἶναί φησι (sc. ἡ φιλοσοφία) τὸν βασιλέα. XXXIV p. 38. Dem Richter (δικαστής) hält Aristoteles Eth. Nik. V 7 p. 1132ᵃ 21 f. als Ideal vor zu sein οἷον δίκαιον ἔμψυχον („Der Richterstand ist das lebendige verkörperte Recht" Treitschke Politik II 416). Vgl. noch O. Gilbert Jahrb. f. class. Philol. Suppl. 23 S. 473, 1. Der König als lebendige

Nicht mehr als eine fremde Macht erscheint das Gesetz, die von aussen her nur die Handlungen des Menschen bindet, es wird in die Gesinnung, in den Willen aufgenommen und so der Grund zur wahren Sittlichkeit nicht nur, sondern auch zur Wissenschaft der Ethik gelegt, die durch die Vorstellung von einem im Innern des Menschen wirkenden lebendigen Gesetz allererst möglich wird. In den Anfängen dieser Wissenschaft stehen solche, die als Ausläufer der alten Naturphilosophie gelten, wie Heraklit, wenn er das Weltgesetz, das doch die Norm aller menschlichen Gesetze sein soll, in eine lebendige göttliche Kraft verwandelt, und Demokrit, der vor Allem fordert, dass der Mensch nicht vor Andern, sondern vor sich selber Scheu empfinde und diess das Gesetz seiner Seele werde.[1]) Ahnend hatte diesen Fundamentalsatz der neuen Wissenschaft schon Hesiod vorausverkündet, dass jeglicher Art lebendiger Wesen von Gott ihr eigenes Gesetz verliehen sei[2]), und damit nur einer weit verbreiteten volksthümlichen Anschauungsweise Ausdruck gegeben.[3]) Die Wissenschaft entdeckte also auch

---

Quelle des Rechts bei STAHL Phil. des Rechts II 2 S. 93 f. Wundervoll auf seine Weise schildert als solchen νόμος ἔμψυχος seinen Abt Samson CARLYLE Past and Present ch. 9 S. 76.

1) NATORP Ethika des Demokr. fr. 43 (S. 10 f.): μηδέν τι μᾶλλον τοὺς ἀνθρώπους αἰδεῖσθαι ἑαυτοῦ μηδέ τι μᾶλλον ἐξεργάζεσθαι κακὸν εἰ μέλλει μηδεὶς εἰδήσειν ἢ εἰ οἱ πάντες ἄνθρωποι, ἀλλ' ἑαυτὸν μάλιστα αἰδεῖσθαι, καὶ τοῦτον νόμον τῇ ψυχῇ καθιστάναι ὥστε μηδὲν ποιεῖν ἀνεπιτήδεον.

2) W u. T 276 ff.:
τόνδε γὰρ ἀνθρώποισι νόμον διέταξε Κρονίων,
ἰχθύσι μὲν καὶ θηρσὶ καὶ οἰωνοῖς πετεηνοῖς,
ἔσθειν ἀλλήλους, ἐπεὶ οὐ δίκη ἐστὶν ἐν αὐτοῖς·
ἀνθρώποισι δ' ἔδωκε δίκην κτλ.

3) Daher kehrt dieselbe Anschauungsweise auch bei Philemon fr. 93 (Com. Att. ed. KOCK II S. 507) wieder:
ὦ τρισμακάρια πάντα καὶ τρισόλβια
τὰ θηρί', οἷς οὐκ ἔστι περὶ τούτων λόγος·
οὔτ' εἰς ἔλεγχον οὐδὲν αὐτῶν ἔρχεται,
οὔτ' ἄλλο τοιοῦτ' οὐδέν ἐστ' αὐτοῖς κακόν
ἐπακτόν, ἣν δ' ἂν εἰσενέγκηται φύσιν
ἕκαστον, εὐθὺς καὶ νόμον ταύτην ἔχει.
ἡμεῖς δ' ἀβίωτον ζῶμεν ἄνθρωποι βίον
δουλεύομεν δόξαισιν εὑρόντες νόμους κτλ.

Nach einer Schilderung der Natur und Lebensweise der verschiedenen „bestiae" fährt Cicero Tusc. V 38 fort: Atque earum quaeque suum tenens munus, cum in disparis animantis vitam transire non possit, manet in lege naturae. Demselben Sprachgebrauch und derselben Anschauungsweise folgt der Kuppler, wenn er in Terenz' Phormio 533 von sich selber sagt: mea lege utor.

in diesem Fall nicht völlig neu, sondern setzte nur in das hellere Licht des Bewusstseins und fasste schärfer, was dunkel längst empfunden wurde.

Aber nicht bloss im Leben der Wissenschaft, sondern auch in dem der Staaten gewinnt jene alte Anschauungsweise jetzt neuen Sinn und neue Kraft, indem sie auf grössere Verhältnisse übertragen wird. Nicht darum handelt es sich hier, dass der Einzelne lediglich Gesetzen folgt, die er sich selbst gegeben, sondern dass der ganze Staat diese Freiheit behält, nicht eingeschränkt durch irgendwelche fremde Macht. Denn auch nachdem das Tyrannenjoch abgeschüttelt, die Persergefahr beseitigt und damit die ἐλευθερία gesichert war, erstand der Selbständigkeit der kleineren Staaten ein neuer Feind in der Hegemonie und den noch weiter reichenden Gelüsten Spartas und Athens. Daher begehrten jene in ihrem Herkommen (τὰ πάτρια)[1]), in den Gesetzen, die sie sich selbst gegeben, geschützt zu werden. Jedem Volke sind die eigenen Gesetze die liebsten, verkündete damals auch die Theorie[2]), und die Praxis stand ihr zur Seite, Sparta rühmte sich der εὐνομία, Athen der ἰσονομία, während für die kleineren Staaten das gegebene Schlagwort, um sich zu wehren, die αὐτονομία war. Das Wort hat nicht immer die gleiche Bedeutung. Am weitesten scheint man für die frühere Zeit bei αὐτόνομος mit der Bedeutung dessen zu reichen, der in seinen eigenen Angelegenheiten unabhängig ist.[3]) Unwillkürlich wird man hierbei an den erinnert,

---

1) Diess wird neben der αὐτονομία betont in der Urkunde bei Thukyd. V 18.
2) Herodot III 38. Platon Gess. III 681 C. Ebenso Pindar fr. 215 Christ: ἄλλο δ᾽ ἄλλοισι νόμισμα, σφετέραν δ᾽ αἰνεῖ δίκαν ἕκαστος. Dasselbe angedeutet bei Thukyd. II 37, 1.
3) Mit dieser Bedeutung kommt man bei Herodot I 96 und VIII 140 und auch da aus, wo das Wort αὐτόνομος wie bei Xenoph. Resp. Laced. 3, 1, Isokr. Panath. 215 (der die athenische Antwort auf Xenophons parteiischen Vorwurf giebt und τὴν τῶν παίδων αὐτονομίαν umgekehrt bei den Spartanern findet, wenigstens wie er sich selber von einem Freunde der Lacedämonier auslegen lässt) und Sophokl. Antig. 821 vom Staate auf die Einzelnen übertragen wird. An der Sophoklesstelle kann es mit αὐτόγνωτος aus demselben Stück 875 erläutert werden so wie αὐτοὶ γνόντες bei Isokr. Panath. 68 von Autonomen gesagt wird und αὐτογνώμονες bei Aristot. Polit. II 9 p. 1270^b 29 die Ephoren heissen als die, welche Recht und Gesetz in sich selber finden; αὐτόβουλος heisst Antigone aus dem gleichen Grunde bei Aeschyl. Sept. 1037 Kirchh. Des Weiteren schliesse ich mich an die Untersuchung von Busolt an in Jahrb. f. class. Philol. Suppl. 7, 645 ff.; aus der hier festgestellten Bedeutung von αὐτόνομος ist schliesslich nur durch

der sich selbst Gesetz, αὐτὸς νόμος, ist (s. o. S. 51 ff.). Und obgleich beide Ausdrücke etymologisch nicht zusammenzuhängen scheinen, so berühren sie sich doch im Inhalt nahe genug, wie denn beide auch gelegentlich in tadelndem Sinne gebraucht werden[1]), und sind daher wohl nicht zufällig Kinder derselben Zeit: denn dass Wort und Begriff der Autonomie entstanden oder doch erst recht in Schwung kamen, als die angedeuteten Verhältnisse der griechischen Staaten dazu drängten, hat doch alle Wahrscheinlichkeit für sich. Es ist die gleiche Zeit, deren Wesen sich in beiden spiegelt, die Zeit, die, wie wir bereits sahen, bemüht ist, das Particulare und Individuelle zur rechten Geltung zu bringen und die hierin auch die Bestimmungsgründe, Norm und Gesetz des menschlichen Handelns sucht.

Noch in einem andern Sinne individualisirten sich damals Recht und Gesetz. Individualisirt wurden damals Recht und Gesetz nicht bloss insofern als das Individuum sein eigner Richter und Gesetzgeber sein wollte, sondern auch in Folge der Forderung, dass Recht und Gesetz, statt nur auf die allgemeinen Kategorien der Handlungen starr den Blick zu richten, mehr auch auf die begleitenden Umstände achten und sich demgemäss modifiziren sollten. Es wird die Forderung der Billigkeit im Recht gestellt und damit einem Triebe nachgegeben, der zu jeder Zeit mächtig war in der Entwicklung von Recht und Gesetz[2]), der bereits den

---

Modification in Folge der veränderten Verhältnisse auch diejenige hervorgegangen, welche MOMMSEN erörtert in Staatsrecht III 1, 658 f. Trotzdem bleibt der Begriff ein dehnbarer, wie schon KRÜGER Hist.-phil. Studd. I 193 bemerkt hatte. So wird es synonym mit ἐλεύθερος gebraucht, zu dem es sich gewissermassen als das positive Complement verhält. Eine besondere Bedeutung ist noch diejenige, wonach es mit besonderer Betonung des zweiten Compositions-Elements, des νόμος, die Republik im Gegensatz zur Monarchie bezeichnet: eine Bedeutung, die namentlich deutlich bei Aristot. Polit. V 11 p. 1315ᵃ 6 und in der Rhetorik an Alex. 1 p. 1420ᵃ 22 hervortritt, aber auch schon bei Thukyd. I 29, 2 sich findet, später auch beim Periegeten Pausanias, der II 19, 2 ἰσηγορίαν καὶ τὸ αὐτόνομον verbindet.

1) Αὐτὸς νόμος und ähnliche Wendungen bezeichnen bisweilen das Wesen des Tyrannen: s. o. S. 52, 3. Αὐτόνομος bei Xenophon und Sophokles (s. o. S. 54, 3) ist das eine Mal etwa so viel als ungebunden, das andere Mal so viel als eigenwillig.

2) Wenn Cicero den Ser. Sulpicius als einen grossen Juristen rühmen will, so rühmt er seine Fähigkeit, überall die aequitas herauszufinden: or. Philipp. 9, 10 und 11. Vgl. Cicero Top. 66. Quintil. I. O. XII 3, 6 und PUCHTA Gewohnheitsrecht I 53.

Uebergang von Drakon zu Solon bestimmt hat[1]) und schon vorher sich wirksam zeigt.[2]) Das fünfte Jahrhundert und namentlich in Athen führte diesem Triebe besonders kräftige Nahrung zu. Noch weniger leicht als anderwärts liess sich in dieser Stadt das mannichfaltige und bewegte Leben unter immer gleiche feste Gesetze fassen, neue Gesetze und Beschlüsse ergänzen die alten und verrathen so das Bestreben, Recht und Gesetz den Bedürfnissen des Tages und der Wirklichkeit anzupassen.[3]) Aus den Kämpfen der Zeit, namentlich der Parteien innerhalb desselben Staates, ergab sich immer wieder von Neuem die Nothwendigkeit von Compromissen, häufiger wird in der Litteratur und Wirklichkeit damals der Name der ὁμόνοια vernommen, und doch ist dieser Begriff gar nicht denkbar, ohne dass jede der Parteien etwas von dem abbricht, was sie für ihr Recht hält, ohne dass also auch hier der Forderung der Billigkeit Gehör gegeben wird.[4]) Denn das Individuelle im Recht, Recht und Gesetz eingetaucht in den wechselnden Strom der Verhältnisse und Personen, ist eben das Billige.[5]) Diese Umwandelung des Rechts gesellt sich daher als ein neuer Fall zu den andern, in denen die sophistische Bewegung der Zeit feste bleibende Werthe des geistigen Lebens in veränderliche umschuf. Nichts ist an sich ein Gut oder Uebel, sondern es wird dazu erst durch die besondere Art, wie man es handhabt, also erst im einzelnen Falle und durch die Beziehung auf be-

---

1) Damit, dass nach Drakons Gesetzen auf alle Vergehen die Todesstrafe stand und kein Unterschied zwischen ihnen gemacht wurde, wird die Aufhebung dieser Gesetze durch Solon begründet von Plutarch Solon 17. Vgl. BUSOLT Griech. Gesch. II² S. 241. Τὸ τὰ ἁμαρτήματα καὶ τὰ ἀδικήματα μὴ τοῦ ἴσου ἀξιοῦν, μηδὲ τὰ ἁμαρτήματα καὶ τὰ ἀτυχήματα rechnet aber Aristoteles Polit. I 13 p. 1374ᵇ 5 unter die Kennzeichen des ἐπιεικής.

2) Schon Drakon nämlich, wenn er zwischen vorsätzlichem und unbeabsichtigtem Mord unterschied (BUSOLT Griech. Gesch. II² S. 232), würde damit einer Forderung entsprochen haben, die Aristoteles Rhetor. I 13 p. 1374ᵇ 14 an den ἐπιεικής stellt, neben der πρᾶξις auch auf die προαίρεσις zu achten.

3) Als ein Organ in der Realisirung des ἐπιεικὲς erscheinen die ψηφίσματα bei Aristoteles Eth. Nik. V 14 p. 1137ᵇ 29 ff.

4) Für die ἐπιείκεια in Compromissen vgl. z. B. die ὁμολογία ἐπιεικής bei Thukyd. III 4, 2. In wie weit eine solche Beobachtung auch auf Aristoteles von Einfluss war, als er Eth. Nik. X 6 p. 1167ᵇ 4 f. die ὁμόνοια nur unter ἐπιεικεῖς für möglich erklärte, lasse ich dahin gestellt: das Wort ἐπιεικής schillert hier in verschiedenen Bedeutungen, unter anderen in der politischen, wonach es die Gegner des δῆμος bezeichnet.

5) PUCHTA Institutionen I⁹ S. 12. STAHL Phil. des Rechts II 1 S. 219.

stimmte Personen und Verhältnisse. Vor dieser Relativitäts-Theorie der Sophistik, wie sie namentlich durch Prodikos vertreten wurde[1]), musste wohl auch das starre Recht dahinschmelzen, sodass es nunmehr erst durch die Art der Anwendung, individuellen Personen und Verhältnissen sich anschmiegend, Werth und Geltung zu erlangen schien.[2]) Damals, wie es scheint, kam es auf, dass man von einem höchsten strengen Recht sprach[3]), von einem Recht schlechthin, das ohne Rücksicht geübt wird[4]); man liess also auch minder vollkommene Stufen des Rechts gelten, die darum nicht aufhörten Recht zu sein; ja man sah auf jenes höchste Recht mit einer gewissen Scheu, als auf ein Recht, das nur von unheimlichen Gottheiten, wie denen der Unterwelt[5]) und der Nemesis geübt wurde. Wie leicht war von hier aus der Schritt zu dem „summum jus, summa injuria", das doch wohl auch griechischen Ursprungs ist.[6]) In die Gerichte Athens fand die Billigkeit mehr

---

1) K. Fr. Hermann Gesch. u. System d. platon. Phil. S. 578 Anm. Diese aus der Zeit der Sophisten sich herschreibende Relativitätstheorie wird weiter ausgeführt von Juncus in Stob. flor. IV S. 91, 1 ff. ed. Mein. und Dionys. Hal. Ant. Rom. V 77.

2) Unter dem Einfluss dieser Relativitätstheorie sagt noch der Apostel Paulus An Timoth. I 1, 9: οἴδαμεν δὲ ὅτι καλὸς ὁ νόμος, ἐάν τις αὐτῷ νομίμως χρῆται.

3) Die ὑπέρδικον Νέμεσιν erwähnt Pindar Pyth. X 44. Christ erklärt hier nicht richtig „severe vel supra modum judicantem atque punientem". Wenn er sich dabei auf Aesch. Agam. 1396 und Soph. Aj. 1119 beruft mit den Worten „quibus locis ὑπέρδικα modum δικαίων excedere dicuntur", so beweisen beide Stellen das Gegentheil. Die Aeschylus-Stelle lautet:

εἰ δ᾽ ἦν πρεπόντων ὥστ᾽ ἐπισπένδειν νεκρῷ,
τῷδ᾽ ἂν δικαίως ἦν, ὑπερδίκως μὲν οὖν.

Nach Zusammenhang und Fassung der Worte kann hier mit ὑπερδίκως nicht etwa schon der Schritt über die Grenze des Rechts hinaus ins Unrecht bezeichnet werden. Dasselbe gilt von dem Sophokles-Citat: τὰ σκληρὰ γάρ τοι, κἂν ὑπέρδικ᾽ ᾖ, δάκνει. Der Sinn ist doch, dass σκληρότης nicht einmal dann, wenn man im höchsten Maasse Recht hat, entschuldigt werden kann. Vielmehr ist ὑπέρδικον nichts Anderes als was bei Platon Gess. VI 757 E τὸ τέλεον καὶ ἀκριβὲς δίκαιον, bei Aristoteles Eth. Nik. V 14 p. 1138ᵃ 1 ἀκριβοδίκαιον und bei Dion. Hal. Ant. Rom. VIII 61 ἀκριβὲς καὶ ἄκρον δίκαιον heisst. Auch die Erklärung, die Böckh, zum Theil sich an den Scholiasten anschliessend, von der ὑπέρδικος Νέμεσις giebt „jus exercens quod supra homines est", kann ich daher nicht für zutreffend halten.

4) Sophokles fr. 703 Nauck²: ὅς (der Hades) οὔτε τοὐπιεικὲς οὔτε τὴν χάριν οἶδεν, μόνην δ᾽ ἔστερξε τὴν ἁπλῶς δίκην.

5) So in dem Sophokles-Fragment, womit zu vergleichen Antig. 519: ὅ γ᾽ Ἅιδης τοὺς νόμους ἴσους ποιεῖ.

6) Joers Röm. Rechtswiss. I 260, 1. Bei Dion. Hal. Ant. Rom. VIII 61 ist thatsächlich die ὑπερβάλλουσα δικαιοσύνη eine, die das rechte Maass überschreitet

und mehr Eingang. Man rühmte die volksfreundliche Gesinnung Solons, der, um die Macht der Gerichte zu erhöhen, in seinen Gesetzen absichtlich Vieles dunkel gelassen hatte und hierdurch in jedem einzelnen Fall die ergänzende Interpretation des Richters nöthig machte.[1]) Auch der Eid, den die Richter schwuren, schien wenigstens nach einer Erklärung sie vom Buchstaben des Gesetzes unbhängig zu machen und zur billigen Beurtheilung des einzelnen Falls zu verpflichten.[2]) Wenn daher das billige Recht sich damals

---

und damit aufhört eine Tugend und somit auch δικαιοσύνη zu sein. Um dieselbe Vorstellung eines Rechts, das nicht mehr Recht ist, dreht sich auch Themistios or. I p. 15ᵇ mit seiner ἔννομος παρανομία. Vgl. auch Menander (bei MEINEKE fragm. com. IV S. 257) fr. inc. LXXXIX: καλὸν οἱ νόμοι σφόδρ' εἰσίν· ὁ δ' ὁρῶν τοὺς νόμους λίαν ἀκριβῶς συκοφάντης φαίνεται.

1) Aristot. Ἀθ. Πολ. 9. Plutarch Solon 18. Vgl. LOBECK Aglaoph. S. 163. BR. KEIL Solon. Verf. S. 157 ff. bringt hiermit zusammen Isokrates Areopag. 39 ff., mit Unrecht; denn die mangelnde ἀκρίβεια der alten Gesetze, von der Isokrates redet, und die ihren Grund in der zu geringen Anzahl der Gesetze hat, ist nicht identisch mit der ἀσάφεια bei Aristoteles und Plutarch, die von der unklaren Fassung des einzelnen Gesetzes herrührt. — Bei dieser Gelegenheit darf wohl auf zwei Fälle hingewiesen werden, in denen der sprachliche Ausdruck der Ἀθ. Πολ. absonderlich erscheint. Die Unklarheit der solonischen Gesetze wird hier bezeichnet mit den Worten διὰ τὸ μὴ γεγράφθαι τοὺς νόμους ἁπλῶς μηδὲ σαφῶς; anderwärts dagegen sucht Aristoteles die Ursache der Unklarheit der Gesetze gerade im Gegentheil, nicht im Mangel des ἁπλῶς, sondern eben darin, dass sie sich mit dem ἁπλῶς εἰπεῖν begnügen müssen, so Rhet. I 13 p. 1374ᵃ 34 und Eth. Nik. V 14 p. 1137ᵇ 22. Ebenso auffallend ist, was die Ἀθ. Πολ. zur Entschuldigung des Gesetzgebers beibringt mit den Worten διὰ τὸ μὴ δύνασθαι καθόλου περιλαβεῖν τὸ βέλτιστον. Denn warum sollte das Beste sich nicht in einem allgemeinen Ausdruck befassen lassen, wenn es das im Allgemeinen Beste ist? Was gesagt werden sollte, ist offenbar, dass in der allgemeinen Ausdrucksweise eines Gesetzes sich nicht alles Einzelne vorsehen lasse; zu erwarten war also statt τὸ βέλτιστον etwas wie τὰ καθ' ἕκαστα. KEIL S. 158, 1 verweist uns freilich auf Platon Politik. p. 294 A: ὅτι νόμος οὐκ ἄν ποτε δύναιτο τό τε ἄριστον καὶ τὸ δικαιότατον ἀκριβῶς ἅμα πᾶσι περιλαβὼν τὸ βέλτιστον ἐπιτάττειν. Aber hier gehört τὸ βέλτιστον zu ἐπιτάττειν und das Objekt zu περιλαβὼν bilden die Worte τό τε ἄριστον — πᾶσι. Der Sinn ist danach, dass das Gesetz nicht im Stande ist, das für jeden Einzelnen Tauglichste und Gerechteste genau auszudrücken und dem entsprechend das Beste anzuordnen. Bemerkenswerth ist, dass auch die vorher erwähnte auffallende Verwendung von ἁπλῶς in der Ἀθ. Πολ. bei Platon in den weiter folgenden Worten der Politikos-Stelle einen gewissen Anhalt hat: αἱ γὰρ ἀνομοιότητες τῶν τε ἀνθρώπων καὶ τῶν πράξεων καὶ τὸ μηδέποτε μηδέν, ὡς ἔπος εἰπεῖν, ἡσυχίαν ἄγειν τῶν ἀνθρωπίνων οὐδὲν ἐῶσιν ἁπλοῦν ἐν οὐδενὶ περὶ ἁπάντων καὶ ἐπὶ πάντα τὸν χρόνον ἀποφαίνεσθαι τέχνην οὐδ' ἡντινοῦν.

2) Dass das γνώμῃ τῇ ἀρίστῃ bei Aristot. Rhet. I 15 p, 1375ᵃ 29 nur ein ungenauer Ausdruck für γνώμῃ τῇ δικαιοτάτῃ ist und Aristoteles somit auf den Richtereid sich bezieht, zeigt SPENGEL z. St. (γνώμῃ δικαίῃ auch bei Herond. 2, 86

ganz neue Organe schaffte, die öffentlichen Schiedsrichter, oder doch die Macht und das Ansehen der vorhandenen, der compromissarischen Schiedsrichter, erhöhte[1]), so würde diess aus der Luft der ganzen Zeit heraus nur begreiflich sein.[2])

Die Spuren, die auf den ionischen Ursprung des Wortes ἐπιεικής leiten, sind unsicher[3]); thatsächlich aber wurde in der damaligen Hauptstadt des ionischen Stammes, in Athen, mit ihm ein Cult getrieben.[4]) Diess tritt für uns nirgends so deutlich hervor als in der heftigen Opposition, die sich dagegen erhob. Euripides[5]) und Kleon[6]), Isokrates[7]), Demosthenes[8]), Platon[9]) und und später die Stoiker[10]) erscheinen in den Reihen derselben. Man

---

GILBERT Jahrb. f. class. Phil. Suppl. 23 S. 475, 1). Während hier Aristoteles das γνώμη τῇ ἀρίστῃ mit Hilfe des ἐπιεικὲς erläutert (vgl. auch a. a. O. 13 p. 1374^b 11 ff.) und auf die Freiheit vom Buchstaben des geschriebenen Gesetzes deutet, giebt er auch noch andere Erklärungen derselben Worte a. a. O. p. 1375^b 16 f. und p. 1376^a 19.

1) ARN. PISCHINGER De arbitris Atheniensium publicis S. 45 ff. SCHÖMANN Griech. Alterth. I^4 S. 513 ff.

2) Der Schiedsrichter ist das Organ des ἐπιεικές. Aristoteles Rhet. I 13 p. 1374^b 19 ff.: καὶ τὸ εἰς δίαιταν μᾶλλον ἢ εἰς δίκην βούλεσθαι ἰέναι (ist ein Zeichen der ἐπιείκεια)· ὁ γὰρ διαιτητὴς τὸ ἐπιεικὲς ὁρᾷ, ὁ δὲ δικαστὴς τὸν νόμον· καὶ τούτου ἕνεκα διαιτητὴς εὑρέθη, ὅπως τὸ ἐπιεικὲς ἰσχύῃ.

3) L. SCHMIDT Ethik d. Griech. I 319. In dem uns hier interessirenden Sinne steht das Wort bei Herodot III 53.

4) Antiphon braucht das Wort und unterscheidet es von δίκαιον Tetr. I 2, 13. Bei Thukyd. I 76, 4 nehmen die Athener das ἐπιεικὲς für sich in Anspruch. Die ἐπιείκεια des δῆμος rühmt Isokrates Areop. 68. Und auch Aristoteles, wenn er ἐπιεικεῖς als Ehrennamen einer politischen Partei braucht (Polit. II 12 p. 1274^a 15. Eth. Nik. X 6 p. 1167^b 1 u. 5), hat wohl athenische Verhältnisse im Auge. Schon Oedipus dankt den Athenern, dass er bei ihnen allein unter allen Menschen gefunden habe τοὐπιεικές: Soph. OC 1127. Auch von Gorgias im Epitaphios werden die gefallenen Athener gerühmt als πολλὰ μὲν δὴ τὸ πρᾷον ἐπιεικὲς τοῦ αὐθάδους δικαίου προκρίνοντες (Oratt. Att. von SAUPPE u. BAIT. II S. 129).

5) fr. 645 NAUCK^2 (wo ich VALKENAER's Lesart εἰ für ἢ voraussetze).

6) Thukyd. III 40, 1 u. 3.

7) Areopag. 33 und dazu RAUCHENST.

8) de falsa legat 283: denn wenn die συγγνώμη mehr gilt als die Gesetze, so ist dies eben ein Zeichen der ἐπιείκεια, wie Aristoteles lehrt Eth. Nik. VI 11 p. 1143^a 21 f. (M. M. II 2). Rhet. I 13 p. 1374^b 4 u. 10 f. und Platon (s. folg. Anm.).

9) Freilich lässt es Platon in seinem Musterstaat zu Gess. VI 757 D f.; aber nur ungern: τὸ γὰρ ἐπιεικὲς καὶ ξύγγνωμον τοῦ τελέου καὶ ἀκριβοῦς παρὰ δίκην τὴν ὀρθήν ἐστι παρατεθραυσμένον, ὅταν γίγνηται.

10) Stob. ecl. II 190. Seneca de clem. II 7 (der jedoch die echt stoische Ansicht modificirt). Als das Urbild eines Römers und Stoikers zugleich, der immer die strengste Gerechtigkeit wahrte und in seiner Schroffheit nirgends dem ἐπιεικὲς ein Zugeständniss machte (οὐδὲν τῷ ἐπιεικεῖ διδοῦσα ἀποτομία), wird Coriolan geschildert von Dion. Hal. Ant. Rom. VIII 61.

empfand dunkel, dass eine ungemessene Geltendmachung der Billigkeit das Recht selbst zerstören würde.[1]) Schliesslich ruhte der Streit doch auf der von beiden Parteien festgehaltenen Voraussetzung, dass das Recht und die Billigkeit ihrem Wesen nach durchaus verschieden seien, und lief in die Aporie aus, die Aristoteles formulirt hat[2]), dass einerseits zwar das δίκαιον absolut verpflichtend ist, in einzelnen Fällen wir uns aber doch vielmehr durch das ἐπιεικὲς sollen bestimmen lassen. Aristoteles hat nicht bloss die Lösung dieser Aporie gefunden, indem er das ἐπιεικὲς als eine Art des δίκαιον erwies, sondern auch zuerst eingehende Untersuchungen über das Wesen des ἐπιεικὲς angestellt und damit allen folgenden Forschern den Weg gezeigt.[3])

Indem Aristoteles das ἐπιεικὲς als eine Art des δίκαιον bestimmte und sein Wesen in einer Ergänzung und Berichtigung des geschriebenen Gesetzes fand, sprach er damit zugleich aus, dass es seiner Natur nach niemals Inhalt eines geschriebenen Gesetzes werden könnte[4]), sondern in jedem einzelnen Fall die Frucht eines neuen rechtsschöpferischen Aktes sein müsste.[5]) Aristoteles ist der Erste, der das ἐπιεικὲς unter die ἄγραφοι νόμοι eingereiht hat. Dasselbe hat auf diesen Namen einen höheren Anspruch als was man sonst darunter begreift: denn als auf individuelle jeweilige und wechselnde Verhältnisse berechnet, widerstrebt es jeder schriftlichen Aufzeichnung, die ihm Dauer verleihen

---

1) Puchta Gewohnheitsrecht II 57.
2) Eth. Nik. V 14.
3) An ihn schliessen sich an Seneca de clementia, dem es um eine Ausgleichung mit den Stoikern zu thun ist, und Themistios περὶ φιλανθρωπίας, mit deren Erörterungen hinwiederum es von Interesse ist die der Neuern über das Verhältniss von Billigkeit und Gnade zu vergleichen (Stahl Phil. d. Rechts II 2, 395 ff. Trendelenburg Naturrecht 190. 473). Bei Themistios or. 18 p. 228 a tritt dem δικαστής als dem Vertreter des strengen Rechts der βασιλεύς als Vertreter des ἐπιεικὲς in derselben Weise gegenüber wie bei Aristoteles der διαιτητής (s. o. S. 59, 2).
4) Die Entwickelung des englischen Rechts hat trotzdem dazu geführt: Blackstone Commentt. on the laws of England III S. 475 f. ed. 18. Franqueville Système judiciaire de la Grande Bretagne I S. 167. Vgl. auch Spencer Polit. Instit. S. 734.
5) Dass man sich bei dieser Rechtsschöpfung in den Geist des Gesetzgebers versetzen solle, fordert er Eth. Nik. V 14 p. 1137^b 18 ff. Rhet. I 13 p. 1374^b 12. Die letztere Stelle zeigt, dass dieser Gedanke vom Redner verwerthet werden sollte, und Cicero de invent. I 56 und 69 f. lehrt, dass und inwiefern er Gegenstand einer rednerischen Controverse werden konnte.

möchte und es dadurch als nützlich und verbindlich auch noch für andere Zeiten erklären würde. Nicht durch die Schrift existirt das ἐπιεικές, sondern im menschlichen Geist, der es jeden Augenblick neu erzeugt, und in der lebendigen Rede, durch die es verkündet wird.

Nur der einzelne lebendige Mensch vermag das Recht den individuellen Verhältnissen angemessen zu verwirklichen. Das Bemühen, das ἐπιεικὲς zur Geltung zu bringen, erscheint daher nahe verwandt jenem schon früher (s. o. S. 51 f.) beobachteten Bestreben, welches darauf ausging, alles Thun und Handeln nicht an allgemein geltende Gesetze zu binden, sondern von der Entscheidung des einzelnen Menschen abhängig zu machen. Aber weit über die Sphäre des rechtlichen Lebens hinaus, durch die ganze Zeit fluthet ein Drang, durchbrechend die Schablone und befreiend das individuell Lebendige. Ein gedeihliches Wirken in jeder Kunst und Wissenschaft erschien nur möglich aus der Kenntniss des Individuellen heraus. Hippokrates reformirte von diesem Standpunkt aus die Medizin und Platon die Rhetorik; die grossartige Lehrthätigkeit des Sokrates blieb eben deshalb immer eine persönliche und mündliche. Die Schrift galt nur als ein Nothbehelf, als ein trauriges Surrogat der lebendigen Rede. Nicht einmal das Andenken der Verstorbenen auf Stein und Erz sollte sie geeignet sein zu erhalten, weit besser sorgte dafür die ἄγραφος μνήμη im Geiste der Nachlebenden.[1]) Man stellte also nur eine allgemeine, auch auf andern Gebieten aufgeworfene Frage, wenn man das Verhältniss des geschriebenen und ungeschriebenen Rechts erörterte, den Werth beider gegen einander abschätzte. Platon[2]) und Aristoteles[3]) haben diess schon erkannt. Auch im Leben des Rechts spürt man den Wellenschlag der gesammten Zeit, die Abkehr von einer starren, unlebendigen Tradition, den gleichen Zug zum Ursprünglichen und Natürlichen: denn indem man forderte, dass das Recht gefunden werden sollte aus dem Moment heraus von einzelnen Menschen und in der Anwendung auf den einzelnen Fall, stellte man in der Theorie nur auf, was die Praxis der ältesten Zeit gewesen war.

---

1) Thukyd. II 43, 2. Vgl. Aischin. g. Ktesiph. 182.
2) Politik. 294 A ff. Phaidr. 257 C. 277 D. Vgl. dazu ZELLER Phil. d. Griech. II^a S. 763, 1 (3. Aufl.).
3) Politik. III 15 p. 1286^a 8 ff. 16 p. 1287^a 18 ff.

So verschieden dieser ἄγραφος νόμος, der aus der individuellen Persönlichkeit entspringt und auf das Individuelle in den Verhältnissen sich richtet, von dem andern zu sein scheint, der gerade durch das Ueberragen aller Schranken der Zeit wie des Ortes und damit durch die allgemeine Geltung seine eigenthümliche Bedeutung hat, so nahe stehen sich doch beide. Es ist nicht bloss der Kampf gegen das geschriebene Gesetz, der beide verbindet. Jene ἄγραφοι νόμοι galten als Naturgesetze, als göttliche Gebote, denen alle Menschen unterworfen sind. Aber auch in jedem Einzelnen macht sich die Natur geltend, wie wir ja bereits sahen, dass das ἐπιεικὲς gelegentlich in die Bedeutung dessen, was von Natur recht ist, umschlägt (s. o. S. 8 f.); und dass man die Stimme, die dem Menschen von Innen heraus weist, was recht und gut ist, damals geneigt war auch als eine göttliche anzuerkennen, lehrt das Daimonion des Sokrates. Dass dieselbe Zeit beide Arten des ἄγραφος νόμος zur Anerkennung zu bringen suchte, wird daher kein Zufall sein; so wenig als es ein Zufall war, dass man auch in neuerer Zeit, als im vergangenen Jahrhundert so laut von Menschen- und Naturrechten geredet wurde, gleichzeitig die Forderung stellte, es sollte mehr nach Billigkeit gerichtet werden. Der eine Name des ἄγραφος νόμος deckte nur, was auch in der letzten Wurzel Eins war. Das hat schon der Dichter gewusst, dessen Antigone die ewigen ἄγραπτα vertritt, aber doch und aus demselben Grunde und in der gleichen Beziehung von ihm αὐτόνομος genannt wird (s. o. S. 24, S. 54, 3).

Sowohl das geschriebene wie das ungeschriebene Gesetz hatte namentlich im Athen des fünften und vierten Jahrhunderts zahlreiche und entschiedene Freunde und Vertreter. Nicht bloss diess haben wir gesehen, sondern auch die Spuren eines Streites der beiden verschiedenen hieraus entspringenden Ansichten über Recht und Gesetz sind uns mehrfach entgegengetreten. Und in der That war der Antrieb zu einem solchen Streit schon mit der ersten Abfassung geschriebener Gesetze gegeben. Durch die schriftliche Fixirung wird allererst das Nachdenken über die Gesetze recht angeregt und ebendamit die Kritik, die sich in den ältesten Zeiten naturgemäss viel weniger auf die mangelhafte Formulirung der einzelnen Gesetze als auf die Lückenhaftigkeit des gesammten Gesetzgebungswerkes richtete. Ob das Maass, in dem die ἄγραφα darin Aufnahme gefunden hatten[1]), das richtige war, darüber werden von Anfang an die Meinungen verschieden gewesen sein. Als dann im fünften Jahrhundert in Folge des ungeheuren Umschwungs im athenischen Leben die Fälle sich mehrten, in denen die bisherigen Gesetze als ungenügend erschienen, als an den Gesetzen zu ändern mehr und mehr zur Gewohnheit wurde, schienen vollends die Verehrer der ἄγραφα gewonnenes Spiel zu haben, namentlich weil mit dem Wechsel der Gesetze eigentlich das Wesen des Gesetzes, zu dem doch auch die Dauer gehört, aufgehoben wurde. Und dass der Name des ἄγραφος νόμος noch heller klang, dazu mochte nicht wenig beitragen, als bei der Gesetzesrevision, wie sie während des peloponnesischen Krieges nöthig erschien, so manches gute alte Gesetz ausgemerzt und unter die ἄγραφα verwiesen wurde. Es waren insbesondere diese ἄγραφα, zwischen denen und dem codifizirten Recht sich ein Kampf erhob (s. o. S. 38 f.). Dass aber auch die eigentlich sogenannten ἄγραφα mit den geschriebenen Gesetzen in Streit kamen in der Volksversammlung und vor Gericht, und zwar nicht bloss in den wenigen Fällen, in denen uns diess noch unmittelbar vor Augen liegt[2]), sondern in unzähligen, das beweisen die Rathschläge und Regeln, die für solche Fälle die Rhetoren gegeben haben.[3]) Die

---

1) Beispielsweise seien hier als ἄγραφα, die auch später noch als solche in Geltung standen und die in die geschriebene Gesetzgebung aufgenommen waren, erwähnt das Gebot die Götter und das die Eltern zu ehren. Dass die geschriebene und ungeschriebene Gesetzgebung zum Theil parallel neben einander hergingen, bemerkt auch Demosth. g. Aristokr. 61: εἶτ' οὐ δεινόν, ὦ γῆ καὶ θεοί, καὶ φανερῶς παράνομον, οὐ μόνον παρὰ τὸν γεγραμμένον νόμον, ἀλλὰ καὶ παρὰ τὸν κοινὸν ἁπάντων ἀνθρώπων, τὸν ἄγοντα ἢ φέροντα βίᾳ τἀμὰ ἐν πολεμίου μοίρᾳ μὴ ἐξεῖναι ἐμοὶ ἀμύνεσθαι κτλ. Vgl. GILBERT Jahrb. f. class. Philol. Suppl. 23, 511.

2) Hierher gehören auch die γραφαὶ παρανόμων, in denen gegen das beantragte Gesetz ein ἄγραφος νόμος geltend gemacht wurde, wie z. B. von Demosth. g. Aristokr. 85: τοὺς δὲ τὸν ἤδη πεφευγότα κατὰ τὸν κοινὸν ἁπάντων ἀνθρώπων νόμον, ὃς κεῖται τὸν φεύγοντα δέχεσθαι, ὑποδεξαμένους ἐκσπόνδους εἶναι γράφει, ἐὰν μὴ τὸν ἱκέτην ἔκδοτον διδῶσιν.

3) Aristot. Rhet. I 15. Cicero de invent. I 68 ff. II 121 ff. 138 ff. Auctor ad Herenn. II 13 f. Sext. Emp. adv. rhet. 36 f. Insbesondere handelte es sich dabei um den Streit zwischen Recht und Billigkeit, zwischen Buchstabe und Sinn der Gesetze (scriptum und sententia; scriptum und aequum). In solchen Controversen wurden zu Ciceros Zeit sogar die Knaben geübt (de orat. I 244. II 132 ff.). Auch die Juristen haben natürlich dieses Für und Wider erörtert, und z. B. Paulus giebt einen Grund an, der sich für die Autorität des ungeschriebenen Rechts geltend machen lässt „quod in tantum probatum est, ut non fuerit necesse scripto id comprehendere" (Dig. I 3, 36). Und nicht mit abstracten Regeln hat man

Warnung, die Cicero einmal in seiner Jugendschrift ausspricht, dass man in den Controversen von den „naturae jura" keinen unmässigen Gebrauch machen solle[1]), war ihm gewiss so wenig als Anderes in dieser Schrift erst durch die Verhältnisse seiner Zeit eingegeben worden.

Aber nicht bloss vor Gericht und auf dem Markt oder in den Schulräumen trafen sich die Gegner, sondern derselbe Conflikt, wenigstens insoweit er ein Conflikt zwischen menschlicher und göttlicher Satzung war, wurde mit viel grösserem Ernst, und nicht bloss mit Worten, auch in der Welt des Handelns ausgefochten. Unter den ἄγραφοι νόμοι lassen sich an Alter und Würde wenige vergleichen mit dem Gebot die Todten zu bestatten, dessen Geltung eine spätere Zeit sogar für das Thierreich nachzuweisen suchte.[2]) Nur die Leidenschaft, der Hass gegen die Feinde durchbrachen dieses Gebot, aber der Hass, wie der homerische Achill zeigt, war nicht unversöhnlich, und vollends später bei steigender Humanität machte man Versöhnlichkeit sogar zur Pflicht kraft eines neuen, wenigstens panhellenischen, ἄγραφος νόμος, als dessen Urheber einer der Heroen der Civilisation, Theseus oder, wenn man dem attisch-ionischen Stamm diese Ehre nicht gönnen wollte, Herakles, galt.[3]) Nur in zwei Fällen gestattete man auch später noch Ausnahmen und fixirte sie sogar in geschriebenen Gesetzen, nämlich da, wo der Hass sich gegen Verräther am Vaterlande oder gegen Frevler am Heiligthum richtete.[4]) Zwischen dem ursprünglichen ἄγραφος νόμος und einem Gesetz, das solche Ausnahmen sanctionirte, war der Keim zu Conflikten gelegt und musste kräftig aufgehen namentlich in Zeiten, in denen die Leidenschaften der Bürgerkriege und Parteikämpfe alle Rechtsfragen verdunkelten und den Gegnern jeder Schein-

---

sich begnügt, sondern in der Weise der ältesten Rhetorik jenen Regeln entsprechende concrete Streitreden verfasst, wie uns deren zwei von Dion Chrysostomos noch erhalten sind (or. 75 und 76), die eine zu Gunsten des ἄγραφος, die andere des γεγραμμένος νόμος.

1) De invent. II 67: Ac naturae quidem iura minus ipsa quaeruntur ad hanc controversiam, quod neque in hoc civili iure versantur et a vulgari intellegentia remotiora sunt; ad similitudinem vero aliquam aut ad rem amplificandam saepe sunt inferenda.

2) Aelian Hist. an. II 42. V 49.

3) Vgl. auch Moschion fr. 6, 30 ff. (S. 814 Nauck[2]).

4) W. Vischer Kl. Schrift. II S. 634 ff. Rohde Psyche S. 202.

vorwand des Gesetzes genügte, um den Feind auch über den Tod hinaus zu beschimpfen.[1])

Aus der Wirklichkeit haben diesen Conflikt auf die Bühne übertragen die drei grossen Tragiker[2]) und zwar die beiden jüngeren wiederholt.[3]) Aber erst Sophokles[4]) hat den Conflikt so verschärft und vertieft, dass es ein Conflikt nun nicht mehr bloss der Erfüllung des ἄγραφος νόμος mit der rohen Gewalt war, sondern ein Conflikt der Pflichten, des Gehorsams, den wir dem göttlichen Gesetz und des Gehorsams, den wir dem Staats-Gesetz schuldig sind oder dem Gesetz, wie es sich in den Verordnungen rechtmässiger Herrscher ausspricht. Zwar in die Seele der handelnden Personen selber, etwa wie der Dichter des Prinzen von Homburg verfahren ist, hat Sophokles diesen Conflikt nicht verlegt; seine Antigone und sein Teukros schwanken nicht, sondern sind sich klar, dass ihre einzige Pflicht gebietet dem ἄγραφος νόμος gehorsam zu sein, und „der schwesterlichsten der Seelen" zeigt sich hierin die Iphigenie auch unseres deutschen Dichters verwandt.[5]) Der Conflikt ist bei Sophokles nur für den Zuschauer und Beurtheiler der Handlung da; für diesen aber hat der Dichter namentlich in der Antigone, wo er den Conflikt zum zweiten Mal und

---

1) VISCHER a. a. O. Die Leichen der bei Delion gefallenen Athener blieben 17 Tage unbestattet: Thuk. IV 97, 2. 98, 5. 101, 1. Dass das Herausgeben der Leichen damals nicht das Regelmässige war, möchte man fast aus der ausdrücklichen Erwähnung bei Thuk. V 11, 1 schliessen. Thukydides selber hat uns ja geschildert, wie sich zu seiner Zeit während des peloponnesischen Krieges die heiligsten Bande lösten. Vgl. was Lysias g. Eratosth. 96 den Dreissig und ihren Anhängern vorwirft: οἳ τοὺς μὲν ἐκ τῆς ἀγορᾶς τοὺς δ' ἐκ τῶν ἱερῶν συναρπάζοντες βιαίως ἀπέκτειναν, τοὺς δὲ ἀπὸ τέκνων καὶ γονέων καὶ γυναικῶν ἀφέλκοντες φονέας αὐτῶν ἠνάγκασαν γενέσθαι καὶ οὐδὲ ταφῆς τῆς νομιζομένης εἴασαν τυχεῖν, ἡγούμενοι τὴν αὑτῶν ἀρχὴν βεβαιοτέραν εἶναι τῆς παρὰ τῶν θεῶν τιμωρίας. Vgl. Aischin. g. Ktesiph. 235. J. BURCKHARDT Griech. Kulturgesch. I S. 304. Nicht anders ging es in den Parteikämpfen Roms zu: Rhetor. ad Herenn. IV 22, 31. 24, 33.
2) Vgl. W. DILTHEY Einl. in die Geisteswissensch. I S. 98.
3) Auch Aischylos, wenn man ihm den Schluss der Sieben nicht abspricht. Ueber Euripides' Antigone s. F. DÜMMLER Proll. zu Platons Staat S. 49.
4) Auch hier wieder unter der Voraussetzung, dass der Schluss der Sieben nicht von Aischylos herrührt.
5) In den Worten, die sie 4, 3 zu Thoas spricht:
    Wir fassen ein Gesetz begierig an,
    Das unsrer Leidenschaft zur Waffe dient,
    Ein andres spricht zu mir, ein älteres,
    Mich dir zu widersetzen, das Gebot,
    Dem jeder Fremde heilig ist.

als Hauptgegenstand des Dramas behandelt, es verstanden, durch gleiche Vertheilung des Für und Wider die Lösung desselben so zu erschweren, dass das Urtheil über Schuld und Recht der betheiligten Hauptpersonen bis auf den heutigen Tag nicht feststeht. Erst in neuester Zeit ist er wieder entfacht worden.[1]) Vorgebildet ist er schon beim allerersten Zuschauer, beim Chor des sophokleischen Stückes selber, der Anfangs die Auflehnung der Antigone wider die Verordnung Kreons keineswegs billigt, sie als thöricht, ja unrecht zu verurtheilen scheint[2]), und dann doch in den Schlussversen, wenigstens nach der nächsten und natürlichen Auffassung derselben, nur auf Kreons Schuld hinweist. Noch deutlicher tritt der Streit über diese Schuldfrage hervor am Schluss der Aischyleischen Sieben, wo der Chor sich darüber sogar in zwei Parteien sondert. Und so wird der Streit, der nun bereits Jahrtausende dauert[3]), voraussichtlich noch weiter dauern; der Opfermuth, die tapfere Liebe der Antigone werden immer von Neuem Begeisterung wecken, aber auch Kreon wird nicht aufhören solchen aus der Seele zu sprechen, denen der Staat und seine Ordnung als etwas Heiliges gelten, griechischen Patrioten wie Demosthenes[4]) und einem der Ehrwürdigsten unter den Neo-Hellenen, dem Adamantios Koraës.[5]) Kreon war kein Tyrann[6]), wenigstens nicht im heutigen Sinne des Wortes, sondern erscheint sich und Andern als rechtmässiger Herrscher; aber auch wenn er ein Tyrann war, so war er einer vom Schlage des Peisistratos, der nicht ohne Noth von den bestehenden Gesetzen abwich, und dass ein Solcher damals nicht ohne Weiteres dem Hass aller patriotischen Athener verfiel, zeigt die Beurtheilung des Peisistratos und der Peisistratiden durch Herodot und Thukydides. Kreons κηρύγματα, zumal wenn

---

1) Durch G. KAIBEL De Sophoclis Antigona im Gött. Progr. 1897, der es versuchte auch Kreon zu seinem Recht zu verhelfen; dem gegenüber ist der Antigone ausser Andern ein begeisterter Vertheidiger erwachsen in P. CORSSEN Die Antigone des Sophokles (1898).

2) vs. 854. Den Verstoss gegen die Δίκη, von dem hier die Rede ist, aber in der Abkunft die Antigone zu finden, wie CORSSEN S. 16, 1 will, halte ich für unmöglich, schon um der Worte προβᾶσ' ἐπ' ἔσχατον θράσους Willen.

3) Vgl. auch TH. ZIELINSKI Cicero im Wandel der Jahrhunderte S. 46.

4) Περὶ παραπρεσβ. 247.

5) Ἐπιστολαί I S. 325.

6) H. GROTIUS De jure belli ac pacis I 3, 8, 10 Anm. sah in ihm das Abbild eines orientalischen Despoten und erinnerte zu diesem Behuf an den phönikischen Ursprung der Kadmeer.

er sie im Einverständniss mit dem Volke Thebens erliess¹), hatten daher als Verordnungen eines rechtmässigen Souveräns dieselbe Gesetzeskraft wie die attischen ψηφίσματα nnd durften, wie diese, auch wenn sie im Unrecht waren, von einzelnen Bürgern unbedingten Gehorsam fordern. Letzteres entsprach wenigstens einer schon damals verbreiteten Anschauung und ist namentlich durch Sokrates in seinem Verhalten bis zum letzten Athemzuge aller Welt verkündet worden.²) Man solle nicht klüger sein wollen als die Gesetze und nicht diejenigen Staaten seien die besten, die die besten Gesetze haben, sondern die, in welchen den Gesetzen am Besten gehorcht wird, das konnte man damals, fast möchte man sagen, auf der Gasse hören.³) Trotzdem hat der Dichter damit Kreon nicht rechtfertigen wollen, so wenig als Sokrates seine Richter, da er sich ihrem Spruche willig unterwarf. Beide, die Richter und Kreon, handeln zwar kraft einer ihnen rechtlich zustehenden Gewalt, die Richter thun ihren Spruch und Kreon erlässt seine Verordnung, aber der Inhalt ihres Handelns, das,

---

1) Bei Soph. Antig. 215 ff. sucht Kreon sich der Mitwirkung der Bürger zu versichern. Nach 907 (βίᾳ πολιτῶν) wäre die Verordnung mit Zustimmung der Bürger erlassen worden. Da aber die Worte an einer jetzt von Vielen verfehmten Stelle stehen, so wird es gut sein darauf hinzuweisen, dass auch nach Euripides Suppl. 400. 467 und Phoiniss. 1257 Kreon im Einverständniss mit dem Volke es ist, der die Verordnung erlässt, oder, was auf dasselbe hinausläuft, die πόλις, und dass auch der Dichter des Schlusses der Aeschyleischen Sieben nicht anders geurtheilt hat (989 f. Kirchh. 1055).

2) Nach CORRSEN S. 53 könnte es scheinen als ob der Sokrates der Apologie mit dem des Kriton im Widerspruche wäre. Indess der Widerspruch schwindet, wenn wir bedenken: dass es an der Stelle der Apologie p. 29C sich gar nicht um einen Richterspruch handelt, der Gesetzeskraft erlangt hat, sondern um ein Anerbieten, das dem Sokrates die Richter machen und das dann freilich als von Menschen kommend bei ihm nicht das gleiche Gewicht haben konnte wie das Gebot des delphischen Gottes; oder, um mehr in der Weise des Sokrates zu reden, dass es im Kriton sich handelt um einen Vertrag, den Sokrates mit seiner Vaterstadt und deren Gesetzen bereits geschlossen hat und der ihn nun zum Gehorsam verpflichtet, in der Apologie dagegen erst um das Anerbieten eines Vertrages, dem gegenüber er noch freie Hand hat.

3) Auch Antigone wird ihre Gegner gehabt haben. Und es ist wenigstens nicht undenkbar, dass gegen solche Gegner der Antigone sich Sophokles wendet, wenn er ihrer That im Oedip. Colon. 1409 f. als Motiv einen ausdrücklichen Auftrag des Polyneikes ihn zu bestatten unterlegt. Jedenfalls ist diese neue Motivirung ein Zeichen, wie den Dichter das Antigone-Problem bis in seine letzten Zeiten beschäftigte. Merkwürdig ist sie ausserdem darum, weil sie eine Art Gegenstück zu Eurip. Phoiniss. 1646 bildet, wo das Verbot der Bestattung auf Eteokles zurückgeführt wird.

was beide thun, ist darum nicht weniger Unrecht und verstösst gegen die Gesetze[1]); und die Strafe dafür, die Sokrates seinen Richtern nur androhen konnte[2]), trifft in der idealen Welt des Dichters den Kreon wirklich. Beide haben sich vergangen, Antigone und Kreon. Aber schwerer lastete die Schuld auf Kreon[3]): wenn der Schluss der Tragödie darüber einen Zweifel liesse, so würde denselben die ἐπιείκεια des Dichters beseitigen, die zwar die That der Antigone zu entschuldigen vermag, aber nicht den Inhalt von Kreons Verordnung.[4])

1) Bei Platon Kriton p. 54 C sagen die Gesetze zu Sokrates: ἀλλὰ νῦν μὲν ἠδικημένος ἄπει, ἐὰν ἀπίῃς, οὐχ ὑφ᾽ ἡμῶν τῶν νόμων ἀλλ᾽ ὑπ᾽ ἀνθρώπων. Und dass er τοὺς καθεστῶτας νόμους nicht geachtet habe, dieses Schuldbekenntniss legt Kreon selber ab 1113.

2) Platon Apol. p. 39 C.

3) Man berücksichtige auch den Ausdruck, den Kreon in seinem Schuldbekenntniss braucht 1113 f.: δέδοικα γὰρ μὴ τοὺς καθεστῶτας νόμους ἄριστον ᾖ σῴζοντα τὸν βίον τελεῖν. Wie schwer der hierin angedeutete Vorwurf wog, zeigt was Xenophon Mem. 1, 2, 9 aus der Anklage des Sokrates mittheilt: ὑπερορᾶν ἐποίει τῶν καθεστώτων νόμων τοὺς συνόντας. Hierzu stimmt weiter Pheidippides' Ausruf in den Wolken 1400: ὡς ἡδὺ .... τῶν καθεστώτων νόμων ὑπερφρονεῖν δύνασθαι.

4) Gewiss! Polyneikes kam als Feind und als Feind seiner Mitbürger. In Mancher Augen mochte diess eine solche Verordnung wie diejenige Kreons entschuldigen; aber nicht in den Augen des Dichters, dessen ἐπιείκεια im Ajax 1336 ff. durch den Mund des Odysseus redet nach der aristotelischen Regel Rhetor. I 13 p. 1374ᵇ 15 (μὴ ποῖός τις νῦν ἀλλὰ ποῖός τις ἦν ἀεὶ ἢ ὡς ἐπὶ τὸ πολύ). Zu harte Strafen waren schwerlich nach seinem milden Sinn, und er würde sich darüber, auch hier mit Herodot zusammentreffend, wohl ähnlich wie dieser gerechtfertigt haben IV 205: ὡς ἄρα ἀνθρώποισι αἱ λίαν ἰσχυραὶ τιμωρίαι πρὸς θεῶν ἐπίφθονοι γίνονται. — Im Uebrigen ist hier noch ein Wort zu sagen über die καθεστῶτες νόμοι, gegen die sich Kreon versündigt hat und denen er nunmehr sich unterwirft, indem er die Bestattung des Polyneikes in heimischer Erde verfügt. Diess Letztere scheint nun aber, wie W. VISCHER Kl. Schr. II 641 f ausführt, mit den bestehenden Gesetzen gerade in Widerspruch zu sein. Nach ihm liegt die Schuld Kreons darin, dass er die Bestattung des Polyneikes überhaupt untersagt, während in solchen Fällen das athenische Gesetz nur die Bestattung in heimischer Erde untersagte; um daher seine Schuld zu sühnen und sich mit dem Gesetz wieder in Einklang zu setzen, hätte Kreon die Bestattung ausser Landes verfügen müssen. VISCHER kommt deshalb zu der Vermuthung, der Dichter habe seinen Landsleuten eine Milderung des strengen Gesetzes vorgeschlagen und unter den καθεστῶτες νόμοι seien eben die idealen Gesetze zu verstehen, die er ihnen empfehlen wollte. Mir scheint aber diese Vermuthung, so fein sie von VISCHER in seiner vortrefflichen und in der neuesten Litteratur über die Antigone nicht genug gewürdigten Abhandlung begründet wird, doch nur ein Nothbehelf und ich halte es für unmöglich, unter den καθεστῶτες νόμοι etwas Anderes zu verstehen als Gesetze, die irgendwie in der Wirklichkeit bestanden. Vielmehr möchte ich, gerade auf der sophokleischen Stelle fussend, behaupten, es entsprach irgendwie dem hellenischen

So triumphirt in der Antigone schliesslich das „ungeschriebene Gesetz". Wir spüren es, dass auch der Dichter Partei ergriffen hat im Kampfe seiner Zeit, dass er auf Seiten der ἄγραφα steht, denen er ausser in der Antigone im Aias zum Siege verholfen hatte und vor denen er sich auch im König Oidipus verehrend beugt (s. o. S. 24, 2).[1]) Anders stellte sich zu ihnen Euripides, und der Conflict der Gesetze wird so zu einem Gegensatz auch zwischen den beiden grossen Tragikern. Freilich die Geltung gewisser ἄγραφα kann auch Euripides nicht verleugnen, auch bei ihm muss in den Schutzflehenden der attische Nationalheros Theseus für sie eintreten und sein Kreon in den Phoinissen erkennt sogar das Edelmüthige im Beginnen der Antigone an[2]): trotzdem hat Euripides unmittelbar und mit Namen sein Lob

---

καθεστὼς νόμος die Leichen auch von Verräthern am Vaterlande — denn von den besonderen Verhältnissen des Polyneikes, die ihn in einem günstigeren Lichte und nicht in dem eines gemeinen προδότης erscheinen lassen, dürfen wir, glaub' ich, absehen — zu bestatten. Was der καθ. νόμ. verbot, war nicht die ταφή schlechthin, sondern nur die νομιζομένη ταφή (Lys. g. Eratosth. 96 s. o. S. 65, 1). Man warf, wie der officielle Ausdruck lautete, die Leichen den Hunden und Vögeln hin, liess es aber geschehen, dass sie von den Angehörigen in der Stille verscharrt wurden. Nicht ganz gleichartig ist der Fall der Spartaner, die schliesslich doch auch die Leiche des Pausanias verscharrten (Thuk. I 134 vgl. Vischer a. a. O. S. 638, 1). Aber eher darf verglichen werden Agamemnon im Ajax 1368 ff., der doch auch die Bestattung des Ajax nur zugiebt, nicht selbst dabei betheiligt sein will; und noch mehr Alkmene in den Schutzfl. des Euripides, die zwar den Leichnam des Eurystheus den Hunden vorwerfen heisst (1050 f., was freilich nicht ganz zu 1023 f. stimmt), aber doch dessen Bestattung durch seine φίλοι voraussieht. Gegen ein solches Gesetz würde sich also Kreon vergangen haben, wenn er die Bestattung des Polyneikes nicht duldete. Eine speciell attische Modification dieses Gesetzes würde es dann gewesen sein, wonach die Bestattung nur ausser Landes geduldet wurde; und gegen diese attische Modification hätte, wie um den Sophokles zu übertrumpfen und den Kreon in den Augen eines athenischen Publicums noch mehr herabzusetzen, erst Euripides den Kreon sündigen lassen, wenn dieser Phoiniss. 1230 ff. befiehlt, die Leiche des Polyneikes ausser Landes zu schaffen und auch dann die Bestattung untersagt. Ob erst durch diese euripideische Wendung das pseudo-äschyleische ἔξω βαλεῖν (Sieben 998) veranlasst worden ist, wie Corssen Die Antigone des Soph. S. 34 meint, ist mir doch zweifelhaft, namentlich auch wenn ich Ev. Matth. 5, 13; Joh. 6, 37. 9, 34 f. 12, 31 vergleiche; so sehr es sonst erwünscht wäre, auf diese Weise die Möglichkeit einer Datirung des Schlusses der Sieben zu erhalten.

1) Vgl. fr. 226 Nauck[2] dass man der Gottheit folgen solle κἂν ἔξω δίκης χωρεῖν κελεύῃ (W. Nestle Neue Jahrb. f. Philol. II (1899) S. 201).

2) 1680: γενναιότης σοι, μωρία δ' ἔνεστί τις. So konnte Kreon allerdings auch eher in den Phoinissen sprechen, da er hier das Bestattungsverbot nicht so wohl aus eignem Antriebe als im Auftrag des Eteokles gegeben hat.

nur dem geschriebenen Gesetz gespendet[1]), genau so wie Sophokles umgekehrt nur dem ungeschriebenen, während beide andererseits des Gegentheils, Sophokles des geschriebenen und Euripides des ungeschriebenen Gesetzes, nirgends Erwähnung thun. Man darf das Letztere um so weniger für blossen Zufall halten, als beide Dichter offenbar über Gesetz und Gesetzmässigkeit nicht ganz die gleichen Vorstellungen haben. Sophokles rühmt an ihnen die Macht, mit der sie herrschen und jede Willkür und Gewaltthätigkeit danieder halten[2]), Euripides sieht in ihnen die festen Stützen von Freiheit und Gleichheit[3]), das theseische Athen ist für Beide die Stadt der Gesetze, aber für Sophokles bedeutet diess die Stadt der Zucht und Ordnung, für Euripides die Stadt der Demokratie.[4]) Die Gesetze erscheinen deshalb bei Euripides vornehmlich als etwas von Menschen Gemachtes[5]) und dem Wechsel Unterworfenes, der Gegensatz zwischen νόμος und φύσις ist bei ihm viel schärfer gespannt[6]), und er selbst tritt uns als ein unruhiger Reformer entgegen.[7]) Hiervon hebt sich sichtlich ab Sophokles, dessen ewige göttliche Gesetze mit der Natur in einer Weise zusammenfliessen, die an Heraklit erinnert, der deshalb in den Gesetzen vor Allem etwas Unumstössliches, Unantastbares erblickt und der aus diesem Grunde vielmehr geneigt sein muss am Bestehenden festzuhalten. Man wird kaum fehl gehen, wenn man sagt, dass der Eine sein Ideal des Gesetzes im geschriebenen, der Andere im ungeschriebenen Gesetz verwirklicht fand, und hieraus die weitere Verschiedenheit ihrer Anschauungsweise wo nicht ableitet, so doch damit in Zusammenhang bringt. Euripides für Freiheit und Gleichheit schwärmend wie ROUSSEAU und wie dieser zwischen Natur und Gesetz hin und her schwankend, verbindet den Stand-

---

1) Schutzfl. 433 f.: γεγραμμένων δὲ τῶν νόμων ὅ τ' ἀσθενής
ὁ πλούσιός τε τὴν δίκην ἴσην ἔχει
mit den vorausgehenden und folgenden Versen.

2) Τὰ τῆσδε τῆς γῆς κύρια heissen die Gesetze im OC 915.

3) Schutzfl. 430 ff.

4) Schutzfl. 442: καὶ μὴν ὅπου γε δῆμος αὐθέντης χθονός κτλ. Auch in Hekab. 866 ff. ist die Herrschaft des ὄχλος bezeichnet durch die νόμων γραφαί.

5) Besonders crassen Ausdruck hat diese Ansicht im Munde der Hekabe gefunden 799 ff.

6) Auch da, wo er ausgeglichen schien, Bacch. 895 (τό τ' ἐν χρόνῳ μακρῷ νόμιμον ἀεὶ φύσει τε πεφυκός), ist er nach der Erklärung von Ew. BRUHN Einl. S. 23 wieder hervorgetreten.

7) FR. LEO Plaut. Forsch. S. 106.

punkt der jüngeren Sophistik, die überall auf die Natur zurückzugehen heisst, mit den Anschauungen der entwickelten Demokratie, die auf die geschriebenen Gesetze und deren Buchstaben pocht. Daher musste er ein Gegner der Billigkeit, der ἐπιείκεια, sein[1]), für die Sophokles gerade bei jeder Gelegenheit eintritt.[2]) Euripides trifft hier mit Kleon zusammen, wenigstens wie Thukydides uns diesen geschildert hat[3]); Sophokles dagegen, indem er mahnt, den ungeschriebenen Gesetzen gehorsam zu sein, führt uns noch ein Mal zur älteren Generation athenischer Politiker, zu Perikles und seinem Kreis zurück.[4])

Wie Euripides in fieberhafter Leidenschaft Alles auf den schärfsten Ausdruck bringt, wie Stimmungen, die bei Sophokles nur eben anklingen, bei ihm zu schrillen Misstönen werden, so ist er auch mit der fortschreitenden Demokratie seiner Heimath weiter gegangen bis zu dem grimmigen Hass gegen die Spartaner, der die Generation des peloponnesischen Krieges charakterisirt. Ob hieran auch seine Verehrung für das geschriebene Gesetz einen gewissen Antheil hat, ist nicht zu sagen. Sicher ist nur, dass der Kampf des geschriebenen und des ungeschriebenen Gesetzes ein Kampf nicht bloss der Individuen, nicht bloss der Parteien des attischen Staates, sondern ein Kampf zugleich der mächtigsten Staaten des damaligen Griechenlands war. In den Institutionen Justinians freilich stehen beide friedlich neben einander und spielen beide, einander ergänzend, ihre Rolle in der Geschichte des Rechts, Sparta als die Heimath des ungeschriebenen, Athen als die des geschriebenen Rechts.[5]) So ausgeglichen, wie sie hier erscheinen, werden aber die Ansprüche der beiden Staaten kaum von jeher gewesen sein; vielmehr werden sie einander ursprünglich gegenüber gestanden und als Beispiele gedient haben in der zuletzt

---

1) o. S. 59, 5.
2) o. S. 57, 4. S. 57, 5. S. 59, 4.
3) S. o. S. 59, 6.
4) o. S. 21.
5) Instit. I 2, 70: Et non ineleganter in duas species jus civile distributum videtur. nam origo ejus ab institutis duarum civitatium, Athenarum scilicet et Lacedaemonis fluxisse videtur; in his enim civitatibus ita agi solitum erat, ut Lacedaemonii quidem magis ea, quae pro legibus observarent, memoriae mandarent, Athenienses vero ea, quae in legibus scripta reprehendissent (invenissent B), custodirent. Vgl. Franz Hofmann Beiträge zur Gesch. des griech. u. röm. Rechts S. 13, 30. Dasselbe nur wenig verschleiert durch die Fülle des rednerischen Ausdrucks sagt auch Cicero pro Flacco 62 f.

noch von den Rhetoren gepflegten allgemeinen Controverse über den Vorzug des geschriebenen oder ungeschriebenen Gesetzes. Der Gegensatz beider Staaten, der sich hierin äussert, ist ein sehr realer, derjenige nämlich der conservativen und der revolutionären Macht, der sich ableitet aus der Beständigkeit der ungeschriebenen Gesetze einer- und der Veränderlichkeit der geschriebenen andererseits.[1] Es ist derselbe Gegensatz, der beiden Staaten schon von den Urhebern ihrer Verfassungen sollte eingepflanzt sein[2]) und der sich so blutig im peloponnesischen Kriege entlud. In diese und die umgebende Zeit werden wir daher abermals zurückgeführt. Wie man im demokratischen Athen des fünften Jahrhunderts das geschriebene Gesetz hochhielt, es allein als das wahre anerkannte, wurde schon früher besprochen (s. o. S. 41 f.). Um dieselbe Zeit tritt uns in Pindars Liedern Sparta als der Staat entgegen, in dem man nach den Satzungen (τεϑμοί) des Aigimios lebte, worunter doch nur ein uraltes Herkommen verstanden werden kann[3]); auf das Gleiche führt Aristoteles, wenn er es tadelt, dass die Ephoren lediglich nach eigenem Ermessen Recht sprechen und ohne irgendwie an ein geschriebenes Gesetz gebunden zu sein[4]), und auch die Lykurgische Rhetra, die den Gebrauch geschriebener Gesetze geradezu untersagt[5]), wird man sich

---

1) Sparta als die Stadt der beharrenden Institutionen, Athen als die der Neuerungen auch in der Rede des Korinthers bei Thukyd. I 71, 3.

2) Durch den Schwur, mit dem Lykurg seine Mitbürger gebunden haben sollte, waren diese verpflichtet seine Gesetze in alle Ewigkeit zu halten (Plut. Lyk. 29). Solon dagegen hatte nach Aristot. St. d. Ath. 7, 2 (Plutarch Solon 25) sich begnügt seine Landsleute nur für hundert Jahre zu verpflichten, nach Herodot I 29 (Plut. Solon 25) sogar nur für zehn. Vgl. FUSTEL de COULANGES La cité ant. S. 347. BUSOLT Griech. Gesch. II^2 S. 290, 2. Ja nach der gewöhnlichen im vierten Jahrhundert in Attika herrschenden Vorstellung (Demosth. g. Lept. 90. Aisch. g. Ktesiph. 38) hatte er bereits Vorkehrungen getroffen für eine alljährliche Revision und angemessene Abänderung der Gesetze. Hierzu stimmt der Ausspruch, der Solon bei Plutarch Conv. Sept. Sap. 7 p. 152 A beigelegt wird τοὺς νόμους — μετακινητοὺς εἶναι und BERNARDAKIS hätte nicht die Conjektur von WILAMOWITZ aufnehmen sollen μὴ μετακινητούς, durch die nicht bloss der Tradition widersprochen, sondern anch der Gedankenzusammenhang der Plutarchstelle vollkommen zerstört wird.

3) Pind. Pyth. I 64. ED. MEYER Rhein. Mus. 42, 96.

4) Polit. II 9 p, 1270^b 28 f.: ἔτι δὲ κρίσεών εἰσι μεγάλων κύριοι, ὄντες οἱ τυχόντες, διόπερ οὐκ αὐτογνώμονας βέλτιον κρίνειν, ἀλλὰ κατὰ τὰ γράμματα καὶ τοὺς νόμους. Ueber αὐτογνώμονας s. o. S. 54, 3.

5) Μὴ χρῆσθαι νόμοις ἐγγράφοις Plutarch Lykurg 13.

keinesfalls so jung denken dürfen, dass daraus nicht ein Schluss auf die Vorstellungsweise des fünften und vierten Jahrhunderts gezogen werden könnte.[1])

[1]) Schriftlich aufgezeichnet waren freilich auch die Gesetze des Lykurg. Auf Pausanias V 4, 4 (κατὰ Λυκοῦργον τὸν γράψαντα Λακεδαιμονίοις τοὺς νόμους) und schol. Hom. Il. 1, 534 (Λυκοῦργον — γράψαντα νόμον ἐπανίστασθαι κτλ.) will ich kein besonderes Gewicht legen (FR. A. WOLF Proll. ad. Hom. S. 40², 32). Aber da sie als Orakel galten, so wird man es mit ihnen gehalten haben, wie man es mit Orakeln zu halten pflegte (vgl. ausser Herodot. VI 57 insbesondere Plutarch adv. Colot. 17 p. 1116 F: Λακεδαιμόνιοι τὸν περὶ Λυκούργου χρησμὸν ἐν ταῖς παλαιοτάταις ἀναγραφαῖς ἔχοντες. Lykurg 29: τὸ μάντευμα γραψάμενος εἰς Σπάρτην ἀπέστειλεν sc. ὁ Λυκοῦργος. Auch Plutarch De Pyth. orac. 19 p. 403 E (αἱ ῥῆτραι, δι' ὧν ἐκόσμησε τὴν Λακεδαιμονίων πολιτείαν Λυκοῦργος, ἐδόθησαν αὐτῷ καταλογάδην) scheint dem entsprechend auf ursprünglich schriftliche Abfassung zu führen. Dass sie schon in sehr früher Zeit aufgezeichnet waren, setzt voraus Plutarch Lyk. 6: Πολύδωρος καὶ Θεόπομπος οἱ βασιλεῖς τάδε τῇ ῥήτρᾳ παρενέγραψαν. Später, aber gewiss nicht erst damals, sondern älterem Brauche gemäss, brachte man die neuen Rhetren schriftlich ein, so Epitadeus (Plutarch Agis 5) und Agis selber (ebenda 9). Diess scheint nun der angeblich Lykurgischen Rhetra μὴ χρῆσθαι νόμοις ἐγγράφοις zu widersprechen. Und zur Ausgleichung des Widerspruchs sich auf einen Unterschied der ῥῆτραι von den νόμοι oder νόμιμα zu berufen, so dass nur die letzteren nicht wären aufgezeichnet worden, geht nicht wohl an. Beide lassen sich nicht so einfach scheiden. Die ῥήτρα des Epitadeus (Plutarch Agis 5) wird auch wieder νόμος genannt (εἰσήνεγκε τὸν νόμον) und umgekehrt heisst ein νόμιμον der Perser bei Xenoph. Cyrop. I 6, 33 ῥήτρα. Mit diesem Sprachgebrauch stimmt auch die Erklärung von ῥήμασι in dem Epigramm auf die gefallenen Spartaner (Herodot. VII 228) überein, wie sie in der bereits beim Redner Lykurg auftretenden Variante νομίμοις für ῥήμασι niedergelegt ist; denn ῥήμασι ist so viel als ῥήτραις, und in ῥήτραις πειθόμενοι erscheint nur das auch sonst den Spartanern nachgerühmte πείθεσθαι τοῖς νόμοις wieder (vgl. Empedokl. 369 ff. Stein: ἔστιν Ἀνάγκης ῥῆμα, θεῶν ψήφισμα παλαιόν. Den νόμος, der hier gemeint ist, s. bei Herodot VII 104 ἀνώγει δὲ κτλ. und eine Anspielung darauf auch 220). Von dieser Auffassung von ῥήμασι abzugehen nöthigt uns keinesfalls die in der Luft schwebende Erklärung, die WILAMOWITZ Hom. Unters. 280, 16 von ῥήμασι gegeben hat und nach der es „der Instruction gemäss" bedeuten soll. Aber, hält man uns entgegen (WILAMOWITZ a. a. O.), ῥήτρα heisst immer Vertrag. Das heisst es indessen nicht an der angeführten Stelle der Kyropädie, und auch nicht in der Anabasis VI 6, 28, wo es durch das vorausgehende (27) στρατιωτῶν δόγμα erläutert wird und sonach abermals dem νόμος synonym erscheint, der als ein δόγμα definirt zu werden pflegt (z. B. von Platon Def. p. 515 B, sogar als βασιλέως δόγμα von Dion Chrys. or. 3 p. 43 M). Und Xenophon folgt doch an beiden Stellen gewiss dem spartanischen Sprachgebrauch. Derselbe tritt uns auch entgegen in den bekannten Versen des Tyrtaios fr. 4 Bergk[3]: ἔπειτα δὲ δημότας ἄνδρας εὐθείην (denn so, im Sinne von geradeswegs, ohne Umschweife, d. h. mit Ja oder Nein, fordert der Gedankenzusammenhang bei Plutarch Lykurg 6 als den Gegensatz zu σκολίαν, und so giebt die Ueberlieferung bei Diodor) ῥήτραις ἀνταπομειβομένους. Die ῥῆτραι sind auch hier Gesetze oder Gesetzanträge gerade wie die des Epitadeus oder Agis, die dem Volke zur Be-

Sparta sollte die Heimath des ungeschriebenen Gesetzes in jedem Sinne sein, nicht bloss insofern als dieses das von Alters her feststehende Herkommen (ἀκίνητον ἔϑος) bedeutet, sondern auch insofern es das in jedem Einzelnen lebendige Rechtsbewusstsein ist. Erst so erscheint Sparta als das Ideal eines Staates, gegründet auf die beiden Hauptarten des ungeschriebenen Gesetzes. Fasste man es dagegen einseitig als den Staat, der vom starren Herkommen beherrscht wird[1]), so lag der Einwand nahe, dass darunter vor Gericht die gerechte Beurtheilung der individuellen Fälle leiden müsse. Diesem Einwand wird bei Plutarch Lykurg 13

---

gutachtung durch einfache Zustimmung oder Ablehnung vorgelegt werden. Mag daher immerhin auf alten Steinen (selbst für Röhl IGA 110 ἁ Ϝράτρα τοῖρ Ϝαλείοις καὶ τοῖρ ΕὐϜαοίοις scheint mir diess aber noch nicht bewiesen) und in der Odyssee ῥήτρα den Vertrag bedeuten, für den spartanischen Sprachgebrauch beweist diess ganz und gar nichts. Nicht einmal so viel lässt sich hieraus folgern, dass es die ursprüngliche Bedeutung des Wortes war. Wie leicht sich beide Bedeutungen in einem und demselben Worte begegnen, zeigt das lateinische „lex" (Mommsen Staatsrecht III 1 S. 308 f.). Dasselbe gilt aber auch für das griechische νόμος (Aristot. Rhet. I 15 p. 1376^b 7 ἡ συνϑήκη νόμος ἐστὶν ἴδιος καὶ κατὰ μέρος. Die νομικὴ φιλία in Eth. Nik. VIII 15 p. 1162^b 25 ist eine auf Vertrag gegründete). Mit einer Art von Urvertrag, aus dem schon im Alterthum manche Theoretiker die Verpflichtung des Menschen zum Gehorsam gegen die Gesetze ableiteten, hat diess natürlich nichts zu thun. Was vielmehr in ῥήτρα speciell zu dieser doppelten Bedeutung geführt hat, ist die eigentliche Bedeutung dieses Wortes als einer ausdrücklichen Formulirung — eine Bedeutung, die besonders in der Gebrauchsweise des stammverwandten ῥητόν zu Tage tritt (ursprünglich geschah eine solche Formulirung durch lautes Aussprechen, daher beachtenswerth der Gegensatz von ῥήματα und γράμματα Ev. Joh. 5, 47); denn eine solche Formulirung ist ebenso wesentlich für einen Vertrag oder eine Verabredung als für ein Gesetz. Es wird also dabei bleiben, dass die ῥῆτραι die νόμοι der Spartaner sind (das Richtige bei Busolt Griech. Gesch. I² S. 563, 4). Wenn diese nun aufgezeichnet wurden und trotzdem als ungeschrieben galten, so wird es damit eine ähnliche Bewandtniss gehabt haben wie mit den ungeschriebenen Gesetzen, von denen früher (s. oben S. 47, 3) die Rede war. Sie galten als ungeschrieben, weil sie ihre Sanctionirung nicht durch die Schrift erhielten; vielmehr wird diese Sanctionirung bei den Spartanern durch mündliche Erklärungen erfolgt sein (hierauf führt auch, was Isokrates Panath. 209 über die Verbreitung des Lesens und Schreibens bei den Spartanern bemerkt, in welcher Hinsicht allerdings Plutarch Lykurg 16 Apophth. Lacon. p. 221 B anderer Ansicht ist). — Uebrigens war in Sparta Vieles, was anderwärts einen Gegenstand der Gesetzgebung bildete, überhaupt nicht zu bestimmten Gesetzen formulirt, sondern der Sitte überlassen (daher die ὀλιγότης τῶν νόμων Plutarch Lyk. 20): sodass es auch in diesem mehr relativen Sinne, verglichen mit andern griechischen Staaten und namentlich mit Athen, die Stadt der ungeschriebenen Gesetze heissen konnte.

1) Diess war doch wohl die gewöhnliche Auffassung: s. o. S. 71 f.

die Spitze abgebrochen: denn für die wechselnden Verkehrsverhältnisse sah man nach ihm in Sparta nicht bloss von geschriebenen Gesetzen, sondern auch von den ἀκίνητα ἔϑη ab und überliess Alles, d. h. insbesondere die angemessene Berücksichtigung der καιροί, dem Urtheil der πεπαιδευμένοι.[1]) Auf der anderen Seite sieht aber Aristoteles (s. o. S. 72, 4) darin, dass die Ephoren in ihren richterlichen Entscheidungen nicht an die feste Norm eines Gesetzes gebunden sind, gerade eine Quelle der Ungerechtigkeit: so dass wir hier an einem einzelnen Punkte eine Menge von theoretischen Controversen über den Werth des geschriebenen und des ungeschriebenen Gesetzes ahnen, die schliesslich eine Folge des realen Kampfes der beiden Hauptmächte Griechenlands waren.

Bis in die Speculationen der Philosophen setzt sich dieser Kampf fort. Der äussere Erfolg desselben hatte in den Augen derer, die den Werth einer Staatsverfassung an der Macht des Staates maassen — und deren gab es bekanntlich schon vor Machiavelli und Spinoza, schon im Alterthum und gerade in dessen klassischer Zeit nicht Wenige —, Sparta und seinen ungeschriebenen Gesetzen Recht gegeben. Sparta wird mehr noch als früher das Ideal eines Staats und die Urheber von Musterstaaten statten ihre theoretischen Träume gern mit Zügen aus, die sie der Lykurgischen Verfassung entlehnen. Auch Athener verfahren in dieser Weise. Doch zeigt sich bei ihnen der Patriotismus darin, dass sie ihre Ideale anknüpfen an die Vergangenheit der eigenen Heimath, an ein altes Athen, das frei ist von den Sünden des späteren ultra-demokratischen und keine Schuld trägt an der Katastrophe des peloponnesischen Krieges, und dass sie ihre politischen Gedanken und Pläne decken mit der ehrwürdigen Autorität des Solon. In dieser Absicht hat Isokrates preisende Schilderungen des alten, namentlich des solonischen Athens gegeben und als Rhetor es dabei mit der Geschichte nicht eben genau genommen.[2]) Radicaler noch, mit der Kühnheit des philosophischen Idealisten, ging Platon zu Werke. Er wagte den Flug in eine Zeit, die jenseits nicht bloss der beglaubigten, sondern, man kann sagen, auch der mythischen Geschichte lag. Bis auf die Autochthonen griff er zurück, die ersten Bewohner des attischen

---

[1]) Vgl. Platon Rep. IV 425 B ff.
[2]) R. Pöhlmann Geschichte des antiken Kommunismus I 140 ff. Ders. Altert. und Gegenwart 238 ff.

Landes, die der heimische Boden selber geboren hatte und die unter der unmittelbaren Leitung der Stadtgöttin sich zu einem Gemeinwesen zusammenfanden. Erst hier fand er sein politisches Ideal verwirklicht, weit entrückt von der Gegenwart. Indessen so frei sich dichtende Phantasie und philosophische Speculation in seiner Darstellung erheben, ganz unabhängig sind auch sie nicht, sondern suchen einen Halt und eine Gewähr theils in der Sage[1]), theils am Namen des Solon. Der letztere muss für Platon in ähnlicher Weise herhalten wie für Isokrates. Wie für diesen der Idealstaat im Bilde des solonischen Athens erscheint, so hat auch Platon die Verwirklichung seines Idealstaates in Ur-Athen nur unter Solons Gewähr gegeben. Dabei hatte Platon in der Durchführung seines Ideals leichteres Spiel als der Rhetor, da er sich von vornherein auf den Boden der Sage und Dichtung begeben hatte und nicht wie Isokrates sein Ideal erst der immerhin spröden Geschichte abringen musste; er hatte auch nicht Solons wirkliche Leistung als Staatsmann im Auge, sondern nur das Projekt einer Dichtung, das dieser aber niemals ausgeführt, sondern im Drang der politischen Wirksamkeit hatte fallen lassen. So ist es gewissermaassen Solons eigenes, nie zur Ausführung gekommenes Ideal,

---

1) Hierher gehört die Autochthonie der Urathener. Ferner mag der Krieg der Urathener und der Atlantiker eine Erinnerung an den Kampf zwischen Eleusis und Athen enthalten. Doch ist es auch nicht mehr als eine Erinnerung und noch dazu eine recht abgeblasste. O. KERN Archiv f. Gesch. d. Philos. 1888, S. 175 ff. hat daher entschieden übertrieben, und auch J. TÖPFFER Att. Geneal. S. 42, 1 sagt zu viel, wenn er in diesem Ereignisse das Motiv zur Atlantisdichtung findet. Zwischen der Atlantis und Eleusis ist denn doch ein zu gewaltiger Abstand. Weder die Geschichte noch Sage des letzteren bot irgend welchen Anhalt zu einer solchen Vergrösserung und Umgestaltung, dass aus der kleinen Nachbarstadt Athens, die zur See niemals etwas bedeutete, der ungeheure seemächtige Inselstaat werden konnte, dessen Reich sich bis nach Libyen und zu den Etruskern ausdehnte, der aber nirgends unmittelbar an Attika grenzte. Und auch Poseidon spielt in den Sagen von Eleusis und in der Atlantisdichtung eine ganz verschiedene Rolle: um nur Eins anzuführen, so ist sein Streit mit Athena bei Platon nicht etwa bloss übergangen, sondern kann auch nicht einmal hinzugedacht werden, da die Theilung der Welt sich von Anfang an durchaus friedlich vollzogen hat (Kritias 109 B) und dabei Poseidon die Atlantis ebenso, wie Athena und Hephaistos von vornherein Attika, zugefallen ist. Also eine Erinnerung an die in Athen populäre Sage vom Kampfe der Poseidon-Söhne mit den Schützlingen Athenas mag auf Platons Phantasie eingewirkt haben, aber mehr als einen der äusseren Züge hat sie ihm nicht geboten und kann vollends nicht als „das Motiv" dieser ganzen tendenziösen, einem philosophischen Gedanken dienenden Dichtung gelten.

das uns Platon in seiner Darstellung Ur-Athens vor Augen führt. Um so weniger brauchte er sich um die historische Wirklichkeit der solonischen Verfassung zu kümmern und konnte über sie hinaus den Weg bis zur Erfüllung des Ideals zu Ende gehen. Isokrates war hier auf halbem Wege stehen geblieben. Auch er mischt, wie Platon, spartanische Züge in sein Ideal des alten Athens und zwar so, dass er ebenfalls wie Platon als guter Athener und im Gegensatz zu den gemeinen Lakonisten die Ursprünglichkeit für seine Heimath in Anspruch nimmt[1]); aber während sein Athen immer eine Demokratie bleibt und daher Anfangs[2]) auch die Seemacht von ihm als ein wesentlicher Zug im Ideale festgehalten wird, hat Platon auch diesen gestrichen und sein Ur-Athen ist wie Sparta lediglich ein auf Ackerbau gegründeter Staat, eine Landmacht geworden. Platon hat damit nur mit der Schroffheit des philosophischen Theoretikers ausgesprochen, was seit den Tagen des Themistokles und Aristeides die Losung einer ganzen Partei war.[3]) Es scheint, dass auch er selbst erst in späteren Jahren seine Ansicht bis zu dieser Einseitigkeit ausgebildet hat.[4]) Mit dem Staat der Athena und des Hephaistos hat hinfort Poseidon nicht das Geringste zu thun, ja er hat auch niemals nur einen Anspruch auf ihn erhoben, wie doch die Sage vom Streite der beiden Götter wollte, sondern von Anfang an war ihm sein besonderes Reich in der Atlantis beschieden. In dieser aber hinwiederum zeigt sich das Ideal eines reichen und mächtigen Seestaates vollkommen verwirklicht: denn was nach dem Urtheil einheimischer und gleichzeitiger Theoretiker[5]) selbst Athen noch fehlte,

---

1) Panath. 153. 178. Pöhlmann Gesch. des antiken Kommunismus I 126, 2.
2) Paneg. 18 ff.
3) Vgl. darüber aus neuerer Zeit H. Nissen, Sybels histor. Zeitschr. 63 (1889) S. 396 f. W. Iudeich Kleinasiat. Studd. S. 88. Dass für die Athener Seefahrt und Seemacht nicht πάτριον ist, weiss auch Hermokrates bei Thukyd. VII 21, 3, merkwürdiger Weise derselbe, der im Timaios und Kritias den Erzählungen von Ur-Athen zuhört.
4) Wenigstens den Staat seiner Republik denkt er sich, wie er gelegentlich andeutet (II 371 A f. IV 426 D), noch in Verbindung mit dem Meere. Dagegen steht er in den Gesetzen (IV 704 D ff. VIII 842 C) auf demselben Standpunkt wie im Timaios und Kritias. So ist auch Isokrates erst später (s. Anm. 2) zu der Ueberzeugung gekommen, dass die Seemacht an allem Unglück Schuld sei, nicht bloss Athens, sondern auch Spartas (π. εἰρήνης 64. 101 f.).
5) Pseudo-Xenoph. Staat d. Ath. 2, 14. Thukyd. I 143, 5 (in einer Rede des Perikles). Nissen Histor. Ztschr. 63 (1889) S. 397, 1.

als es auf der Höhe seiner Seemacht stand, die insulare Lage, das ist den Atlantikern von Anfang an gewährt worden. So stellt Platon einander gegenüber die beiden Staatsideale, die zu seiner Zeit in der Theorie und Praxis mit einander stritten, und welches den Vorzug verdiene, das hat er geprüft in der Weise, wie Staaten geprüft werden, durch einen Krieg[1]), für dessen weitere Ausmalung er die Farben theils der Sage vom eleusinischen, theils der Geschichte des Perserkrieges entnommen haben mag und vielleicht noch mehr entnommen haben würde, wenn er sein Werk vollendet hätte. Das Ende dieses Krieges war wie das des peloponnesischen: die Landmacht, die manche Züge Spartas an sich trägt, siegte über den Seestaat, der seiner Seits an das Athen des fünften Jahrhunderts, die Hauptstadt des attischen Bundesstaates, erinnert. Für uns aber ist das Wichtigste, dass auch in diesem Kampfe des Mythos aufs Neue der Streit des ungeschriebenen Gesetzes mit dem geschriebenen entschieden wird und dass es abermals der Staat der ungeschriebenen Gesetze ist, dem der Sieg bleibt über den der geschriebenen. Denn Ur-Athen, hierin Sparta, aber auch dem solonischen Athen ähnlich, das Isokrates schildert, — dessen Idealisirung Platon nur consequenter durchgeführt hat — ist durch εὐνομία ausgezeichnet[2]), die auch bei ihm sich auf ungeschriebenes Gesetz gründet[3]), während die Atlantis mit dem geschriebenen Gesetz einen wahren Cult treibt[4]) und so auch in dieser Hinsicht das rechte Bild des späteren seemächtigen Athens ist (o. S. 40 f.).

Eine Zeit, die selber von dem Kampf des geschriebenen mit dem ungeschriebenen Gesetz erfüllt war, übertrug diesen, der doch

---

1) Damit nehme ich im Wesentlichen Gedanken wieder auf, die ich schon früher einmal in meiner Schrift „Ueber das Rhetorische und seine Bedeutung bei Plato" S. 72 f. ausgeführt habe.

2) Tim. 23 C. 24 D.

3) Die νόμοι, die mehrfach erwähnt werden (Tim. 23 E. 24 A. B. D. Kritias 109 D. 110 B), sind ungeschrieben. Darauf führt, wie schon bemerkt, die εὐνομία, darauf die Abneigung, die Platon auch in der Republik (s. o. S. 19, 2) gegen die schriftliche Fixirung der Gesetze bezeigt, und endlich der Umstand, dass in der Schilderung der Atlantis die geschriebenen Gesetze ausdrücklich als solche bezeichnet werden

4) Kritias 119 C. E ff. 120 C. E. Dem entspricht auch die Bemerkung Gess. VIII 842 C f., dass ein vom Ackerbau lebender Staat um die Hälfte weniger Gesetze braucht als ein handeltreibender Seestaat (Montesquieu, Esprit des Lois XX ch. 18).

erst das Ergebniss einer späten historischen Entwicklung war, naturgemäss in die Anfänge der menschlichen Geschichte, ja sogar bis in die Prähistorie. Platons Dichtung giebt davon nicht das einzige Beispiel. Wenn auch nicht so unmittelbar wie hier vor Augen tritt, geltend macht sich dieser Streit der beiden Gesetze doch auch noch anderwärts, wo das Denken im Bunde mit der Phantasie bemüht ist, Kunde zu geben von dem ersten Werden unseres Geschlechts und seiner Cultur. Am Anfang aller Geschichte oder vielmehr noch vor demselben lag nach der Ansicht der Einen eine Zeit, in der die Menschen unter der Herrschaft des ungeschriebenen Gesetzes ein seeliges Dasein lebten, und aller weitere Verlauf der geschichtlichen Entwickelung war nichts als ein Herabsinken von dieser ursprünglichen Höhe, auf der die Menschen den Göttern noch näher standen; umgekehrt meinten die Andern, dass die Menschen sich erst allmählig aus einem wüsten thierartigen Zustand erhoben hätten und dass der Bringer aller Cultur das Gesetz und zwar das geschriebene gewesen sei.[1]) Auch hier hatte die Religion oder Theologie der Wissenschaft den Weg gezeigt oder war ihr doch vorangegangen; was diese philosophirend erst später zu deutlicheren Vorstellungen entwickelte, das hatte jene ahnend in ihren Legenden längst vorgebildet, indem sie an den Eingang der Geschichte bald ein goldnes Zeitalter stellte, bald ein wildes qualvolles Dasein, von dem erst das Eingreifen der θεσμοφόροι θεοί die Menschen erlöste.[2])

Von grosser Bedeutung für den weiteren Gang des Streites und für die Ausbildung der beiden mit einander kämpfenden Geschichtsauffassungen war, wie es scheint, das Auftreten der Orphiker. Sie kamen in eine sündige Welt und hielten sich für

---

[1]) Auf diesen Gegensatz in der Auffassung aller Geschichtsentwicklung haben hingewiesen vor Allem E. ROHDE Der griech. Roman S. 201, 2, dann E. GRAF Leipz. Studd. VIII S. 3, E. WEBER ebenda X S. 117 ff. und FERD. DÜMMLER Akademika S. 237. Vgl. auch NORDEN Jahrb. f. class. Philol. Suppl. 19 (1893) S. 414, 3. Die Keime dieses Gegensatzes kann man bis in die Sentenzen verfolgen, die L. FRIEDLÄNDER Anall. Hom. in FLECK. Jahrb. Suppl. III 468 f. zusammenstellt.

[2]) Vgl. namentlich auch die Schilderung, die vom Eingreifen der Isis in dieser Hinsicht giebt Diodor. Sic. I 14. Es ist hiernach kaum richtig, wenn ROHDE Gr. Rom. S. 202 Anm. sagt, die volksthümliche Vorstellung sei die alte von einer Entwicklung in pejus geblieben. Ausser dem im Text Bemerkten spricht hiergegen auch die Prometheus-Sage.

berufen sie zu bessern. Wie der Stifter der Sekte durch die Gewalt seiner Musik die äussere Natur regiert hatte, so wollten auch sie es ihm gleich thun und die Leidenschaften und Begierden der menschlichen Natur unter Regel und Maass zwingen. Der $\varDelta l\varkappa\eta$ und dem $N\acuteo\mu o\varsigma$ zur gebührenden Anerkennung zu helfen, war ein wesentlicher Theil ihres Wirkens.[1]) Der $N\acuteo\mu o\varsigma$ wurde nach den Anläufen Früherer erst in ihren Kreisen wirklich zu einem göttlichen Wesen personificirt[2]) und dem Ansehen der $\varDelta l\varkappa\eta$ musste in nicht geringem Maasse dienen die orphische Lehre von der Vergeltung nach dem Tode.[3]) Diesem erzieherischen Bestreben der Orphiker entsprach auch ihre Auffassung der Geschichte als einer allmähligen Erziehung des Menschengeschlechts von uranfänglicher Rohheit zur Cultur und zu einem gesetzlich geordneten Dasein. Davon konnte man bereits in einem der ältesten orphischen Gedichte lesen[4]), und

---

[1]) Ueber die Bedeutung, welche die $\varDelta l\varkappa\eta$ für die Orphiker hatte, s. WELCKER Gr. GL. 3, 21 f. DÜMMLER Prolegg. zu Platons Staat 32. Vgl. auch GOMPERZ Griech. Denk. I 110.

[2]) Orpheus h. 64 ABEL fr. 109 (die $\varDelta l\varkappa\eta$ Tochter des $N\acuteo\mu o\varsigma$ und der Εὐσέβεια) 126 (der $N\acuteo\mu o\varsigma$ als πάρεδρος τοῦ Διός). Vgl. WILAMOWITZ Aus Kydathen S. 50. Anläufe zur Personification kann man schon in Wendungen wie ἀμύνειν, βοηθεῖν τῷ νόμῳ sehen (Antiphon I 31. KRÜGER zu Thukyd. III 67, 4) und in der Bezeichnung des νόμος als δεσπότης (z. B. Herodot. VII 104, Platon Gess. IV 715 D), τύραννος (Platon Protag. p. 337 D), βασιλεύς (Pindar fr. 146 Bergk³). Vgl. auch bei Moschion fr. 6, 15 f. den ταπεινὸς νόμος gegenüber der βία σύνθρονος Διί. Weiter vorgeschritten ist die Personification bei Dion Chrys. or. 75 S. 267, 18 Dind., wo er ὁ τοῦ Διὸς ἐτεῶς υἱὸς heisst, und bei Platon·Epist. VIII p. 355 A: θεὸς ἀνθρώποις σώφροσι νόμος. Ev. Joh. 7, 51: Μὴ ὁ νόμος ἡμῶν κρίνει τὸν ἄνθρωπον, ἐὰν μὴ ἀκούσῃ παρ' αὐτοῦ πρότερον καὶ γνῷ, τί ποιεῖ;

[3]) A. DIETERICH Nekyia S. 136 ff. GOMPERZ Griech. Denk. I 106.

[4]) Sext. Emp. adv. rhetor. 31 ff. (fr. 247 Abel). Vgl. GRAF in Leipz. Stud. 8, 14. DÜMMLER Proll. 49, 1. Hiermit ist zu vergleichen die erste der pseudodemosthenischen Reden gegen Aristogeiton, seit DIETERICH Nekyia 139 in ihrem Sprecher ein Mitglied der orphischen Sekte oder doch Einen, der deren Culte nahe stand, erkannt hat. Diese orphische Anschauungsweise verräth sich auch in der Ansicht, die der Sprecher dieser Rede über den νόμος äussert: wie in der Theogonie ist er gegenüber der an sich aller Ordnung widerstrebenden, unstäten und eigensüchtigen Natur der Menschen dasjenige Princip, durch das Einigkeit, Ordnung und Festigkeit in das menschliche Leben gekommen ist (15 f.) und wodurch dieses über das thierische Dasein erhoben wird (20); er erscheint als εὕρημα καὶ δῶρον θεῶν (16), wie auch nach der Theogonie die θεσμοφόροι θεοί ihn den Menschen gebracht haben. Man darf vielleicht hinzufügen, dass auch das zum Schluss der zweiten Rede gegen Aristogeiton (25 ff.) zur Verherrlichung des νόμος Gesagte orphischen Klang hat. Freilich die Definition, die in der ersten Rede vom νόμος gegeben wird (16): πᾶς ἐστὶ νόμος εὕρημα μὲν καὶ δῶρον θεῶν, δόγμα

zwar waren es nach dieser Ansicht geschriebene Gesetze, die dem ursprünglichen Hang der menschlichen Natur zum Bösen entgegen-

δ' ἀνθρώπων φρονίμων, ἐπανόρθωμα δὲ τῶν ἑκουσίων καὶ ἀκουσίων ἁμαρτημάτων, πόλεως δὲ συνθήκη κοινή, καθ' ἣν πᾶσι προσήκει ζῆν τοῖς ἐν τῇ πόλει), ist keineswegs in allen ihren Theilen orphisch; nur der erste Theil stimmt, wie schon erwähnt, mit orphischen Ansichten (freilich nicht bloss mit solchen) überein. Im Ganzen ist die Definition eklektisch. Sie hat eine gewisse Wichtigkeit dadurch erlangt, einmal weil man sie für demosthenisch hielt und sodann weil sie, und zwar wohl aus eben diesem Grunde, von den römischen Juristen angenommen wurde (von Papinian und Marcian s. Dig. I 3, 1 und 2). Mit der eingehenden Besprechung, die sie deshalb bei LEIST Gräco-italische Rechtsgeschichte S. 604 623 f. 657 gefunden hat, kann ich mich aber nicht einverstanden erklären. Nach LEIST hätten wir hier den zusammenfassenden Ausdruck für die Gesammtheit der attischen Rechte und Gesetze, die sich gliedert nach den göttlichen Gesetzen oder ἄγραφοι νόμοι, der von den Weisen ausgehenden Rechtsordnung, insbesondere der Solonischen, dem Criminalrecht und der Satzung der Polis seitens der Autoritäten, die ein von allen zu beobachtendes Recht machen können. Diese Auffassung der Redner-Stelle scheint sich mir aber mit deren Wortlaut nicht zu vertragen. Sie setzt voraus, dass gesagt wäre: alle Gesetze sind entweder eine Erfindung der Götter oder ein Beschluss vernünftiger Männer u. s. w. Statt dessen heisst es aber: ein jedes Gesetz ist eine Erfindung der Götter, ein Beschluss vernünftiger Männer u. s. w. Es werden also nicht, wie nach der LEIST'schen Auffassung zu erwarten wäre, die verschiedenen Arten der Gesetze aufgezählt, sondern die verschiedenen Seiten oder Merkmale, die an jedem einzelnen Gesetz hervortreten, wenn es seines Namens würdig ist, werden rühmend hervorgehoben, um dadurch noch mehr zum Gehorsam gegen die Gesetze überhaupt anzutreiben (καὶ τοῦτ' ἔστι νόμος, ᾧ πάντας πείθεσθαι προσήκει διὰ πολλά, καὶ μάλισθ' ὅτι πᾶς κτλ.). Was der Redner giebt, ist weder eine Beschreibung des attischen Rechts, noch eine wohl durchdachte Definition, sondern eine Anhäufung verschiedener Definitionen, wie deren die Schüler der Rhetoren lernen mussten. Der νόμος als εὕρημα καὶ δῶρον θεῶν giebt weiter keinen Anstoss, und das Gesetz als einen Vertrag zu bezeichnen ist vollends ganz gewöhnlich. Aber auch der νόμος als δόγμα ἀνθρώπων φρονίμων liegt im Gedankengange, z. B. des pseudo-platonischen Minos p. 314 E ff. und erscheint überdies in THEON's Progymnasm. 13 (SPENGEL Rhett. Gr. II S. 128, 23 f.) als δόγμα ἀνδρὸς ἐνδόξου πολιτικόν. Und ebenso wenig führt die Bezeichnung des νόμος als ἐπανόρθωμα τῶν ἁμαρτημάτων speciell auf das Criminalrecht; vielmehr drückt sich darin nur eine Auffassung des Gesetzes überhaupt nach dessen negativer Seite aus, wofür es auch sonst nicht an Belegen fehlt (Kritias Sisyph. 1, 5: νόμους — κολαστάς. Xenoph. Cyrop. I 2, 2. Aeschines I 13; auch Platon Gess. IX 880 D f. kann verglichen werden und Dion Chrys. or. 76 p. 648 f. M., welcher letztere sagt, dass, wenn es lauter gute Menschen gäbe, es keiner geschriebenen Gesetze bedürfte) und die schon in der Redner-Stelle selber (15 f.) vorbereitet ist, insofern hiernach die Gesetze überhaupt sich richten gegen diejenigen, welche vermöge ihrer πονηρὰ φύσις sich vergehen, ἐξαμαρτάνουσιν. Die Anhäufung dieser verschiedenen Bestimmungen des νόμος lässt sich vergleichen mit der Nebeneinanderstellung enkomiastischer Epitheta, wie wir sie zu Anfang der beiden Reden Dion's (75 und 76) über νόμος und ἔθος lesen. Der Sprecher mag immerhin diese verschiedenen Bestimmungen zu einer Art von Ganzem zu-

wirkten¹); nur zwischen dem geschriebenen Gesetz und der menschlichen Natur konnte der Gegensatz so scharf gespannt werden, als es hier zwischen νόμος und φύσις geschieht. Dass wir die Entstehung dieser Theorie oder doch ihre erste litterarische Darstellung in dieselbe Zeit setzen dürfen, da man an den verschiedensten Orten der griechischen Welt das Bedürfniss nach geschriebenen Gesetzen empfand, giebt ihr noch eine besondere Bedeutung, zumal in den Augen derer, die an den Zusammenhang denken, der auch in neuerer Zeit derartige historisch-politische Theorien mit den politischen Bewegungen ihrer Zeit verbunden hat. In der Geschichte der Wissenschaft ist ihr Hauptverdienst, auf das Problem, das die Anfänge der Cultur und insbesondere der politischen Cultur stellen, zum ersten Mal energisch hingewiesen zu haben²); Historiker und Philosophen haben dann, an sie anknüpfend³), daran weiter gearbeitet. Begierig hat namentlich das

---

sammengedacht haben, sodass wirklich nach seiner Meinung jedes Gesetz in gewisser Hinsicht als εὕρημα θεῶν, in anderer als δόγμα ἀνθρώπων φρονίμων u. s. w. sich darstellte, so scheint doch für eine so gekünstelte Definition des νόμος in einer praktischen Gerichtsverhandlung kein Platz zu sein. Die Rede erscheint daher auch von diesem Punkt aus als das Werk nicht eines praktischen, sondern eines sophistischen Redners.

1) Nur geschriebene Gesetze hat Sextus Empiricus im Auge im weiteren Verfolg der Erörterung, die er an die Orpheus-Verse anknüpft; und nicht anders steht es mit dem Verfasser der ersten Rede gegen Aristogeiton, wenn er 15 ff. den νόμος gegenüber der sündhaften φύσις preist. Auf die gleiche Vorstellung führt Themistios or. 30 p. 349 b und c und p. 350 b, wenn er einmal in Orpheus den Lehrer des Ackerbaus sieht und aus diesem dann den Ursprung geschriebener Gesetze ableitet; und auch von Horaz AP 399 wird unter die Dinge, in denen sich die Weisheit der göttlichen Sänger ältester Zeiten, darunter des Orpheus (392), kund giebt, das „leges incidere ligno" gerechnet. Hiermit mag weiter die Tradition bei Pseudo-Alkidamas Odyss. 24 zusammenhängen, nach der Orpheus die Menschen das Schreiben gelehrt hat (LOBECK Aglaoph. 234 f.).

2) Wie allmählich erst das Interesse an diesen Fragen erwachte, lehrt vielleicht auch die Prometheus-Sage. In der Behandlung derselben durch Aischylos ist von dem Fortschritt der Cultur, der in der Staatenbildung liegt, noch mit keiner Silbe die Rede (Aischyl. Prometh. 439 ff.). Erst im Protagoras-Mythos Platons p. 322 B ff. wird diess nachgetragen, und nachdem die Menschen durch Prometheus in allerlei Weisheit und Kunst vorgebildet sind, erhalten sie erst durch Zeus die Bedingungen staatlicher Gemeinschaft, αἰδώς und δίκη.

3) Besonders deutlich erhellt diese Anknüpfung aus den Anklängen an die Orphischen Verse, die man im Sisyphos-Fragment (fr. 1 = NAUCK² S. 771) und in Moschions Versen (fr. 6 = NAUCK² S. 813) wahrnimmt. Mehrfach ist darauf hingewiesen worden (DÜMMLER Proll. S. 40, 1), zuerst von LOBECK Aglaoph. S. 246ᶜ. Vgl. noch Platon Protag. p. 320 C.

fünfte Jahrhundert auch hier die Gelegenheit ergriffen, sich über den Gegensatz von νόμος und φύσις zu äussern. Aus den theologischen Nebeln, in denen sie Anfangs noch sich bewegte[1]), wird die Theorie zuerst herausgerissen von den Himmelsstürmern der neuen Zeit, die in dem Ursprung von Recht und Gesetz nicht mehr eine Wohlthat der Götter, sondern lediglich eine Leistung menschlicher Klugheit anerkannten.[2]) In dieser verweltlichten Form ist sie dann zu den Epikureern[3]) gekommen, aber auch zu Historikern wie Polybios[4]) und Diodor[5]), natürlich auch zu Euhemeros[6]); es ist im Grunde die gleiche Theorie, die sich mit verschiedener Tendenz[7]) und in verschiedenen Variationen, unter denen auch die theologische ihren Platz weiter behauptet, bis in die spätesten Zeiten des Alterthums erhalten hat.[8])

---

1) Im Mythos des Protagoras in Platons gleichnamigem Dialog p. 322 B ff.
2) Vgl. namentlich das Sisyphos-Fragment (fr. 1 = NAUCK² S. 771).
3) Lucrez V 1144 ff. 1448 cf. VI 13. ZELLER Phil. d. Gr. III, 1³ S. 455 f.
4) SCALA Studd. des Polyb. I S. 108, 1.
5) Diodor XIII 26, 3 (SCALA Verhh. d. Philol. 1891 S. 117).
6) Sext. Emp. Adv. dogm. III 17.
7) Die Orphiker wie Epikur und später HOBBES wollten damit nur der Ordnung und einem ruhigen gesetzmässigen Verhalten das Wort reden. Und auch von dem Reactionär Kritias, wenn er der Verfasser des Sisyphos ist, mag dasselbe gelten, dass er die Menschen damit bei den bestehenden Zuständen zu erhalten suchte. Ebenso gut aber konnte diese Theorie, wenigstens in ihrer nicht theologischen Fassung, revolutionären Naturen, wie der Kallikles des Gorgias eine war, zu deren Zwecken dienen, da sie mithalf den bestehenden Gesetzen als bloss menschlichen Institutionen jede Autorität zu nehmen.
8) Wie man im vierten Jahrhundert diese Theorie hin und her wandte, lehren die Verse Moschions (fr. I, 20 f. = NAUCK² S. 814), in denen er es frei lässt, den Fortschritt des Menschengeschlechts von gegenseitigem Kampf und Mord zu einem gesetzmässigen und geordneten Dasein entweder von dem Eingreifen eines höheren Wesens wie Prometheus abzuleiten oder darin eine Nothwendigkeit (τὸ ἀναγκαῖον Orpheus bei Sext. Emp. adv. rhetor. 31) oder drittens auch nur eine blosse Gewöhnung (vgl. usus bei Lucrez V 1452. Cicero de rep. II 2) zu sehen. Die Beziehung auf das orphische Gedicht (s. o. S. 82, 3) blickt in diesem Fragment nicht bloss zu Anfang durch. Auch vs. 15 f. scheinen eine solche zu enthalten, wenn wir sie schreiben ἦν δ' ὁ μὲν νόμος ταπεινός, ἡ βία δὲ σύνθρονος Διί. Denn den Platz, den hier die βία neben Zeus einnimmt, hatte nach den Orphikern die δίκη (Pseudo-Demosth. g. Aristog. I 11. DIETERICH Nekyia S. 139) oder der νόμος (fr. 126 Abel). Bei der in neuerer Zeit wieder von HAUPT empfohlenen Lesart δίκῃ statt Διί würde nicht bloss diese Beziehung verloren gehen, sondern auch der Contrast würde nicht so rein herauskommen zwischen dem tief erniedrigten νόμος und der hoch thronenden βία. Dieser Contrast hat aber sein Gegenstück im Sisyphos-Fragment vs. 5 ff.: hier ist es umgekehrt die δίκη, die vermittelst der νόμοι als Despotin (τύραννος) herrscht und

6*

Wie diese Theorie durch das ganze Alterthum dauert, so hat sie zur treuen Begleiterin die entgegengesetzte Ansicht, nach der die geschichtliche Entwicklung der Menschheit nicht ein Aufsteigen zu besseren Zuständen, sondern ein Herabsinken von der ehemaligen Höhe darstellt. Nicht bloss HOBBES hatte seine Vorgänger im Alterthum[1]); Andere nicht zufrieden mit der Gegenwart träumten bald als Revolutionäre bald als Reactionäre, bald wie LOCKE und ROUSSEAU bald wie DE MAISTRE von einer seeligen goldenen Vergangenheit. In den Träumen erscheinen die wachen Zustände der Menschen wieder, und so gewann auch dieser Traum eine verschiedene Gestalt je nach den wechselnden Menschen und Zeiten.[2]) So tritt namentlich zu dem Bilde eines friedlichen und bloss geniessenden Daseins erst später der politische Zug, als der Mensch zum Bürger geworden war und sein Glück an eine bestimmte Form des staatlichen Lebens knüpfte. Die Ideen der Gerechtigkeit, Freiheit und Gleichheit, Anfangs nur leise angedeutet, werden kräftiger hervorgehoben. Seit man vollends begonnen hatte bereits die jüngste Vergangenheit im verklärten Lichte eines goldenen Zeitalters zu schauen[3]), war es nur natürlich, dass auch ihrerseits diese goldene Zeit des Kronos etwas vom Wesen der Gegenwart annahm und ihre Menschen hinfort nicht mehr als Wilde, sondern nach Gesetzen und in einer gewissen staatlichen Ordnung lebten. Gewiss nur zufällig giebt uns von dieser Umwandlung der alten Sage die erste litterarische Kunde Platon.[4])

---

der sich die βία (vs. 10) beugen muss. — Aus Cicero de oratore III 114 sehen wir, dass die Frage quod sit initium legum ein viel erörtertes Thema war. Nach dem älteren Plinius nat. hist. VII 191 hatten Ceres oder Rhadamanthus die ersten Gesetze gegeben. Und noch in den letzten Zeiten des Alterthums finden wir einen Anhänger der hier fraglichen Theorie in Claudian, der XVII (de Manlii Theod. consul.) 190 die Justitia anredet:
    Tu prima hominem silvestribus antris
  Elicis et foedo deterres saecula victu,
  Te propter colimus leges animosque ferarum
Exuimus.

1) Diess hat namentlich unter treffendem Hinweis auf Platon Gess. I 625 E schon PUFENDORF De jure naturae II 2 § 5 S. 166 (Frankfurt 1684) bemerkt.

2) GRAF Leipz. Stud. 8, 56. 68. PÖHLMANN Gesch. des ant. Kommun. I 134.

3) Nach dem Tode des Peisistratos (Aristot. 'Aϑ. Πολ. 16) und nach dem Tode Kimons (Plutarch Kimon 10. BERGK Rell. Com. Att. S. 199).

4) Ausser allgemeinen Erwägungen führt auf ein früheres Vorhandensein derartiger Vorstellungen vielleicht auch die Κρόνου τύρσις bei Pindar Ol. II 77, die schon der Scholiast auf eine πόλις gedeutet hat (vgl. dazu Dion. Hal. Ant.

Im Weltalter des Kronos, so erzählt er[1]), lebten die Menschen in
πόλεις, ihre Könige und Herrscher waren Götter und als Gesetz
galt das ungeschriebene der Vernunft.[2]) Diese Zustände des Kronos
sollten allen späteren Staaten und Verfassungen als Vorbild und
Maassstab dienen[3]): wobei Platon nicht anders verfahren ist als
Naturrechtslehrer des 17. und 18. Jahrhunderts, die für ihre Theorien einen Halt an den Vorstellungen von Adam und dem Paradiese suchten.[4]) Nicht immer freilich haftet diese Vorstellung
eines irdischen Paradieses an Kronos und seiner Herrschaft. Nachdem schon Empedokles zu Gunsten eines Reiches der Kypris dagegen protestiert hatte[5]), hat Platon selber, auch hier mit den
überlieferten Mythen seines Volkes nur spielend, sie ebenfalls
davon losgelöst und anderwärts die Verwirklichung seines Staatsideals zwar wieder in den Anfang menschlicher Geschichte, aber
in das Weltalter des Zeus verlegt.[6]) Vollends die Stoiker haben
dem alten Lieblingsgott der Mühseligen und Beladenen die Würde
nicht gegönnt, die er in deren Träumen als Herrscher einer längst
vergangenen besseren Zeit behauptete.[7]) Nach ungeschriebenen

Rom. I 26). USENER's gelehrte Combination Rhein. Mus. 53, 343 brauchte man deshalb noch nicht aufzugeben.

1) Gess. IV 713 C ff.

2) A. a. O. 714 A: τὰς πόλεις διοικεῖν τὴν τοῦ νοῦ διανομὴν ἐπονομάζοντας νόμον. Vgl. εὐνομίαν 713 E (s. o. S. 54. S. 78). Will man zwischen den verschiedenen platonischen Darstellungen Concordanz stiften, so kann man im Polit. 271 E das πολιτεῖαι οὐκ ἦσαν auf geschriebene Verfassungen beziehen.

3) Gess. IV 713 B: ἔτι προτέρα τούτων πάμπολυ λέγεταί τις ἀρχή τε καὶ οἴκησις γεγονέναι ἐπὶ Κρόνου μάλ' εὐδαίμων, ἧς μίμημα ἔχουσά ἐστιν ἥτις τῶν νῦν ἄριστα οἰκεῖται.

4) LOCKE Of government und Of civil government (Works London 1812 vol. V S. 209 ff.). LISCOV Anmerkungen in Form eines Briefes über den Abriss eines neuen Rechts der Natur u. s. w. (Schriften, Berlin 1806, III S. 139 ff.).

5) Auch in einem orphischen Gedicht (fr. 244 Abel) herrschte Kronos erst über das silberne Geschlecht. Vgl. dazu Lobeck Aglaoph. S. 510 ff.

6) Im Kritias, wo aus der Reihe der Götter, welche die Länder und Menschen der Urzeit unter sich vertheilt haben, Hephaistos, Athena und Poseidon genannt werden.

7) Nach dem Stoiker Krates von Mallos führte Kronos ein unmildes Regiment (βασιλεῦσαι ἀπηνῶς) und war seine Herrschaft überdiess auf Sicilien, Italien und einen Theil von Libyen beschränkt: Jo. Lydus De mens. IV 48 S. 83, 16 Bekk. Bei Cornutus c. 9 ist Zeus nicht bloss der Vater der Δίκη, sondern auch ὁ παραγαγὼν εἰς τὰ πράγματα τὴν κοινωνίαν τῶν ἀνθρώπων καὶ παραγγείλας αὐτοῖς μὴ ἀδικεῖν ἀλλήλους. Letzteres erinnert an den Mythos des Protagoras (p. 322 C f.); in dem ebenfalls erst durch Zeus die δίκη zu den Menschen kommt.

Rechten und Gesetzen ordnet sich das Dasein des goldenen Geschlechts auch in der Schilderung Arat's (vs. 100 ff.), aber die Gottheit, die darüber waltet, ist nicht Kronos, sondern die Dike in Person.[1]

Eben so wenig wie Arat weiss ein anderer Stoiker, Posidon, etwas von der beglückenden Herrschaft des Kronos. Mit dem goldenen Zeitalter hatte er sich eingehend befasst.[2] Aber der Traum, den er darüber träumte, war der nüchternste von allen, oder vielmehr es sollte gar kein Traum sein, sondern ein historischer Bericht, der das Wunderbare auf ein möglichst bescheidenes Maass beschränkte.[3] Sein goldenes Zeitalter war ein Zeitalter der unverdorbenen Natur, dessen Menschen die späteren ebenso durch Eigenschaften des Charakters wie durch Intelligenz überragten und dessen Frieden noch nicht durch Habsucht gestört wurde.[4] Ebenso natürlich und normal war die politische Verfassung, eine Herrschaft der Besten und ausgeübt nach ungeschriebenen Gesetzen, während das geschriebene Gesetz erst der Entartung späterer Zeiten seinen Ursprung dankte. Posidon ist auch mit dieser Theorie der Lehrer der Römer geworden.[5] Cato und nach ihm Sallust[6] hatten noch die entgegengesetzte Anschauung vertreten, wenigstens partiell d. i. in der Anwendung auf die italische Geschichte: sie schilderten den gesetzlosen Zustand der Aboriginer keineswegs als ideal. Die gleiche Auffassung blickt aber auch noch ein Mal bei Virgil durch, wenn er zu den ersten noch wilden Bewohnern Latiums, „quis neque mos neque cultus erat", Gesetz und Cultur erst durch Saturn kommen lässt.[7] Sonst dagegen

---

1) Dieser Stoiker weicht ferner darin von der gewöhnlichen Sage ab, dass er die Menschen des goldenen Zeitalters von Ackerbau leben lässt. Graf in Leipz. Stud. 8, 49 f.

2) Der Hauptbericht darüber bei Seneca Epist. 90, 3 ff., womit sich verbinden lässt Sext. Emp. Adv. dogm. III 28. Vgl. auch Schmekel Mittl. Stoa S. 286 ff.

3) Die Menschen wurden nicht von Göttern, sondern von ihresgleichen regiert. Nur die allerersten Menschen waren γηγενεῖς, pflanzten dann aber sich durch sich selber fort.

4) Eigentum gab es noch nicht.

5) Graf Leipz. Stud. 8, 43. Schmekel Mittl. Stoa 288, 4. 453.

6) Catil. 6.

7) Aen. 8, 315 ff. Das goldene Zeitalter ist also hier nicht wie sonst das erste, und es findet somit in der menschlichen Entwicklung zuerst ein Auf- und dann ein Absteigen statt. Diese Virgil-Stelle ist auch darum merkwürdig und

heftet man in der Kaiserzeit gern den Blick auf das goldene Zeitalter und preist dessen Menschen unter Anderem auch deshalb, weil sie noch nicht des geschriebenen Gesetzes bedurften: was bei Poeten wie Virgil und Ovid ein Spiel der Phantasie scheinen könnte[1]), tritt bei den Historikern Trogus Pompejus[2]) und Tacitus[3]) uns als wissenschaftliche Ueberzeugung entgegen. Und so erhält sich die Vorstellung von jenen glücklichen ersten Zeiten des Menschengeschlechts, in denen noch die Natur allein durch ungeschriebene Gesetze das Leben ordnete (ἡνίκα ἡ φύσις διεθεσμοθέτει τοῖς ἀνθρώποις μόνη, πρὶν τοὺς γραπτοὺς εἰςφοιτῆσαι νόμους), bis in das späteste Alterthum und zwar nicht bloss als Gegenstand unfruchtbarer Sehnsucht, sondern als Norm sogar legislatorischer Praxis.[4])

So verbreitet diese Vorstellung war und so lange sie sich erhielt, so war es doch keineswegs die allgemeine, wie uns die frühere Betrachtung gezeigt hat. Nicht einmal schlechthin als die volksthümliche kann sie gelten[5]), da der Streit der Ansichten über den Gang, den die menschliche Entwicklung genommen, sich

---

trägt einen echt römischen Charakter, weil Saturnus es ist, der die Menschen des goldenen Zeitalters zum Ackerbau anleitet (diess folgt, weil er den in 315 ff. quis neque mos etc. geschilderten Zustand der Urzeit beseitigt; trotz Georg. I 147, wo es vielmehr Ceres thut). Der griechische Kronos thut diess nie, und wenn ja der Ackerbau, wie diess in der Schilderung Arats geschah, in das goldene Zeitalter übertragen wird, so erscheint Kronos nicht mehr als der Herrscher desselben (s. o. S. 86). Die Berufung auf den Herakleoten Menander (Graf in Leipz. Stud. 8, 56) hat dem gegenüber keinen Werth, theils weil seine Worte (agricolas ipsos unos esse reliquias ex stirpe Saturni) nicht nothwendig den Ackerbau unter Kronos' Herrschaft voraussetzen, theils und vornehmlich aber, weil der Zeuge, der sie uns erhalten hat (Pseudo-Plutarch de nobilitate) zu unglaubwürdig ist. Was sich für den Griechen Menander und für Kronos nicht schickt, schickt sich dagegen für Saturnus und den Römer Varro. Saturnus war der Erfinder des Ackerbaus (Preller Röm. Myth. 410 ff.) und von ihm konnte derselbe Varro mit Recht sagen (r. r. III 1, 5): nec sine causa Terram eandem appellabant Matrem et Cererem, et qui eam colerent piam et utilem agere vitam credebant, atque eos solos reliquos esse ex stirpe Saturni regis. Vgl. hierzu auch Norden in Jahrb. f. Phil. Suppl. 19 (1893) S. 425 ff.

1) Ueber die Widersprüche, in die sie sich in Folge davon verwickeln und die uns hier nicht weiter angehen, s. Graf in Leipz. Stud. 8, 12 f. und Schmekel Mittl. Stoa 452, 2.
2) Justin. I 1. Graf a. a. O. 44.
3) Annal. III 26. Graf a. a. O. 43 f.
4) Justinian Novell. 74, 1. 89, 1 u. 9.
5) Wie Rohde wollte Gr. Rom. 202 Anm. o. S. 79, 2.

sogar in den Legenden und Sagen der Religion fühlbar machte. Und auch unter den Vertretern der Wissenschaft ist die Zahl derer, die aufrichtig an ein goldenes Zeitalter, an einen idealen Urzustand der Menschheit glaubten, nicht so gross als Manche anzunehmen scheinen. Das goldene Zeitalter, das Reich des Kronos war vielfach nur ein Name, mit dem man sich erlaubte, ganz andere Vorstellungen zu verbinden als die ursprünglich dazu gehörigen. Besonders der Peripatetiker Dikaiarchos lässt uns einen deutlichen Blick in dieses Verfahren thun, indem er fordert, dass man die Sage möglichst des Wunderbaren entkleiden und durch Rationalisirung auf ihren natürlichen Gehalt zurückführen solle[1]), und dann gleich selber dieser Forderung Genüge thut. Was dabei von der gepriesenen Glückseeligkeit des goldenen Zeitalters übrig bleibt, ist ein Leben baar jeder Kunstfertigkeit und Arbeit, darum auch frei von Mühen und Sorgen, wegen der notgedrungenen Einfachheit der Nahrung viel weniger Krankheiten ausgesetzt, und voller Frieden und Freundschaft, da es zu Zwisten und Kriegen an jedem würdigen Streitobject fehlt. Ein glückseeliges Zeitalter ist dies wohl; aber man soll auch nicht verkennen, um welchen Preis diese Glückseeligkeit erkauft ist, auf Kosten jeder wahren Tugend und jeder höheren Intelligenz, und dass Dikaiarch die Schilderung mit einer Ironie giebt, die auch in dem dürftigen Excerpt Porphyrs[2]) nicht ganz verwischt ist. Die Ansicht Dikaiarchs[3]) scheint mir daher keineswegs der seines Schulgenossen Theophrast entgegenzustehen.[4]) Zwar die Friedlichkeit der ältesten Zeiten weiss auch dieser zu rühmen, sowie ihre reinere Frömmig-

---

1) Porphyr. De abstin. IV 2: εἰ δεῖ λαμβάνειν μὲν αὐτὸν (sc. τὸν ἐπὶ Κρόνου βίον) ὡς γεγονότα καὶ μὴ μάτην ἐπιπεφημισμένον, τὸ δὲ λίαν μυθικὸν ἀφέντας, εἰς τὸ διὰ τοῦ λόγου φυσικὸν ἀνάγειν.

2) a. a. O.: αὐτόματα μὲν γὰρ πάντα ἐφύετο· εἰκότως. οὐ γὰρ αὐτοί γε κατεσκεύαζον οὐδὲν διὰ τὸ μήτε τὴν γεωργικὴν ἔχειν πω τέχνην μηθ᾽ ἑτέραν μηδεμίαν ἁπλῶς. — — — ἀλλὰ μὴν οὐδὲ πόλεμοι αὐτοῖς ἦσαν οὐδὲ στάσεις πρὸς ἀλλήλους. ἆθλον γὰρ οὐδὲν ἀξιόλογον ἐν τῷ μέσῳ προκείμενον ὑπῆρχεν, ὑπὲρ ὅτου τις ἂν διαφορὰν τοσαύτην ἐνεστήσατο. — — — τοῖς δὲ ὑστέροις ἐφιεμένοις μεγάλων καὶ πολλοῖς περιπίπτουσι κακοῖς ποθεινὸς εἰκότως ἐκεῖνος ὁ βίος ἐγίγνετο.

3) Die nach dieser Seite zu auch Pöhlmann Altertum und Gegenwart S. 202 f. nicht richtig gewürdigt zu haben scheint.

4) Wie Rohde meinte Griech. Rom. S. 202 Anm. Mir scheint vielmehr das ἀκατάσκευος bei Athen. XII p. 511 D gut zu Dikaiarchs (s. Anm. 2) οὐ κατεσκεύαζον οὐδὲν zu passen.

keit¹); einen Zustand uranfänglicher Vollkommenheit sah er aber hierin nicht, vielmehr deutet er in seiner Geschichte der Opfer an, dass ein allmähliger Fortschritt der Menschheit stattfand²), dass insbesondere erst mit dem Ackerbau ein gesittetes Leben (νομίμως ζῆν) begann³), und in der Prometheus-Sage fand er ausgedrückt, dass die Philosophie erst später zu den Menschen gekommen sei.⁴) Ob die beiden Hauptschüler des Aristoteles sich hiermit sehr weit von der Ansicht ihres Lehrers entfernt haben werden, welcher meinte, dass die ersten Menschen „alltägliche und geistig unentwickelte Leute" gewesen seien?⁵) Ich glaube dies um so weniger, als in dieser Hinsicht auch der Lehrer ihres Lehrers, Platon, mit ihnen übereinstimmte. Aus der Art, wie dieser die gute alte Zeit an verschiedenen Stellen seiner Schriften ganz verschieden schildert⁶), gewinnt man nicht den Eindruck, dass es ihm hier einmal ausnahmsweise mit seinen mythischen Erzählungen voller Ernst war; im Gegentheil, er hat dem allzuraschen Glauben mancher Leser sogar vorgebeugt, indem er die Existenz der goldenen Zeit des Kronos an eine unmögliche Bedingung knüpfte und sie vermittelst einer abenteuerlichen Hypothese von einer Veränderung der Weltumdrehung abhängig machte.⁷) Ja nicht einmal als Fictionen eines vollkommenen Urzustandes der Menschheit scheint er diesen Sagen eine gewisse ideale Wahrheit zuzugestehen. So paradiesisch er das friedliche fromme genussreiche Leben der ersten Menschen schildert, so will er sie doch nicht deshalb ohne Weiteres glückseelig preisen, sondern knüpft diess an die Beantwortung der Frage, ob sie auch die ihnen

---

1) BERNAYS Theophrast S. 80 f. 86.
2) BERNAYS Theophrast S. 39 f.
3) BERNAYS a. a. O. S. 62. Die Feldfrüchte heissen hier sogar κάλλιστα καὶ τιμιώτατα ὧν ἡμᾶς οἱ θεοὶ εὖ ποιοῦσιν.
4) Schol. Apoll. Rhod. 2, 1248 (fr. 50 in Theophr. Opp. bei Didot 1866).
5) Polit. II 8 p. 1269ᵃ 6. BERNAYS Theophrast S. 48.
6) Bald ist die gute alte Zeit das Muster für die entartete Gegenwart, die Zeit des Kronos (s. o. S. 84 f.), bald müssen wir sie unter der Herrschaft des Zeus suchen, der doch die Göttin Athena mit ihrem Ur-Athen angehört (s. o. S. 75 f. 85, 6). Nicht einmal in der Schilderung der Kronos-Zeit bleibt er sich überall gleich, da während derselben nach Politik. 272 A die Menschen noch ohne Behausung unter freiem Himmel (γυμνοὶ καὶ ἄστρωτοι θυραυλοῦντες) lebten, nach den Gesetzen dagegen sich bereits zu πόλεις vereinigt hatten (o. S. 85, 2, vgl. auch die οἴκησις ἐπὶ Κρόνου S. 85, 3).
7) Politik. 269 E ff.

in ihrem sorgen- und arbeitslosen Dasein so reichlich zugemessene Musse und die zu Folge des Einverständnisses mit der ganzen übrigen Natur dargebotene günstige Gelegenheit zum Philosophiren und zur Erwerbung von φρόνησις benutzt haben.¹) Und wie hat Platon selber diese Frage beantwortet? Entschiede es der Ton nicht, in dem sie gestellt wird, so würde es aus den Darstellungen erhellen, die er von den Zuständen der ersten Menschen und dem Anfang aller Geschichte anderwärts in seinen Schriften und zwar nicht in mythischer Einkleidung gegeben hat. Im Wesentlichen übereinstimmend hat Platon das Leben der ersten Menschen in der Republik (II 369 Bff.) und in den Gesetzen (III 678 Bff.) geschildert mit den gleichen Zügen, die uns schon bei Dikaiarch und Theophrast entgegentraten, als ein Leben voller Genuss, von Gesundheit strotzend, dabei in Frömmigkeit und lauter Frieden verlaufend. Und ebenso wie die beiden Peripatetiker hat auch Platon eingesehen, dass diesem Leben etwas zum Ideale fehlt, die Vernünftigkeit, σοφία, an deren Stelle in der Reihe der Tugenden die εὐήθεια getreten ist (Gess. III 679 C und E). So urtheilt er milder in der Schrift seines Alters, den Gesetzen; in der Republik, wo schon die Farben der Schilderung stärker aufgetragen sind, fällt auch das zusammenfassende Urtheil schroffer aus, wenn er jenen Urstaat einen „Schweinestaat" nennt. Und in der That, dieses Urtheil entspricht nur einer strengen Moral-Theorie, die alle sittliche Vollkommenheit des Menschen auf die Erkenntniss gründete.²) Sollte es daher bei andern Philosophen des Alterthums, deren Moral-Theorie an Strenge die platonische noch übertraf, nicht ebenso gelautet haben? Kyniker und Stoiker, mochten sie auch einmal ihre Forderung eines naturgemässen Lebens durch Schilderung des goldenen Zeitalters erläutern³), so konnten sie doch im Ernste ein solches Leben und dessen Glückseeligkeit, die als freies Geschenk der Götter zu den Menschen kamen, nicht als Vorbild anpreisen wollen: ihre Tugend war eine durch eigene

---

1) Politik. 272 B ff.

2) In Bezug auf die Auffassung der Urzeit stimmt übrigens Platon mit den Peripatetikern (BERNAYS Theophrast S. 51 f.) auch darin überein, dass er auf sie Schlüsse zieht aus noch bestehenden Culten und Gebräuchen: wovon sich wenigstens noch eine Spur erhalten hat Gess. VI 782 B f. (GRAF Leipz. Stud. 8, 19). Ueber dies Verfahren, das zuerst bei Thukydides begegnet, vgl. GOMPERZ Gr. Denk. I 403.

3) E. WEBER Leipz. Studd. 10, 118 u. 121. DÜMMLER Akadem. 141 f.

Kraft erworbene, daher auf Uebung und Arbeit[1]) gegründet, und gerade in den geplagtesten der Heroen, in Herakles und Odysseus, sahen sie ihr Ideal verwirklicht.[2]) Die unverdorbene Natur der ersten Menschen konnten sie anerkennen und haben sie anerkannt[3]) so gut wie Platon und die Peripatetiker, die Vollkommenheit des menschlichen Geschlechts aber haben sie ebenso wie diese erst von der Zukunft erwartet und den Gang der Geschichte sich deshalb in aufsteigender Linie vorgestellt.[4])

Diese antiken Ansichten werden in sehr bemerkenswerther Weise durch moderne illustrirt und bestätigt. Während KANT, nur wenig von HOBBES abweichend[5]), an den Anfang der mensch-

---

[1]) Antisthenes sagte ὅτι ὁ πόνος ἀγαθόν: Diog. L. VI 2.

[2]) Aus diesem Grunde muss ich mich gegen ROHDE Griech. Rom. S. 202 Anm. und SCHMEKEL De Ovidiana Pythag. doctr. adumbrat. S. 23, 10 erklären. Der letztere schliesst aus dem göttlichen Ursprung der Menschen zu viel: dieser beweist nur, dass der Keim zum Guten und zur Glückseeligkeit in den Menschen gelegt, nicht aber, dass schon von Anfang dessen volle Entfaltung gegeben war. Die Ueberlieferung, nicht bloss die Consequenz der Lehre, stimmt zu dem im Text Gesagten. Sextus Empiricus sagt ausdrücklich, dass nur jüngere Stoiker ihr Ideal im goldenen Zeitalter wiederfanden, und von diesen jüngern Stoikern ist uns allein Posidon mit Namen bekannt (s. o. S. 86, 2). Und wie er dazu kam, sich von der Schulmeinung zu entfernen, das lässt sich vielleicht nach einem glücklichen Ausdruck ZELLER's (Phil. d. Gr. V 591) damit erklären, dass er platonische Scherze dogmatisirte (Platon Polit. 272 B f. Phileb. 16 C und Stallb.). Dieser Ueberlieferung wird nicht widersprochen durch Arat, der zur älteren Generation der Stoiker gehörte und uns doch das goldene Zeitalter schildert (s. o. S. 86); denn er thut diess nicht als Stoiker, sondern im Anschluss an Hesiod (GRAF Leipz. Studd. 8, 47 ff.).

[3]) Senecas Kritik der Ansicht Posidons (ep. 90, 44 ff.) ist durchaus im Geiste der echten Stoa und so auch schon von ZELLER Phil. d. Gr. III 1² S. 269 verwerthet worden.

[4]) Auch die Ansicht des Λυτικὸς bei TZETZES zu Hes. op. 92 (GRAF Leipz. Stud. 8, S. 22, 1) kann verglichen werden. Es ist daher kein Grund mehr zu zweifeln, dass die Ansicht, welche Polybios VI 5, 4 ff. über die Anfänge der menschlichen Geschichte vorträgt, im Wesentlichen die stoische ist. In dieser Hinsicht dürfte charakteristisch sein eine Abweichung des Polybios von Platon. Bei Polybios treten die gleichartigen Einzelnen zu Heerden zusammen, bei Platon in den Gesetzen (III 680 B ff. anders in der Rep. II 369 B ff. und im Mythos des Protag. 322 B f.) wie bei Aristoteles erwächst der Staat aus der Familie; bei Platon in der genannten Schrift leitet sich deshalb das Herrscherrecht aus der väterlichen Gewalt ab, bei Polybios aus der Stärke. Ich stimme hier nicht ganz mit SCALA Studd. des Polyb. I 106 überein, wie denn auch der Abstand zwischen Dikaiarch und Polybios (SCALA S. 108, 1) nach dem Gesagten nicht mehr so gross erscheint.

[5]) Religion innerhalb der Grenzen der blossen Vern. III 2 = Werke von HARTENST. 6, 194 Anm.

lichen Geschichte einen Zustand des Krieges setzt und in dem Paradies lediglich einen Traum der späteren Menschheit, ein Erzeugniss thörichter Wünsche, sieht[1]), hat dieser Traum bei ROUSSEAU entschiedene Realität[2]), und erscheint als ein der wirklichen Geschichte angehöriger Zustand seeliger Unschuld, umkleidet mit den glänzendsten Farben dichterischer Phantasie und Sprache, namentlich bei HERDER[3]) und SCHILLER.[4]) Die Schilderungen, die diese beiden von ihrem goldenen Zeitalter geben, als der Mensch ohne eigene Sorgen und Mühen noch im Gängelbande der Natur und Gottheit ging, werden jeden Leser an Dikaiarchs und Platons entsprechende Darstellungen erinnern; nur wird er sie leichter und besser nach ihrem wahren Sinne verstehen, da ihm ausdrücklich gesagt wird, dass der Mensch auf der Stufe des paradiesischen Zeitalters niemals mehr als „das glücklichste und geistreichste aller Thiere" geworden wäre, und dass, erst aus dem Garten Gottes heraus, der Weg ihn durch die wachsende Vernunft und Humanität zu aller Vollkommenheit und wahren Wohlfahrt führen konnte.

Diese Männer waren daher alle nicht so wohl Schwärmer für die Vergangenheit als Propheten und Deuter der Zukunft. Von dieser erhofften sie die Erfüllung ihrer Ideale, während man im Ausgang der römischen Republik und in der Kaiserzeit den müden Blick gern auf der Vergangenheit ausruhte und deshalb die Geschichtsphilosophie Posidons so erbaulich fand. Eine einseitige und extreme Ansicht war indessen diejenige Platons und der mit ihm übereinstimmenden Peripatetiker und Stoiker so wenig als die unserer HERDER und SCHILLER; vielmehr stellt sie sich als ein Compromiss dar, als das Ergebniss eines langen und heftigen Kampfes. Von der Ansicht, die an den Eingang der Geschichte den Kampf Aller gegen Alle setzte, entnahm sie die Entwicklung des Menschen zu immer höherer Vollkommenheit, von der anderen, die ein Herabsinken des Menschen von seiner ehemaligen Höhe behauptete, den friedlichen Zustand der Natur, der aller Cultur

---

1) Muthmasslicher Anfang der Menschengesch. = Werke v. HARTENST. 4, 320 f. 328 f.

2) Contrat Soc. ch. 8.

3) Ideen 10tes Buch (= Sämmtl. Werke von MÜLLER, Zur Phil. u. Gesch. IV S. 321 ff.).

4) Etwas über die erste Menschengesellsch. nach dem Leitfaden der mosaisch. Urkunde.

vorauslag; sie leugnete die ursprüngliche Schlechtigkeit der menschlichen Natur, aber sie behauptete auch nicht deren uranfängliche Vollkommenheit, sondern, von beiden Extremen sich gleich fern haltend, setzte sie an die Stelle der von Anfang vollkommenen Natur des Menschen die natürliche Anlage zur Vervollkommnung und verwandelte so den gewaltsamen Fortschritt aus einem thierischen Dasein heraus in eine natürliche Entwicklung zum Guten. In manchen Stücken unterscheidet sich von diesem Compromiss derjenige, der zwischen den gleichen Gegensätzen in Platons Protagoras geschlossen wird (p. 321 Dff.): zwar von αἰδώς und δίκη, den Cardinaltugenden, sind auch hier die ersten Menschen noch weit entfernt[1]) und deshalb nicht geeignet, sich in einem Staate zu vereinigen; doch sind sie von Anfang an ausser mit Frömmigkeit auch mit der σοφία ausgerüstet, die ihnen die Nothdurft des Lebens, Nahrung, Kleidung und Wohnung, schafft, dafür entbehren sie aber auf der andern Seite des vollen Friedens und sind, ohne beständigen Krieg mit einander zu führen, unverträglich, sobald sie zusammentreffen.[2]) Ob diese eigenthümliche, noch etwas hölzerne Art des Compromisses wirklich dem Vater der Sophistik gehört, dem sie Platon in den Mund gelegt hat, mag dahingestellt bleiben; sicher ist, dass in der Zeit des Protagoras der Kampf besonders lebhaft geführt wurde, der solche Compromisse hervorrief.

Es war eine Zeit, in der der ewige Kampf des Alten und Neuen, in eigenthümlicher Weise überdies verflochten zum Theil mit dem Gegensatz von Natur und Cultur, nur wieder ein Mal ein besonders starkes Geräusch machte. Man erkannte die beiden Parteien unter Anderem auch an der Stellung, die sie zu Kronos und dessen Mythos einnahmen; für die Einen erwachte bei diesem Mythos der Gedanke an das glücklichste Alter der Menschheit, an ein Reich des Ueberflusses, aber auch der Ideale wie der damals so viel gehegten von Freiheit und Gleichheit und einer über die nationalen und staatlichen Schranken hinaus-

---

1) Beide werden ihnen erst später als Geschenk des Zeus zu theil. Man erinnere sich dabei an Seneca epist. 90, 46: deerat illis iustitia, deerat prudentia, deerat temperantia ac fortitudo: s. o. S. 91, 2. Vgl. auch Dümmler Akadem. S. 238.

2) Protagoras weicht hier von der Theorie des Krieges Aller gegen Alle, wie sie das Alterthum aufgestellt hatte, in ganz ähnlicher Weise ab wie Kant von Hobbes (s. o. S. 91, 4).

ragenden menschlichen Gemeinschaft; den Andern dagegen diente der Name des alten Gottes lediglich zu Schimpf und Spott über die Thoren, die hinter ihrer Zeit zurückgeblieben waren. Ob die Menschheit degenerirt oder fortschreitet, war die Frage, und diese Frage wurde besonders dringend zu einer Zeit, da man allererst anfing über den Lauf der menschlichen Geschichte und seine Gesetze ernsthaft nachzudenken. Das Für und Wider der streitenden Ansichten in einer vermittelnden auszugleichen war nicht Jedermanns Sache und am allerwenigsten kann man dies einem Dichter zur Pflicht machen, in dessen Werken sich vielmehr die Zeit mit ihren verschiedenen, oft entgegengesetzten Strömungen spiegeln darf und soll. Im Inachos hatte Sophokles die glückliche Zeit des Kronos geschildert[1]), die Zeit der in sich befriedigten und vollkommnen menschlichen Natur; ganz anders tönt es uns aus den gewaltigen Strophen der Antigone entgegen, wie der Mensch im Kampfe mit der Natur durch List und Kraft erst allmählig zu Cultur und einem staatlich geordneten Dasein sich emporgearbeitet hat.[2]) Ein ähnlicher Widerspruch klaffte wohl auch in der orphischen Litteratur.[3]) Aufgefallen ist ein solcher Widerspruch von jeher beim Philosophen Empedokles. Niemand hatte den Menschen die Heiligkeit des ungeschriebenen Naturgesetzes so eingeschärft als er[4]), da er die Uebertretung desselben für ein durch keine Strafe sühnbares Verbrechen erklärte[5]); mit gutem Grund musste ihm daher die längst entschwundene Zeit, in der das Naturgesetz noch unumschränkt über die Menschen gebot, die goldene Zeit, von ihm nicht nach Kronos

---

1) Nauck² fragm. 256. Vgl. hierzu πάνθ᾽ ὁ μέγας Χρόνος μαραίνει in Ai. 714 und die Auslegung, die KIESSLING zu Horaz c. III 6, 45 gegeben hat.

2) Antig. 332 ff. L. SCHMIDT Ethik d. Griech. II 81 f. FR. BLASS in Fleck. Jahrb. 1897 S. 478.

3) Die Geschichte des Menschen ein Aufsteigen von ursprünglicher Wildheit zur Kultur: s. o. S. 79 ff. Daneben müssen die Orphiker aber auch von einem goldenen Zeitalter geredet haben, da sie Kronos im silbernen herrschen liessen: s. o. S. 85, 5.

4) Aristot. Rhet. I 13 p. 1373^b 14 (fragm. ed MULLACH vs. 438 f.). DÜMMLER Proll. zu Platons Staat S. 46. Bemerkenswerth ist die Anerkennung, die der Natur und ihren ungeschriebenen Gesetzen in der Schule des Gorgias, namentlich von Alkidamas und Lykophron, gezollt wurde; die Anregung dazu könnte wohl Empedokles gegeben haben.

5) Cicero de rep. III 19.

sondern nach der Kypris benannt[1]), als die allerseeligste erscheinen, aller weitere Verlauf der menschlichen Geschichte nur als ein Abfall von ursprünglicher Reinheit und Vollkommenheit. Aber wie vereinigt sich hiermit die andere Darstellung? Nach derselben[2]) ist nicht ein Reich der Liebe das Erste, sondern ein Kampf aller Wesen ums Dasein; erst allmählig gehen aus diesem zweckmässige Bildung und Ordnung hervor und nur im Verlaufe desselben, erst spät, wenn wir die Ueberlieferung aus der inneren Consequenz des Gedankens und aus dem, was wir beim Verehrer des Empedokles, Lucrez, lesen (s. o. S. 83, 3), ergänzen dürfen, kommt auch Gesetz und Recht unter die Menschen. Mag Empedokles als Philosoph[3]) diesen Widerspruch auf irgend eine jetzt nicht mehr sicher zu ermittelnde Art geschlichtet haben[4]) oder mag er als Dichter oder mit der Naivetät des Volksbewusstseins darüber hinweggeglitten sein, immer bleibt sein Verhalten den streitenden Ansichten gegenüber, die er beide in seinen Schriften zum Ausdruck brachte, ein besonders merkwürdiges Zeichen dafür, wie sich dieselben im geistigen Kampfe seiner Zeit die Wage hielten.

Das Alterthum hat das Ende dieses Kampfes nicht gesehen, obgleich bereits durch die grossen Denker des vierten Jahrhunderts die einzig mögliche Lösung gefunden war: da er aus Stimmungen hervorging, konnte er durch blosses Denken nicht im letzten Grunde geschlichtet werden. Er war überdies verflochten mit einem Kampfe allgemeinerer Art, der angefacht im fünften Jahr-

---

1) Dass vs. 417 οὐδέ τις ἦν κείνοισιν Ἄρης θεὸς οὐδὲ Κυδοιμός eine Anspielung sei auf die entgegengesetzte Ansicht, wonach den Anfang der menschlichen Geschichte der Kampf Aller gegen Alle bildet, hat bereits Graf Leipz. Stud. 8, 15 vermuthet. Seine Erklärung, weshalb der Kypris von Empedokles die Rolle zugetheilt wurde, an Stelle des Kronos im goldenen Zeitalter zu herrschen (a. a. O. S. 17), scheint mir aber gesucht, und ich ziehe hier noch immer die einfachere vor, auf die Reisacker Quaestt. Lucrett. S. 61 durch die Vergleichung mit Lucrez geführt wurde.

2) Die Belege bei Zeller Phil. d. Gr. I⁴ S. 718 ff.

3) Obgleich die älteste Philosophie sich auch sonst begnügt zu haben scheint, die Widersprüche einfach hinzustellen und die Ausgleichung Anderen zu überlassen. So bestand zwischen der Welt des Seins und des Scheins in der Lehre des Parmenides eine Kluft, die erst spätere Philosophen wie Platon sich bemüht haben zu überbrücken.

4) Eine Handhabe dazu könnte Lucrez II 1150 ff. bieten, vgl. Reisacker Quaestt. Lucrett. S. 61. Eine Ausgleichung hält nach Andern für möglich Dümmler Akad. 237, mit triftigen Gründen bestritten wird diese Möglichkeit von Zeller Phil. d. Gr. I⁴ S. 734 f., schroff abgelehnt von Rohde Psyche S. 472, 1.

hundert, auch während der folgenden Zeiten des Alterthums nicht zur Ruhe kam, durch jede denkende oder träumende Betrachtung einer menschlichen Gemeinschaft von Neuem erregt wurde und dabei die verschiedensten Formen annahm, dem Kampfe des ἄγραφος νόμος mit dem γεγραμμένος. Die Hauptfrüchte auch dieses Kampfes hat bereits das vierte Jahrhundert gepflückt. Sie mögen wenigstens kurz angedeutet werden.

Zwar welche praktischen Folgen derartige Conflikte für die Moral der Einzelnen hatten, in wie weit sie das Gefühl und den Muth der Verantwortlichkeit in ihnen steigerten und so Charaktere wie die Antigone, wie Epameinondas[1]) hervorbrachten, entzieht sich natürlich jeder genaueren Nachforschung. Deutlicher liegt zu Tage der Gewinn, den die Wissenschaft aus ihnen davon trug. Dass in den ἄγραφοι νόμοι ein Keim der griechischen Ethik liegt, ist längst bemerkt worden. Und zwar gilt diess in einem weiteren Sinne als man sich bisher klar gemacht hat, wenn man in dem ἄγραφος νόμος das ewige göttliche Naturgesetz und damit vornehmlich ein die Gewissen der Menschen verpflichtendes Gebot erblickte; denn der ἄγραφος νόμος trat uns auch entgegen als das von den Vätern überlieferte Herkommen, als die durch Alter geheiligte Gewohnheit und hat als solcher mit dem Gewissen der Menschen nichts zu thun, sondern fordert lediglich gewisse äussere Handlungen; und dieser ἄγραφος νόμος ist es, der sich in den von Platon[2]) und Aristoteles[3]) hochgehaltenen ἐπιτηδεύματα fortsetzt bis zu den καθήκοντα, diesem seit den Stoikern wichtigen Theil der griechischen Ethik. So kann man sagen, dass die Unterscheidung von Moralität und Legalität im ethischen Verhalten des Menschen eine Folge der über den ἄγρ. νόμ. und dessen wechselnde Bedeutung geführten Erörterungen war. Verwandt dieser Unterscheidung und nicht minder bedeutend ist eine andere, die Trennung der Sphären des Rechts und der Sittlichkeit. In neuerer Zeit ist dieselbe durch Kants kritischen Geist erfolgt, der die beiden im Naturrecht friedlich vereinigten zum ersten Mal scharf von einander schied. Doch weiss schon Aristoteles beide auseinander zu halten, gewiss nicht als Erster. Als Sokrates verurtheilt war, mahnte er zwar seine Richter an ihr Gewissen und rief sie damit vor das höhere

---

1) Cicero de invent. I 55 f. Plutarch Pelop. 24.
2) Gess. VII 793 B ff. 823 C ff.
3) Eth. Nik. X 10 p. 1179^b 34 ff.

Forum der Moral; aber die Rechtmässigkeit ihres Urtheils erkannte er dadurch an, dass er sich den Folgen desselben unweigerlich unterwarf. Gerade die zahlreichen Conflikte des ungeschriebenen göttlichen Gesetzes mit dem positiven geschriebenen mussten wohl in ihm und seinen Zeitgenossen eine Ahnung davon wecken, dass die Welt der Moral eine andere war und mit anderen Pflichten als die des Rechts. Auch die eigenthümliche Beschaffenheit dieses Rechts halfen diese Conflikte erkennen. Auf dieselbe war durch die vergleichende Ethnographie ein blendendes und gefährliches Licht gefallen: Rechte und Gesetze erschienen hiernach in ihren Widersprüchen und ihrem ewigen Wechsel als etwas sich selber zerstörendes und darum jeder Autorität entbehrend. In den Conflikten des ungeschriebenen und des geschriebenen Gesetzes trat aber nicht bloss dieses hervor, sondern umgekehrt kam durch den ἄγραφος νόμος auch das Bleiben, die Uebereinstimmung mit sich selbst als etwas zur Geltung, das zum Wesen des wahren Rechtes und Gesetzes gehörte. So wurde in dem Compromiss, der diese Conflikte schloss, zwar nur den Moralgeboten die unabänderliche Starrheit gewahrt, aber auch dem positiven Recht seine Constanz gerettet, die dasselbe nicht einem bunten und willkürlichen Wechsel verfallen liess, sondern an die Natur der Menschen und Verhältnisse band. Wie im achtzehnten Jahrhundert werden auch damals die Kämpfe des ungeschriebenen Naturrechts mit dem positiven ausgeglichen in der Idee vom ewigen Werden des Rechts, der historischen Auffassung desselben. Sie tauchte auf im Bewusstsein schon des Platon und Aristoteles, und der letztere darf in dieser Hinsicht wieder einmal mit Leibniz verglichen werden, in dem man in neuerer Zeit einen Vorläufer Savignys erkennen wollte.[1]) Während bei dieser Art des Compromisses das positive Recht sich gewissermaassen vor der Theorie in ein natürliches verwandelte, fand bei einer anderen gerade das Umgekehrte statt, das Natur- oder Vernunftrecht beanspruchte sich an die Stelle des positiven zu setzen. So drängte sich im vorigen Jahrhundert das Naturrecht in die Gesetzesreformen Friedrichs des Grossen und Josephs des Zweiten ein, noch anmaassender wurde es in der französischen Revolution.[2]) Etwas Aehnliches

---

1) E. Landsberg in Gesch. der Deutschen Rechtswissensch. III 1, 29 f.
2) Vgl. auch Trendelenburg Kl. Schr. I 224: „Es ist das Bedeutendste in

lässt sich für die Gesetzrevisionen annehmen, wie sie Griechenland im fünften und vierten Jahrhundert erlebte, und auch hier scheint man von schüchternen Anfängen zu radicaleren Versuchen fortgeschritten zu sein. Dass ἄγραφοι νόμοι — wenn wir uns einmal nur an den Namen und nicht an die besondere Bedeutung halten — in die athenische Gesetzgebung bei der Revision Aufnahme fanden, ergiebt sich aus dem Verbot in Zukunft sich nicht mehr auf ungeschriebene Gesetze zu berufen. Noch mehr, in den Mahnungen der Redner, die sich auf das Recht der Natur oder eines alten Herkommens berufen, in der ἐπιείκεια, die dem Richter zur Pflicht gemacht wird, hat das ungeschriebene Gesetz sich einen Eingang in die Praxis verschafft und begehrt nun an die Stelle des positiven zu treten. Νόμος und φύσις, die beiden lange Hadernden, zu versöhnen war das Bestreben[1]), die Theorie des alten Heraklit schien sich zu verwirklichen. Und es blieb nicht bei solchen Versuchen im Einzelnen. Vielmehr wurden dieselben wie im achtzehnten Jahrhundert schliesslich zusammengefasst in Entwürfen von Staatsidealen, in denen das Natur- und Vernunftrecht die Grundlage bilden und die Elemente des positiven Rechts nur einiges Baumaterial liefern. Hiermit hatte der Kampf des ἄγραφος νόμος mit dem γεγραμμένος einen gewissen Abschluss erreicht, obgleich die Bewegung noch durch das ganze Alterthum nachzittert und überhaupt zu sehr in der Natur der Sache gegründet ist, um jemals zu erlöschen und nicht nach dem Wechsel der Zeiten von Neuem und in neuen Formen aufzuleben.[2])

---

der Geschichte des Naturrechts, dass es praktisch geworden und in den Gesetzen aus dem Kopf der Philosophen in den Gebrauch des Volks getreten".

1) Dieses zeigt sich gelegentlich auch darin, dass Isokrates Paneg. 105 es nicht in der Ordnung findet φύσει πολίτας ὄντας νόμῳ τῆς πολιτείας ἀποστερεῖσθαι.

2) „Das ist der alte Kampf in der Weltgeschichte, der des inwohnenden und des geschriebenen Rechts. Da scheint kein Frieden möglich, sondern nur Kampf auf den Tod ums Leben, und dazwischen bloss äussere Waffenstillstände". REUCHLIN Gesch. Italiens I S. 341.

Register.

Aischylos 41. 65.
Alkidamas 28 f.
Anaximenes 24 f. 30. 32.
Andokides 37 ff.
Arat 86.
Areopag 43 ff.
Aristoteles 1 ff. 34 f. 36.
   60. 61. 89. 96.
Artemidor 16 f.
$\alpha\dot{v}\tau o\nu o\mu\iota\alpha$ 54 ff.
Cato 86.
Cicero 14 f. 26 f. 36.
Demokrit 53.
Demosthenes 25 f. 30. 59.
Dikaiarchos 88.
Diodor 83.
Dion Chrysostomos 30.
Dionys v. Halikarnass 18. 22.
Empedokles 28 f. 94 f.
$\dot{\epsilon}\pi\iota\epsilon\iota\kappa\epsilon\iota\alpha$ 7 ff. 36. 55 ff. 68.

Epikureer 83.
Euripides 59. 65. 69 ff.
Heraklit 27. 53. 98.
Herder 92.
Hippias 23 f. 30.
Hobbes 83, 7. 84. 91. 93, 2.
Johannes Chrysostomus 27.
Isokrates 59. 75 ff.
Julian 41.
Kant 91. 93, 2.
Kleon 59. 71.
Kritias 83, 7.
Kronos 84 ff. 86, 7. 89. 93.
Kyniker 90 f.
Maximus Tyrius 27.
Minos 42.
Orphiker 79 ff. 94.
Ovid 86 f.
Perikles 22. 71.
Philon 16 f. 27.

Platon 19 f. 32. 43. 45.
   59. 61. 75 ff. 84 f. 89 ff.
   93. 96.
Plutarch 18 f.
Polybios 83. 91, 3.
Posidon 86 f. 91, 1.
Protagoras 93.
Pseudo-Archytas 27.
Pseudo-Aristoteles 19.
Rhadamanthys 42, 2.
Schiller 92.
Sokrates 23 f. 50. 96.
Sophokles 24. 34. 65 ff. 94.
Stoiker 27. 59. 85. 90 f.
Tacitus 87.
Tertullian 27.
Theophrast 88.
Thukydides 20 ff. 35. 45.
Trogus Pompejus 87.
Virgil 86 f.

Inhaltsverzeichniss.

	Seite
"Ἄγραφος νόμος bei Aristoteles.	1 ff.
Verwandte Theorien bei Früheren und Späteren	14 ff.
Entstehung und Geschichte des ἄγραφος νόμος, seines Namens und seines Begriffs.	31 ff.
Kampf der geschriebenen und ungeschriebenen Gesetze	49 ff.
Conflikt auf der Bühne	65 ff.
Sparta und Athen	71 ff.
Speculationen der Philosophen.	75 ff.
Streit der historischen Theorien, ob die Entwicklung des Menschengeschlechts eine auf- oder absteigende ist	78 ff.
Ergebniss des Kampfes der beiden Gesetze.	96 ff.

Kieler Arbeiten zur klassischen Philologie
herausgegeben von Erich Burck und Richard Harder

Heft 1

Walter Marg

Der Charakter in der Sprache der frühgriechischen Dichtung
(Semonides Homer Pindar)

1938

Konrad Triltsch Verlag, Würzburg

ALLE RECHTE,
AUCH DAS DER ÜBERSETZUNG IN FREMDE SPRACHEN,
VORBEHALTEN

DRUCK VON KONRAD TRILTSCH, WÜRZBURG
PRINTED IN GERMANY

Inhalt

Vorbemerkungen	1
Der Weiberjambos des Semonides	6
Das Einzelne	6
Das Ganze (Aufbau 35. Stil. Anschauungsweise 37. Das literarische Ganze 39)	35
Charaktertypen	41
Homerische Ausdrucksweisen im Bereich 'Charakter'	43
($νόος$, $θυμός$ 44. Das bloße Adjektiv 50. $αἰεί$ 51. Tüchtigkeit und Übertreffen 54. $τοῖος$, $οἷος$ 58. Göttliche Gabe 61. Göttlicher Lehrmeister 64. Tiervergleiche 65. $ἔοικα$, $ἐΐσκω$ 67. Eigenschaften als Wissen 69. $φίλον$ 71. Geborensein 74.)	
Ausdruck und Gehalt	76
Der Charakter in der Dichtung Pindars	80
Zur Sprache und Situation	80
Grundgedanken	81
Kraft	82
Das gewachsene Wesen	88
Bedingtheit durch Gott	93
Ausblick auf die attische Sprache	100
Register	102

Die vorliegende Arbeit hat im Februar 1935 der philosophischen Fakultät der Universität Kiel als Dissertation vorgelegen. Sie ist seitdem in Einigem geändert und erweitert worden. Daß auch jetzt noch der Homerteil wie der über Pindar mehr skizziert als bis ins Einzelne ausgeführt sind, ist dem Verf. bewußt. Die Untersuchung wurde von meinem Lehrer Prof. R. Harder angeregt und durch seinen Rat gefördert. Ihm schulde ich über diese Arbeit hinaus menschlich und wissenschaftlich dauernden Dank. Für fördernde Kritik und Hinweise bin ich Prof. Jacoby, Prof. Schadewaldt und Prof. Wolff dankbar verpflichtet.

Plön in Holstein, August 1937

Walter Marg

Vorbemerkungen

Die Sprache ist für den Menschen ein Bereich, in dem die Welt für ihn ein zweites Mal Gestalt gewinnt, nicht mehr unmittelbar und wechselnd auf ihn eindringend wie bei den Sinneswahrnehmungen, sondern nach seinem Willen umgestaltet, ihm vertraut gemacht, dauernd zu seiner Verfügung. Er befestigt in der Sprache das, was ihm wichtig erscheint, worauf er seine Achtsamkeit richtet. Erscheinen ihm neue, andere Dinge der Aufmerksamkeit mehr wert, so wird er sich neue Ausdrucksmittel zu schaffen suchen, in denen er sich dieses Neue aneignet. Wir können also an den Ausdrucksformen einer Spracheinheit ablesen, worauf der Ausdruckswille des Trägers dieser Sprache gerichtet war und worauf nicht, wie ihm die Welt in der Sprache gegenwärtig und bewußt war, und welches darin der Unterschied oder die Entwicklung zu andern Spracheinheiten ist. Wollen wir eine solche Untersuchung für einen bestimmten Sachbereich durchführen, also z. B. die Frage stellen, wie in der frühgriechischen Dichtung das, was in den Bereich des Begriffes 'Charakter' reicht, in der Sprache ausgedrückt wurde, so dürfen wir nicht lediglich von einzelnen Worten ausgehen und deren Geschichte verfolgen; denn dann werden uns alle Ausdrucksformen entgehen, die nach anderen Bereichen ausgerichtet sind als das Wort, an das wir uns halten, aber doch irgendwie an der Sache teilhaben. Wir müssen vielmehr den Ausgang von der Sache nehmen und den Bestand aller Ausdrucksformen aufnehmen, die irgend in dieses Gebiet gehören. Dabei würden wir in einer rein lexikalischen Aneinanderreihung bleiben, wenn wir nur den Wortschatz ins Auge fassen würden und beobachten, wie zu verschiedenen Zeiten der Sachbereich von den Worten verschieden aufgeteilt wird, als ob der Sachbereich von Natur gegeben wäre und die Worte jeweils nur verschieden viel von ihm übernehmen[1]). Ent-

---

[1]) Ich denke hier an eine Untersuchung, die sich mit der unseren in der Themastellung berührt: Jost Trier „Der deutsche Wortschatz im Sinnbezirk des Verstandes", Germ. Bibl. II, 31, 1931. Trier interessiert sich vorwiegend für den sprachlichen Bestand als solchen und führt einseitig den modernen sprachwissenschaftlichen Begriff des 'Feldes' durch, indem er nur die verschiedene Aufteilung des Feldes beachtet. S. 7 heißt es z. B.: „Nicht nur die äußeren Zeichen (sc. in einem Sachbezirk = Feld) sind in den verschiede-

sprechend dem oben angedeuteten Begriff der Sprache müssen wir vielmehr alle Ausdrucksformen, in denen sich ein sprachlicher Wille anzeigt, heranziehen und versuchen sie mit diesem Willen in Beziehung zu setzen, welcher den sprachlichen Ausdruck erst lenkt und gestaltet. In der gleichsam zwischen den Menschen lebenden, nur tradierten und unbedenklich gebrauchten Sprache ist dieser Wille nur durch die Tradition gegeben und mit ihr identisch. In der bewußt und treffend gestalteten Sprache dagegen, in der Literatur, ist dieser Wille ungleich stärker und greifbarer, sei es der eines Einzelnen oder einer einheitlichen Gruppe wie der epischen Dichter. Bei einer solchen geformten Sprache, dem literarischen Werk, erhebt sich nun eine Frage, welche einer solchen Untersuchung der sprachlichen Ausdrucksmittel eine weitere Bedeutung verleiht: wie verhält sich das in den Ausdrucksformen darstellende Bewußtsein des Schriftstellers von einem Bezirk der Welt zu dem in seinem Werk selbst gegebenen Bild? Denn ein einheitlich gestaltetes literarisches Werk ist mehr als eine Zusammensetzung von Sprachelementen, es gibt als Ganzes ein Bild und einen Ausschnitt der Welt. Wie weit uns die Maßstäbe, die uns der Dichter selbst in seinen Ausdrucksformen an die Hand gibt, das Werk selbst erschließen, und wie weit wir in unmittelbarer Auffassung des Schriftwerks und in einer Betrachtung von anderen Gesichtspunkten aus etwas von seinem Gehalt erfassen können, was nicht in diesen sprachlichen Ausdrucksformen selbst angelegt ist, über dies Verhältnis läßt sich allgemein nichts sagen. Außer dem einen, daß die Ausdrucksformen nicht im Widerspruch zu dem erschlossenen Gehalt stehen können, sondern sich irgendwie mit ihm vereinen lassen müssen. Sonst aber müssen wir an dem geschichtlichen Beispiel selbst sehen, wie sich das Verhältnis gestaltet und nach welchen Kräften, und wie sich dann die Entwicklung innerhalb eines solchen Sachgebietes vollzieht.

Die Durchführung einer solchen Untersuchung an dem Begriff 'Charakterart' in der frühgriechischen Literatur bietet sich deshalb an, weil dieser Begriff bei der Betrachtung der griechischen Dichtungen, welche Personen darstellen, also vor allem dem homerischen Epos und der Tragödie,

---

nen Epochen andere und immer andere, auch die Innengrenzen, die durch den Komplex hindurchgezogen werden und die ihn aufteilen, sind immer neue. Und daher müssen sich die den Einzelworten zufallenden begrifflichen Inhalte immer anders und wieder anders gegenseitig abgrenzen". Es liegt hier eine unglückliche Scheidung zwischen (zufälligem) Zeichen und (natürlich gegebenem) Inhalt vor, die W. v. Humboldt gerade überwunden hat. Die Worte sind hier nur als Flächen gesehen, die von vornherein in die feste Ebene des Feldes fallen, es nur verschieden aufteilen. Daß jedes Wort und jeder Ausdruck von sich aus ein Stück Wirklichkeit fassen soll und dieses Stück nach einem Willen auswählt und erst gestaltet, ist dabei nicht berücksichtigt.

naturgemäß von großer Bedeutung ist. Man hat oft danach gefragt, welcher Art die hier dargestellten Personen eigentlich sind, ob und in welchem Sinn ihnen so etwas wie Charakter zukomme. In der Literatur, die seit der Mitte des 18. Jahrh. von der neuen und starken Wirkung Homers in Deutschland Zeugnis ablegt, begegnen uns im Zusammenhang mit dem Gesamtbild von homerischer Dichtung immer wieder zwei ganz verschiedene Auffassungen von den homerischen Personen, welche sich geradewegs zu widersprechen scheinen und doch beide unverkennbar auf wirkliche Züge der homerischen Dichtung weisen. Führen wir als Vertreter der einen A. W. Schlegel, der anderen W. v. Humboldt an. Schlegel[2]) stellt sich das homerische Epos als bunte Folge von Veränderungen dar, wo jedes Moment der Erzählung um seiner selbst willen da zu sein scheine und der Dichter mit so ungeteilter Seele bei jedem Punkt der Vergangenheit weile, als ob nichts voran gegangen wäre und nichts folgen sollte, wodurch das Erquickliche einer lebendigen Gegenwart überall gleichmäßig verbreitet werde. Von einer Einheit der Handlung könne keine Rede sein. „Nur durch einen Akt der Freiheit kann etwas aus der unendlichen Reihe von Naturereignissen herausgerissen und das aus jenem Herfließende, die Handlung, zu einem in sich beschlossenen Ganzen gemacht werden; und ein solcher Akt der Freiheit liegt jenseits der Außenwelt, welche das Epos schildert. Sein Stoff ist vielmehr die Mehrheit". Offenbar ist Schlegel diese Gegenwärtigkeit und Unmittelbarkeit des homerischen Epos an der romantischen Subjektivität, die sich der romantische Dichter durch seine Ironie wahrt, bewußt geworden. Daß das Epos, die in ihm dargestellte Welt, bei dieser Hingabe an den Augenblick sich doch nicht an ihn verliert, indem es nämlich im Geschehen selbst das Wiederkehrende, Maße und Grenzen entdeckt, bleibt ihm eben aus seiner Überschätzung der Subjektivität verborgen. Entsprechend diesem Gesamtbild des Epos als einer bunten, stets wechselnden Reihe von Dingen und Geschehnissen leugnet Schlegel eine tiefere Konsistenz der Personen, das was wir uns unter Charakter vorstellen. „Die unmotivierte Veränderlichkeit der Gesinnungen, der Wechsel von Leidenschaft und ruhiger Fassung, von Mut und Verzagtheit usw. liegt oben auf." Nur im Subjektiven, im Bewußtsein könne Freiheit und Einheit der Person gesetzt sein[3]). Humboldt dagegen deutet bei einem Vergleich zwischen

---

[2]) Vorlesungen über schöne Literatur und Kunst. Dtsche. Lit.-Denkmale des 18. und 19. Jh. Bd. 4 (17) S. 358 ff. Ähnliche Darlegungen findet man auch schon bei Heinse in seinen „Tagebuchblättern".

[3]) Eine ähnliche Problemstellung zeigen neuerdings die Arbeiten Br. Snells zu Homer und der Sprache des frühen Griechentums. Er stellt das Selbstbewußtsein als das entscheidende Kriterium in das Zentrum. Seine Auffassung von der Entwicklung des grie-

Homer und Ariost[4]) ein ganz anderes Bild an, in dem er das Wesen des antiken Epos als Einfachheit und Einheit sieht. „In Homer strebt alles durchaus zum Ganzen; es ist überall Einheit: Einheit der Handlung, der Charaktere, der Gesinnungen, der Empfindungen.." Der Einbildungskraft des homerischen Epikers muß die „Gesetzmäßigkeit, durch welche sie ihren Idealen die vollkommenste Naturähnlichkeit gibt, so ursprünglich einverleibt sein, daß alle ihre Geburten sie von selbst und unmittelbar an sich tragen." Gibt es eine Möglichkeit, bei Abgrenzung des Bedingten beider Anschauungen dennoch in beiden wirklich Homerisches wirksam und eingefangen zu sehen? Vielleicht so, daß die Neigung des Romantikers, sich in das Fremdartige, Historische einzufühlen, ihn vorwiegend die bewußten Formen des sprachlicher Ausdrucks beachten ließ, während der Blick des Klassikers Humboldt rein auf die innere Substanz gelenkt war und jene Formen vernachlässigte.

Von dem uns geläufigen Charakterbegriff aus läßt sich noch als weitere Möglichkeit die Frage stellen, ob in dem Menschen, der im Epos auftritt, eine Besonderheit der Charakteranlage anzuerkennen ist. So spricht Bethe[5]) von zwei verschiedenen, durch die Analyse zu scheidenden Achillcharakteren, einem Sanguiniker im *I* und einem Melancholiker, und neuerdings spricht Jaeger (Paideia S. 287) gelegentlich eines Hinweises auf die Phoinixszene des *I* davon, daß das Problem dort die Lenkbarkeit des eingeborenen Charakters sei. Was gleichfalls bedeutet, daß der Dichter den Zorn des Achill als Ausdruck einer besonderen Charakteranlage gemeint habe, nicht als einmaliges Übermaß einer Leidenschaft, die jeden, stärker oder schwächer, überfallen kann.

In der Tragödie ist ganz ähnlich die Frage nach dem Charakterbegriff aufgeworfen, besonders seit Tycho v. Wilamowitz die Vorstellung von einheitlichen Charakteren in der Tragödie bestritten hat und die Personen nur durch die verschiedenen Situationen bestimmt sein lassen will.

Von dieser Lage aus scheint es also lohnend, erst einmal die sprachlichen Ausdrucksmittel für Charakterart und Charaktereigenschaften, d. h. das

---

chischen Geistes aus der noch im Äußeren steckenbleibenden Welt des Epos zu der Freiheit in der Lyrik und Tragödie steht der Schlegels sehr nahe. Bei Snell liegt auch klar, wie sehr sich diese Auffassung auf die Interpretation der Dichtungen von den sprachlich bewußten Ausdrucksformen aus stützt. Vgl. seine interessante Rezension von Böhme „Die Seele u. das Ich im hom. Epos" Gnomon 1931, 74 ff. Vgl. auch Chr. Voigt: Überlegung und Entscheidung. Studien zur Selbstauffassung des Menschen bei Homer. Berlin. Panverlag 1934 und Bogners Rezension Gnomon 11 (1935), 359 ff.

[4]) Über Goethes Hermann und Dorothea. Ges. Werke. Ausg. der Pr. Akad. d. W. II, 164.

[5]) E. Bethe: Homer: S. 73.

Bewußtsein davon in der frühgriechischen Literatur zu untersuchen und damit dann einen neuen Zugang zu dem Problem der Charaktergestaltung in der Poesie zu erhalten.

Die vorliegende Arbeit behandelt dies Thema nicht in seiner ganzen Ausdehnung, sondern wählt in lockerer Form drei besonders interessante Punkte aus: Semonides Weiberjambos, Homer, Pindar. Die Behandlung Homers soll dabei im Zentrum stehen. Die volkstümliche Art des Weiberjambos ist als Kontrast Homer wie Pindar, die im Aristokratischen, im Blick auf den 'Besten' zusammengehen, vorangestellt. Bei Semonides wird die Gelegenheit benutzt, um das Gedicht einmal ausführlich durchzuinterpretieren. Die Behandlung des Dramas, auf die das Ganze hindrängt, mußte hier leider unterbleiben.

Der Weiberjambos des Semonides

Das Einzelne [1])

V. 1/2

Eine Art These eröffnet das Gedicht. Thematisch steht am Beginn das χωρίς, vergleichbar dem μῆνιν und ἄνδρα in Ilias- und Odysseeproömium. Diese Stellung von χωρίς läßt das Wortverständnis nicht zweifelhaft: Unterschiedlich machte Gott des Weibes Sinn. Das gleich aufzunehmende τὴν μὲν und die entsprechenden τὴν δὲ bestätigen, daß mit χωρίς nur die

---

[1]) Philologisch behandelt ist das Gedicht von Welcker, Rh. M. III, 382 ff., eine Herausgabe sämtlicher Semonidesfragm. — A. Kießling, Rh. M. 19 (1864), der sich um Zahlensymmetrie bemüht. — O. Ribbeck, Rh. M. 20 (1865), 74 ff. und Rh. M. 29 (1874), 209 ff., der den vermeintlichen Trümmerhaufen durch Versversetzungen zu ordnen sucht. Diesen kritisch-analytischen Übungen, die z. T. auch noch die Aufsätze von Jordan, Hermes 14 (1879), 280 ff. und R. Opitz Philolog. 50 (1890), 30 ff. fortführen, tritt entgegen der wirklich interpretierende und fördernde Aufsatz von L. v. Sybel, Hermes 7 (1873), 327 ff. Eine Abhandlung von K. Verstoosek: Simonidavi Jambi περὶ γυναικῶν Progr. d. K. K. Staatsgymn. in Marburg a. D. 1905 (slowenisch, mir ebenso wie der polnische Aufsatz von Klinger freundlichst durch Dr. U. Johannsen zugänglich gemacht) bleibt in wahlloser Anhäufung von Meinungen und Stoffmassen stecken. Der Aufsatz von Witold Klinger Eos 23 (1918), 60 ff. versucht den Weiberjambos als Fortsetzung des Fr. 1 zu erweisen. Die letzte Behandlung des Weiberjambos F. Rebello: Simonides de Amorgo. Lisboa 1930 ist in Deutschland nicht zu erreichen. Die Nachbildungen des Gedichts in der deutschen Dichtung seit der Renaissance (1551 wurde Stobaeus, dessen Zitat unsere einzige Quelle ist, ins Deutsche übertragen), die man zum Vergleich einsehen kann, findet man bei Joh. Bolte, Ztschr. d. Vereins f. Volkskd. 11, 1901, S. 256 genannt, behandelt bei H. Klenz: Die Quellen von Rachels 1. Satire: Das poetische Frauenzimmer. Diss. Freiburg 1899, wo man köstliche Proben dieser Poeterei lesen kann. Allgemeines Material zum Weibertadel in der Antike bei Fr. Buddenhagen περὶ γάμου. Diss. Basel 1919, ebenso in den betr. Stobäusabschnitten. Material zu der Behandlung des Themas im Mittelalter bei A. Wulff: Die frauenfeindlichen Dichtungen i. d. Roman. Lit. d. Mittelalters (Rom. Arbeiten IV). Halle 1914, und Franz Brietzmann: Die böse Frau in der deutschen Literatur des Mittelalters. Palästra 42 (1912).

Zum Text ist zu bemerken, daß die schmale Basis einzig auf der Stobaeusüberlieferung uns Vorsicht gegenüber unserm Text gebietet, der an einigen Stellen auch offensichtlich verdorben ist.

Verschiedenheit der Weibertypen gemeint sein kann²). Der Ausdruck ist grammatisch ungewöhnlich, weil χωρίς hier mit einem Singular zusammensteht, während sonst die Mehrzahl die Teile, die geschieden werden sollen, deutlich macht³). Aber der Versuch, auch hier einen Plural herzustellen (γυναῖκας νόον Schneidewin, γυναῖκας νόῳ Ahrens, γυναικῶν νόον Bergk) ist unangebracht. Neben dem Thema der Verschiedenheit der Weiber besteht ein zweites: das Weib überhaupt, das dem ganzen Gedicht zugrunde liegt, und zu dem paßt der Singular ausgezeichnet. Durch die Sperrung ist γυναικός ... νόον als thematisch neben χωρίς herausgehoben. Damit leitet der erste Satz nicht nur den ersten Teil, sondern das ganze Gedicht ein. Wenn man allerdings den 1. und 2. Teil für zwei selbständige Fragmente hält, wäre hier der Plural willkommener.

Eine solche kollektive Ausdrucksweise γυναικὸς νόος 'der Weibessinn' treffen wir im Epos nicht. (Vgl. die Behandlung unten S. 44). Dort wird nur vom νόος, welcher der Einzelperson zugehört, gesprochen.

Der einleitende Satz faßt eine Schöpfungsgeschichte des Weibes zusammen, ohne jede anschauliche Erzählung. Allein das τὰ πρῶτα deutet die Situation etwas an. Es ist wohl 'im Anbeginn' = 'in der Urzeit' zu verstehen; es ist jene märchenhafte Urzeit, von der in Platos Protagorasmythos berichtet wird: „es war nämlich einst eine Zeit, wo es Götter gab, sterbliche Geschlechter aber nicht gab". Das häufige epische τὰ πρῶτα, das den Anfangspunkt eines Handlungsablaufes heraushebt, und das immer ein zuerst, dem ein danach folgt, bezeichnet, ist hier fernzuhalten⁴).

Als Schöpfer ist ohne Namen einfach 'Gott' genannt, ebenso V. 7, wo

---

Semonides ist in alexandrinischer Zeit unter die drei kanonischen Jambographen aufgenommen und später in dieser Zusammenstellung gelesen worden (Quintilian inst. or. X, 1, 59). Die gute Erhaltung des Dialektischen und seltener Formen in den Semonidesfragmenten machen es wahrscheinlich, daß der Text von den Grammatikern festgelegt und behandelt worden ist.

Eine metrische Übersetzung des Gedichts soll an anderer Stelle veröffentlicht werden. Hier ist der Text in der 2. Aufl. der Anthol. Lyr. ed. E. Diehl heranzuziehen.

²) Die Übersetzung von Edmonds Elegy and Jambus II, 217: „in the beginning god made woman's mind apart from man's" gibt weder den Wortlaut noch den Sinn.

³) z. B. Eur. Bacch. 1210 χωρίς τε θηρὸς ἄρθρα διεφορήσαμεν; Xen. Cyrop. 4, 1, 18.: die Feinde greifen an χωρὶς γενόμενοι.

⁴) So z. B. Z 489: keiner kann dem Geschick entfliehen, wenn er erst einmal geboren ist (ἐπὴν τὰ πρῶτα γένηται) oder A 6; 235 usf. Diese für unser Sprachempfinden oft zusätzliche Ausdrucksweise hängt mit dem epischen Interesse zusammen, einen Geschehensablauf oder Zustand bis an seine Grenzen, den Anfang und das Ende, zu verfolgen. Gleichsam wie man bei einem Fluß den Lauf gern bis zur Quelle und anderseits zur Mündung verfolgt.

die Schöpfungsvorstellung von V. 1 noch einmal aufgenommen wird [5]). In V. 72 und dem ihm entsprechenden 93, ebenso in 96 und seiner Wiederholung 115 und in 94 steht Zeus. Warum steht hier ϑεός, dort Ζεύς? Oder ist überall Ζεύς zu schreiben? Eine einheitliche Vorstellung vom Schöpfer ist während des Gedichtes nicht festgehalten. V. 21 sind die Olympier die Schöpfer. Das hat dort seine besondere Bedeutung, wie die Interpretation zeigen wird. V. 57 ist die Schöpfungsvorstellung durch die von der Abkunft ersetzt. Die Stellen, an denen Zeus steht, haben gemeinsam, daß dort von der Bedeutung des Weibes für den Mann die Rede ist, daß es nämlich ein gewaltiges, unentrinnbares Übel für ihn ist. Die μηχανή des Zeus, von der 94 gesprochen ist, welche das Übel Weib immer wieder aufzwingt, ist von Bedeutung, wenn Zeus im Gedicht genannt wird. Er ist also der Weltherrscher, der nach seinem Willen die Welt einrichtet. Das steht dem Zeus der hesiodischen Pandoramythen nahe. Wenn am Anfang ganz allgemein von dem ϑεός gesprochen wird, so paßt das zu der Allgemeinheit, mit welcher der Schöpfungsgedanke hier gegeben ist. Erst in seinem Verlauf führt das Gedicht mehr zu dem Gedanken hin: Das Weib ist für den Mann eine besonders schlimme Einrichtung in der Weltordnung, wo dann Zeus hereingehört. So werden wir ϑεός in V. 1 und 7 stehen lassen. Der namenlose ϑεός begegnet uns V. 25 als der Wettermacher; ob V. 104 auch an ihn oder einen besonderen Gott gedacht ist, läßt sich nicht entscheiden. Gott schlechthin, ohne Namen und Besonderheit, ist in der Lyrik durchaus zu Hause und kommt wohl aus dem Volksglauben dahin. Wir finden ihn besonders in dem Zusammenhang, wenn schlechthin die höhere Macht, welcher der Mensch unterworfen ist, bezeichnet wird [6]).

Die Frage, ob Semonides auf einem bekannten Schöpfungsmärchen fußt, oder ob er nur die These, daß die Weiber verschieden beschaffen sind, in die Form einer frei erfundenen Schöpfungsgeschichte kleidet, stellen wir bis zur Erledigung der Einzelinterpretation zurück.

---

[5]) P. Maas nimmt an ϑεός V. 1 und 7 aus prosodischen Gründen Anstoß und schlägt vor, Zeus zu lesen (R. E. s. v. Simonides). Begründung (von Maas mündlich): Auflösung einer Länge durch ein zweisilbiges Wort gibt es in alter Zeit nicht. Dagegen, es zusammengezogen jonisch als ϑεύς zu lesen (so Bechtel Griech. Dial. Bd. 3, 54) spräche, daß diese Zusammenziehung nur vor Konsonant bekannt sei. Da das Material sehr gering ist, hält auch Maas die Lesung ϑεός für möglich (vgl. übrigens V. 39 ϑερέος ἐν).

[6]) ϑεός als Subjekt zu Verben wie ποιῶ, ὀπάζω, δίδωμι, τίϑημι, τελέω; z. B. Mimn. 1, 10 D.: οὕτως ἀργαλέον γῆρας ἔϑηκε ϑεός ; Solon 19, 3; Theognis 123, 321. Ähnlich auch schon das Epos ξ 440: ϑεὸς δὲ τὸ μὲν δώσει, τὸ δ'ἐάσει.

2—6

Derb und überraschend wird uns als der erste Frauentyp der aus dem Schwein vorgestellt. Damit erfahren wir zugleich, daß die Verschiedenheit auf verschiedener Herkunft beruht. Das Ursprungswesen ist hier wie sonst nur angegeben; nur ein Adjektiv charakterisiert noch etwas, und mit dem Relativsatz sind wir bereits bei der Schilderung der Weiberart. Der Kunstgriff des Dichters besteht darin, daß nicht zuerst das Tier gezeichnet und dann die entsprechende Weiberart verglichen wird, sondern daß beides in eins zusammengezogen ist. Die herangezogenen Tiere sind in ihrer Eigenart so geläufig, daß Tier- und Weiberart zusammen geschildert werden können. Eine solche Gleichsetzung ist in der Sprache zu allen Zeiten ganz gewöhnlich. Man nennt jemand 'dreckiges Schwein', 'schlauen Fuchs', 'frechen Hund'. Das Besondere bei Semonides ist, daß diese Metaphern nach der Seite der Charakteristik ausgebaut sind, so daß das Beschimpfende zwar mehr oder minder da ist, im Mittelpunkt aber die typische Eigenart steht. Im Laufe solcher Darstellungen kann dann eine fast rein charakterisierende Darstellung wie die des 'Meerweibes' eingefügt werden, wo der Vergleich eigens ausgeführt wird. Nur noch beim Pferdetyp mit seinem nicht gewöhnlichen Aspekt ist eine gewisse Erläuterung und Begründung der Darstellung V. 67—70 gegeben. Sonst ist allein durch das überall hindurchscheinende Tierbild, welches uns in der Art der Darstellung von einem bestimmten Aspekt aus vor Augen gestellt wird, auch die Art des Weibes als eine Einheit unmittelbar anschaulich.

Für die hier vorliegende Vorstellung vom Schwein brauchen wir nach Vergleichen nicht zu suchen. Dreckigkeit und Gefräßigkeit sind immer seine auffallenden Untugenden. Für die epische Gerechtigkeit im Sehen und Darstellen ist bezeichnend, daß dort jede abschätzige Beurteilung fehlt (z. B. ν 407 ff.)

2 τανύθριξ: das Schwein, das Borstentier. Das Wort ist von unseren Schweinerassen gesehen merkwürdig. Sonst ist es noch Hes. op. 516 von der Ziege und Ps. Oppian Cyneg. 1, 186 vom Pferdeschweif überliefert, also beidemal von wirklich langem Haar. τρίχες sind ebenso Haupthaare wie Schafswolle wie Schweineborsten. Wir müssen dieser Stelle entnehmen, daß wir mit einer recht langborstigen zahmen Schweinesorte zu rechnen haben, wie es sie auch jetzt noch in manchen Gegenden gibt[7]).

Der Aufbau ist ganz einfach. Zuerst der Haushalt; drei Bestimmungen geben Schmutz und Unordnung. Es sieht bei ihr eben aus 'wie im Schweine-

---

[7]) vgl. Gnomon 12 (1936), 385. In Ungarn und auf dem Balkan sollen auch heute recht langhaarige Schweine gehalten werden (nach einer Mitteilung von Prof. Joh. Richter, Leipzig).

stall'. Dann sie selbst, auch mit drei Bestimmungen ihrer Schmutzigkeit. Das πιαίνεται am Schluß rundet die Schilderung ab und spricht kurz und bündig den Zweck dieses Schweinedaseins aus.

7—11

Der schlaue Fuchs stammt aus einem besonderen Bereich, dem der Fabel. Die Kennzeichnung als ἀλιτρός durchtrieben, der 'Schelm', die sonst nur Menschen gegeben wird, führt gleich darauf, wie es das Sprechen nachher V. 10 bestätigt. In die Reihe der andern Tiere, die als Haustiere dem zeitgenössischen Hörer alle vertraut sind, paßt der Fuchs ebensogut wie der Affe, da sie beide dem Hörer als charakteristische Typen vor Augen stehen; der Fuchs wie bei uns eben aus der Fabel. Auch die andern Tiere hier kommen natürlich in Fabeln vor; es fragt sich nur, ob in der Beschreibung hier irgendwelche Züge aus der Fabel mitsprechen. Beim Schwein war es nicht der Fall, und auch sonst werden wir es nicht finden. Der Fuchs ist eine Lieblingsgestalt der griechischen Tierfabel. Schlau, gerissen (z. B. Archilochos Fr. 103 D, 81, 5 D), der virtuose Künstler im Verdrehen und Bereden (z. B. Babrius 95), der immer nur auf seinen Vorteil aus ist (κερδώ ist sein sprechender Name, wie μιμώ der des Affen, πτώξ der des Hasen) und deshalb biegsam ist (z. B. τὴν ἀλώπεκα κερδαλέαν καὶ ποικίλην Plato Rep. II 365 c), der Schmeichler und Zuträger (z. B. Pindar Py. 2, 76: ἄμαχον κακὸν ἀμφοτέροις διαβολιᾶν ὑποφάτιες ὀργαῖς ἀτενὲς ἀλωπέκων ἴκελοι mit der Umgebung, bes. 81—83). Dies Bild, das wir aus Reinecke Fuchs kennen, ist schon das griechische.

Was ist davon nun bei Semonides gegeben? ἀλιτρός, die erste Charakterisierung, zeigt, daß die Bewertung negativ ist.

8 πάντων ἴδριν sie versteht sich auf alles. ἴδρις einer der sich auf etwas versteht, in der Odyssee von ἔργα (Goldgießer ζ 233, Ruderkunst der Phäaken η 108); bei Archilochos geistreich von dem schwerschuftenden Rind (Fr. 48 D βοῦς ἔργων ἴδρις). Die Steigerung von ἴδρις ist im Epischen πολύϊδρις: Von einer Magd ψ 82; es ist an die Haushaltsarbeiten gedacht. Allgemein von Prometheus Hesiod Theog. 616. Hier bei Semonides ist in πάντων ἴδρις der epische, archaische Begriff des Vielen durch den Begriff des Totalen ersetzt. Bei Archilochos heißt es Fr. 103 D πόλλ' οἶδ' ἀλώπηξ, ἀλλ' ἐχῖνος ἓν μέγα, und mit diesem Begriff der Fülle ist der Blick mehr auf das Einzelne gelenkt: er weiß das und das; so tritt das ἓν des Wissens des Igels gegenüber. Der Sache nach liegt dort bei Archilochos eine Ablehnung der epischen Hochschätzung der Fülle, des Vielen vor. Es wäre aufschlußreich, diesen Bezirk der Fülle im Epos zu verfolgen. Dies Interesse des Epischen an dem Vielen, der offene Blick für den Reichtum jeglicher Art

hat offensichtlich mit der Weite des aristokratischen Blickes etwas zu tun. Viel wissen, große Erfahrung haben, das gilt auch bei Pindar wie aller Reichtum noch; aber bei ihm tritt die andere Seite dazu, der die epischen Gestalten zwar nicht widersprechen, die aber dort nicht bewußt hervorgekehrt und betont wird: σοφὸς ὁ πολλὰ εἰδὼς φυᾷ Ol. 2, 94. Im Jonischen liegt nicht eine solche Einigung zwischen Fülle und Einheit vor, vielmehr eine Aufspaltung. Wenn Archilochos sich von aller Klugheit auf das Eine zurückzieht, die den Menschen von Natur vorgeschriebene Abwehrhaltung gegen das Feindliche, so kann man mit dieser seiner Abschätzung des Vielwissens, des Vielfältigen überhaupt Heraklit vergleichen, der Tiefe und Einheit der φύσις gegen die Vielfältigkeit der Erscheinungswelt stellt und so jedes Vielwissen verachtet. Der Begriff des πᾶς, des Totalen, der für Semonides charakteristisch ist und das ganze Gedicht durchzieht[8]), bezeugt eine andere Sphäre der Rede. Es ist die Ausschließlichkeit, mit der Behauptungen und Urteile kontrastiert und verbindlich gemacht werden. 'Das ist völlig schief gegangen', 'das kann keiner' 'der ist total betrunken', 'der ist ein ganz Schlauer', 'der verdirbt alles' usf.: eine solche Redeweise braucht die alltägliche Sprache ständig. Sie ist weit entfernt von der liebevoll sachgemäßen, aus ferner Höhe das einzelne Ding betrachtenden epischen Art, sie reagiert in Übertreibung, Schimpf oder Bewunderung sogleich auf jedes Ding und will durch die Stärke des Ausdrucks zwingen. Das hängt bei Semonides damit zusammen, daß die verschiedenen Typen wie das Weib überhaupt von dem Betroffenen aus gesehen sind, der unmittelbar auf den Gegenstand reagiert, und zwar immer unwillig, ausgenommen beim Bienentyp.

8/9 πάντων ἴδριν wird in κακά und ἀγαθά auseinandergelegt, wobei die Seite der κακά zuerst kommt und das größere Gewicht erhält; denn der Fuchs hat meist Schandtaten im Kopf[9]). λέληθεν kann nicht meinen, daß sie die Taten anderer bemerkt (so Edmonds: who takes note of all, be it bad or good); denn Neugierde trifft den Fuchs nicht und ist hier zudem dem Hundetyp vorbehalten, und der Anschluß des nächsten Satzes mit γάρ wie das vorangehende πάντων ἴδριν erlauben einen solchen besonderen Gedanken auch nicht. Es bedeutet vielmehr, daß ihr Schlechtigkeiten und Gutes an sich nicht verborgen sind: 'ihr ist nichts verborgen von', 'nichts unbe-

---

[8]) πᾶς 24 mal; dazu οὐδέν 9,23; οὔ τι 51; οὔ τιν' 80; vgl. auch Fr. 1; πάντων 2; νόος οὐκ ἐν' ἀνθρώποισιν 3; οὐδὲν εἰδότες 4; ἐλπὶς πάντας τρέφει 6; οὐδείς 9; οὕτω κακῶν ἀπ' οὐδέν 20; fr. 4 πάμπαν δ' ἄμωμος οὔ τις οὐδ' ἀκήριος.

[9]) ἀμεινόνων wird wohl in der Bedeutung des Positivs gebraucht sein. Vgl. Hes. op. 314 und Wilamowitz: Hesiodos Erga, zur Stelle S. 78, der auf die Orakelsprache verweist, wo es nicht komparativisch empfunden wird.

wußt von', das meint, sie kann sich so und so verhalten. Der Ausdruck besagt negativ und vom Objekt gesehen dasselbe wie wissen [10]). Das Weib, das nichts Gutes noch Schlechtes weiß, V. 23, ist ein Gegenstück.

10/11 ist überliefert: τὸ μὲν γὰρ αὐτῶν εἶπε πολλάκις κακῶν τὸ δ' ἐσθλόν. An der Stelle ist sehr viel probiert worden. Man könnte versuchen, den Text so zu verstehn: Das eine, was sie sagt, gehört zu den Übeln selbst, das andere ist gut. Aber die Ausdrucksweise wäre zu verzwickt und der Gedankenfortschritt lahm: sie weiß schlechtes und gutes, denn sie redet schlechtes und gutes. Allgemein nimmt man die naheliegende Änderung von κακῶν zu κακόν an, in Entsprechung zum ἐσθλόν, und erhält τὸ μὲν γὰρ αὐτῶν εἶπε πολλάκις κακόν, τὸ δ' ἐσθλόν, was man entweder wie Bergk II⁴, 447 noch weiterhin für verdorben hält, oder wie die meisten (seit G. Hermann, so auch Diehl, Edmonds) versteht: das eine nämlich von diesem (nämlich das Gute) nennt sie häufig schlecht, das andre aber (nämlich das Schlechte) gut. An sich ein passender Gedanke: der Fuchs als Verdreher; aber im Ausdruck unbefriedigend. τὸ μὲν ... τὸ δὲ ist durch nichts als das Gute, das Schlechte festgelegt. Man muß weiter eingreifen. εἶπε und den Gegensatz κακόν - ἐσθλόν wird man nicht antasten; dagegen liegt es nahe, die Korruptel in αὐτῶν zu suchen und darin irgendwie 'dasselbe' zu vermuten. τὸ μὲν γὰρ αὐτὸ εἶπεν gestattet der Hiat nicht, dagegen scheint mir τὸν μὲν γὰρ αὐτόν, von Schneidewin und Bergk vorgeschlagen, bestechend. Die Korruptel wäre leicht zu erklären. Die Vertauschung von ον und ων in der Endung ist in der Stobaeusüberlieferung häufig; man wird mit Schlußkompendien im Stobaeusarchetypus rechnen müssen (ον = ων =~). Das nach Änderung von κακόν in κακῶν unverständliche τὸν μέν wäre als Entsprechung zu τὸ δ' in τὸ μὲν umgewandelt. τὸ δ' würde man nämlich im Unterschied zu Schneidewin und Bergk nicht in τοτ' ändern, da dann die Eingriffe zu zahlreich wären. Ich möchte schreiben: τὸν μὲν γὰρ αὐτὸν εἶπε πολλάκις κακόν, τὸ δ' ἐσθλόν „vom selben spricht sie häufig schlecht, dann aber gut". Dem τὸν μὲν γὰρ αὐτόν würde ὀργὴν δ' ἄλλοτ' ἀλλοίην ἔχει dann auch im Ausdruck gegenübertreten. τὸ δὲ = anderseits, als kontrastierende Satzeinleitung ohne Entsprechung eines τὸ μὲν ist häufig belegt (s. die Classen-Steup Thukydides 5. Aufl. zu 2, 40, 3 beigebrachten Belege und Hinweise). Für eine solche Gegenüberstellung in zeitlichem Zusammenhang wie hier πολλάκις, τὸ δ' habe ich keine Belege zur Hand, wohl aber für das Umgekehrte τὸ μὲν .... νῦν δὲ Od. β 46, oder τὰ μὲν (πολλὰ) ... τέλος δὲ einerseits häufig, schließlich aber ... Herodot 3, 85. τὸν αὐτὸν εἶπε κακόν möchte ich nicht: „sie nennt denselben oft schlecht, dann wieder gut" verstehen, sondern „sie spricht von demselben oft als von einem schlechten, dann wieder als von einem guten". Das Nennen allein würde die Beredsamkeit des Fuchses nicht treffen. Als Parallelen könnte man anführen: τ 334 πολλοί τε μὶν ἐσθλὸν ἔειπον viele sprachen von

---

[10]) Ein solcher Gebrauch von λανθάνω ist häufig belegt: Plato leg. 903 c: σὲ δὲ λέληθεν περὶ τοῦτο αὐτὸ ὡς ....; Ψ 323: ὃς δέ κε κέρδεα εἰδῇ .... οὐδὲ ἑ λήθει ὅππως τὸ πρῶτον τανύσῃ βοέοισιν ἱμᾶσιν ; Soph. El. 222: ἔξοιδ', οὐ λάθει μ'ὀργά: ich weiß, welche ὀργή ich habe, sie ist mir nicht unbewußt. Diese beiden letzten Stellen sind auch in dem Nebeneinander von Wissen — nicht Verborgensein parallel. Ich möchte hier im Text abweichend von Diehl (πάντων ἴδριν · οὐ δέ μιν κακῶν λέληθεν οὐδέν) πάντων ἴδριν, οὐδέ μιν schreiben.

ihm als von einem Edlen [11]). Als Akkusativ der Sache lassen sich κακόν ἐσθλόν nicht auffassen: es müßte dann der Plural oder τι dabei stehen.

Daß sie Schlechtes und Gutes versteht, wird also, wenn man so liest, dadurch belegt (γάρ), daß sie von demselben bald so, bald so spricht. Der Fuchs verleumdet gern (πολλάκις κακὸν vgl. Pindar Py. 2,76); aber wenn es sein Vorteil heischt, kann er auch gut von jemand reden. ἀλωπεκίζειν nennt der Grieche eine solche Wendigkeit, vgl. Aristophanes Vesp. 1241 f.: οὐκ ἔστιν ἀλωπεκίζειν οὐδ' ἀμφοτέροισιν γίγνεσθαι φίλον.

11 ὀργὴν ἄλλοτ' ἀλλοίην ἔχει paßt gut dazu: bald überaus freundlich, bald bissig usf. Der Aufbau ist also: Wissen, Reden, (ganze) Sinnesart, wobei einerseits die Klugheit, anderseits die Gemeinheit gegeben sind.

ὀργή ist Art und Zustand des Gemüts, die triebhafte Art, das Gestimmtsein, z. B. Trägheit, Wendigkeit, Bösartigkeit, Sanftheit usf. Wenn es die typische Art eines Wesens wiedergibt, kann es φύσις nahekommen, nur daß es die Beschaffenheit rein vom Emotionalen her faßt und auch an sich nicht irgendwie das Dauernde ausdrückt. Es steht ja auch neben ὀργή in der allgemeinen Bedeutung 'Gestimmtheit' der besondere Gebrauch: 'schlechte Stimmung', 'Ärger', 'Zorn'. Im Epos kommt dies Wort nicht vor, wie dort auch kein Interesse für ein besonderes Gestimmtsein und Temperament der Menschen vorliegt. Die Menschen stehen gleichgeartet, aber verschiedengradig 'begabt' vor den großen Aufgaben des Handelns, und wenn vereinzelt, besonders in der Odyssee, der Blick für die verschiedene Beschaffenheit der Menschen wichtig wird, so bleiben die Ausdrucksmittel doch nach Leistung und den einzelnen Akten des Verhaltens ausgerichtet (vgl. die Behandlung des Epos unten). Dagegen ist für die Art, wie hier bei Semonides Charaktertypen gezeichnet werden, ὀργή das Stichwort. Denn die innere, einheitliche, triebhafte Art ist es, in welcher Tier- und Menschentyp verglichen werden. In solchen Vergleichen von Tier- und Menschenart treffen wir ὀργή seit seinem ersten Beleg bei Hesiod häufig. Hes. op. 304, wo die Art des Untätigen mit der der Drohnen verglichen wird: κηφήνεσσι κοθούροις εἴκελος ὀργήν. Im Unterschied zum epischen Vergleich ist hier nicht ein Verhalten, sondern die zugrundeliegende Art

---

[11]) ἐσθλόν ist m. E. prädikativ zu fassen, mit Faesi gegen Ameis-Hentze. Nicht daß sie ihn einen Edlen nennen, sondern daß sie von ihm als einem Edlen sprechen, erfordert der Zusammenhang wie die Sache. Es steht dem εὖ εἰπεῖν sehr nahe (α 302: ἄλκιμος ἔσσ' ἵνα τίς σε καὶ ὀψιγόνων εὖ εἴπῃ). Zur Sache ist auch der Wunsch Hektors für seinen Sohn zu vergleichen: Z 479: καί ποτέ τις εἴποι· 'πατρός γ' ὅδε πολλὸν ἀμείνων' ἐκ πολέμου ἀνιόντα.

verglichen [12]). So empfiehlt Theognis 213 ff., die ὀργή des Polypen anzunehmen, seine Anpassungsfähigkeit an den Untergrund; das bedeutet in der menschlichen Gesellschaft, sich in die ὀργαί der anderen zu fügen (214: ὀργὴν συμμίσγων ἥντιν' ἕκαστος ἔχει). Das hat auch in der Sache eine gewisse Entsprechung zu unserer Semonidesstelle; allerdings handelt es sich hier nicht um die Beimischung einer anderen ὀργή zur eignen, sondern um das Wechseln von einer ὀργή zur andern, womit die Charakterlosigkeit gezeichnet ist. Semonides gebraucht ὀργή noch einmal V. 41 f., dort, um die ὀργή ausdrücklich als das Wesentliche an dem Weibertyp und dem Vergleich mit dem Meer hinzustellen. Weil er im Meer eine ὀργή findet, reiht er diesen Typ unter die anderen ein (s. u.); ähnlich faßt Tyrtaios den Krieg personenhaft und spricht von seiner ὀργή: Fr. 11, 8 D εὖ δ' ὀργὴν ἐδάητ' ἀργαλέου πολέμου.

Betrachten wir noch einmal das Fuchsbild als Ganzes, so ist zweierlei zu sagen. Einmal ist ein wirklich weiblicher Charakterzug getroffen. Gerissenheit und Verstellungskunst, böse Zunge und falsche Freundlichkeit fallen dem dumm-ehrlichen Mann auf. Zweitens ist die Eindringlichkeit bemerkenswert, mit der in der Form der Antithese das Doppelgesicht des Fuchses herausgearbeitet ist. Das kontrastiert offenbar gegen die Einfachheit des Schweins. In dem Pendant von Erd- und Meertyp haben wir einen ähnlichen Kontrast. Daß die reiche Fuchsgestalt hier ohne farbige Ausgestaltung bleibt, dürfte sich gleichfalls aus der Funktion im Gesamtaufbau erklären. Zwei bekannte und eindeutige Gestalten, das dreckige Schwein und der gerissene Fuchs eröffnen den Reigen und geben so die Vorbereitung auch zu komplizierteren Bildern.

12—20

Der Hund ist ausführlich und mit treffender Einzelbeobachtung geschildert. Aber die Einzelheiten sind ganz auf einen Zug, welcher die ὀργή des Hundes ist, abgestellt, nämlich die unverschämte Zudringlichkeit, welche sich ebenso in der Neugier wie in dem andauernden Gekläffe zeigt. Daß der Grundbestand einer solchen Einschätzung des Hundes im Griechischen volkstümlich und sprachlich gängige Münze ist, können wir dem Epos entnehmen. Es wird dort nämlich auf zwei verschiedene Arten vom Hund gesprochen. Einmal sehen wir ihn in einer Reihe von typischen Situationen und Haltungen, wie er einem Wild unablässig nachsetzt, sich vor einem Löwen duckt und ihn anbellt, den Bekannten anwedelt oder den Fremden

---

[12]) vgl. Pindar P. 2, 77 ὀργαῖς ἀλωπέκων ἴκελοι ; auch Plato Rep. 492 a, wo er von den Sophisten und ihrem Verhältnis zum Volk spricht: οἷόν περ ἂν εἰ θρέμματος μεγάλου καὶ ἰσχυροῦ τρεφομένου τὰς ὀργάς τις καὶ ἐπιθυμίας κατεμάνθανεν . . .

anfällt usf. Es handelt sich da um die ἀρεταί des Hundes (vgl. Argos, den Hund des Odysseus, besonders ρ 313 ff.). Das anschauliche, typische Bild steht uns jedesmal vor Augen, ohne daß der Blick auf das Tier als solches gelenkt ist, auf seine Eigenart, die in verschiedenen Situationen gleichermaßen zutage tritt. Das ist die eigentlich epische Betrachtungsweise (vgl. die Behandlung des Epos unten). Daneben wird in Rede und Gegenrede die Bezeichnung 'Hund' als Beschimpfung gebraucht, und zwar gilt der Hund hier als die verkörperte Unverschämtheit, eine Untugend, die für den adligen Mann des Epos besonders schwer wiegt. So schilt Achill Agamemnon A 225 οἰνοβαρές, κυνὸς ὄμματ' ἔχων, κραδίην δ' ἐλάφοιο; andere Stellen s. Ebeling: Lex. Hom. s. v. κύων 3. Das ist also eine volkstümliche Einschätzung des Hundes, wie auch unsere Sprache die Bezeichnung 'frecher Hund' kennt. Dieser Grundzug der zudringlichen Unverschämtheit ist im Weiberjambos in einer Reihe von Verhaltensarten mit treffender Beobachtung, welche auf die Eigenart des Tieres eingeht, vorgeführt. Wir müssen uns hier keinen wohlerzogenen Jagdhund, sondern einen herumstromernden Bauernköter vorstellen, wie er auch heutzutage nicht gerade beliebt ist und mit Prügel und Steinen bedacht wird.

12 λιτόργος sonst nicht belegt. In der Bedeutung 'bösartig' (λιτός schlecht, gering; vgl. die parallele Bildung λιτουργός = κακοῦργος Hesych, die hier vom Text, da sie nicht paßt, wie natürlich auch von den Testimonia fernzuhalten ist, wohin Diehl sie setzt) würde es das Bissige, leicht Reizbare des Hundes geben und gut zu dem nachher geschilderten widerspenstigen Kläffen passen. Man wird es beibehalten. Bergk ändert mit Wakefield zu λιτάργος, das die lexikographische Tradition bewahrt hat (Suidas ed. A. Adler III 276, Anekd. Ox. 2, 236 Et. M. 567, 38). ἀργός, πόδας ἀργός episches Beiwort des Hundes, bezeichnet das Flinke (vgl. Bechtel Lexilogus 557); λιταργίζειν Aristoph. Pax 562.

αὐτομήτορα 'ganz die Mutter' nur hier belegt. Wohl umgangssprachlich wie der entsprechende Ausdruck bei uns. Es ist sehr viel daran geändert worden (s. Bergk II⁴, 447); m. E. paßt es vortrefflich zu dem Eingehenden der folgenden Schilderung. Die Schöpfungsvorstellung ist damit unversehens verlassen und die der Abstammung dafür eingesetzt. Nach den ersten beiden Bildern wissen wir schon, worauf es dem Dichter ankommt, so daß hier einfach variiert werden kann. V. 57 beim Pferd ist die genealogische Vorstellung allein eingetreten. Beim nächsten Typ, dem 'Erdweib' ist die Schöpfungsvorstellung gewechselt, und beim 'Meerweib' wird zum Schluß (V. 41 ταύτῃ μάλιστ' ἔοικε τοιαύτη γυνή) rein der Vergleich herausgestellt. Dem Dichter liegt eben an der konkreten Schöpfungsvorstellung nichts, sie ist nur Mittel.

Der Aufbau ist einfach und durch die Nebenreihung von kleinen Gliedern gebildet. Die Anapher (πάντ'.., πάντα.., πάντη.. 13 f.) hebt die bei der Unruhe stets gleiche Zudringlichkeit hervor. λέληκεν, das den neuen Hauptzug bringt, tritt nach den beiden Partizipien kräftig heraus (vgl. den Aufbau von 5/6), durch den anschließenden erlesenen Einzelzug noch gesteigert. Mit παύσειε V. 16 treten 4 je einen Vers umfassende Glieder gegenüber (nur V. 17 greift mit einem Wort über), deren viertes (19) mit einem Subjektswechsel (ἡμένη) hervorgehoben ist. Παρὰ ξείνοισιν ἡμένη τύχῃ ist wohl zu verstehen 'wenn sie bei fremden Leuten, als Besuch, sitzt'; (παρά = im Haus von vgl. N 627, I 427). Dort endlos zu keifen ist allerdings die Höhe der Unverschämtheit. V. 106 ist ein ähnlicher Sachverhalt, im Zusammenhang des Ehelebens, gegeben: sie grault die Gäste des Mannes aus dem Haus. Die Widerspenstigkeit des Weibes, das 'Widerbellen', wie Hans Sachs sagt, ist hier beim Hundetyp als allgemeine weibliche Eigenschaft geschildert; (ἀνήρ V. 16 irgend ein Mensch, nicht der Ehemann). Im zweiten Teil 103 ff. kehrt sie als die Widerspenstigkeit gegen den Ehemann wieder.

Der Schlußsatz gibt dann noch einmal die unermüdliche Ausdauer im Kläffen. αὐονή sonst nur in der Bedeutung 'Dürre' bekannt (von αὖος); hier wäre es von αὔω 'schreien' abzuleiten. Zur Verbindung mit ἔχει — ich hatte zuerst an χέει gedacht; vom Tönen τ 521, Hym. hom. 19, 18, Hes. Scut. 396 u. a. — vgl. Π 105, 794, Σ 495 (Liddel-Scott-Jones s. v. ἔχω 10), wo es das Ansichhaben, das Beibehalten des Tönens bezeichnet.

Die hier gezeichneten Züge Neugierde und Keifen gehören zu allen Zeiten zum Weibertadel. Die Unverschämtheit als ein weibliches Grundlaster kehrt im griechischen Weibertadel immer wieder [13]).

21—26

Der vierte und fünfte Typ, ein Gegensatzpaar, unterbrechen, wenn man auf den Stoff sieht, höchst eigenartig die Reihe. Aber wenn wir die Ausgestaltung betrachten, gibt dieser Wechsel in der Wahl des Stoffes keinen Anlaß, die beiden Bilder zu athetieren, wie es öfters geschehen ist. Das Bild des launischen Weibes, das dem Meer gleicht, ist sehr ausführlich und offenbar von besonderem Interesse für den Dichter. Das Weib aus Erde tritt kontrastierend dem gegenüber und bereitet es so vor. Hat der Hörer erst einmal mit dem Weib aus Erde die Reihe der Tierbilder verlassen, nimmt er auch den Gegensatz dazu bereitwillig an.

---

[13]) Bei Hans Sachs gibt es übrigens eine Geschichte, die das 'Widerbellen' bei den Weibern folgendermaßen erklärt: sie seien nicht aus einer Rippe, sondern einem Hundeschwanz erschaffen. s. Zeitschr. f. Volkskunde 11, 255.

Wie ist nun das Erdweib eingeführt? Das Stück setzt mit einer neuen Wendung des Schöpfungsgedankens ein. Nicht mehr Gott, sondern die Olympier sind die Schöpfer, anstatt des ἐποίησεν, ἔθηκεν V. 1 und 7 ist ein anschauliches πλάσαντες γηΐνην gesetzt, ferner, daß sie dieses Weib dem Manne gaben. Das erinnert mit aller Deutlichkeit an eine bestimmte Situation, die dem Hörer der Zeit geläufig ist, die Schöpfung der Pandora, wie sie Hesiod erzählt [14]. Mit dem nachgestellten πηρόν ist bereits eine Umdeutung dieser Vorstellung gegeben und im Folgenden weiter durchgeführt. Der Witz ist, daß jene Erzählung, das erste Weib sei aus Erde gebildet worden, hier wörtlich genommen ist, eine typisch volkstümliche Art des Witzes [15].

Die Blödheit wird im folgenden Satz in polarer Auseinanderfaltung näher bestimmt; auf die Entsprechung zu dem Gegenbild V. 8 wurde schon hingewiesen. Schlechtes und Gutes wissen meint auch hier ein Können. Das Essen, ihr einziges Ergon, erhält aus dem Zusammenhang eine gewisse Färbung. Es ist nicht das wohlgefällige Sichmästen des Schweins, nicht das zähe unbekümmerte Futtern des Esels, noch weniger das gierige Hinabschlingen des Wiesels, sondern ein dauerndes lustloses Kauen aus Stumpfsinn. Daß die Weiber wie Drohnen sind und den Bauern arm fressen können, sagte Hesiod und ist eine bäuerliche Erkenntnis überhaupt. Semonides variiert diesen Tadel nach den verschiedenen Tieren, bei denen die Verfressenheit dem Menschen ja auch besonders auffällt.

Der Abschluß veranschaulicht an einer Einzelsituation witzig den Vergleich mit dem Erdklumpen; der bleibt liegen, wo er ist. Und auch das Weib bringt es in ihrem gleichgültigen Stumpfsinn nicht fertig, die erste Kulturerrungenschaft des Menschen, das Feuer, zu benützen und in seine Nähe zu rücken, um es sich gemütlich zu machen (vgl. τ 506). Das dürfte vom Dichter in Wirklichkeit beobachtet sein; mancher Schwank erzählt auch heute noch im Volk vom blöden Weib.

---

[14]) Allgemein vom 'Erdelement' ist also garnicht die Rede. Dann dürfte sich wohl der Gedanke von Opitz a. O., der immer wieder Verteidiger findet, erledigen, die beiden Stücke stammten aus einem besonderen Gedicht, das die Schöpfung des Weibes aus den vier Elementen zum Gegenstand hatte. Auch beim 'Meertyp' ist garnicht vom Element Wasser gesprochen, und um sich die andern beiden Elemente vorzustellen, müßte sich die Phantasie sehr anstrengen.

[15]) Ganz dieselbe komische Umdeutung begegnet uns in Goethes Divangedicht 'Erschaffen und Beleben': „Hans Adam war ein Erdenkloß, Den Gott zum Menchen machte. Doch bracht er aus der Mutter Schoß Noch manches Ungeschlachte usf." Er fand sie schon in seinen Quellen, vgl. Burdachs Kommentar zur Stelle Jub.-Ausg. Bd. 4, 328.

Zu erinnern ist übrigens auch an das häufige Spiel mit dem Bericht, Eva sei aus einer krummen Rippe erschaffen: deshalb lügen die Weiber also so oft usf.

27—42

Dieses Stück ist das ausführlichste und unterscheidet sich von den andern darin, daß der Dichter hier zuerst rein bei der Beschreibung des Weibes bleibt, dann das vergleichende Bild des Meeres zeichnet und abschließend noch einmal auf den Vergleich zurückkommt. Die Schöpfungsvorstellung ist hier gleichgültig, es kommt nur auf den Vergleich an, durch den dieser Typ als eine Einheit veranschaulicht wird. Warum geht der Dichter hier so vor? Was hier dargestellt wird, ist das Launische, eine wirklich typisch weibliche Eigenschaft. Die Volkserfahrung weist allenthalben auf sie hin: La donna è mobile (o wie so trügerisch sind Weiberherzen). Varium et mutabile semper femina (Vergil Aen. IV 569 f.) usf. Um diese Eigenschaft zu veranschaulichen, bietet sich kein Tier. Wir pflegen zu sagen: bei dem ist heute gut Wetter, oder: schlecht Wetter. Die Unbeständigkeit des Meeres gehört zum Erfahrungsschatz aller, die es kennen. Es ist aber im Griechischen wie im Deutschen keine gängige Metapher, daß man jemand 'unbeständiges Meer' nennen könnte. So ist es ganz natürlich, daß der Vergleich hier eigens durchgeführt ist (wie z. B. in anderm Zusammenhang bei Solon fr. 11 D). Bezeichnend für die Schilderung des Meeres ist hier, daß es rein für sich hervortritt (es steht ohne Zittern, es rast, es wälzt sich dahin); vom Wind und Wetter ist nicht die Rede. So erhält es etwas von einer Person und fügt sich so in die Reihe der Tiere ein; ebenso wie sie hat es eine ὀργή V. 42. So sieht das Meer jemand, der mit ihm zu tun hat. Es ist nicht der epische Vergleich, der anschaulich eine bestimmte Situation vor Augen stellt, und zwar überwiegend eine solche, in der eine Handlung abläuft (das ruhige Meer finden wir in keinem der vielen Meervergleiche des Epos), sondern es ist die Art, wie der Schiffer, der aufs Meer angewiesen ist, es als Partner empfindet [16]). Der Umschlag von völliger Ruhe zu hohem Seegang dürfte übrigens in griechischen Gewässern krasser und jäher sein als bei uns, die wir ganz ruhige See seltener erleben.

27 In den Handschriften steht τὴν δ' ἐκ θαλάσσης ἡδὺ ἐν φρεσὶν νόει, was bis zu Schneidewin, der richtig trennte, allgemein verstanden wurde: Die aber aus dem Meer, mein Süßes, stelle Dir im Sinn vor. δύο νοεῖν zweierlei im Sinn haben, merkwürdig zur Bezeichnung des Launischen. Bei εἰδέναι zwar ist im Epos eine solche Ausdrucksweise, wo ein Objekt im Plural die Sinnesweise selbst gibt, ganz gebräuchlich, z. B. ἄγρια εἰδώς Ω 41; aber da gibt das Objekt die Akte des Verhaltens, während mit δύο der In-

---

[16]) Allerdings ist es keine eigentliche Personenbildung, wie wir sie im 'blanken Hans' vorliegen haben oder in der netten griechischen Geschichte, wie ein Schiffer, der sein Schiff mit Feigen beladen hat, der spiegelglatten See nicht traut und mißtrauisch meint, sie laure nur auf seine Feigen.

halt unbestimmt gelassen ist. Mit Ausdrücken aber wie ἄλλα νοεῖν (β 382 und sonst) ist immer der geistige Akt, der 'Einfall' gegeben. Ich möchte der Änderung in δίχα von Meineke, aufgenommen von Wilamowitz (s. Diehl²), zustimmen: ihr Sinn ist zwiespältig. Δίχα in ähnlichem Zusammenhang oft im Epos, z. B. π 73: δίχα θυμὸς ἐνὶ φρεσὶ μερμηρίζει; Theognis 91: μιῇ γλώσσῃ δίχα ἔχειν νόον (s. L. Sc. J. s. v. δίχα).

28 ff. Die gute Laune sehen wir mit dem Auge eines Fremden, der die Frau noch nicht kennt. Damit wird die Schilderung lebendig (vgl. Apollonhymnos 167 ff.), und gleichzeitig wird damit das Motiv der Täuschung eingeführt, das im zweiten Teil 97 f. allgemein ausgesprochen ist; richtig urteilt erst, wer ein Weib gründlich kennt, wer sie 'hat': ἔχοντί τοι μάλιστα γίγνεται κακόν.

32 ἐν ὀφθαλμοῖς ἰδεῖν wird neben οὔτ᾽ ἆσσον ἐλθεῖν wohl meinen: man kann sie nicht vor Augen haben = man darf sie nicht ansehen.

34 veranschaulicht ein kurzer Vergleich das Toben. Die Bösartigkeit einer Hündin, die geworfen hat, ist bekannt. ν 14 ff. ist derselbe Vergleich auch kurz, aber doch als selbständiges Bild, wie es der epischen Art entspricht, gegeben. Hier ist nur das Notwendigste gesagt. Bemerkenswert ist, wie nun 'Hund' in ganz anderm Zusammenhang und Sinn auftritt, ohne daß es den Dichter und Hörer stört. Jedes Bild steht eben für sich, in buntem Nebeneinander; die ganze Aufmerksamkeit gehört jeweils der einzelnen Darstellung, wie es auch bei Hesiod, etwa im Wechsel der Mythen in den Erga der Fall ist. Das müssen wir uns für die Betrachtung des Zusammenhangs von erstem und zweitem Teil merken.

41 f. Mit ὀργή wird noch einmal das für den Vergleich und die Einheit des Typs entscheidende Wort gegeben (s. o. S. 13 f.). Was soll der Abschluß φυὴν δὲ πόντος ἀλλοίην ἔχει? φυή ist im Epos der Wuchs, nur vom Menschen gebraucht; es geht dort mit εἶδος zusammen und vertritt die körperliche Beschaffenheit gegenüber der geistigen. Ich möchte die Gegenüberstellung von ὀργή — φυή hier ähnlich kräftig verstehen; nicht einfach: sie gleicht in der ὀργή, obwohl das Meer der Beschaffenheit nach (= eigentlich) anders ist, sondern: sie gleicht in der ὀργή. In der äußeren Beschaffenheit freilich ist das Meer anders. Dieser umständlich naive Abschluß (man hat den Vers oft als müßig streichen wollen), der eine Banalität bringt, hat eine treuherzig-komische Nüance. Man kann vergleichen α 173: Wie haben dich die Schiffer nach Ithaka gebracht? usf. Denn zu Fuß wirst du doch nicht hierher gekommen sein (ähnlich auch α 216). Eine Parataxe wie Σ 216 kann man nicht zum Vergleich heranziehen, weil dort das zweite Glied keineswegs selbstverständlich ist; die Aufteilung der ἀρεταί ist ein wichtiger Gedanke im Epos und auch an jener Stelle.

43—49

Der Esel ist hier die Verkörperung der Indolenz, von gleichgültiger Widerspenstigkeit in der Arbeit, von unbekümmerter Ausdauer im Fressen und in der Liebe. Das Langohr ist ein höchst nützliches Tier, im Süden, besonders im Orient oft gepriesen. Hier sind seine Nücken hervorgeholt, das was dem, der mit ihm umgeht, übel auffällt und oft allerdings zur Verzweiflung bringen kann. Diese Eigenschaften haben ihn auch bei den Griechen zu einem vielverspotteten Tier gemacht, das in manchem Sprichwort herhalten mußte; (z. B. ὄνος ὕεται von jemand, der alles über sich ergehen läßt; weiteres s. L. Sc. J. s. v. ὄνος). In dem merkwürdigen Vergleich Λ 558 ist die Unbekümmertheit des Esels, der ins Fressen vertieft alle Prügel über sich ergehen läßt und seinen Willen durchsetzt, mit der Standhaftigkeit des Aias im Geschoßhagel der anstürmenden Feinde verglichen; er ist groß im 'Nehmen', wie man in der Boxersprache sagt. Ein typisch epischer Vergleich, weil nicht der Gesamtcharakter des Tieres — was könnte beleidigender sein als Aias einen Esel zu heißen — sondern nur eine typische Situation und eine sich darin zeigende ἀρετή verglichen sind. Bei Semonides ist gerade umgekehrt wieder die Charakterart an sich gezeichnet, welche sich in recht verschiedenen Betätigungen äußert.

43 ἐκ σποδείης (Meineke; ἔκ τε σποδίης die Handschriften) 'aschig' (σποδίζω aschfarbig sein) würde vortrefflich passen; das 'Griese', die unscheinbar schmutzige Farbe zeichnet das 'Grauchen' aus. Man wird es beibehalten, obschon diese Bildungsweise sonst nicht belegt ist, sondern nur σπόδιος; vielleicht setzt man lieber das bei lateinischen Glossatoren erhaltene σποδαῖος ein. Πελίδης vermutet Bergk, ἔκ τε τέφρης Brunck. παλιντριβής 'abgeschunden' entspricht unserm 'abgebrüht'; (τὰ πανοῦργα καὶ παλιντριβῆ Soph. Phil. 448) [17].

Der folgende Satz ist verdorben. 45 ist überliefert ἐστέρξεν (A; ἔρερξεν M ἔερξεν S; ρ in M ist Verschreibung von zusammengezogenem στ, also AM gegen S) ὧν ἅπαντα καὶ πονήσατο ἀρεστά Die bisherigen Heilungsversuche (s. Bergk II⁴, 449, Diehl² 55) scheinen mir unbefriedigend. Ich schlage vor: ἣ σύν τ' ἀνάγκῃ σύν τ' ἐνιπῇσιν μόγις ἔστερξε γῶν ἅπαντα κοὐ πονήσατο ἀρεστά: „Die bei allem unter Zwang und Schelten mit Mühe und Not sich endlich dreingibt und nichts (das nachgestellte ἅπαντα zu beiden Sätzen) zur Zufriedenheit fertigbringt." Im ersten Satz ist alles bis auf ὧν in Ordnung. Für . . ξεν ὧν . . ξε γῶν zu schreiben, ist eine leichte Änderung und stellt einen

---

[17]) Das Trostlose der Eselsgestalt benutzt Archilochos unübertrefflich, wenn er — verleumdend, sagt Plutarch — den kahlen Hügelrücken von Thasos, der rings mit wildem Wald umkränzt ist (so wird man ὕλης ἀγρίης ἐπιστεφής doch am besten verstehen) mit einem (abgeschundenen) Eselsrücken vergleicht Fr. 18 D: ἥδε δ' ὥστ' ὄνου ῥάχις ἕστηκεν ὕλης ἀγρίης ἐπιστεφής.

guten Sinn her (so, wie ich später sah, schon Crusius). Vgl. *E* 258 b e i d e sollen nicht entkommen εἴ γ' οὖν ἕτερός γε φύγῃσιν, wenn schließlich dann der eine doch entfliehen sollte; Aesch. Ag. 1425 γνώσει διδαχθεὶς ὀψὲ γοῦν τὸ σωφρονεῖν spät, aber schließlich doch. Das Widerstreben des Esels ist dann durch die Fülle von Bestimmungen eindringlich gemacht (vgl. etwa Plato Phaedon 108 b βίᾳ καὶ μόγις ... οἴχεται ἀγομένη ..). Der zweite Satz ist schwierig. Auszugehen ist von πονέομαι Es kann 'fertig machen', 'schaffen' bedeuten, z. B. I 348 Achill von Agamemnon: ἦ μὲν δὴ μάλα πολλὰ πονήσατο νόσφιν ἐμεῖο καὶ δὴ τεῖχος ἔδειμε usf. = er hat geschafft, fertig gebracht (Ameis-Hentze: „er mühte sich ab"; unscharf wie auch in L. Sc. J. s. v.); ι 250 αὐτὰρ ἐπεὶ δὴ σπεῦσε πονησάμενος τὰ ἃ ἔργα; λ 9 und sonst. ἀρεστά 'was gefällt' z. B. Herodot 2, 65 οὗτοι μὲν νῦν τοιαῦτα ἐπιλέγοντες ποιοῦσιν ἐμοί γε οὐκ ἀρεστά „Sie schafft es (ἅπαντα) nicht, daß es gefallen kann." Das Gegenteil paßt herein, also ist καὶ in κοὐ zu ändern.

46 Die Frau ißt wie der Esel bei der Arbeit (τόφρα und ἐπ' ἐσχάρῃ). Was meint ἐν μυχῷ? μυχός ist der innere Teil des Hauses, wo die Kammern, meist Frauenräume und Schlafstellen, liegen; man kann an den Arbeitsraum, wo etwa der Webstuhl steht, denken (so öfters im Epos z. B. χ 440), besser an den Schlafraum (vgl. Hes. op. 523 vom Mädchen zur Winterszeit μυχίη καταλέξεται ἔνδοθι οἴκου). Damit ginge προνύξ προῆμαρ auf; sie kaut abends im Bett weiter.

48 Auch in der Liebe hat sie dieselbe gleichgültige Ausdauer — ihr ist jeder recht, der ihr in den Weg kommt —, während beim Wiesel die Gier in der Liebe wie im Fressen betont ist. Als besonders geil ist der Esel allerorts bekannt. Wenn nicht nur das Unmaß, sondern auch die Gleichgültigkeit gegen den Partner beim Esel eine besondere Parallele haben soll, ist vielleicht an die Kreuzung Pferd—Esel zu denken, die laut Brehm nur beim Pferd auf Widerstand zu stoßen pflegt. Das Aphrodisische taucht hier zuerst auf. In den drei folgenden Typen spielt es eine Rolle; beim Wiesel steht es im Zentrum.

50—56

Das Wiesel, in Griechenland anstelle der Katze, die dort erst im 5. Jh. als Haustier bekannt wird, zum Mäusefang gehalten, in der Stadt auch als niedlicher Spielgefährte für Frauen und Kinder, ist hier ganz abschätzig beurteilt. So pflegt auch heute der Bauer für die Katze garnichts übrig zu haben, die herumräubert, stinkt und mit ihrem Liebesgesang seine Nachtruhe stört. Der scheue Raubtiercharakter ist ihm unsympathisch. Das gilt für das Wiesel noch mehr, bei dem sich große Scheu mit Gier paart. Das hat ihm auch im Aberglauben eine üble Rolle gegeben, ähnlich wie bei uns der Katze [18]). So erklärt es sich, daß dem niedlichen Tierchen

---

[18]) Brehm 3. Aufl. Bd. 1, 618. O. Keller: Tiere des klassischen Altertums 1, 171. V. Hehn: Kulturpflanzen und Haustiere 7. Aufl. 608: Das Wiesel bei allen Völkern als dä-

V. 51 f. alles Anziehende und Reizende völlig aberkannt wird. Das entsprechende Weib ist die Mannstolle.

53 f. Als geil ist das Wiesel bekannt. 54 geht auf seinen berüchtigten Gestank. In erotischem Zusammenhang Aristoph. Ach. 254 ff.: „Wie selig der Mann, der einst dich heimführt und es bewirkt, daß du nicht weniger als ein Wiesel stinkst, wenn es Morgen ist"; Aristoph. Plutos 693: ein altes Weib stinkt aus Angst δριμύτερον γαλῆς.

55 f. Dieselbe scheue Gier zeigt sich im Stehlen. Es ist für den Bauern verdammt ärgerlich, wenn er mit den Nachbarn wegen seines herumräubernden Wiesels in Konflikt kommt oder der Festbraten plötzlich verschwunden ist; vgl. Aristoph. Thesm. 558 „Wie wir (die Weiber) am Apaturienfest das Fleisch den Kupplerinnen geben und sagen, das Wiesel . . ."; Pax 1150 ff.; Vesp. 363. „Diebischer (ἁρπακτικώτερος) als ein Wiesel" Lukian Halieus 34. Die Steigerung liegt hier darin, daß das Weib Nachbarn und Götter bestiehlt; ἀθύστα ἱρά sind wohl Opferstücke, die noch nicht dargebracht sind [19]).

Im Aufbau zeigt dieser Abschnitt ein durchgeführtes Schema; auf den eröffnenden Vers folgen drei Verspaare. Offensichtlich ist im Aufbau der verschiedenen Stücke bunte Variation gewollt [20]).

57—70

Zwischen den widerwärtigen Wieseltyp und den Ausbund der Häßlichkeit, den Affentyp, tritt überraschend der Pferdetyp, das Gegenteil zu beiden, voller Reiz und Schönheit. Es ist die stolze, schöne, gepflegte Frau. Aber sie ist genau so schlimm wie die andern, nämlich für den kleinen

monisches Wesen. Im Slavischen nehmen Vampire Wieselgestalt an, wenn sie Menschen das Blut aussaugen wollen (Keller: Tiere d. kl. A. I, 171). Von der Blutgier des Wiesels handelt jene griechische Fabel, daß ein Wiesel an einer Feile leckt und in seiner Gier nach Blut seine ganze Zunge aufleckt. Daß das Hauswiesel mit seinen Räubereien mehr schadet als mit seinem Mäusefang nützt, ist Gegenstand einer Fabel Babrius 27.

[19]) Athenaeus, der V 179 den Vers zitiert, zieht ihn für die Sitte Epikurs heran, kein Opfer vor dem Mahl zu bringen, versteht also: ohne zu opfern ißt sie das Fleisch. So auch Schneidewin, Sybel. Aber das paßt nicht fürs Wiesel.

[20]) Der Anklang von 51/52 an Archilochos Fr. 18 D ist auffällig: οὐ γάρ τι καλὸς χῶρος οὐδ' ἐφίμερος οὐδ' ἐρατός, οἷος ἀμφὶ Σίριος ῥοάς. Wenn man auf Abhängigkeit im Ausdruck schließen darf, würde man meinen, daß er besser bei Archilochos sitzt. Das Wiesel ist im Aussehen ganz niedlich; das Reizlose, nicht das Häßliche ist bei Semonides wichtig, wozu οὔ τι καλόν nicht recht passen will. Die Feststellung der Abhängigkeit wäre wichtig für die Datierung, über die es keine Einstimmigkeit gibt. P. Maas D.L.Z. 1934 Sp. 727 rechnet mit der Möglichkeit, daß Semonides älter als Archilochos ist. Aber die Übereinstimmung ist hier wohl nicht stark genug, um Schlüsse daraus zu ziehen.

Mann, den Bauern. Der soziale Blickpunkt ist hier entscheidend und ist am Schluß V. 67—70 auch eigens ausgeführt. Das Pferd ist für den Bauern jener Zeit ein Luxus. Noch heute trifft man im Süden das Pferd selten als Arbeitstier, fast nie vor dem Pflug. In altgriechischer Zeit hat das Pferd kaum schwere Lasten gezogen. Arbeitstiere sind Maultier, Esel, Rind [21]). Es dient zum Reiten und schnellen Wagenfahren. Kostspielige Pferdezucht und Pferdesport sind ein Vorrecht des reisigen Adels, und das stolze Pferd gehört ganz in seine Sphäre. Z 506 ff. (= O 263 ff.) ist das Pferd, das wohlgenährt und stolz in Kraft und Behendigkeit der Glieder zum Bade sprengt, ein prächtiges Bild für den selbstgewiß zum Kampfe eilenden adligen Helden. Bei Alkman Fr. 1 D werden die aristokratischen Jungfrauen durchweg mit schönen Pferden verglichen. Die Schilderung eines Bauern, den der vornehme Pferdesport ruiniert, treffen wir im Anfang von Aristophanes Wolken; seine Frau, eine feine Städterin, hat dem Sohn den Pferdesport in den Kopf gesetzt, und der bringt nun damit des Vaters Geld durch. Der Vater fühlt sich auch etwas und ist zu schwach, energisch durchzugreifen; so läßt er schon im Streit um die Namengebung des Sohnes doch etwas von ἱππ- durch. Das ist ganz, bis ins Einzelne, die Sphäre, in der wir uns bei Semonides befinden. Fr. 16 D gibt eine ähnliche Charakteristik des Pferdes, sicher auch abschätzig: „und geziert einherschreitend wie ein nackenbiegendes Pferd."

Im Aufbau stehen sich nach dem einführenden Vers 57 zwei Gruppen von vier Versen gegenüber, deren erste 58—61 die Arbeitsscheu, die zweite 63—66 ihr Gepflegtsein gibt; dazwischen steht 62. Vier weitere Verse geben eine allgemeine Beurteilung und schließen ab.

58 ff. Mahlen, Sieben, Fegen, Backen sind grobe und schmutzige Hausarbeiten, welche die einfache Frau selbst miterledigen muß. Die Arbeit der adligen Frau im Epos ist die Leitung des Haushalts und das Weben. Auch bei der Frau des Strepsiades in den Wolken (53) ist das Weben und Geldausgeben die einzige Arbeit. περιτρέπειν sich kehren: Β 295 περιτροπέων ἐνιαυτός; κ 469 περὶ δ' ἔτραπον ὧραι; es wird wohl in Ordnung sein.

62 Der Mann sollte sie hinauswerfen, aber sie macht ihn durch Liebeszwang kirre. ἀνάγκῃ δ' ἄνδρα ποιεῖται φίλον hat zwei Auffassungen erfahren: die hier angeführte oder „sie macht sich nur aus Zwang den Mann

---

[21]) Hesiod nennt nur Maultiere und Rinder als Zugtiere. Im Epos treffen wir das Pferd nirgends als Arbeitstier. Sophokles Antigone 340: ἱππείῳ γένει πολεύων wird wohl die Maultiere meinen. Vgl. auch Pindar Fr. 234 ὑφ' ἅρμασιν ἵππος, ἐν δ' ἀρότρῳ βοῦς. Vgl. Gnomon 12, 383 f. Zur Schätzung des Pferdes bei den Griechen s. Ludwig Curtius' schöne Abhandlung Antike 3, 1927, 162 ff.

zum Freund". *ἀνάγκη* kommt in beiden Bedeutungen, aus Zwang und durch Zwang, im Epos öfters vor. Man kann sich mit Sicherheit für die erste Auffassung entscheiden. Vor allem spricht die Stellung von *ἀνάγκη* dafür. Im zweiten Fall würde ein Anschluß wie 'und auch den Mann macht sie sich nur gezwungen zum Freund' erwartet. Die unvermittelte Gegenüberstellung: 'sie ist zu fein für grobe Arbeit. Durch Zwang aber macht sie den Mann zum Freund' paßt ausgezeichnet in diesen Stil. Ferner ist der Sinn besser. Ihre Reize halten den Mann gefangen, so daß er sie gewähren läßt. Das schwächliche Verhalten des Strepsiades gegen seine Frau in den Wolken ist ein guter Vergleich. *ἀνάγκα* vom Liebeszwang Pindar Nem. 8, 3 *τὸν μὲν ἀμέραις ἀνάγκας χεροὶν βαστάζεις*. Diese kräftig gesehene Ananka ist Thema einer aristophanischen Komödie: mit ihr zwingen in der Lysistrate die Weiber die Männer. Im zweiten Teil des Weiberjambos gehört diese Ananke zum Hauptgedanken. Das Erotische gehört zu diesem Typ der eigentlichen 'Eva'. Das Sich-Pflegen und Putzen, wodurch das Liebesverlangen wachgehalten wird, schließt sich dann in den folgenden Versen glatt an. Im andern Sinn würde der Satz keine rechte Anknüpfung haben; wollte man den Gedankenfortschritt so sehen: 'sie faßt nichts an und ihr oberstes *ἔργον*, das gegen den Mann, erfüllt sie nur gezwungen', so steht dem entgegen, daß zuerst ausdrücklich nur von Knechtsarbeit und Plackerei die Rede ist — und das allein paßt aufs Pferd — während die Liebesarbeit demgegenüber nicht als ganz so unerfreulich gelten dürfte.

63 *λοῦται* sie badet, nicht nur: 'sie wäscht sich Hände und Gesicht'. Der Bauer steht wie der einfache Soldat auf dem Standpunkt: Dreck ziert (vgl. Arist. Nub. 43 f., wo Strepsiades sein altes Bauernleben vor der Ehe preist: „ich hatte das angenehmste ländliche Leben, etwas muschlig, ungefegt, schlecht und recht usf. . . . ."). Das viele Baden und Salben ein häufiges Motiv in der Komödie z. B. Aristoph. Nub. 837, 991. Equ. 1044, 1401. Daß ein Weichling fünfmal am Tag badet und sich salbt, kommt in einem Menanderfragment bei Athenaeus IV 166a vor. *καίτοι νέος ποτ' ἐγενόμην κἀγώ, γύναι· ἀλλ' οὐκ ἐλούμην πεντάκις τῆς ἡμέρας τότ', ἀλλὰ νῦν· οὐδὲ χλανίδ' εἶχον, ἀλλὰ νῦν· οὐδὲ μύρον εἶχον, ἀλλὰ νῦν*. Es gibt eine öffentliche Dorfbadestube (s. Aristoph. Plutos 535, 951 ff.); hier geht es natürlich zu Hause im Badezuber vor sich (vgl. Aristoph. Pax 842 ff., 868).

65 sie trägt ihr Haar immer wie zum Fest. Reichgesalbt, das ausgebreitete Haar mit Blumen geschmückt, schildert Archilochos seine Hetäre Fr. 25, 26. Die Haartracht ist in der Komödie, wie auch im alltäglichen Reden, ein ständiges Mittel, um zu charakterisieren. Beim Pferd mit seiner schönen Mähne und seinem Schwanz (*χαιτέεσσ'* 57) bietet es sich besonders an. Mit *ἀνθεμοῖσιν ἐσκιασμένην* ist wohl ein Kranz gemeint, wie man ihn

zum Fest aufsetzt, nicht lose eingesteckte Blumen (zu σκιάζω beschatten = bedecken vgl. Hes. Op. 513, Theog. 716; Archil. Fr. 25 D).

67 ff. In naiver Bedächtigkeit wird der kleinbürgerlich-bäuerlichen Auffassung die aristokratische Liebhaberei gegenübergestellt, halb mit biederer Selbstbescheidung, halb mit Tadel (τοιούτοις).

71—82

Die neunte Art, die schlimmste, und die zehnte, die einzig gute, entsprechen im Anfang; es wird nur das Tier genannt — es spricht für sich selbst —, und mit einem Demonstrativpronomen schließt sich gleich ein Urteil an. Der Affe gilt hier als das häßliche Tier; diese Häßlichkeit wird nach zwei Seiten gezeigt: 73—76 die körperliche Häßlichkeit und 78—82 die geistige. μέγιστον κακόν am Anfang 72 und Schluß 82 rahmen die Schilderung ein; sie ist das größte Übel und ist immer aufs größte Übel aus.

Als das häßlichste Tier gilt der Affe bei den Griechen ebenso wie bei vielen andern Völkern. Er wird ihnen zu dieser Zeit vor allem durch Gaukler bekannt sein, die mit ihm herumzogen und ihn seine Kunststücke machen ließen [22]. Vereinzelt mag er auch, wie später, als Spielzeug gehalten sein, zur Freude der Kinder; denn „schön ist der Affe Kindern, immer schön" (Pindar Py. 2, 72). Bei Archilochos muß der Affe in der Fabel treffend charakterisiert worden sein [23]; hier bei Semonides liegt kein besonderer Fabelzug vor; alles paßt auf unmittelbare Anschauung.

71 f. ist zum erstenmal Zeus, der den Männern das Weib gibt, genannt. 92 f. am Schluß des Bienentypes begegnen wir wieder Zeus als Geber. Bei den letzten drei Typen (beim Pferdetyp 66 f.; V. 67 fast wörtlich wieder 98) wird das Verhältnis vom Mann zum Weib nicht mehr nur implizit, sondern ausdrücklich behandelt. Damit wie mit dem Aspekt: 'Zeus der Weltregent' nähern wir uns dem Gedankenkreis des zweiten Teils.

73 ff. Bei der Ausführung der Häßlichkeit ist zuerst das Gesicht genannt, dann der Körper, dem alle weiblichen Reize fehlen. Das Gesicht ist so häßlich, daß, läßt sie sich blicken, alle Welt darüber schadenfroh grinst. γέλως vom boshaften Auslachen, direkt von der Person gesagt, die von den Leuten ausgelacht wird, Archilochos Fr. 88 νῦν δὲ δὴ πολὺς ἀστοῖσι φαίνεαι γέλως; einen zum Gelächter machen Hdt. 3, 29; einem zum Ge-

---

[22] Aristophanes Ach. 906 f. will der thebanische Bauer einen athenischen Sykophanten mitnehmen und mit ihm wie mit einem Affen viel Geld verdienen.

[23] Fr. 81, 83. Vgl. O. Immisch: Ein Epodos des Archilochos. SBHeid. 1930/31, 3; 8 f. Aristides II 398 Ἡσιόδου κηφῆνες, Ἀρχιλόχου πίθηκες.

lächter werden Soph. O. C. 902. Es ist hier das Gegenteil der Hochachtung, die dem tüchtigen Adligen dargebracht wird: ϑ 173 ἐρχόμενον δ'ἀνὰ ἄστυ ϑεὸν ὡς εἰσορόωσιν; vgl. die breitere Ausgestaltung Hesiod Theog. 84 f. und 91 f.   75 ἐπ' αὐχένα βραχεῖα κινεῖται μόγις ist nicht zu verstehen. Carm. pop. 32—D 4 f., das Diehl heranzieht: ἐπὶ γαστέρα λευκά, ἐπὶ νῶτα μέλαινα (die Schwalbe), paßt ebensowenig wie sonstige Belege für einen ähnlichen Gebrauch von ἐπί, z. B. Β 308 δράκων ἐπὶ νῶτα δαφοινός; ἐπί heißt hier 'über hin', was sich wohl mit einer Farbbezeichnung, aber nicht mit βραχεῖα verbinden läßt. Ich möchte τὸν δ' αὐχένα βραχεῖα schreiben „kurz am Hals bewegt sie ihn (αὐχένα zu beidem) nur mit Mühe". Der Affe ist recht beweglich, also muß das sicher heile κινεῖται μόγις auf den Hals gehen. Für den Affen ist es typisch, daß ihm der Kopf in den Schultern steckt und er ihn nicht frei bewegen kann. Der lange Hals (Jungfrau Schwanenhals) gehört auch im Griechischen zur weiblichen Schönheit z. B. ὑψαύχης κόρα Bacch. 13, 84. Das δὲ (τὸν αὐχένα Hiller) ist in Entsprechung zu αἴσχιστα μὲν πρόσωπα notwendig; die drei Merkmale mit besonderer Rücksicht auf das Weibliche gehören zusammen und bringen etwas Neues. Deshalb ist hier auch der Artikel, der sonst bei Semonides noch stark deiktische Kraft hat, gerechtfertigt.   ἄπυγος: die πυγή ist ein Hauptreiz der weiblichen Gestalt; man denke an die weibliche Rückenlinie in der frühen Vasenmalerei oder an die γυνὴ πυγόστολος Hesiod Op. 373 [24]). αὐόκωλος von Haupt aus αὐτόκωλος hergestellt; κῶλα in diesem erotischen Zusammenhang wohl nur die Schenkel, die Arme brauchen nicht so drall zu sein. Das Fehlen weiblicher Rundungen pflegt der Volksmund mit allerlei Vergleichen festzunageln; bei Aristophanes wird Eccl. 1002 ein altes dürres Weib als Brunnenziehstange verspottet.

76 f. So meinen bedauernd alle Männer und der Dichter schließt sich an. ἀγκαλίζεται muß man kräftig sexuell fassen. Das deutsche Sprichwort befaßt sich mit diesem Phänomen ausgiebig: „Die Liebe ist blind, die frißt Rotz und Grind"; „Der eine verliebt sich in ein Rosenblatt, der andere in ein Kuhflad"; „Wenn Hans die lahme Grete liebt, denkt er, sie tanzt"; „Unter dem Hosenlatz ist kein Verstand" u. s. f. (vgl. Lucrez IV, 1153 ff.) [24a]).

[24]) In der Physiognomik heißt es später von der Bildung des Gesäßes Ps. Aristot. Physiogn. II 810 b 3: ὅσοι δὲ ἔχουσιν ὀλίγην σάρκα οἷον ἀπωμοργμένην, κακόηϑες· ἀναφέρεται ἐπὶ τοὺς πιϑήκους. Dort gilt übrigens der kurze Hals als Zeichen des ἐπίβουλος; als Beispiel wird der Wolf gegeben (Förster Physiogn. Gr. I 64, 5; 368, 6 ff.). Beides ist aber hier, wo es sich um weibliche Schönheitsmerkmale (vgl. zum Ganzen K. Jax: Die weibliche Schönheit in der griech. Dichtung, Innsbruck 1933) handelt, fernzuhalten. Überhaupt ist bei Semonides im Unterschied zur Physiognomik nirgends die besondere Form der Gesamtgestalt oder einzelner Glieder mit den Tieren verglichen; beim Affen ist nur die Häßlichkeit wichtig.

[24a]) [Vielleicht ist hier bei S. aber auch nicht gemeint, daß der Mann selbst blind ist.]

78 ff. Dem Mangel an körperlichen Reizen tritt die geistige Gewandtheit gegenüber; aber auch die ist häßlich. Sie kann Kunststücke (δήνεα) machen und alle nachmachen (τρόπους ἐπίσταται) wie ein Affe. Μιμώ ist ein Name des Affen. Zu πάντας τρόπους ἐπίσταται vgl. Aristoph. Thesm. 149 ff.: der Dichter muß, je nachdem welche Person er gerade erdichtet, πρὸς ταῦτα τοὺς τρόπους ἔχειν; „was wir nicht besitzen, das erlangt die Nachahmung". Der Bauer pflegt für alle Art von Possenreißen und Nachmachen im Leben sehr wenig übrig zu haben; in 'oll Oap' pflegt er auch heute sein Urteil darüber zusammenzufassen.

Das Folgende ist m. E. bisher falsch interpungiert und getrennt worden [25]). Ich lese: ὥσπερ πίθηκος· οὐ δέ οἱ γέλως μέλει οὐδ' ἄν τιν' εὖ ἔρξειεν, ἀλλά .... Sie kann alle möglichen Kunststücke und alle nachmachen wie ein Affe; aber das Lachen liegt ihr nicht und sie tut auch keinem Gutes, sondern .... Zu μέλει vgl. Hesiod Op. 238 οἷς δ' ὕβρις τε μέμηλε κακὴ καὶ σχέτλια ἔργα; Z 492; Pindar Ol. 10, 14: μέλει τέ σφισιν Καλλιόπα καὶ χάλκεος Ἄρης. Beim Affen ist dem Menschen der merkwürdige Ernst auffällig, mit dem er alles tut. Das Lachen ist ein Zeichen von Überlegenheit, eine typisch menschliche Tugend (vgl. die Bedeutung des Lachens im Epos) [26]). Beim Weib ist Heiterkeit und Frohsinn besonders willkommen. Die Boshaftigkeit schließt sich unmittelbar an.

83—91

Das Bienenvolk als Beispiel für Fleiß, Arbeitsamkeit und häusliches Gedeihen ist uralte indogermanische Volksvorstellung. Auch wir sprechen heute noch von 'Bienenfleiß' und nennen eine besonders tätige Hausfrau ein 'fleißiges Bienchen'. Hesiod charakterisiert an zwei Stellen die Untätigen und die Fleißigen und ihr Verhältnis zueinander durch den Vergleich mit den Drohnen und Bienen. Hier bei Semonides ist nichts, was auf literarische Abhängigkeit von Hesiod schließen läßt. So stellt sich auch bei Xenophon im Οἰκονομικός 7, 17, wo von der Erziehung eines jungen Mädchens zu einer fleißigen und umsichtigen Hausfrau die Rede ist, der Vergleich mit dem Bienenwesen ein. Überhaupt sind zum Sachlichen die dort 7 ff. an eine Hausfrau gestellten Anforderungen zu vergleichen; das

---

[25]) Es erledigt sich damit der Vorschlag A. von Groningens Mnemosyne 57, 369, Vers 79 hinter 74 zu stellen. Er wäre dort auch ganz müßig. Über das Weib grinst man wegen seiner Häßlichkeit, beim Affen lacht man über seine Faxen; und warum sollte sich der Affe dies Gelächter zu Herzen nehmen?

[26]) Vgl. auch Foerster, Physiogn. Gr. II 231, 21: ἀνὴρ ἀγέλαστος παντελῶς ... φαῦλος.

Erotische wird dort 7,11 gegenüber der Teilhabe an Haus und Kindern ausdrücklich zurückgestellt.

Die Schilderung der Bienenfrau hebt sich ganz von der der anderen Arten ab. Sie wird nicht in der Besonderheit ihres Verhaltens, in der Bestimmtheit einer Charakterart gesehen, sondern, jedenfalls im Hauptteil 85—89, nur in der Wirkung, dem Segen, den sie in Haus und Hof ausstrahlt. An ihr allein haftet Tadel und böswillige Nachrede ($μῶμος$) nicht (84); sie ist 'in Ordnung'. Der betrachtende Blick verliert hier seine mißtrauische Scharfsichtigkeit. Dieses Bild des Segens und Gedeihens ist allgemein und ideal gehalten. Von der Emsigkeit von früh morgens bis spät abends, wie sie Hesiod Theog. 596 ff. schildert, hören wir nichts. Die Farben erinnern an das Bild des Segens, das Hesiod beim Preis der gerechten Stadt entwirft [27]. Die Sprache wird im Gegensatz zum Bisherigen episch-lobend. Ein solches Umschlagen des Tones ist uns in der Komödie bekannt, wenn der Dichter zur ernsten Ermahnung übergeht.

83 Hier ist das einzige Mal von der Wahl der Frau die Rede. In der hingestellten Tatsache liegt eine unausgesprochene, aber deswegen nicht weniger wirkungsvolle Aufforderung, die Wahl recht zu treffen. Das folgende Urteil und die preisende Schilderung sind in ihrem Kontrast zum Bisherigen dazu angetan, den Wunsch nach einer solchen Frau zu erwecken. Phokylides stellt dann in seinem Spruch Fr. 2 D das hier nur ganz verhaltene Motiv in den Mittelpunkt und richtet alles auf die Schlußermahnung zur richtigen Ehewahl aus: 8 $ἧς εὖχευ, φίλ' ἑταῖρε, λαχεῖν γάμου ἱμερόεντος$.

84 ff. Der Aufbau ist fein und berechnet. Das Positive ist eingeschlossen vom Negativen 84 und 90 f., wo sie mit den andern verglichen wird (84 $οἴη$). Daß auch am Schluß 90 f. noch einmal das Negative folgt, ist durch die Stellung im ganzen bedingt: im zweiten Teil des Gedichts folgt wieder das Negative.

84 Böse Rede gleitet von ihr ab. Die Vorstellung, daß der Tadel anhängt, begegnet uns auch sonst, z. B. $β$ 86 $μῶμον ἀνάψαι$; Pindar Ol. 4,74 $μῶμος ἐξ ἄλλων κρέμαται φθονεόντων τοῖς, οἷς$ . . . . ; Soph. Fr. 257 $μῶμος οὐχ ἅπτεται$. Man trägt, was einem Übles nachgesagt wird, mit sich herum. Vielleicht liegt dem Ausdruck die Sitte zugrunde, daß man jemand zum Spott wirklich irgendetwas ansteckt, wie sie wohl bei unserm deutschen 'einem etwas anhängen' vorliegt.

85—89 Drei einzelne Verse schildern den Segen: der Wohlstand ist im Haus, das Gut mehrt sich, gegenseitige Liebe bis ins Alter, eine Schar gesunder Kinder mit einem geachteten, bekannten Namen. Mehr kann sich

---

[27] Hes. op. 227 ff. Blühen und Gedeihen des $βίος$; $εἰρήνη κουρότροφος$; Frauen gebären echtbürtige Kinder.

ein Bauer nicht wünschen. Hat hier der Ausdruck schon epische Färbung (ὀνομάκλυτος adliges Wort; χ 51, Hymn. Merc. 59), so steigert sich das in den nächsten beiden Versen noch. 88 f. genau zu fassen ist nicht ganz einfach. ἀριπρεπής gibt das Hervorragen und die Anerkennung dieser Stellung. Z 476 f.: δότε δὴ καὶ τόνδε γενέσθαι ... ἀριπρεπέα Τρώεσσι; der Dativ zeigt, daß die Anerkennung mitgemeint ist. Wie ist hier nun ἐν γυναιξὶ πάσῃσιν zu verstehen: „sie wird bei allen Weibern hochgeachtet" oder: „sie gewinnt (in der Schätzung der Leute) eine hohe Stellung unter (= in der Reihe) den andern Weibern"? Im ersten Fall würde man lieber den Dativ sehen, und sachlich ist nicht klar, warum sie besonders bei den Weibern geachtet wird. Die zweite Auffassung dürfte die richtige sein (so ἐκπρεπέ' ἐν πολλοῖσι καὶ ἔξοχον ἡρώεσσιν B 483). Als Leiterin eines Hauses, in dem Friede und Wohlstand sind, als Mutter und Großmutter eines geachteten Geschlechts wird ihr eine hohe Stellung zuteil vor allen andern Frauen. Dann meint das Folgende „göttliche χάρις umgibt sie" nicht ihre holdselige Art, sondern das Entgegenkommen, die Verehrung, die ihr allenthalben erzeigt wird. θεῖος ist wohl zu verstehen nach dem epischen θεὸς ὣς τίεται δήμῳ. Nach dem Segen im Haus ist die Stellung in der Gemeinschaft gegeben, auch sie für den Bauer von höchster Bedeutung. Beim Affentyp war das Gegenteil geschildert. Die Schwierigkeit der Verse liegt darin, daß ein konkreter Sachverhalt in so episch-idealer Sprechweise (ἀριπρεπής nur episch) gegeben wird. Die leuchtenden Farben des Lobes berücksichtigen den Gesamtzusammenhang, das Weib als Übel, garnicht. Grade der unvermittelte Kontrast wirkt.

90 Nach dem hohen Lob sind wir unversehens wieder in der nüchternen Wirklichkeit. In der naiven parataktischen Anreihung eines Einzelzuges an allgemeines Lob ist Hesiod Erga 236 f. eine Parallele: alles gedeiht, „sie blühen an Gütern fort und fort; οὐδ' ἐπὶ νηῶν νίσονται, καρπὸν δὲ φέρει ζείδωρος ἄρουρα. Bei Semonides liegt in diesem Abschluß, ähnlich wie 42, eine naiv-komische Nüance, durch den derben Inhalt gesteigert. Οὐκ ... ἥδεται καθημένη ist zu verstehen: sie setzt sich nicht gerne. Es mag übrigens sein, daß mit dieser Ablehnung der erotischen Zügellosigkeit von der Bienen-Frau der Vergleich mit der Biene weitergeführt wird. Es gibt eine griechische Vorstellung, daß die reinliche Biene sich durch besondere Liebe zur σωφροσύνῃ auszeichne und ausschweifende Menschen hasse und verfolge [28]).

---

[28]) Plutarch Coniug. praec. 44; Aelian περὶ ζῴων V, 11 (Hercher, p. 114, 30 ff.): ἐστὶν (die Biene) δὲ καὶ σωφροσύνην ἀκροτάτη. χλιδὴν γοῦν καὶ θρύψιν μεμίσηκεν καὶ τὸ μαρτύριον, τὸν χρισάμενον μύρῳ διώκει τε καὶ ἐλαύνει ὡς πολέμιον ἀνήκεστα δράσαντα. οἶδε δὲ ἐλθόντα ἐξ ἀκολάστου ὁμιλίας καὶ διώκει καὶ ἐκεῖνον οἷα δήπου ἔχθιστον. Weitere Belege R. E. s. v. Biene (III, 1, 446, 44 ff.).

V. 92 f. möchte ich (wie schon Bergk) nicht so eng an das Vorhergehende anschließen, sondern mit 94 f. zusammennehmen. In beiden Verspaaren steht Zeus, der Weltregent, im Mittelpunkt; sie kontrastieren noch einmal allgemein die guten und schlechten Weiber, ziehen so das Fazit aus dem ersten Teil des Gedichts und leiten zugleich vom ersten zum zweiten Teil über. Die vortrefflichen Weiber gewährt Zeus als Gnade; aber jene andern sind nun einmal bei den Männern und bleiben dort; so hat Zeus es eingerichtet. μηχανῇ Διός meint nicht 'nach dem Willen des Zeus', sondern 'nach dem Kunstgriff', dem 'Trick'. Das ist das Erotische, was die Männer immer an die Weiber bindet, auch an die üblen, so daß auch keine Aussicht auf Änderung besteht. Es ist jener volkstümliche Gedanke, den Hesiod im Pandoramythos ausgeführt hat (vgl. bes. Theog. 589: ὡς εἶδον δόλον αἰπύν, ἀμήχανον ἀνθρώποισιν; sie sehen den Betrug, aber auch, daß sie dagegen wehrlos sind; ähnlich Op. 83).

An 94 f. ist viel geändert worden, wie mir scheint, zu Unrecht. 95 wird man παρ' ἀνδράσιν zu beiden Verben ziehen: „sind samt und sonders und bei den Männern bleiben sie" = „sind allesamt bei den Männern und bleiben dort". Das erfordert μηχανῇ Διός. Diese besteht nämlich darin, daß die Männer die Weiber nicht lassen. Die starke Entsprechung von ἔστιν — μένει am Versanfang und -schluß rückt das Dazwischenliegende zusammen. Eine Parallele für eine solche syntaktische Stellung habe ich nicht zur Hand. Vielleicht denkt man auch an eine Umstellung ἔστιν τε πάντα καὶ μένει παρ' ἀνδράσιν; sie wird aber nicht nötig sein [29]. Ταῦτα 94 ist mit τοίας 92 zusammenzuhalten; τοίας geht auf das unmittelbar Voranliegende, ταῦτα auf das Fernerliegende, die vorhin geschilderten Weiberarten, im üblichen Gebrauch von οὗτος. Die Zusammenstellung τὰ δ' ἄλλα φῦλα ταῦτα, woran man sprachlichen Anstoß genommen hat, ist durch Parallelen geschützt: ν 377 οἷον μέν τινα τοῦτον ἔχεις ἐπίμαστον ἀλήτην; entsprechend 380 ἄλλος δ' αὖτέ τις οὗτος ἀνέστη μαντεύεσθαι; vgl. auch Λ 612 ὅν τινα τοῦτον ἄγει; s. Kühner-Gerth II, 1, 641 [30]. Die späte Stellung des πάντα hat ihren Sinn; nach dem unbestimmten ἄλλα macht es die Überzahl der schlechten Weiber erdrückend. Damit erledigen sich wohl die verschiedenen Eingriffe wie auch die Streichung (s. die Apparate bei Bergk II⁴ und Diehl), welche meist deswegen erfolgt ist, weil man mit 96 ein neues Fragment einsetzen ließ.

---

[29] ἔστιν = 'ist da' schon π 437: οὐκ ἔστ' οὗτος ἀνὴρ οὐτ' ἔσσεται οὐδὲ γένηται (ähnlich ο 433; ζ 201); vgl. auch Semonides Fr. 1, 2 πάντων, ὅσ' ἔστι.

[30] Zuerst hatte ich daran gedacht, hinter φῦλα zu interpungieren und eine Art Anakoluth anzunehmen: die andern Scharen aber, die sind ...

96—118

96—98 Nach der Vorbereitung in V. 93—95 setzt der zweite Teil schroff und gewichtig mit dem prinzipiellen Gedanken ein, der diesen zweiten Teil umrahmt: „Ja, das ist das größte Übel, das Zeus gemacht hat, die Weiber." Inhaltlich bezieht es sich auf das Vorhergehende, die μηχανή des Zeus, welche dieses Übel zu einem dauernden und unentrinnbaren macht, wie auf das Folgende, den Gegensatz zwischen Schein und Sein. In 97 f. ist nicht im engeren Sinn an diese μηχανή, das bezwingende Verlangen nach dem Weib, gedacht, sondern, wie das ὠφελεῖν zeigt, an all die schönen Erwartungen, die man sich von der Ehe macht. Wenn man dann aber das Weib erst wirklich 'hat' (vgl. 68), täglich mit ihr umgeht, dann lernt man sie kennen. Es ist ein allgemein volkstümlicher Gedanke [31]). In den Mittelpunkt der Betrachtung ist jetzt die Ehe und der Ehemann gerückt. Zum Beleg wird nun das Leben eines Ehemannes vorgeführt.

99—102 geben das alltägliche Arbeitsleben. Er kann keinen ganzen Tag die gute Stimmung behalten; zu Hause klappt immer irgend etwas nicht, die Frau versagt.

100 πέλεται ist immer noch nicht geheilt. Keine der vorgeschlagenen Änderungen befriedigt. Es muß in Entsprechung zum ersten Teil des Satzes das Zusammengespanntsein oder Zusammenhausen gegeben sein; vielleicht war es ein seltenes Wort und πέλεται ist eine eingedrungene Glosse.

101 f. Die Arbeit fruchtet auch nichts; zu Hause sitzt die Drohne, die das vertut, was der Mann hereinbringt. So kommt der Hunger als Miteinwohner in sein Haus [32]). Der schwere, fast aeschyleische Ton von 102 läßt die ganze verhaßte Last des Hungers fühlen.

---

[31]) Vgl. das Volkslied 'Der Tod von Basel': „Ich hatt' sie kaum drei Tage, da hats mich schon gereut." Hipponax Fr. 29 Bergk: Δύ' ἡμέραι γυναικός εἰσιν ἥδισται, ὅταν γαμῇ τις κἀκφέρῃ τεθνηκυῖαν. Bei Hesiod ist im Pandoramythos der Erga wie bei Semonides der Gegensatz von Scheinen und 'Haben' herausgestellt. Das Urweib bekommt außer den Reizen von Aphrodite und der Zudringlichkeit und Verschlagenheit von Hermes auch die Webkunst von Athene; das entspricht dem ὠφελεῖν δοκεῖ bei Semonides. (Das Weben ist eine feinere Beschäftigung, die dem einfachen Mann allein nichts nützen kann. Auch für die feine, reizende Frau des Strepsiades in Aristophanes Wolken ist es typisch, daß von ihr gesagt wird (52): sie sei nicht gerade untätig, sondern webe, und daß dem Mann diese schönen Arbeiten doch immer wieder gefallen). Epimetheus greift ohne Überlegung auf den schönen Schein mit beiden Händen zu, αὐτὰρ ὁ δεξάμενος, ὅτε δὴ κακὸν εἶχ', ἐνόησεν.

[32]) Λιμός als göttliche Person, Demeter gegenübergestellt, Hes. op. 299: ἐργάζευ, Πέρση, δῖον γένος, ὄφρα σε Λιμὸς ἐχθαίρῃ, φιλέῃ δέ σ'ἐυστέφανος Δημήτηρ. Als Mitbewohner Aesch. Ag. 1641 ἀλλ' ὁ δυσφιλὴς σκότῳ λιμὸς ξύνοικος ; vgl. auch Herodot 8, 111 καὶ θεοὺς δύο ἀχρήστους οὐκ ἐκλείπειν σφέων τὴν νῆσον, ἀλλ' αἰεὶ φιλοχωρέειν, πενίην τε καὶ ἀμηχανίην und 7, 102.

103—107 Dem Alltagsleben im ganzen reiht sich eine besondere Situation an, durch die Stellung von ἀνὴρ δ' ὅταν als Neueinsatz gekennzeichnet. Der Mann will zu Hause, nach all der schweren Arbeit draußen, es sich mal gut sein lassen; θυμηδεῖν δοκῇ er gedenkt, sich zu erfreuen, d. h. ordentlich einen zu heben und was dazugehört. Zu δοκῇ vgl. Aesch. Ag. 16 ὅταν δ' ἀείδειν ἢ μινύρεσθαι δοκῶ (vorhabe), ... κλαίω τοτ' . . θεοῦ μοῖραν Gott hat ihm etwas zukommen lassen, ist ihm günstig: das Korn steht gut, es hat eine schöne Weinernte gegeben oder die Fleischpreise sind gestiegen. ἢ ἀνθρώπου χάριν es hat sich ihm jemand gefällig gezeigt: er hat Geld geliehen bekommen oder einen Prozeß mit einem günstigen Vergleich abgeschlossen oder ist vom Heeresdienst für den Feldzug befreit worden[33]). Zur Sache ist Aristophanes Eirene 1127 ff. zu vergleichen, wo eine solche Situation, daß der Bauer es sich mal gut sein läßt, ausgemalt ist: ἥδομαί γε, ἥδομαι κράνους ἀπηλλαγμένος . . . 'Mit Freunden am Feuer sitzen, gut essen, viel trinken, das Thrakermädchen küssen, nachdem die Frau zu Bett ist.' ἐμπιεῖν ἔμοιγ' ἀρέσκει τοῦ θεοῦ δρῶντος καλῶς (1143) und (1157 f.): einer soll den Nachbarn Sowieso holen, daß er mittrinkt εὖ ποιοῦντος κὠφελοῦντος τοῦ θεοῦ τἀρώματα 106 f. Vgl. auch Hesiods Sommerbild Op. 582 ff.

106 f. schließt mit γάρ erläuternd und steigernd an: man kann zu Hause keine lustigen Stunden aufziehen, da man nicht einmal riskieren kann, einen Gast entgegenkommend, wie es sich gehört, aufzunehmen und zu bewirten. Da wird die Frau mit ihren Vorräten knausern oder einen mit ihrem Betragen schrecklich blamieren. Es ist natürlich besonders peinlich, wenn ein Krach sich vor oder gar mit Gästen abspielt.

Im Aufbau von 103—107 ist der durchgehende Subjektswechsel und die Stellung der Subjekte zu beachten: ἀνὴρ ὅταν . . . . ∾ εὑροῦσα . . . . ; ὅκου γυνὴ γάρ ἐστιν . . . . . ∾ . . δεχοίατο (der Mann natürlich). Das Gegenüber von Mann und Frau tritt so auch im Ausdruck heraus.

108—111. Vor 108 wird man einen gewissen Einschnitt ansetzen. Nach der Schilderung des alltäglichen Lebens und der gewöhnlichen Schwierigkeiten, die man beim Weib zu erwarten hat, wird jetzt an einem besonders krassen Fall die Weiberunverschämtheit demonstriert. Der Gegensatz

---

[33]) Die Auffassung, die Wilamowitz, Glaube der Hellenen I, 359 A 4 darlegt, dürfte verfehlt sein. Er paraphrasiert: (Der Mann freut sich) „zu Hause ohne besonderen Anlaß oder beim Opfer, wo er eine μοῖρα vom Opfermahle bekommt oder wenn ihm jemand χαρίζεται, ihn eingeladen hat". Das Mißverständnis beruht wohl auf einer falschen Auffassung von δοκῇ. κατ' οἶκον muß zum Ganzen gehören; die Entsprechung von ἢ θεοῦ μοῖραν und ἢ ἀνθρώπου χάριν liegt zu klar. Es dreht sich bei Semonides um den häuslichen Krieg, daß dem Mann sein Hausfrieden gestört wird. Beim Opfer oder einem Freund kann ihm sein Weib ja gleich sein. Im übrigen wird sich für μοῖρα θεοῦ = Opferanteil eine Parallele kaum finden lassen.

zwischen Schein und Sein, der 97 f. vom Prinzipiellen zur Darlegung des Einzelnen führte, taucht hier in einer besonders drastischen Situation wieder auf und leitet wieder ins allgemein Betrachtende zurück. Zugleich geht die Steigerung: unzulängliche Arbeit, böser Wille, Betrug im Erotischen. Grade das scheinbar sittsamste und bescheidenste Weibchen ist die schlimmste; sie setzt dem Mann Hörner auf. σωφρονεῖν 108 ist vor allem aufs Erotische, aber wohl auch auf die sonstige Bescheidenheit, z. B. die Sparsamkeit zu beziehen [34]); so tritt λωβωμένη scharf gegenüber: sie fügt ihm den größten Schaden zu. Und zum Schaden hat er die Schande 110 f. χάσκω das blöde, geistesabwesende Maulaufsperren; als Zeichen der altfränkischen bäurischen Gutmütigkeit führt es Aristophanes Ran. 988 an (ἀβελτερώτατοι κεχηνότες καθῆντο). Der Mann ahnt nichts Böses; doch die in ihrer Schadenfreude so scharfsichtigen Nachbarn sehen es alle schon längst, kosten aber ihre Schadenfreude recht aus und ziehen unter sich über ihn her. Ihr Klatsch hat neuen Stoff (καὶ τὸν).

112—114 schließen sich unmittelbar an und gehen ins Allgemeine und Grundsätzliche. Das Futurum drückt aus, daß der Dichter den Hörer jetzt miteinbezieht. Thema ist weiterhin dieser Klatsch. Da zieht jeder über das Weib des andern her, wird es aber bei seiner nie zugeben; μεμνημένος 'sooft er sie erwähnt', meint dieses Zugeben gegenüber anderen; er für sich hat natürlich oft genug Ärger. Der Dichter freilich weiß es besser, sieht weiter (114). Er sieht so scharf wie die mißgünstigen Nachbarn, bleibt aber nicht in der Enge der alltäglichen Mißgunst, sondern schreitet zum Allgemeinen, zum Erkennen vor und möchte den Hörer ebendahin führen. Aber das ist schwer, wenn nicht unmöglich. Bedauernd, fast resigniert mahnt er alle, daß auch sie mit ihren Weibern nicht besser dran sind. Er stellt sich selbst mit in den Kreis der andern: „wir Männer haben alle das gleiche Geschick", und erleichtert es so dem Mann, der sich bisher nur über die andern freute, es zuzugeben. μοῖραν ἔχειν ist im Epos häufig, bedeutet aber dort: 'einen Anteil an einer realen Sache besitzen' (vom Land π 68, δ 97, vom Fleisch beim Mahl ν 293 usf.). Hier ist es nicht der Anteil an etwas, sondern μοῖρα ist allgemein etwas von Gott Zugeteiltes, eine Schickung (wie θεοῦ μοῖρα 104); ἔχειν gibt den dauernden Besitz. Der für das Epos so wichtige Gedanke von der gerechten Aufteilung, daß jedes seine μοῖρα hat, liegt hier ganz fern.

115 f. Ganz prinzipiell schließt sich nun wieder der Gedanke von der Zeusfügung an, in wörtlicher Aufnahme des Eingangssatzes 96. Das schlimmste Übel ist das Weib eben deshalb, weil wir es nicht als solches er-

---

[34]) Vgl. Xenophon Oecon. 7, 14 (das junge Weib zum Mann): bei dir liegt die einbringende Arbeit; ἐμὸν δ' ἔφησεν ἡ μήτηρ ἔργον εἶναι σωφρονεῖν.

kennen: so ist es unentrinnbar: „und legte es um als ein unzerreißbares Fesselband" (116). Das entspricht 95: sie sind bei den Männern und bleiben dort. Der Ring hat sich geschlossen. Die Vorstellung, daß Zeus die Weiber den Männern wie eine unzerreißbare Fessel umgelegt hat, mag durch die Feßlung des Prometheus bei Hesiod angeregt sein [35]).

117 f. ἐξ οὗ τε ist schwierig, weil die Fortsetzung fehlt. Man hat es meist temporal gefaßt, relativisch anschließend (τε rein verstärkend wie häufig im Epos): „seitdem die einen Hades aufnahm..." Dagegen spricht, daß das Weib seit seiner Erschaffung ein Übel gewesen ist. So wird man entweder τε voll fassen und es als Einleitung eines neuen Hauptsatzes verstehen: 'und seitdem....., leiden wir Männer immer wieder Übel' oder dergl. Besser aber bezieht man οὗ auf κακόν und faßt ἐξ kausal: auf Grund dessen.....

Inhaltlich treffen wir hier eine derbe Abwertung jenes Ritterkampfes, der in der griechischen Sage der beispielhafte heroische Kampf ist. Das ist hier wieder dieselbe soziale Blickrichtung, wie wir sie beim Pferdetyp fanden. In der Ilias halten selbst die Greise der Trojaner alle Kriegsleiden um eine so herrliche Frau wie Helena für gerechtfertigt (Γ 156 ff.).

Der Kreis des zweiten Teiles schließt sich V. 115/116. Es wird nicht mehr viel gefolgt sein. Die einen haben sich um ein Weib umgebracht, andere... (z. B. altern frühzeitig vgl. Hes. op. 705) [36]).

Wenn man den Schluß von Semonides Fr. 1 und Fr. 29 heranzieht, kann man auch hier einen positiven Abschluß in sentenzhafter Form vermuten; damit würde auch das Positive vom Bienentyp im Schluß mitenthalten sein. Man könnte an die Möglichkeit denken, ob nicht das Hesiodzitat Semonides Fr. 6 γυναικὸς οὐδὲν χρῆμ' ἀνὴρ ληίζεται ἐσθλῆς ἄμεινον οὐδὲ ῥίγιον κακῆς (Hes. op. 702 f.) der Abschluß gewesen sein könnte; vielleicht so, daß es als Zitat eingeführt war: 'und so sagt jener Dichter ganz mit Recht: ...' Für eine solche Einführung spräche das Fehlen eines Anschlußpartikels am Anfang γυναικὸς οὐδὲν usw., das sonst überhaupt schwer verständlich ist. Das wäre dann ein Abschluß, der dem Eingang der Elegie Fr. 29 entspräche.

---

[35]) Der Wortlaut könnte dafür sprechen: Hesiod Theog. 521 δῆσε δ' ἀλυκοπέδῃσιν Προμηθέα ποικιλόβουλον δεσμοῖς ἀργαλέοισι μέσον διὰ κίον' ἐλάσσας. Auch bei Aischylos ist der Ausdruck ähnlich: Prom. 7 ἀδαμαντίνων δεσμῶν ἐν ἀρρήκτοις πέδαις.

[36]) Gegen die Vermutung von O. Crusius, daß sich im zweiten Glied die Ermordung von Agamemnon anschloß, scheint mir die Stellung von Ἀίδης ἐδέξατο zu sprechen.

Das Ganze

Aufbau

Das Gedicht baut sich, soweit es uns erhalten ist, in zwei Teilen auf: die verschiedenen Weibertypen und das Weib überhaupt in seinem Verhältnis zum Mann. Variationen und Fuge über das Thema: das üble Weib. Der Form nach ist der erste Teil ein Katalog, der zweite eine Ringkomposition. Im Katalog steht der eine gute Typ gegen die Überzahl der neun schlechten. Die Neunzahl mag nicht zufällig sein; der Dichter mag sie von vornherein als die gegebene intendiert haben [37]). Vielleicht kann man darin, daß grade der vierte Typ im Eingang auffällig variiert und der siebente, der Wieseltyp, besonders schwer und gewichtig einsetzt, eine gewisse Interpunktion der Neunzahl zu drei Dreiergruppen sehen. Sonst aber wirkt sich das in der Komposition nicht aus. Das Kompositionsprinzip des ersten Teils ist vielmehr die Buntheit. Der Katalog ist die einfachste Möglichkeit, die Bilder aneinander zu reihen. Er tritt hier in seiner einfachsten Form auf. Das τὴν δέ leitet nach dem ersten τὴν μέν alle weiteren Bilder ein. Die Bilder selbst, nicht der Zusammenhang haben das Interesse. Eine volktümliche Prosaumbildung des Jambos aus dem 17. Jh. [38]) kehrt das Verhältnis ganz um; lang und breit wird eine Situation ausgemalt, die zur Schöpfung von Weibern aus Tieren führt, diese selbst anschaulich erzählt, die Charakterisierung aber begnügt sich mit einem kurzen Hinweis auf die bekannte Eigenart des Ursprungstieres: „sie ist schweinisch und schmutzig" usf.

Bei Semonides ist der äußere Zusammenhang nur durch den ersten Satz gegeben. Ist er nun der Anfang des ganzen Gedichts? Er gibt in kürzester Form eine Schöpfungssage. Das wäre ein wirklicher Beginn: Gott machte einmal am Anfang .... Der erste Teil steht unter dem Gedanken: die Weiber sind so und so geschaffen; der zweite: die Weiber sind und bleiben bei den Männern als ein Übel (94 f.). Es ist nun aber so, worauf wir in der Einzelerklärung hinweisen, daß das Gedicht nicht irgendwie erzählend an-

---

[37]) Die Zahl 9 zur Bezeichnung einer Menge ist im Epos geläufig: Il 785 er tötet dreimal neun Krieger u. s. f. Troja wird neun Jahre belagert, im zehnten erobert; die Pest dauert neun Tage, am zehnten tritt die Versammlung zusammen u. s. f.; vgl. auch Hes. Fr. 162.

[38]) s. Zeitschrift des Vereins für Volkskunde 11 (1901), 255 ff.

hebt: 'es war einmal', daß die Schöpfungsgeschichte am Anfang überhaupt ganz unbestimmt bleibt und im Verlauf des Gedichts geändert wird, daß sie also nur Mittel ist. Der Einsatz erhält seine Farbe erst, wenn wir den Hintergrund, gegen den er sich abheben soll, berücksichtigen, nämlich die volkstümliche Vorstellung von der Erschaffung eines ersten Weibes, wie sie auch Hesiod in seinen Pandoramythen gibt. Der Dichter sagt etwas Neues gegenüber der geläufigen Ansicht, die durch Hesiod auch als literarische Münze kursiert; sie ist dem Dichter und dem Hörer der Zeit geläufig. Von ihr hebt sich der Eingangssatz mit dem χωρίς in einer Art Polemik ab. In dem unvermittelten Einsatz mit einer thesenartigen Feststellung ist der Eingang von Hesiods Erga 11 ff. vergleichbar. Dort wird allerdings direkt eine Polemik vorgeführt:: „Das war also nicht richtig, daß es nur ein Geschlecht der Erides geben soll, sondern es gibt zwei; das eine..." Auch bei Semonides tritt an die Stelle einer mythisch einheitlichen Vorstellung das realistische Sehen von Verschiedenheiten.

Das χωρίς wird im Katalog der Weiber vorgeführt. In der bunten Aneinanderreihung ist eine gewisse Anordnung nicht zu verkennen, auf die wir schon in der Einzelerklärung hinwiesen. Die Mittel sind der Kontrast und die Nebenreihung ähnlicher Typen, die sich dadurch differenzieren und verdeutlichen. Derb und eindeutig eröffnet der Schweinetyp die Reihe. Fuchs und Hund, in ihrer Beweglichkeit ähnlich, heben sich beide vom Schweinetyp wie vom Erdtyp ab. Der Hundetyp ist recht eingehend geschildert, da dort etwas typisch Weibliches auftritt. Das Ausführliche ist zwischen kurze Bilder gesetzt. Ähnlich ist es beim Meer- und Pferdetyp. Erd- und Meertyp bilden wieder einen Kontrast. Esel- und Wieseltyp zeigen eine gewisse Entsprechung bei ganz verschiedener Grundart. Der Wieseltyp bereitet mit seinem verdammenden Urteil am Anfang auf die Höhe des Gemeinen, den häßlichen Affentyp vor. Dazwischen tritt das Pferd, das genaue Gegenteil zu beiden. Der Bienentyp steht allen anderen gegenüber. Die Darstellung jeden Typs hat ihren besonderen Aufbau, ist ein für sich stehendes Bild. Wir haben beim Einzelnen schon festgestellt, daß von Anfang an für die Charakteristik die ἔργα wichtig sind, das Erotische dagegen erst bei den späteren Typen; ferner, daß das Verhältnis zum Ehemann ausdrücklich erst beim Pferde- (Affen-) und Bienentyp erwähnt wird. Der Bienentyp gibt nicht eigentlich ein Charakterbild, sondern führt die Frau in ihrem Wirkungskreis vor. Das nähert sich alles dem zweiten Teil, wo das Thema ist: die Frau als ein dem Mann von Zeus gegebenes Übel. Dieser Satz wird am alltäglichen Leben des Ehemannes vorgeführt, als verbindlich für alle erwiesen und dann mit neuem Gewicht wiederholt. Der Schluß wird kurz darauf gefolgt sein.

An der Einheit des Ganzen wird jetzt kaum mehr ein Zweifel sein [39]). Der Widerspruch in der Sache, daß im ersten Teil eine gute Art vorkommt und im zweiten nur das Übel Weib, ist eben nur ein Widerspruch in der Sache, aber nicht im Gedicht. Dieser Stil erstrebt nicht eine logische Konsequenz des Zusammenhanges. Die Dinge werden nebeneinander vor uns ausgebreitet, und die Vorstellung ist jeweils ganz bei dem Dargestellten. Wir müssen dem Dichter folgen, wie er die Vorstellung im Laufe des Gedichtes lenkt [40]). Die Dinge sollen sich sozusagen selbst ausgleichen, man kann auch sagen, diese Arbeit wird dem Hörer überlassen. Das gibt dem Ganzen eine gewisse naive Frische. Und damit bleibt der Dichter trotz seiner so derben und willkürlichen Ablehnung des ganzen Weibervolkes doch irgendwie sachlich. Das hohe Lob dieses einen Typs wiegt umso schwerer. Wäre der ganze Weiberjambos nur ein volkstümliches Verspotten der Weiber, so würde die gute Art allerdings da nicht hineinpassen. Aber es wird nicht nur gespottet, sondern zugleich durchaus scharf und realistisch betrachtet, und das Übel Weib wird mit bedächtiger Überlegung klar gemacht. Damit sind wir bei der Frage, wie wir nun eigentlich diesen Stil zu verstehen haben und was das Gedicht als literarisches Ganze darstellt.

Stil. Anschauungsweise

Die Ingredienzien des Stils, die wir feststellten, sind: die Reihung, das Bunte, die naive Inkonsequenz, das eindeutige Herausstellen des Betonten, das Gedanklich-Grundsätzliche in Verbindung mit der Gegenseite, dem Realistisch-Beobachtenden, das Däftige und Derbe. Der Boden für einen solchen Stil ist das Volkstümlich-Bäurische. Diese besondere Stellung des Weiberjambos ist in früheren Behandlungen nie recht deutlich gemacht worden. Wenn der Weiberjambos in den Urteilen moderner Philologen meist etwas summarisch abgeschätzt wurde, beispielsweise bei Wilamowitz [41]):

---

[39]) Neuerdings spricht für die Teilung in zwei Fragmente P. Maas R. E. s. v. Semonides.

[40]) Die Faßgeschichte im Pandoramythos bei Hesiod kann man in gewisser Hinsicht vergleichen. Im Faß sind die Übel drin; als sie herausfliegen, bleibt die Hoffnung zurück. Ist die nun auch ein Übel oder wie paßt das zusammen? Man darf auch hier nicht von der logisch festliegenden Sache ausgehen, sondern muß dem Lauf der Darstellung folgen, in dem die Vorstellung sich verschiebt: 'Faß, das einsperrt' und 'Faß, das zur Verfügung hält'.

[41]) Die griech. Lit. d. Altert. K. d. G. I, 7, S. 31. Neuerdings erkennt E. Römisch, Studien zur älteren griechischen Elegie (Frankf. Studien VII, 1933) S. 55 Semonides die Fähigkeit zum Gestalten grundsätzlich ab.

„Er gibt grobe und ziemlich salzlose Spöttereien ohne Reize der Form", so vermißt man hier ein Eingehen auf die besondere Art des Gedichts. Man kam von der großen Literatur her und maß mit ihren Maßstäben. Attisches Salz oder archilocheische Prägnanz darf man hier nicht erwarten, so wenig wie etwa beim biederen Hans Sachs Wielands geistreiche Art.

Der Weiberjambos des Semonides ist, abgesehen von Fr. 1 und 29, wohl das einzige uns erhaltene Stück, wo im Griechischen die volkstümlich-bäurische Lebensansicht nicht nur Gegenstand, sondern auch Träger des dichterischen Wortes und eines dichterischen Ganzen ist. Im hesiodeischen Werk ist dies zwar in viel großartigerer Weise der Fall, aber das Bäurisch-Volkstümliche ist hier im Ganzen zu einer Einheit mit dem Episch-Aristokratischen verschmolzen, während es bei Semonides reiner und in seiner echten Beschränktheit hervortritt. Wenn man gesagt hat, daß in der Zeit der griechischen Lyrik die einzelnen Lebensbereiche sich selbständig machen und ihre Sprecher finden, so gilt das auch für Semonides als Sprecher dieser bäurisch-volkstümlichen Lebensansicht.

Vergegenwärtigen wir uns kurz die Grundzüge dieser Anschauungsweise, wie sie im Weiberjambos und auch in Fr. 1 und 29 vorliegen. Da ist einmal das U n p e r s ö n l i c h e. Das hat natürlich nichts mit einem besonderen Temperament des Semonides zu tun, sondern ist für die Art des kleinen Mannes, des Bauern, typisch. Der Mensch, der etwas Vereinzeltes ist oder vertritt, geht den Bauern nichts an. Semonides begibt sich als Dichter ganz in den Kreis der volkstümlich-beschränkten Lebensansicht und will die andern nur belehren, daß sie die Ansicht auch wirklich in der nötigen Allgemeinheit fassen und auch auf sich selbst anwenden. Ferner ist typisch der 'P e s s i m i s m u s'. Er ist nicht ein auswegloser, idealistischer Pessimismus, sondern er ist durch und durch realistisch, ist Lebenserfahrung und Lebensklugheit. Dieser Pessimismus bedeutet frei sein von Illusionen. Das ist in der Behandlung der ἐλπίς im 1. und 29. Fragment von Semonides ausgeführt. Indem der Bauer die schlechten Seiten des Lebens ständig und bevorzugt in Rechnung setzt, schützt er sich gegen alle Überraschungen eines unberechenbaren Schicksals, gegen die Unbill jedes Wetters, wie vor allen Illusionen, die eines Tages zerbrechen müssen. Dieser Pessimismus bedeutet ihm also so etwas wie ein dickes Fell. So schafft er sich einen ungestörten Bezirk, in dem er ruhig genießen kann. Diese gute Seite gehört zu diesem Pessimismus; sie tritt in Fr. 1 und 29 den Übeln entgegen, und im Weiberjambos vertritt der Bienentyp diese Seite. Um aber auf all die Übel gefaßt zu sein und sich von ihnen fernzuhalten, muß man den Lauf und die Art der Welt mit mißtrauischem Scharfblick ins Auge fassen und in allgemeiner Erwägung festlegen. So gehört der nüchterne, scharf beobachtende

Tatsachenblick ebenso wie das grundsätzliche und bedächtige Erwägen zu dieser Lebensansicht, und wenn bei Semonides das Gedankliche so bezeichnend ist, macht er damit nur die bäuerliche Art zu der seinen. Sein Dichterberuf ist, bei der Unvernunft, der die Menschen zu leicht verfallen, zur Bedachtsamkeit zu mahnen. „Hört, die ihr aus Unbedacht / Übel noch oft größer macht", wie es in einem Bänkelsängervorspruch heißt. Insbesondere gehört der Weibertadel zu der volkstümlich-bäurischen Lebensansicht. Die geringe Bedeutung des Einzelnen als Person begünstigt es, daß die Geschlechter sich allgemein gegenübertreten. Die Weiber sind einerseits nur eine Arbeitskraft, ein Stück des Inventars, das billig und leicht zu erwerben ist: „Weibersterbe isch ka Verderbe. Aber Gäulerverrecke, das isch e Schrecke" [42]). Anderseits der Gegner im Ehekrieg. Zu allen Zeiten steckt im Weibertadel eine Mischung aus spaßhaftem Spott und aus ernsthaftem Unwillen [43]). Hält man den Weiberjambos des Semonides mit der Fülle der mittelalterlichen Dichtungen vom „üblen wip" zusammen, so wirkt Semonides gegenüber der dort üblichen Derbheit eher zurückhaltend; bei ihm ist nicht in der Übertreibung eine burleske Wirkung gesucht. Anderseits darf man in seiner ungeschminkten Nüchternheit und seiner ganzen sturen Ablehnung der Weiber die komische Seite nicht übersehen, wenn sie auch nirgends selbständig wird. In dieser ganzen Drastik steckt doch etwas Verschmitztes, nicht nur platter Ernst. Grade diese Mischung, wie mit trocknem, bekümmertem Ernst derb-komische Dinge gesagt werden, scheint mir für die bäuerliche Art des Komisch-Ernsten typisch. Die bäuerlich-volkstümlichen Sprichwörter sind voll davon. Es drückt sich eine gewisse Überlegenheit dieses Menschenschlags gegenüber der Welt und den Dingen des Lebens darin aus.

Das literarische Ganze

Wenn also Stil und Anschauungsweise des Weiberjambos aus dem volkstümlichen Bereich zu erklären sind, so ist noch die Frage zu stellen, ob das auch in der literarischen Ausgestaltung der Fall ist. Im Volksgebrauch mag es bei besonderen Anlässen ein gegenseitiges Schlechtmachen von Männern und Frauen gegeben haben, und so etwas mag auch in Form von

---

[42]) S. Handwörterbuch zur deutschen Volkskunde Abt. 1, 2 S. 1745. Vgl. auch: „Gram um Weibestod macht keine Wassersnot". „Wenn de Wuiver goht, un de Peere stoht, kann eun Biwersmann wat wern".

[43]) Den Weibertadel in der antiken Literatur durchzuverfolgen, würde hier zu weit abführen. Material bei Fr. Buddenhagen, $\pi\varepsilon\varrho\grave{\imath}$ $\gamma\acute{\alpha}\mu o\nu$. Diss. Basel 1919 und den betreffenden Stobäusabschnitten.

Spottliedern umgelaufen sein. Wir sahen aber, daß hier nicht Spotten und Herausfordern des andern Geschlechts die eigentlich gestaltende Form ausmachen, sondern mehr ein nüchtern lehrhaftes Betrachten des größten Übels [44]). Es ist nicht unwahrscheinlich, daß das Weib als Thema eines Gedichts literarisch nichts Neues gibt, daß dies vielmehr aus volkstümlichen Gedichten bekannt war. Aber für die besondere Gestaltung des Weiberjambos wird das nicht von großer Bedeutung sein [45]). Dagegen weist in der Formung manches auf Hesiod. In der Einzelerklärung stießen wir wiederholt auf Hesiod, und wenn wir das Verhältnis im ganzen abwägen, werden wir Hesiod, von dem das Fragment 5 des Semonides zwei Verse direkt zitiert, als Hintergrund anerkennen müssen. In der Pandorageschichte bei Hesiod ist in beiden Fassungen zuerst die Erschaffung des Urweibes geschildert, in den Erga mit einer Beschreibung ihrer Art, dann das ἔχειν des Mannes, das in der Theogonie zu einer Behandlung der Bedeutung der Weiber überhaupt für den Mann ausgestaltet ist. Auch bei Semonides liegt diese Zweiteilung vor, nur daß anstatt der mythischen Erschaffung des Urweibes die Verschiedenheit der erschaffenen Weibertypen geschildert ist. Ich möchte meinen, daß dieser Aufbau auf Hesiod weist; desgleichen der Zeusaspekt. Die mythische Schuldfrage aber, die für Hesiod gerade das Entscheidende ist, interessiert Semonides garnicht. Hier ist nur die gegenwärtige Existenz des Menschen von Bedeutung, wie sie nun einmal

---

[44]) Gegen Wilamowitz, Herakles 1, 58 A 17 und W. Jaeger, Paideia S. 169, dessen Besprechung des Weiberjambos dahin neigt, das Gedicht im ganzen als volkstümliches Spottlied zu verstehen.

[45]) Es muß hier kurz auf das verschieden beurteilte Verhältnis zu dem Spruch des Phokylides Fr. 2 D eingegangen werden. Da Phokylides aller Wahrscheinlichkeit nach später liegt als Semonides, gibt es nur zwei Möglichkeiten: entweder liegt dieselbe Quelle vor, oder Phokylides hängt von Semonides ab. Mir scheint alles dafür zu sprechen, daß Phokylides den Weiberkatalog des Semonides zu einem Spruch umgeformt hat: 1. Die ähnliche Einleitung τετόρων ἀπὸ τῶνδε γένοντο (vgl. Pferdetyp bei Sem.) ist noch unanschaulicher als bei Semonides. 2. Das Schwein heißt βλοσυρός starrend (von Borsten), bei Semonides τανύθριξ; das Pferd χαιτήεις wie bei Semonides. Das spricht für literarische Abhängigkeit, d. h. dann des Phok. von Sem. 3. Die Charakterisierung des Schweinetyps: 'sie ist nicht schlecht, auch nicht gut', ist etwas blaß. Im Aufbau hat sie ihre Funktion; dagegen steht der scharfe Hund. Das Schwein ist ganz gemütlich. Aber wird diese Kennzeichnung nicht erst recht verständlich, wenn wir das verwandte 'Erdweib' bei Sem. heranziehen? Die weiß nichts Schlechtes noch Gutes. Das ist hier als Sein ausgedrückt. 4. Die Fassung der Schlußwendung: 'um die bitte, daß du sie erhältst', nicht: 'die wähle dir', wie man es erwarten könnte, weist auf den Zeusaspekt bei Semonides. 5. Die allgemeine Erwägung, daß das Charakterisieren vom Tadel aus den ursprünglicheren Eindruck macht als die Art bei Phokylides, wo der Gedanke vom Übel Weib ganz fehlt, und die drei Arten nur priamelartig vor die eine herausgehobene gesetzt sind.

ist, und wie man sich in ihr am besten zurechtfindet, indem man sie erkennt. Wir können das Verhältnis zu Hesiod so formulieren, daß er eine ursprünglich volkstümliche Betrachtungsweise mit der literarischen Beihilfe Hesiods, wo sie in einem besonderen Zusammenhang eingefügt war, zu einer selbständigen literarischen Einheit umformt.

Charaktertypen

Die Aufreihung einer Mannigfaltigkeit von Charaktertypen ist das eigentlich literarisch Neue beim Weiberjambos, wie es ja auch den größten Teil des Gedichts ausmacht. Das Mittel, einen Weibertyp zu erfassen, ist die Gleichsetzung, und das bedeutet das durchgängige Vergleichen, mit einer verwandten ὀργή, von Tieren oder Erde und Meer. Daß Tiere und ihre Eigenschaften herangezogen werden, ist besonders im volkstümlichen Bereich allenthalben anzutreffen. So gibt es Schöpfungsgeschichten, wo der Mensch in seinen Eigenschaften mit Tieren zusammengebracht wird. Zum Beispiel ist bei Horaz Od. 1, 16, 9 ff. eine Geschichte aufgenommen, die erzählt, daß Prometheus dem Ton, aus dem er den Menschen bilden sollte, aus Verlegenheit Stücke von allen Tieren mitgab, und so hat der Mensch auch die Wut des Löwen bekommen [46]). Hier kommt es auf die Mannigfaltigkeit im kollektiven 'Mensch' an; das ist volkstümlich. Wenn aber bei Semonides Gott aus den verschiedenn Tieren verschiedene Weiber erschafft, so sieht man dieser Vorstellung an, daß sie für diesen Zweck gebildet ist; wie sie auch garnicht durchgeführt ist. Die Mannigfaltigkeit der Tiere zur Verdeutlichung menschlicher Verschiedenartigkeit tritt uns vor allem in zwei Bereichen entgegen, der Fabel und der sprachlichen Metapher, mit der jemand als 'dreckiges Schwein' bezeichnet wird. In der Fabel benehmen sich die Tiere wie die Menschen, und in dieser Mischwelt stellt sich die Verschiedenartigkeit der Tiere anderseits auch als eine solche der Menschen dar. Bei Semonides könnte man von einer Art umgekehrter Fabel sprechen, indem sich die Menschen so benehmen wie Tiere und so ihre Verschiedenheit deutlich wird. Allerdings beschränkt sich bei Semonides dieses Gleichsetzen auf die Grundart, die ὀργή; so bleibt das Ein-

---

[46]) In einem malaiischen Märchen (Mal. Märchen. Jena: Diederichs 1922 S. 65 ff.) ist die Schöpfung des ersten Weibes folgendermaßen erzählt: Gott schuf es aus dem Wehen des Windes, den Augen des Rehs, dem Biegen der Gräser, der Zierlichkeit der Gazelle u. s. f. Hier liegt eine urtümliche Betrachtungsweise vor, die alles naiv zusammen sieht. Ein anderes Beispiel führt Welcker an: Shakespeare Sturm 3, 1 But you, o you so perfect and so peerless created of every creatures best.

zelne real und nüchtern gesehen. Daß Menschen direkt durch die Gleichsetzung mit einem Tier charakterisiert werden, liegt in den Metaphern: schlauer Fuchs, frecher Hund u. dgl. vor. Das ist der Ausgangspunkt für die Charakteristik bei Semonides; anstelle des ungenau Beschimpfenden tritt bei ihm das Eingehen auf das Charakteristische.

Jeweils ist e i n e Grundeigenschaft zu einer Charaktereigenart gemacht. Ein Mensch mit einer Fülle von verschiedenen Eigenschaften ließe sich so garnicht als eine Einheit anschaulich machen. Die Absicht des Weiberkatalogs liegt aber auch in ganz anderer Richtung. Er hat zwei Ziele: einmal wird das Übel Weib in seinen Möglichkeiten vorgeführt, und zweitens werden diese Möglichkeiten als gesonderte Typen dargestellt. Die Auswahl der Typen folgt keinerlei charakterkundlichem Interesse wie etwa bei Theophrast, sondern dem Bestreben, jedesmal eine auffällige schlechte Eigenart des Weibes zu einem Typ auszugestalten. So ist z. B. die Unbeständigkeit des Meertyps eine allgemein weibliche Eigenschaft, die hier in ihrer Reinform auftritt. Beim Hunde-, Meer- und Pferdetyp, die besonders bezeichnende weibliche Eigenarten geben, ist die Darstellung auch am ausführlichsten. Eine solche Betrachtungsweise, die einfach einen bunten Bestand von Typen aufnimmt, feststellt, was es alles für 'komische Typen' (wie man umgangssprachlich sagt) gibt, entspricht volkstümlichem Denken.

Der Wille zum Charakterisieren entspringt bei Semonides aus dem Tadel. Das ist an sich ganz natürlich. Vom Tadel aus liegt es nahe und ist es viel leichter zu charakterisieren. Bei allem Unangenehmen pflegt der Mensch sehr genau zuzusehen, wie es beschaffen ist, bei dem Angenehmen begnügt er sich mit seiner Zufriedenheit. So können etwa Schüler schlechte Eigenschaften der Lehrer sehr gut charakterisieren; bei den guten wissen sie nichts Besonderes zu sagen. Wie Semonides im einzelnen von dem Scharfblick des Tadels und der Mißgunst ausgeht, haben wir bei der Einzelerklärung verfolgt. In diese Charaktervorstellung, die nur eine unangenehme Eigenart konstatiert, die sich ganz ähnlich auch beim Tier beobachten läßt, ist das Ethische und die Möglichkeit zu großem menschlichen Handeln nicht hineinzubringen. Auf die eigentlich menschliche Tüchtigkeit aber, auf das große Verhalten des Menschen in der Welt ist das ganze Interesse des Epos gerichtet.

Nachdem wir bei Semonides eine bestimmte volkstümliche Art, menschlichen Charakter aufzufassen und sprachlich vorzuführen, aufgenommen und abgegrenzt haben, wollen wir von hier den Sprung in einen völlig anderen, in vielem entgegengesetzten Bereich machen, das Epos, und hierbei diese Art des Weiberjambos als Folie im Auge behalten.

Homerische Ausdrucksweisen im Bereich 'Charakter'

Wenn wir uns im homerischen Epos nach substantivischen Ausdrücken umsehen, die ähnlich wie das uns geläufige Begriffssymbol 'Charakter' die seelische Art des Menschen als bleibend und ein Ganzes erfassen, so müssen wir zunächst einmal ihr Fehlen feststellen. Wir treffen weder ein spezifisch episches Substantiv, welches direkt diesen Bereich erfaßt, noch die Ausdrücke, welche später vorzugsweise in diesem Sachbezirk auftreten, wie ὀργή, ἦθος, τρόπος, φύσις [1]). Ebensowenig wie ein substantivisches Wortsymbol für Charakter und Charaktereigenschaften weist die Sprache des Epos sonst Ausdrucksarten auf, welche unmittelbar und eindeutig auf diesen Bereich des 'Charakters', der einheitlichen und wesenhaft verwurzelten Art des Menschen, hinzielen. Eine Ausdrucksweise, die in dieser Richtung das leistet wie etwa die in der attischen Sprache so häufige mit φῦναι und πεφυκέναι, z. B. Solon Fr. 23 D 1: οὐκ ἔφυ Σόλων βαθύφρων οὐδὲ βουλήεις ἀνήρ, finden wir im Epos nicht.

Mit dieser kurzen negativen Feststellung ist nun naturgemäß nicht erschöpft, was die epische Sprache zu dem Begriffs- und Sachbereich Charakter zu sagen hat. Wir müssen nun vielmehr die epische Sprache, so wie sie ist, verhören und den ihr eigenen Ausdrucksformen nachgehen, deren Leistung und Ziel aufsuchen und dabei fragen, inwieweit und in welcher Richtung des Blicks jeweils etwas von dem mitenthalten ist, was unter der Vorstellung 'Charakter' erfaßt werden könnte. Wir lassen uns dabei von den einzelnen sprachlichen Formen leiten, die in der epischen Sprache in typischen Gruppen auftreten.

---

[1]) Von ἦθος nur der Plural ἤθεα die gewohnten Plätze des Viehs, das Gehege. Z 511, O 268 ξ 411. φύσις nur κ 303, von dem Bau des Wunderkrauts, das Hermes dem Odysseus zeigt, also vom Äußeren wie φυή, das häufig zur Bezeichnung des menschlichen Wuchses vorkommt. Zur Geschichte dieser Worte vgl. die Arbeit von O. Thimme: Φύσις Τρόπος Ἦθος Diss Göttingen 1935, die besonders auch als Materialsammlung nützlich ist.

[2]) Eine eingehende Untersuchung ist diesen Ausdrücken bei J. Böhme, Die Seele und das Ich im hom. Epos, Diss. Göttingen. Leipzig: Teubner 1929 zuteil geworden, deren Resultate die Rezension von Snell Gnomon 7, 1931, 74 ff. klärt und ergänzt. Bei Böhme ist manches von dem schon berührt, was die folgende Untersuchung über den Charakterbegriff darzulegen unternimmt.

Die Substantiva für Geistig-Seelisches, die im Epos eine große Bedeutung haben²), geben weder die Art einer Person als Einheit noch als wesenhaft verwurzelt. Sie gehen auf Sonderbezirke, wenn sie auch übergreifen können³) und anderseits νόος wie θυμός als Vertreter für die gesamte innere Seite der Person eintreten können. Die Bedeutung der Ausdrucksarten mit νόος, θυμός, φρένες, καρδίη usf. hängt mit der Vorliebe des epischen Stils zusammen, in Antithese zu den sichtbaren Handlungsvorgängen oder zur Erscheinung der Person auch die unsichtbaren Vorgänge 'innen' und die innere Beschaffenheit (vgl. z. B. λ 337 εἶδός τε μέγεθός τε ἰδὲ φρένας ἔνδον ἐίσας) greifbar, formhaft und lokalisiert vorzuführen, dann auch, um menschliches Verhalten bis auf die antreibenden inneren Regungen und Triebkräfte durchsichtig zu machen.

Die beiden Hauptbereiche, auf die sich geistig-seelische Vorgänge aufteilen, sind νόος und θυμός. Das Kennzeichnende für beide Begriffe ist, daß sie spontane Funktionen darstellen, d. h. sie gehören wesensmäßig der Einzelperson⁴) zu und können selbsttätig in dieser wirken, ohne daß sie sprachlich als organische Teile einer Gesamtseele, für die es ebensowenig wie für den Gesamtkörper einen Ausdruck gibt, verstanden würden⁵). Der

---
²) siehe vorige Seite.

³) z. B. ist ὁ δ' ἔπειτα νόον σχέθε τόνδ' ἐνὶ θυμῷ ξ 490 möglich, weil νόος hier der einmalige Gedanke, ἐν θυμῷ = bei sich ist, ebenso wie anderseits γ 128 ἕνα θυμὸν ἔχοντε νόῳ καὶ ἐπίφρονι βουλῇ Γ 60 ff. nimmt νόος κραδίη auf; hier ist ähnlich wie δ 267/270 mit dem Wechsel ein Hinausgehen über den Einzelbezirk zum Zweck der Gesamtcharakteristik deutlich erstrebt. Gerade hieran ist zu sehen, wie sehr νόος, θυμός usw. an den eigentlichen Bezirk gebunden bleiben, aber anderseits nichts mit selbständigen Lebeseelen zu tun haben.

⁴) Der ἕκαστος - Begriff ist für die epische Anschauungsweise sehr bedeutend. Jeder wird einzeln zum Kampf angefeuert, von der Flucht zurückgehalten, jedem einzeln ergreift jähes Zittern die Knie usw.; denn die treibenden Kräfte νόος, θυμός, μένος sitzen nur im Einzelnen. Die Vorstellung eines geschlossenen Heerkörpers, den eine Begeisterung vorwärtstreibt, begegnet uns nicht in der Sprache des Epos. Bei geschlossenem Vorgehen hat jeder einzeln diese Absicht (νόος und θυμός Δ 309). Diese Einschätzung des Einzelnen hängt mit dem epischen Heldentum unlöslich zusammen. So etwas wie ὑμέων δ' εἷς μὲν ἕκαστος ἀλώπεκος ἴχνεσι βαίνει, σύμπασιν δ' ὑμῖν χαῦνος ἔνεστι νόος Solon Fr. 8 D 5/6 ist sprachlich neu gegenüber dem Epos. Die paradoxe Wendung ἕνα θυμὸν ἔχοντες meint so etwas wie: sie haben einen gleichgeschalteten θυμός; die Einheit liegt in der gleichen Richtung, wie auch ὁμόφρονα θυμὸν ἔχειν zeigt (entsprechend τὰ γὰρ φρονέεις ἅ ἐγώ περ Δ 361); deutlich auch γ 128: wir redeten nicht verschieden ἀλλ' ἕνα θυμὸν ἔχοντε νόῳ καὶ ἐπίφρονι βουλῇ = wir dachten und planten in derselben Richtung; die Wendung 'e i n e n νόος haben' gibt es nicht.

⁵) Auch körperliche Funktionen erscheinen im Epos gern dezentralisiert: die Knie regen sich, lösen sich, die Arme stürmen flink von den Schultern (Ψ 627 f.), μαιμώωσι δ' ἔνερθε πόδες καὶ χεῖρες ὕπερθεν (Ν 75) usw. Wenn sich θυμός, μένος über den ganzen Körper verbreiten, bedeutet das sozusagen, daß den einzelnen Stationen frischer

νόος ist als eine Art geistiges Auge anzusprechen, wie dieses auf das Erfassen von Gegenständen eingerichtet, die aber nicht nur als äußere wahrgenommen werden, sondern auch frei hervorgebracht, gleichsam hinausprojiziert werden können [6]). νόος kann nun allgemein das Organ des νοεῖν, den 'Sinn' als eine Fähigkeit und ein Vermögen [7]), wie seinen inhaltgefüll-

Betriebsstoff zugeführt wird; das movens sitzt in ihnen selbst. Es drückt sich hierin eine eigentümliche Fremdheit gegenüber den Organen aus, die noch nicht darüber reflektiert, daß alles auf einen Organismus zurückgeht, für die vielmehr der einzelne Vorgang und sein jeweiliger Träger das Wichtige ist. Ähnlich ist die Empfindungsweise des Kindes, weshalb wir auch gern zu einem Kinde sprechen: 'Wollen deine Füße nicht mehr' u. dgl. Das 'φίλον' der Glieder gehört damit zusammen; denn wozu wird die Zugehörigkeit eigens ausgedrückt, wenn die Glieder nicht als ein Anderes, ein Gegenüber des Ich empfunden werden. Die dankbare Verbundenheit zu den Gliedern, die einem alles so trefflich leisten, steckt mit darin. Daß übrigens die Einheit des ganzen Menschen für das homerische Epos nur deswegen nicht ausgedrückt ist, weil sie weiter kein Gegenstand des Interesses, sondern selbstverständlich ist, zeigt z. B. schon das αὐτούς Α 3, wo der ganze Mensch seinem bloßen Abbild, der ψυχή, gegenübergestellt wird (nicht etwa Körper und Seele). Der Körper als Gesamtheit wird erst interessant und sprachlich gefaßt, wo ihm die Seele gegenübertritt; das ist viel später als das Epos.

Für die Verselbständigung der bewegten Organe kann man auch auf die allgemeine Neigung des Epos hinweisen, bewegten Dingen einen Antrieb aus sich selbst zuzusprechen, wo wir auf den Antrieb von außen sehen würden. So wird von der geschleuderten Lanze gesagt, sie begehre selbst in das Fleisch zu beißen; oder die geflügelten Worte schwingen sich selbständig von dem Mund des Sprechers, dem sie entfliehen, zu dem Hörer; oder auch, wenn die Pferde gepeitscht werden, so wird doch gesagt, daß sie nicht unwillig dahinfliegen. Dies letzte gehört insofern dazu, als hier die allgemeine Freude des Epos an solchem, was sich freiwillig, von sich aus bewegt, mitspricht. Die Schiffe der Phäaken und die künstlichen Mädchen des Hephäst kann man vergleichen, die auch aus der Freude an der mühelosen Bewegung eines Dinges aus sich selbst, dem αὐτόματον entstanden sind.

[6]) νόος als ein Organ, ein Funktionsträger neben anderen sehr schön z. B. ν 365 f.: εἰσί μοι ὀφθαλμοί τε καὶ οὔατα καὶ πόδες ἄμφω / καὶ νόος ἐν στήθεσσι τετυγμένος, οὐδὲν ἀεικής· / τοῖς ἔξειμι θύραζε, ἐπεὶ νοέω κακὸν ὔμμιν / ἐρχόμενον. Wie die Ohren auf Hören eingestellt sind und in der Tätigkeit erst eigentlich wirklich sind, so der νόος aufs νοεῖν ; vgl. Ο 128 f. : ἦ νύ τοι αὔτως οὔατ' ἀκουέμεν ἐστί, νόος δ' ἀπόλωλε καὶ αἰδώς.

[7]) Hier kann man nicht scheiden zwischen der Tätigkeit, die jedem zukommt (z. B. in νόον δ' ἀποφώλιός ἐσσι θ 177) und der, welche positiv den Leistungsgrad ausdrückt (dahin würden wir zum Beispiel ziehen ἄλλῳ δ' ἐν στήθεσσι τιθεῖ νόον εὐρύοπα Ζεὺς Ν 732); denn νόος ist so eng an das Organ und den Vorgang in ihm gebunden, daß es nicht auf eine Eigenschaft dieses Vermögens, wie es Verstand im Gegensatz zu Dummheit meint, beschränkt wird (so z. B. Eur. Iph. Aul. 1139 ὁ νοῦς ὅδε νόον ἔχων οὐ τυγχάνει) ; nahe steht dem allerdings der instrumentale Dativ νόῳ in ζ 320 νόῳ δ' ἐπέβαλλε ἱμάσθλην. Die Stelle, die Böhme a. O. S. 67 für die Bedeutung Verstand (= positive Eigenschaft) anführt, ist gerade ein besonders klarer Beleg für die Bedeutung von νόος als eines funktionierenden Organs: Ο 128 f. vgl. vorige Anm.

ten momentanen Zustand (νόος = νόημα) bezeichnen, z. B. τοῦτον ἐβούλευσας νόον αὐτή ε 23. Diese weite Spanne im epischen Gebrauch von νόος zeigt, daß νόος auch da, wo es auf das Vermögen überhaupt geht, dieses an sich nicht als ein wesenhaftes, unabänderliches, eben als Charakter gibt, sondern daß es immer auf die Erfüllung in den einzelnen Akten abzielt, mögen diese auch dauernd die gleichen sein. Z. B. kann man einer Ausdrucksweise wie τόνδε νόον καὶ θυμὸν ἐνὶ στήθεσσιν ἔχοντες (Δ 309) nicht ansehen, ob damit eine ständige geistige Art oder ein einmaliger Gedanke gemeint ist. Aus dem Zusammenhang geht hervor, daß damit die Einsicht und Absicht gemeint ist, die geschlossene Kampfreihe dem Vorstürmen einzelner vorzuziehen; 'danach (nämlich so und so sich zu verhalten) stand ihr Sinn und Herz' können wir umschreiben. In νόος und θυμός sind hier die Vorgänge, das Verhalten substantivisch zusammengefaßt, wobei nicht mitausgedrückt ist, daß dieses Verhalten etwas Wesensmäßiges wäre, sondern nur, daß es einer geistigen Funktion, einem inneren Trieb entspricht. 'Sie haben diesen Sinn' meint soviel wie: 'sie verhalten sich so', gleich ob einmalig, wiederholt oder dauernd. Diese Entsprechung vom Substantiv νόος (oder θυμός) zu einem verbal gegebenen Verhalten begegnet uns ständig in der epischen Sprache. Ein weiteres Beispiel mag das veranschaulichen. Γ 63 sagt Alexandros von Hektor: ὥς σοὶ ἐνὶ στήθεσσιν ἀτάρβητος νόος ἐστίν. Daß damit dieser νόος nicht als eine Charakterform, sondern ein Verhalten angesprochen werden soll, zeigt der Vergleich: „immer ist dir das Herz wie eine Axt hart und beanspruchungsfähig (ἀτειρής), die durch das Holz dringt usf.". Der Gebrauch, das ist der epischen Sprache am νόος wichtig, wie es entsprechend heißt φρεσὶν ἀγαθῇσιν χρῆσθαι (γ 266, ξ 421, π 398), das gleichbedeutend ist mit ἀγαθὰ φρονεῖν (Ζ 162). Von hier aus ist bei jeder Stelle die Frage, inwieweit νόος etwas vom 'Charakter' aussagt, zu betrachten, auch da, wo mehr sittliche Eigenheiten des νόος ausgedrückt sind, wie besonders in der Odyssee[8]). Wenn z. B. Kalypso ε 188 ff. ihre augenblickliche Absicht, Odysseus abfahren zu lassen, als nicht willkürlich oder hinterlistig hinstellen will und sich allgemein auf ihren νόος beruft: καὶ γὰρ ἐμοὶ νόος ἐστὶν ἐναίσιμος, οὐδέ μοι αὐτῇ / θυμὸς ἐνὶ στήθεσσι σιδήρεος, ἀλλ' ἐλεήμων, so können wir hier zwar der Sache nach allerdings von einer dauernden Sinnesart der Nymphe sprechen, für den sprachlichen Ausdruck

---

[8]) νόος ἐναίσιμος ε 190; νόος ἀπηνής Π 35, Ψ 484, σ 381; νόος θεουδής θ 576, ζ 121, ι 176, ν 202; νόον ἔγνω α 3. Von der Sonderung der einzelnen Arten des νόος aus tritt später eine größere Annäherung an Charakter ein, so Semonides Fr. 7, 1 χωρὶς γυναικὸς θεὸς ἐποίησεν νόον, wo durch die Schöpfungsvorstellung und die Sonderung durch χωρίς νόος dem Inhalt nach näher an den Charakterbegriff herangedrängt wird; das geschieht aber nur durch den neuen Zusammenhang, in den νόος gestellt wird. Ähnlich Hesiod op. 67.

aber ist diese Frage belanglos und *νόος ἐναίσιμος* meint soviel wie *ἐναίσιμα νοέω*, gleich wann, bleibt also auf die Funktionen gerichtet, nicht auf den Zusammenhang mit dem Träger. Ω 40 f. ist die Vorstellung: 'sein Sinn ist unbeugbar' ausgedrückt mit: *οὔτε νόημα γναμπτὸν ἐνὶ στήθεσσι*, ist also auf die Einzelakte ausgerichtet. Soll gegenüber einem einmaligen Verhalten ausdrücklich ein bestimmter *νόος* als etwas Dauerndes gezeigt werden, kann *αἰεί* zugesetzt werden: σ 331 f. (= 391 f.) *ἦ ῥά σε οἶνος ἔχει φρένας, ἦ νύ τοι αἰεὶ τοιοῦτος νόος ἐστίν*. Ein im Geistigen begründetes Verhalten meint *νόος* auch α 3 *πολλῶν δ' ἀνθρώπων ἴδεν ἄστεα καὶ νόον ἔγνω*, das mit ϑ 573 ff.[9]) zusammenzuhalten ist und der gleichen Frage, die Odysseus beim Betreten eines unbekannten Landes stellt (ζ 119 ff., ι 174 ff., ν 200 ff.). Wenn *νόος* hier also an das heranrückt, was wir mit Charaktergesinnung meinen, so bleibt doch bezeichnend, daß diese Gesinnung nicht als etwas im Menschen Verwurzeltes angesprochen wird, sondern stets auf die Akte der Erfüllung ausgerichtet ist[10]). So kann die Veränderlichkeit im Verhalten der Menschen einfach als eine Änderung ihres *νόος* ausgedrückt werden: σ 136 f.: *τοῖος γὰρ νόος ἐστὶν ἐπιχθονίων ἀνθρώπων οἷον ἐπ' ἦμαρ ἄγῃσι πατὴρ ἀνδρῶν τε θεῶν τε*, d. h. bald sind sie übermütig gesonnen, bald, im Unglück geduldig[11]). Erst später kann von einem andern Gesamtaspekt aus *νόος* näher an Charaktergesinnung rücken, so wenn Fr. eleg. adesp. 4 D die Zeit als Prüfstein und Enthüller des *νόος* in der Brust des Mannes bezeichnet wird; denn damit wird der dem Menschen eigentlich innewohnende *νόος*, der in ihm verwurzelt ist, in den Blick gerückt.

Das für *νόος* Dargelegte gilt auch für *θυμός*, das im Epos so wichtige Wort für jene seelische Kraft im Menschen, die gleichsam wie die Verbrennung im Motor seine Lebensregungen antreibt[12]). Auch hier umfaßt das Wort sowohl das Funktionieren im Augenblick wie überhaupt, so wie ich

---

[9]) *κατάλεξον, / ὅππῃ ἀπεπλάγχθης τε καὶ ἅς τινας ἵκεο χώρας / ἀνθρώπων, αὐτούς τε πόλιάς τ' ἐὺ ναιετοώσας / ἠμὲν ὅσοι χαλεποί τε καὶ ἄγριοι οὐδὲ δίκαιοι / οἵ τε φιλόξεινοι, καί σφιν νόος ἐστὶ θεουδής*.

[10]) z. B. tritt Γ 208 *ἀμφοτέρων δὲ φυὴν ἐδάην καὶ μήδεα πυκνά* anstelle von *νόος* (in dem üblichen Gespann *εἶδος (φυή) ~ νόος*) *μήδεα πυκνά*, also die Einzelakte und -inhalte ein.

[11]) Archilochos gibt Fr. 68 D bei einer Paraphrase dieser Homerverse *νόος* durch ein Doppeltes wieder, *θυμός* und *φρονεῦσι τοῖ' ὁκοίοισ' ἐγκυρέωσιν ἔργμασιν* . womit die ständige Inhaltsbezogenheit des *νόος* deutlich gemacht ist.

[12]) *Νόος* ist das Organ für eine Tätigkeit und das Getätigte; *θυμός* würde man sich lieber unter dem Bild einer Kraftquelle und Kraft veranschaulichen. Unzutreffend dürfte der Organbegriff für *ψυχή* sein, wie Snell a. O. S. 78 es will, als Organ des Atmens und Spender des Lebens. Die kraftlosen Schatten des Hades sehen nicht nach solchen geheimnisvollen Lebensorganen aus. Wir können das Bild von der Seele als Schatten auch von der umgekehrten Seite veranschaulichen, indem wir sie als die Projektion eines

von einem Motor sagen kann 'er hat einen mächtigen Zug', und damit sein augenblickliches Verhalten — zu andrer Zeit kann die Leistung ungenügend sein — wie sein Verhalten überhaupt bezeichnen kann. Man kann den θυμός von außen betrachten und davon sprechen, daß er sozusagen verschieden 'eingestellt' wird (episch θέσθαι; von einem selbst z. B. *I* 629: αὐτὰρ Ἀχιλλεὺς / ἄγριον ἐν στήθεσσι θέτο μεγαλήτορα θυμόν. 639: σὺ δ' ἵλαον ἔνθεο θυμόν; oder unter anderm Aspekt von den Göttern 636 f. σοὶ δ' ἄλληκτόν τε κακόν τε / θυμὸν ἐνὶ στήθεσσι θεοὶ θέσαν εἵνεκα κούρης). Oder man verfolgt sein inneres Wirken selbst (z. B. *β* 315: καὶ δή μοι ἀέξεται ἔνδοθι θυμός). Verschiedene Leistungs- und Verhaltungsstufen, nicht aber verschiedene Wesensarten als eingewachsene Form, als ἐμφυὲς ἦθος, wie es bei Pindar (Ol. 11, 19 f.) heißt, kann und will θυμός ausdrücken [13]). Wenn der sterbende Hektor (*X* 356ff.) Achill erkennt: ἦ γὰρ σοί γε σιδήρεος ἐν φρεσὶ θυμός,

---

Lichtbildes fassen. So wie dieses im Hellen nicht sichtbar und real ist, sondern erst dann hervortritt, wenn der Raum sich verdunkelt, so hat auch die ψυχή im Leben keine eigentliche Realität, sondern wird erst im Dunkel des Todes sichtbar. Snell geht offenbar von einem ähnlichen Begriff der homerischen Seele wie E. Rohde aus. Dieser kehrt zwar die völlige Kraftlosigkeit der Psyche im Epos im Gegensatz zu irgendwelchem primitiven Gespensterglauben schön heraus, spricht aber dann wieder von der Psyche als einem zweiten Ich des lebenden Menschen, wo es Homer doch nur auf den Gegensatz des leibhaftigen ganzen Menschen und des blassen Abbildes ankommt. Es gibt bei Homer keine Belege dafür, daß die Psyche das Leben spendet. Wenn es in der Schilderung der Ohnmacht, z. B. *E* 696 heißt, die Seele verließ ihn, Dunkel ergoß sich um ihn, dann atmete er wieder auf usw., so bedeutet das keineswegs, daß die Psyche das Leben entführt hätte und es wieder zurückbringt. Sie kann nicht von sich aus handeln, wird vielmehr dazu gezwungen; sie zieht es zum Hades, wie es einen Stein, wenn er losgelassen ist, zur Erde zieht (anders nur ω 1 ff., wo eine andere Seelenvorstellung vorliegt). Indem die Kräfte schwinden, muß die Psyche entweichen, d. h. wird damit erst eigentlich real; hiermit ist der Tod eingetreten. 'Sammelt sich der θυμός wieder', so kommt auch die ψυχή wieder zurück. Daß der Scheintod, die Ohnmacht wie ein wirklicher Tod dargestellt wird, hängt mit der epischen Sehweise zusammen, die jeden Moment ganz erfaßt und nicht jedes Teilgeschehen bereits unter dem Aspekt des Gesamtablaufes betrachtet, sondern diesen erst durch die Anreihung der Momente miterleben läßt. Auch beim Traum ist die Darstellung des Traumes als real keineswegs nur primitiv; denn das Wissen von seiner Unrealität ist anderseits durchaus da (vgl. z. B. λ 222). Er wird nur als so real gegeben, wie er dem Träumenden erscheint, für den er im Augenblick ja noch nicht Schein, sondern Wirklichkeit ist. Sehr richtig betont J. Böhme, Gnomon 11 (1935), bei der Rezension von Hundt: Der Traumglaube bei Homer, daß sich der homerische Traumglaube ebensowenig wie der Seelenglaube als einheitlich erweisen läßt. Ich möchte lieber sagen, man kann ebensowenig von einem homerischen Traum-'Glauben' wie von einem Seelen-'Glauben' sprechen.

[13]) Pohlenz: Die griech. Tragödie II, 129 spricht davon, daß episch dem Begriff Charakter θυμός am nächsten käme, doch bezeichne es das Wesen des Menschen nur von einer bestimmten Seite. Mit solchen allgemeinen Bestimmungen ist nicht viel geholfen.

so ist damit auf sein gegenwärtiges Verhalten wie überhaupt unbestimmt auf sein Verhalten allgemein gezielt; das ist keine Charaktereigenschaft. Achill kann seinen θυμός auch versöhnlich einstellen, wie das Ω zeigt, das seinen Charakter nicht umbricht. Hektor erkennt in Achill etwas mit ungeheurer Härte Wirkendes [14]), das einer anderen stärkeren Stufe als er selbst angehört. Dieselbe Natur sozusagen, die er von sich und anderen kennt, sieht er hier durch Achill nur noch härter wirken; nur so ist dessen Grausamkeit erträglich, was sie als Charaktereigenschaft nicht wäre, und Hektor verleiht diese Erkenntnis etwas wie Ergebung in das Unvermeidliche.

[14]) σιδήρεος geht in den übertragenen Wendungen nicht von der Härte des Eisens als elementarer Substanz aus, sondern von dem eisernen Gerät (vor allem wird die Axt als eisernes Gerät erwähnt; sehr oft tritt σιδήρεος metonymisch für das Gerät z. B. die Axt ein, z. B. τ 587 und öfters: διοϊστεῦσαί τε σιδήρου durch die Äxte schießen); es meint dessen Unnachgiebigkeit und Unaufreibbarkeit, die sich im Gebrauch zeigen, gibt also zugleich die aktive Eigenschaft mit. So erklärt es sich, daß die Wut des Feuers eisern genannt wird (Ψ 177); σιδήρεον μένος ist hier an die Stelle des üblichen ἀκάματον πῦρ getreten (Feuer und Eisen nebeneinander Υ 372 εἰ πυρὶ χεῖρας ἔοικε, μένος δ' αἴθωνι σιδήρῳ). Das Eiserne im Gegensatz zum κάμνειν begegnet uns auch μ 279 ff. πέρι τοι / μένος οὐδέ τι γυῖα / κάμνεις· ἦ νύ σοί γε σιδήρεα πάντα τέτυκται, der du die ermüdeten Gefährten nicht ans Land läßt (Ameis-Hentze: „σιδήρεα vom Mangel an Gefühl" zu blaß und einseitig. σιδήρεος stellt sich neben ἀτειρής. ἀτειρής ist das Erz, das Schirmende des Panzers (Ε 25) ebenso wie das Andringende der Lanze (Η 247). ἀτειρής wird auch von der Stimme gesagt (Ν 45, Ρ 555, Χ 227); ἄρρηκτος wird sie Β 490 genannt (εἴ μοι ... φωνὴ δ' ἄρρηκτος, χάλκεον δέ μοι ἦτορ ἐνείη; hier tritt die Bedeutung von χάλκεον ἦτορ ‚gewaltige Beanspruchungsfähigkeit', nicht ‚Hartherzigkeit-Gefühllosigkeit' deutlich heraus); ὄπα χάλκεον Σ 222, χαλκεόφωνος Ε 785. χάλκεος ὕπνος Λ 241 nicht die Schwere wie in ‚bleierner' Schlaf, sondern die unzerstörbare Festigkeit. So auch vom Himmel Ρ 425; cf. Pindar Nem. 6, 3; σιδήρεος ο 329, ρ 565, ἀτειρής λ 270. Ο 697 heißt es von den Kämpfern: φαίης κ' ἀκμῆτας καὶ ἀτειρέας ἀλλήλοισιν/ἄντεσθ' ἐν πολέμῳ ...; der Potential zeigt, daß das ἀτειρής ebenso wie das σιδήρεος als etwas Über- und leicht auch Unmenschliches empfunden werden kann. Vom Tod Hes. Theog. 764 τοῦ δὲ σιδηρέη μὲν κραδίη, χάλκεον δέ οἱ ἦτορ / νηλεὲς ἐν στήθεσσιν. In solchem Zusammenhang auch noch Horaz Od. 1, 3 illi robur et aes triplex circa pectus erat ...; die Vorstellung der Wappnung ist nicht homerisch. Σιδήρεον ἦτορ usw. sagt also mehr als wenn wir von einem steinernen Herzen sprechen (= mitleidlos, vgl. das Haufsche Märchen: Das steinerne Herz). Ω 518 ff. wird auf Grund des τλῆναι Priamos ein eisernes Herz zugesprochen (wie oft in der Odyssee, wo das τλῆναι so wichtig ist). Γ 60 ff. führt die Anschauung, die im σιδήρεος liegt, nach der aktiven Seite näher aus: Hektors Herz ist wie eine Axt unaufreiblich, welche die Bäume fällt u.s.f. σιδήρεος θυμός und dgl. wollen also nicht einen dauernden Zustand, die Substanz der Seele geben, so wie etwa Plato den Metallvergleich gebrauchte, wenn er Gorg. 486 Sokrates sagen läßt: wenn ich eine goldene Seele hätte, so würde ich gerne einen Prüfstein dafür finden. Ähnlich Theognis 119 ff. Dort kommt das Wertbeständige herein. Vielmehr kann man erinnern an die Forderung Adolf Hitlers an die Jugend: Flink wie ein Jagdhund, zäh wie Leder, hart wie Kruppstahl.

Dauernde Eigenschaften können also in Verbindungen von ϑυμός mit Adjektiven insofern gegeben werden, als sie sich immer wieder zeigen können (vgl. auch E 806 αὐτὰρ ὁ ϑυμὸν ἔχων ὃν καρτερόν, ὡς τὸ πάρος περ und X 263: Wolf und Schaf haben nicht ὁμόφρονα ϑυμόν, ἀλλὰ κακὰ φρονέουσι διαμπερὲς ἀλλήλοισιν), aber nicht als wesenhaft, zum Charakter gehörig [15]).

Das bloße A d j e k t i v legt der Eigenschaft, die es bezeichnet, keine besondere Bindung an die Person bei. Es neigt vielmehr im epischen Gebrauch dazu, in enger Verbindung zum Geschehen zu stehen, sich nach außen auszurichten. In vielen Fällen tritt das für uns durch eine besondere Formung des Ausdrucks heraus; von da aus sind auch die nicht weiter bestimmten Setzungen des Adjektivs zu betrachten.

X 279 ff. sagt Hektor zu Achill: du fehltest, wußtest also mein Geschick nicht, wie du doch sagtest; ἀλλά τις ἀρτιεπὴς καὶ ἐπίκλοπος ἔπλεο μύϑων, damit du mich entmutigtest. Das Eigentümliche dieser Ausdrucksweise ist die Verbindung des ἔπλεο mit den Adjektiven, wobei die Beziehung nach zwei Seiten geht; ἔπλεο erhält seine Begründung aus dem Vorhergehenden; dadurch daß Achill fehlte, durch den Verlauf des tatsächlichen Geschehens w u r d e er zu einem (bekannten) Schwätzer. Wir würden sagen: das Geschehen hat es an den Tag gebracht, daß du nur so ein Schwätzer w a r s t. Wenn das mit: du w u r d e s t zu einem Schwätzer ausgedrückt werden kann, so zeigt das ganz deutlich, daß sich da nicht etwas Dauerndes, eine Charakterart an Achill erwiesen hat („er erwies sich als" unklar Ameis-Hentze), sondern daß nur auf diese einmalige Situation gezielt wird. Hätte Achill getroffen, wäre er gar kein Schwätzer [16]). Von diesem durch den Ausgang bewiesenen Verhalten wird ander-

---

[15]) Daß für φρένες, κραδίη und μένος erst recht das gilt, was für νόος und ϑυμός dargelegt ist, braucht hier nicht weiter ausgeführt zu werden.

[16]) Und der wirkliche Ausgang des Kampfes zeigt, daß Achill doch kein Schwätzer war. Um diese Verblendung Hektors heraustreten zu lassen, der zu früh und zu gern jene Last des Schicksals, die aus Achills Mund spricht, auf eine bloße Hinterhältigkeit abschieben möchte, wird der Dichter hier diesen eigenartig zusammengezogenen Ausdruck gewählt haben. Es ist hierbei daran zu erinnern, daß bei Homer, richtiger in der Ilias, die Menschen oft in zwei Schichten zugleich sprechen, indem durch ihre Rede als Mensch zu Mensch zugleich etwas anderes, das Schicksal und das Geschehen selbst spricht, oder anders gewendet, das Wissen des Dichters. In der Odyssee weicht dies 'Dämonische' einem Sprechen aus rein menschlicher Psyche. Gerade das private, intime Reden und Schwätzen miteinander gibt die Odyssee oft, offenbar aus der Freude an einem neuen realistischen Sehen.

seits eine Absicht abhängig gemacht (282 ὄφρα . .); es steht in der Mitte zwischen dem Willen der Person und dem Tatbestand des Geschehens.

Y 467 sagt der Dichter von Achill, als er vergeblich um Schonung angefleht wird: οὐ γάρ τι γλυκύθυμος ἀνὴρ ἦν οὐδ' ἀγανόφρων ἀλλὰ μάλ' ἐμμεμαώς. Hier treten die Adjektive dem Partizipium gegenüber, das einen Zustand meint. γλυκύθυμος (einmalige Neubildung, wie ἀγανόφρων also für die Tendenz des Adjektivs bezeichnend) ist jemand nur für den andern, so wie die Stimme für den Hörer süß ist (A 249) oder der Pfeil für den, der getroffen wird, bitter, nicht an sich. In ἀγανόφρων ist ἀγανόν, richtiger ἀγανά der Inhalt des φρονεῖν; es ist auf die Wirkung nach außen gerichtet, und nicht auf das Verhaftetsein mit dem Träger.

In der Odyssee β 230 ff. (= ε 8 ff.) wird Odysseus als ein väterlich sorgender König gerühmt; 234: πατὴρ δ' ὣς ἤπιος ἦεν; daß damit nicht auf seinen Charakter, sondern nur auf sein Verhalten, das er an den Tag legte, gezielt wird, zeigt die vorangehende Sentenz μή τις ἔτι πρόφρων ἀγανὸς καὶ ἤπιος ἔστω / σκηπτοῦχος βασιλεὺς μηδὲ φρεσὶν αἴσιμα εἰδώς, / ἀλλ' αἰεὶ χαλεπός τ' εἴη καὶ αἴσυλα ῥέζοι. Man könnte sich in diesem Zusammenhang einen Gedanken wie 'Undank ist der Welt Lohn. Odysseus war eine so milde, freundliche Natur und ihr habt ihn ganz vergessen' vorstellen. (Vgl. z. B. Aristophanes Nubes 1187: ὁ Σόλων ὁ παλαιὸς ἦν φιλόδημος τὴν φύσιν). Hier dagegen ist, wie der Imperativ, πρόφρων und αἴσιμα εἰδώς zeigen, nur auf die Verhaltensweise als solche hingewiesen; nur damit ist ja auch die Sentenz, die Herausstellung des Typischen möglich. Ganz klar ist die Abstellung auf die einzelnen Akte des Verhaltens in der zweiten Satzhälfte, wo Adjektiv und Verb wechseln und αἰεί die unbestimmte Aufreihung von Verhaltungsweisen gibt. Diese Gegenüberstellung des bloßen Adjektivs und der Form mit αἰεί bestätigt, daß auch die adjektivische Ausdrucksweise als Verhalten zu verstehen ist.

Patroklos wird dem harten Achill als mild und sanft an die Seite gestellt (P 204 ἑταῖρον ἐνηέα τε κρατερόν τε, Ψ 252 ἑτάροιο ἐνηέος und sonst). Aber das wird nie als seine Charaktereigenschaft ausgedrückt, sondern, wenn es näher bestimmt wird, als seine Verhaltungsweise: P 670/71 νῦν τις ἐνηείης Πατροκλῆος δειλοῖο / μνησάσθω· πᾶσιν γὰρ ἐπίστατο μείλιχος εἶναι gegen jedermann freundlich; ebenso Briseis von Patroklos bei der Klage T 300 μείλιχον αἰεί, entsprechend der Klage Helenas um Hektor Ω 762 ff. s. u.

Dieser Zusatz von αἰεί ist eine sehr häufige Ausdrucksart des Epos, welche Verhaltungsweisen als ständig hinstellt. Dieses αἰεί geht von einer immer wiederholten Erfahrung aus. Solch eine ständige Erfahrung ausdrücklich ausgesprochen finden wir z. B. in der Klage Helenas um Hektor Ω 762 ff.: „Zwanzig Jahre bin ich hier in Troja ἀλλ' οὔπω σεῦ ἄκουσα κακὸν ἔπος οὐδ' ἀσύφηλον, sondern du nahmst mich stets in Schutz". Dasselbe mit dem Blick nicht auf den Erfahrenden, sondern den Urheber würde μείλιχος αἰεί (T 300 s. oben) meinen, wie Helena hier von Priamos sagt (770) ἑκυρὸς δὲ πατὴρ ὣς ἤπιος αἰεί. Häufig tritt αἰεί bei einer unangenehmen Erfahrung ein, wenn jemand einem andern ein Verhalten, das ihm unangenehm ist, in unwilliger Übertreibung als ständig vorwirft, so wie Kinder, allerdings im Tone der Beschwerde zu einem Dritten gewandt, zu sagen pflegen: der schlägt mich immer und dgl. Bei Homer wird das direkt an das Gegenüber gesagt, in unserm Sprachgebrauch etwa entsprechend Wendungen wie: du hast immer etwas auszusetzen. Aber αἰεί geht weniger auf eine Handlung (wie aussetzen oben), als auf einen Zustand, den der andere bei sich selbst hat; deswegen drückt eine solche Wendung kein bloßes Unbehagen aus, sondern kann auf die Art des anderen charakterisierend eingehen. A 177 αἰεὶ γάρ τοι ἔρις τε φίλη πόλεμοί τε μάχαι τε (Agamemnon gegen Achill) steckt in dem unwilligen Vorwurf zugleich etwas von richtiger Kennzeichnung des Verhaltens von Achill, d. h. als Mächtiger und Starker ist er zum Aufbrausen geneigt (vgl. I 254 ff.). Das wird deutlicher, wenn man E 891 heranzieht, wo mit denselben Worten Zeus seine Abneigung gegen Ares begründen kann; hier spricht Zeus auch aus gereiztem Unwillen, aber Ares kommt dieses Verhalten wirklich als dauerndes zu. Diese Art der Anrede kann von dem vorwurfsvollen Ton auch ganz frei sein und nur erstaunt feststellend bei einem Einzelfall auf die ständige Erfahrung hinweisen. So erwidert Athene, die überlegene Göttin, auf die mißtrauisch kluge Frage des Odysseus ν 330: αἰεί τοι τοιοῦτον ἐνὶ στήθεσσι νόημα, deswegen kann ich dich auch nicht verlassen. Das unterscheidet sich nicht von der Kennzeichnung, die der Dichter selbst vorher bei der Verstellung des Odysseus aussprach ν 255: αἰεὶ ἐνὶ στήθεσσι νόον πολυκερδέα νωμῶν [17]). Im Übergang von dem unwilligen Vorwurf zu der rein darstellenden Art (in ν 330) steht Γ 59 ff. [18]), wo bei Alexandros, der von

---

[17]) In ν 332 wird ν 330 αἰεί τοι τοιοῦτον ἐνὶ στήθεσσι νόημα durch Adjektive aufgenommen οὕνεκ' ἐπητής ἐσσι καὶ ἀγχίνοος καὶ ἐχέφρων. Hier sieht man wieder deutlich, wie die Adjektive auf die Erfüllung in den Einzelakten ausgerichtet sind. Das Gleiche gilt für die Aufnahme von ἀπηνέα θυμὸν ἔχουσα ψ 97 mit σοὶ δ' αἰεὶ κραδίη στερεωτέρη ἐστὶ λίθοιο 103.

[18]) Ἕκτορ, ἐπεί με κατ' αἶσαν ἐνείκεσας οὐδ' ὑπὲρ αἶσαν, / αἰεί τοι κραδίη πέλεκυς ὥς ἐστιν ἀτειρής, / ὅς τ' εἶσιν διὰ δουρὸς ὑπ' ἀνέρος, ὅς ῥά τε τέχνῃ / νήϊον ἐκτάμνῃσιν, / ὀφέλλει δ' ἀνδρὸς ἐρωήν. / ὣς σοὶ ἐνὶ στήθεσσιν ἀτάρβητος νόος ἐστί. / Vgl. oben S. 46.

Hektor hart angefahren wird, der Unwille von einer staunenden, gerechten Anerkennung der Art Hektors überwogen wird; mit dem Vergleich vertieft sich der Redende rein beschreibend in die Art des anderen, übernimmt selbst die Aufgabe des Dichters. Direkt auf den Charakter zielt diese Wendung ebensowenig wie *ν* 330. Nicht daß Hektor von Natur so hart und schneidend ist wie eine Axt, ist gesagt — dann müßte er es ja auch immer sein — sondern nur, daß man bei ihm immer wieder diese Erfahrung machen kann. Sachlich heißt das nur, daß er in geeigneter Situation die nötige Schärfe anwenden kann. Rühmt ihn doch Helena anderseits als mild (vgl. oben S. 52).

Aἰεί finden wir im Epos noch bei einer Fülle von Wendungen zugesetzt. Das gemeinsame Merkmal können wir in der Richtung des Blickes auf das Verwirklichte, das der Erfahrung Zugängliche sehen, dem durch das *αἰεί* die Zufälligkeit des Einmaligen genommen wird. Das *αἰεί* reiht einzelne Punkte aneinander; abzusetzen wäre eine reflektierte Ausdrucksweise. Wenn es z. B. vom Regenwind ξ 458 heißt: αὐτὰρ δὴ Ζέφυρος μέγας αἰὲν ἔφυδρος, so lenkt das im Gegensatz etwa zu einer Vorstellung wie: 'der seinem Wesen nach feuchte Zephir' die Vorstellung mehr auf den augenblicklichen konkreten Zustand oder die vereinzelte Empfindung, die unbestimmt aneinandergereiht wird. Wir könnten den Gehalt etwa mit folgender Umschreibung verdeutlichen: jedesmal, wenn man die Nase heraussteckt, ist er feucht; man macht immer wieder diese Erfahrung. So biegt auch sonst der epische Blick nicht zum Hintergrund des *αἰεί*, zum Wesen um, sondern folgt der unmittelbaren Wahrnehmung[19]) und sammelt sie in der Erfahrung. Der 'Charakter' ist also ganz vom 'andern' her erfaßt, der ihn erfährt. Er ist in dem Miteinander der Menschen belassen, in jenem eingründigen Raum, der dem Geschehen, der 'Wirklichkeit' gehört. Hektor lernte es, i m m e r edel zu sein (Z 444f.); das ἐσθλός ist keine Charaktereigenschaft, sondern eine Leistung und Bewährung, die dem Augenblick verhaftet bleibt. Ob zu diesem Lernen eine Anlage gehört, diese pindarische Frage ist hier nicht gestellt; aber hiermit auch nicht ausgeschlossen. Ständige Leistung und dauerndes Sich-Hervortun ist ja die Forderung, die an den Adligen des Epos gestellt wird: Λ 783 ff. Πηλεὺς μὲν ᾧ παιδὶ γέρων ἐπέτελλ' Ἀχιλῆϊ / αἰὲν ἀριστεύειν καὶ ὑπείροχον ἔμμεναι ἄλλων. Die 'Brauchbarkeit'

---

[19]) Man kann hier zum Vergleich auf eine Wendung wie ἀπείρων γαῖα oder ἀπείρων πόντος hinweisen. Dieser Ausdruck geht von keinem überlegenen Wissen, sondern der Anschauung des Wahrnehmenden aus; dessen Blick erscheint auch der Hellespont grenzenlos (Ω 545 Ἑλλήσποντος ἀπείρων; sonst πλατύς Ρ 432 ; Η 86, ω 82). Auch der Schlaf erscheint der Empfindung dessen, der in ihn versinkt, unendlich (η 286).

des Menschen, sein Einsatz in die Wirklichkeit [20]) (vgl. Hektor wie eine Axt *Γ* 59 ff.) zieht die ganze Aufmerksamkeit im Epos auf sich, jedenfalls in der Ilias.

Mit αἰεί [21]) verwandt ist das häufige πάρος, das nicht nur etwas Vergangenes als vergangen bezeichnet, sondern auch mit dem Präsens das Häufige und Ständige an der Vergangenheit hervorhebt, also hier dem αἰεί nahe steht [22]). ϑ 36: 22 Jünglinge sind auszulesen ὅσοι πάρος εἰσὶν ἄριστοι (*Λ* 825, *Π* 23 ἦσαν von Toten): sie sind sonst schon immer die Besten. Auch hier ist also die ständige Erprobung, das Sich-Zeigen, nicht das dahinterstehende Wesen in den Blick gerückt. Das πάρος gibt eine Wiederholung in der Vergangenheit.

Wenn im Epos bei menschlichen Eigenschaften die Verwirklichung, der Einsatz im Gebrauch sprachlich herausgestellt wird, wie wir sahen, so gehört das mit der Blickrichtung auf die T ü c h t i g k e i t zusammen. Episches Sehen ist weitgehend ein Sehen auf die Arete in Menschen und Dingen. Dieses Arete-Sehen setzt voraus, daß Dinge und Menschen zu etwas da sind auf der Welt, daß sie der Betätigung, des Gebrauchs bedürfen, um

---

[20]) Alles Handeln geht grade auf ein Ziel. Ebenso wie der νόος auf die Gegenstände, geistige wie sinnliche, geht — ein sich selbst genügendes Grübeln gibt es nicht — ist auch das Sehen immer zielgerichtet, sucht sich eines Gegenstandes zu bemächtigen, ist ein Werkzeug, das zu 'gebrauchen' ist. Sehr schön bestätigt das die Ausdrucksweise für einen Blick, der nicht gerade auf etwas sieht, sondern ohne Gegenstand, nämlich verlegen ist: ἀχρεῖον ἰδών heißt es *B* 269 von Thersites, als er sich setzt, von Odysseus hart angefahren; er sieht vor sich hin, sieht nichts. Vgl. σ 163 ἀχρεῖον ἐγέλασσε von einem verlegenen, unsicher erstaunten Lachen. Dies Lachen bringt keine Freude.

[21]) Ständige Wiederholung gibt auch διαμπερές; z. B. *X* 263 f.: οὐδὲ λύκοι τε καὶ ἄρνες ὁμόφρονα θυμὸν ἔχουσιν, ἀλλὰ κακὰ φρονέουσι διαμπερὲς ἀλλήλοισιν. Es ist hier auf das häufige ἤματα πάντα zu verweisen (das auch mit διαμπερές zusammen auftritt: *Π* 499, δ 209 und in den Hymnen, wo Ap. 485 sogar noch αἰεί dazukommt: αἰεὶ τιμήσεσθε διαμπερὲς ἤματα πάντα —; die Häufung zeigt, wie dies epische Stilmittel abgenutzt ist). Dem Epos liegt es nicht, in die Tiefe einer langen Zeitstrecke zu schauen, sondern es löst sie gern in einzelne natürliche Zeiteinheiten, die Tage, auf und läßt sie so vor der Vorstellung sozusagen abrollen.

[22]) Αἰεί und πάρος nebeneinander η 201; das entspricht der deutschen Ausdrucksweise 'sonst immer' z. B, 'es geht auch sonst immer gut'. Auch im Deutschen wird 'sonst' mit dem Präsens gebraucht, wenn es eine ständige Gewohnheit ausdrückt. Daß der Begriff des Beständigen zum Gebrauch des Präsens gehört, zeigt deutlich eine Wendung wie πάρος γε μὲν οὔ τι θαμίζεις (*Σ* 386, 425, ε 88); so meint *Δ* 264 οἷος πάρος εὔχεαι εἶναι dauerndes Rühmen: wie du dich sonst immer rühmst. In der Prosa gibt es ähnlich das Präsens bei πάλαι, auch nicht abweichend von unserm Sprachgebrauch.

sich zu erfüllen. Die naive und selbstverständliche Art menschlicher Natur und Klugheit, alles auf seine Tauglichkeit hin anzusehen, ist im Epos freudig anerkannt und durchgeführt. Darüber hinaus ist diese Sehweise veredelt durch die Liebe zur Welt und das unendliche Wissen des Dichters, wodurch jedem Ding und Wesen sein Recht, seine zukommende Stellung wird. Ein solches durchgängiges Betrachten auf die Tauglichkeit hin setzt voraus die Einigkeit der menschlichen Gesellschaft in den Forderungen, die gestellt werden. Menschliche Größe — mit dem Gegenbild menschlicher Niedrigkeit, wie es Thersites zeigt — ist der letzte Wert, in dem diese Übereinstimmung im Epos liegt. Bei dieser Gleichheit der Forderungen für alle ist gegenseitiges Vergleichen der Maßstab der Tüchtigkeit. Das Sich-Auszeichnen und Übertreffen gehört aufs engste mit der Arete zusammen. Die epische Sprache ist durchsetzt mit einer Fülle von Ausdrucksarten, die Tüchtigkeit und Übertreffen geben; hier wird im Epos vorwiegend menschlicher 'Charakter' bewußt gemacht, freilich eben nicht im eigentlichen Sinn des Begriffs.

Zur Tüchtigkeit und zum Hervorragen gehört im Epos die Angabe, worin jemand sich auszeichnet. Für den Krieger ist Kampf — Rat das umfassende antithetische Paar, in dem er sich zu bewähren hat [23]). Diese großen Gebiete setzen sich aus einer Reihe von ἀρεταί zusammen, die zum Kriegshandwerk gehören und die nach ritterlicher Weise als Künste gekonnt sein wollen [24]). Der Krieg mit seinen Beratungen bei schwieriger Situation und dem Kampf Mann gegen Mann ist für das Epos die höchste Bewährung der Arete des Mannes (vgl. *I* 440 f.: νήπιον, οὔ πω εἰδόθ᾿ ὁμοίιου πολέμοιο / οὐδ᾿ ἀγορέων, ἵνα τ᾿ ἄνδρες ἀριπρεπέες τελέθουσι und ω 507: ἀνδρῶν μαρναμένων ἵνα τε κρίνονται ἄριστοι); aber auch sonst gibt

---

[23]) Sich in beiden hervorzutun gehört zum Ideal des Kriegers; z. B. *Z* 77 ff. (Hektor und Aeneas) οὕνεκ᾿ ἄριστοι / πᾶσαν ἐπ᾿ ἰθύν ἐστε μάχεσθαί τε φρονέειν τε. *A* 258 (Agamemnon und Achill) οἳ περὶ μὲν βουλήν Δαναῶν, περὶ δ᾿ ἐστὲ μάχεσθαι. Telemach π 242 hörte den Ruhm seines Vaters χεῖράς τ᾿ αἰχμητὴν ἔμεναι καὶ ἐπίφρονα βουλήν. So zeichnet sich auch Neoptolemos in beidem aus λ 510 ff. Aber der eine kann den anderen in einem Gebiet übertreffen, z. B. *T* 217 ff. Odysseus zu Achill: κρείσσων εἰς ἐμέθεν καὶ φέρτερος οὐκ ὀλίγον περ / ἔγχει, ἐγὼ δέ κε σεῖο νοήματί γε προβαλοίμην / πολλόν, ἐπεὶ πρότερος γενόμην καὶ πλείονα οἶδα. Darum muß jeder seine Grenzen wohl einhalten.

[24]) *H* 237 ff. (ein Weib kennt nicht die πολεμήϊα ἔργα) αὐτὰρ ἐγὼν εὖ οἶδα μάχας τ᾿ ἀνδροκτασίας τε / οἶδ᾿ ἐπὶ δεξιά, οἶδ᾿ ἐπ᾿ ἀριστερὰ νωμῆσαι βῶν / ἀζαλέην, τό μοι ἐστι ταλαύρινον πολεμίζειν. / οἶδα δ᾿ ἐπαΐξαι μῶλον Ἵππων ὠκειάων. / οἶδα δ᾿ ἐνὶ σταδίῃ δηΐῳ μέλπεσθαι Ἄρηϊ. *X* 268 παντοίης ἀρετῆς μιμνῄσκεο (vgl. σ 205), *E* 11 μάχης εὖ εἰδότε πάσης, *Π* 359 ἰδρείῃ πολέμοιο. Standkampf und Bewegungskampf sind die beiden Hauptkampfarten zu Fuß, z. B. *N* 324 f.: Aias möchte nicht Achill nachgeben ἐν γ᾿ αὐτοσταδίῃ ποσὶ δ᾿ οὔ πως ἔστιν ἐρίζειν.

es ἔργα, bei denen man sich auszeichnet, etwa die sportlichen Wettkämpfe, wie sie der Adel treibt (vgl. ϑ 159 ff.), Ringkampf, Faustkampf oder bei den Phäaken Lauf und Rudern und Tanz beim Feste [25]).

Dem Hervorragen in den Leistungen entspricht das Hervorragen in der Beschaffenheit des Menschen. Wie dort die Antithese ἔργον ~ ἔπος heißt (z. B. auch β 272 οἷος κεῖνος ἔην τελέσαι ἔργον τε ἔπος τε), so hier Gestalt (εἶδος, μορφή, φυή) und Sinn (νόος, φρένες, ἀγορητύς, da sich im Reden der Sinn am unmittelbarsten ausdrückt). Die Gestalt des Menschen wird im Epos mit sachverständigen Augen gesehen, die bereit sind, anzuerkennen und zu bewundern. Gern tritt im Ausdruck das 'Sehen', das 'vor Augen haben' hinzu (z. B. α 301 μάλα γάρ σ' ὁρόω καλόν τε μέγαν τε, anstatt einfach: du bist ja schön und groß), womit die Gestalt durch die Augen eines anderen als eindrucksvolle Erscheinung gegeben wird. Der hervorragenden Arete pflegt im Epos eine ausgezeichnete Erscheinung zu entsprechen; Αἴας, ὃς περὶ μὲν εἶδος, περὶ δ' ἔργα τέτυκτο P 279 f. (= λ 550 f.) ist das Gewöhnliche. Der kritische, im alltäglichen Lebenskampf geschulte Blick, mit dem Archilochos Fr. 60 D einen kleinen krummbeinigen beherzten Mann der gepflegten großen Aristokratengestalt vorzieht, fehlt dem Epos ganz. Es hat den idealen Typ des vollkommenen Mannes, bei dem alles Wünschenswerte vorhanden ist. So pflegt auch ein Hervorragen in der geistigen und körperlichen Beschaffenheit parallel zu gehen. Odysseus korrigiert (ϱ 454) ausdrücklich seine Erwartung, als ihn Antinoos, dessen Aussehen er vorher (415 f.) gelobt hatte, schlecht behandelt: ὢ πόποι, οὐκ ἄρα σοί γ' ἐπὶ εἴδεϊ καὶ φρένες ἦσαν. Nicht auf individuelle charakteristische Besonderheiten sieht das Epos, sondern auf das mehr oder minder, besser oder schlechter in den Bereichen.

ϑ 166 ff. wird die Unabhängigkeit des Inneren und Äußeren, das Abweichen vom erwarteten Zusammengehen allgemein festgestellt: „so gaben also die Götter nicht allen die freudeerregenden Gaben, Wuchs sowohl wie Verstand und Rede." Diese Feststellung unterscheidet sich von dem epischen Verteilungsgedanken, wie ihn z. B. N 726 ff. gibt, insofern, als dort von Überlegenheit auf nur einem Gebiet, hier aber von Hervorragen in einem, von völligem Versagen dagegen (ἀτάσθαλος 166, νόον ἀποφώλιος 177) im andern gesprochen wird (allerdings nicht im Vergleich). Es beginnt hier, typisch für die Odyssee, mit dieser Verschiebung die Selbstverständlichkeit des idealen Menschenbildes einer realistischen Betrachtungsweise zu weichen, die sich allerdings noch in die epische Form des Sich-Auszeich-

---

[25]) Auch bei den Fertigkeiten des Sehers und Arztes gilt wie bei den Handwerksberufen das Sich-Auszeichnen; z. B. A 69 οἰωνοπόλων ὄχ' ἄριστος, δ 231 jeder Ägypter ist Arzt ἐπιστάμενος περὶ πάντων ἀνθρώπων.

nens kleidet. Auch die breite Ausführung der beiden Arten, wo Äußeres und Inneres nicht zusammengehen, läßt das Zusammentreffen schon mehr als bemerkenswert erscheinen.

Γ 208 ff. in dem Vergleich von Menelaos und Odysseus wird eine eingehendere Charakteristik beider Helden angestrebt; aber auch da bleiben die Mittel ganz einfach: beide zeichnen sich in der Gestalt aus, der eine im Sitzen, der andere im Stehen [26]); beide auch im Reden; doch da übertrifft Odysseus den sparsamen Redner Menelaos gewaltig durch seine Fülle (wenig — viel). Die Redekunst des Odysseus wird durch die entgegengesetzte Erwartung, die er erweckt, wirkungsvoll gesteigert [27]). Auch hier sind also die Gestalten nicht als individuelle Charaktere gegeben, sondern von dem Gesichtspunkt des mehr oder minder in festen Gebieten aus.

Nur im Häßlichen werden besondere Einzelzüge beschrieben: bei Thersites B 211 ff.; denn da sind sie nicht selbstverständlich gegeben wie beim Vorbildhaften [28]). Ein Idealbild der Häßlichkeit gibt es nicht, und Möglichkeiten der Häßlichkeit gibt es viele. Wir erinnern, wie bei Semonides auch nur bei dem Anstoßenden scharf beobachtet und gesondert wurde. Die einzelnen Merkmale der körperlichen Häßlichkeit stehen in keiner notwendigen Verbindung miteinander, sondern summieren sich nur zur äußersten Häßlichkeit. Ebenso stehen auch körperliche und geistige Erscheinung in keiner wesenhaften Verbindung; sie sind nur beide in gleicher Weise häßlich, minderwertig.

Bei dem Typ der Frau werden zu dem Paar Gestalt — Sinn immer noch die ἔργα hinzugestellt. Da die kunstfertigen Werke die eigentliche Leistung des Sinnes der Frau sind und bei der Frau die Gegenüberstellung ἔργον — ἔπος nicht gilt, treten sie meist der Gestalt, das heißt aber bei Frauen der Schönheit, die ihre körperliche ἀρετή ist [29]), allein gegenüber. Eine solche

---

[26]) Auch in der Mauerschau Γ 161 ff. wird die körperliche Verschiedenheit der Helden an einem Hervorragen in verschiedenen Gebieten anschaulich gemacht. Agamemnon ragt an Länge des Hauptes hervor und an Ehrwürdigkeit, Odysseus ist kleiner, ragt aber an Breite der Schultern und Brust (d. h. an Stärke) hervor. Hier scheinen aber doch schon verschiedene Typen angestrebt zu sein (βασιλῆϊ γὰρ ἀνδρὶ ἔοικε 170): der ehrwürdige große schlanke König und der kleinere, aber kräftigere und stämmigere Kämpfer (wie ein Bock 196) (vgl. das Bild von Herakles bei Pindar).

[27]) Das Kunstmittel der Beschreibung ist, daß wir mit dem Eindruck des Zuhörers mitgehen; das macht auch wieder anschaulich, wie auf das Außen der Eigenschaften geachtet wird.

[28]) Der tüchtige Mann ist einfach der 'Untadlige', dem nichts fehlt; δ 264 (Helena von Menelaos) οὔ τευ δευόμενον, οὔτ' ἂρ φρένας οὔτε τι εἶδος.

[29]) vgl. τ 124 ἐμὴν ἀρετήν, εἶδός τε δέμας τε, ... Beim Mann kann die Antithese 'schön, aber schwach' vorkommen (B 673 Nireus).

typische Kennzeichnung der Frau umgreift zugleich Erscheinung und Tüchtigkeit [30]).

Zu den Bereichen des 'Erscheinens' und Sich-Auszeichnens gehört auch die häufige Ausdrucksweise mit τοῖος und οἷος. Es wird damit eine Person oder ein Verhalten allgemein vor Augen geführt, meist mit Staunen und Anerkennung, als etwas Hervorragendes und Beachtliches. So z. B. Ω 376: ein solcher Wegführer οἷος δὴ σὺ δέμας καὶ εἶδος ἀγητός, oder 629 Πρίαμος θαύμαζ' Ἀχιλῆα, / ὅσσος ἔην οἷός τε· θεοῖσι γὰρ ἄντα ἐῴκει. Der staunende Blick ist überhaupt für den epischen Stil zu sehen und zu sprechen wesentlich. Dieses naive Bestaunen bescheidet sich mit den Erscheinungen und dringt nicht in Hintergründe ein noch deckt mit dem Verstand Zusammenhänge auf. Immer ist im Epos der menschliche Sinn bereit, eine wunderbare, erstaunliche Erscheinung als Gottheit oder durch göttliche Einwirkung bestimmt anzusprechen, und daß der epische Blick das Geschehen mit göttlichem Wirken durchsetzt sieht, ist ja weitgehend nichts anderes als die willige Bereitschaft, das Wunderbare an dem Phänomen anzuerkennen und sich mit dieser Ahnung eines Höheren zu begnügen. Das Wissen klärt im Epos das Erstaunliche nur, löst es nicht auf. Die lautere Frische epischen Sehens hängt mit dieser Art zusammen. Τοῖος und οἷος beziehen sich auf etwas, was einem vor Augen steht. So ist der Gebrauch im Gleichnis, wo das mit οἷος Vorgeführte mit τοῖος aufgenommen wird. Δ 372 ff. wird von den gewaltigen Taten des Tydeus erzählt, 399 wird zusammenfassend darauf verwiesen mit τοῖος ἔην Τυδεὺς Αἰτώλιος, so ein Mann war Tydeus. Hier wie gewöhnlich bei τοῖος ist das vor Augen Liegende ein Hervorragen [31]). Die Tüchtigkeitsgebiete treten oft dazu, z. B.

---

[30]) Α 114 f. ἐπεὶ οὔ ἑθέν ἐστι χερείων, / οὐ δέμας οὐδὲ φυήν, οὔτ' ἂρ φρένας οὔτέ τι ἔργα. Ι 389 f. οὐδ' εἰ χρυσείῃ Ἀφροδίτῃ κάλλος ἐρίζοι, / ἔργα δ' Ἀθηναίῃ γλαυκώπιδι ἰσοφαρίζοι. Hier werden die einzelnen Bezirke verschiedenen Gottheiten unterstellt, welche die Vollkommenheit in diesem Gebiet darstellen, vgl. unten. Wie fest die ἔργα zum Frauentyp gehören, zeigt ν 288 f., wo bei der Angabe der verwandelten Gestalt der Athene die ἔργα hinzugesetzt werden, obwohl das doch nicht der Gestalt anzusehen ist: δέμας δ' ἤϊκτο γυναικὶ / καλῇ τε μεγάλῃ τε καὶ ἀγλαὰ ἔργα ἰδυίῃ .— Penelope ist dadurch charakterisiert, daß bei ihr die listige Klugheit noch neben den ἔργα hervorgehoben wird; β 116 ff. ἃ οἱ περὶ δῶκεν Ἀθήνη, / ἔργα τ' ἐπίστασθαι περικαλλέα καὶ φρένας ἐσθλὰς / κέρδεά θ', οἷ' οὔ πώ τιν' ἀκούομεν οὐδὲ παλαιῶν usw. Als etwas individuell Einmaliges soll damit also Penelope nicht gegeben werden, wie die Aufzählung der Frauen der Vorzeit 119 f. zeigt, nur als ganz besonders hervorragend im Verstand.

[31]) Nur an zwei Odysseestellen scheint es beim Menschen ein Hervorstechen im Schlechten zu bezeichnen: ξ 441 ὅτι με τοῖον ἐόντ' ἀγαθοῖσι γεραίρεις (der Bettler Odysseus zu Eumaios); und wohl auch ξ 364.

N 275 οἶδ' ἀγορὴν οἷός ἐσσι, ξ 491 οἷος κεῖνος ἔην βουλευέμεν ἠδὲ μάχεσθαι. Beides, die Ausrichtung auf das Vor-Augen-Liegen und auf die Tüchtigkeit, ist also für das Verhältnis dieser Ausdrucksweise zum Charakterbegriff bezeichnend. In einem Ausdruck wie α 257 τοῖος ἐὼν οἷόν μιν ἐγὼ τὰ πρῶτ' ἐνόησα (vgl. δ 342, λ 499, ρ 133) ist es klar, wie hier das In-Erscheinung-Treten, das man bewundernd wahrnimmt und woran die Arete abzulesen ist, nicht aber das 'Wesen' gemeint ist. Das Gleiche gilt dann, wenn τοῖος und οἷος ohne Bezugnahme auftreten, z. B. δ 250 ἐγὼ δέ μιν οἴη ἀνέγνων τοῖον ἐόντα, wo unmittelbar auf das Bild, das real oder im Gedächtnis vor einem steht, verwiesen wird. Diese Beziehung ist ausgesprochen in dem Ausdruck τοῖος ἐὼν οἷός ἐσσι (η 312), „so wie du da bist"; ein solcher Ausdruck umfaßt Sein und Erscheinung des Menschen zugleich. Es ist hier noch nicht das pindarische Problem γένοι' οἷος ἐσσί aufgetaucht, das zwischen dem Kern des Menschen, seinem unveränderlichen Wesen und seiner gegenwärtigen Form des Erscheinens, Sich-Darstellens, die gestaltet werden kann und mit dem Wesen in Übereinstimmung gebracht werden soll, scheidet. Das, was den Menschen 'eigentlich' zur Persönlichkeit macht, sein 'eigentliches' Sein — (was in dem pindarischen Sein φυᾷ mit darin liegt; auch Pindar öffnet sich von der adligen Größe und Tüchtigkeit aus, nicht vom logisch abstrakten Sein schlechthin oder dem Anthropologischen (Tier — Mensch) der Persönlichkeitsbegriff; das Gute, Tüchtige bleibt in der Persönlichkeitsvorstellung und insofern wird auch das Epische fortgesetzt) [32] — ist nicht mit dem anschaulich wahrnehmbaren Sich-Zeigen identisch, wohl aber das Tüchtige, Hervorragende am Menschen, wie es im epischen τοῖος gegeben wird. Der Sache nach schließt dieses Hinlenken des Blicks auf die sich-darstellende Tüchtigkeit bei dem epischen τοῖος das Bild eines Charakters natürlich auch nicht aus.

Achill weiß von sich, daß er der tüchtigste Krieger bei den Achäern ist: Σ 105 f. τοῖος ἐὼν οἷος οὔ τις Ἀχαιῶν χαλκοχιτώνων / ἐν πολέμῳ, ἀγορῇ δέ τ' ἀμείνονές εἰσι καὶ ἄλλοι. Hier ist manches mitgegeben, was bei dem Cha-

---

[32]) Weil es bei einer solchen Tüchtigkeit nicht auf das Entstehen, sondern nur die Vollendung ankommt, so liegt der Gegensatz in dem γένοι' οἷος ἐσσί freilich nicht zwischen Sein und Werden (vgl. Wilamowitz Pindar S. 290: „Wenn das wäre: werde was du bist d. h. bilde deine Natur zur Vollkommenheit aus, so wäre es freilich tief, aber viel zu tief für Pindar und seine Zeit. Ein Gegensatz zwischen Sein und Werden ist ebensowenig vorhanden wie ..."), aber doch zwischen zwei Arten von Sein, von denen die eine dem Menschen gegeben ist (φυᾷ), die andere aber die Erfüllung der ersten und seine Aufgabe ist. Sein Verhalten soll seinem Sein entsprechen. Ebenso interessiert in der Entwicklung Telemachs nicht das Werden als solches, sondern das stufenweise Aufrücken. Nicht biologische Entwicklung, sondern Erreichen von aristokratischer Tüchtigkeit ist das Ziel.

rakterbegriff unter anderem Aspekt auch enthalten sein würde; aber es meint doch nur eine große Fähigkeit, die eben da ist, ohne daß ausdrücklich gefragt ist, welches ihre Voraussetzungen und ihre Grundlage im Menschen sind; wenn wir sagen würden: solch ein Boxer wie sonst keiner, so ist das auch noch keine Charaktereigenschaft. Diese Tüchtigkeit bedarf der Lehre; sie ist ja das Erziehungsvorbild des epischen Helden, zu dem er beim Übergang vom Kind zum Mann geformt wird: *I* 442 ff. τοὔνεκά με προέηκε διδασκέμεναι τάδε πάντα, / μύθων τε ῥητῆρ' ἔμεναι πρηκτῆρά τε ἔργων ³³).

Mit dem Bereich des Hervorragens ist auch der Komplex der **göttlichen Gabe**, überhaupt des **Unterstellens unter Götter** verwandt. Die Götter sind den Menschen überlegene, höhere und vollkommene Wirkungsmächte, sie sind die Vollendung des Menschen. Wird der Mensch mit ihnen verglichen, so bedeutet das eine staunenswerte Vollkommenheit dieses Menschen. Dieses Vergleichen geht auf die Erscheinung, nicht nur auf die zufällige, dem Betrachter in irgend einer besonderen Situation sichtbare, sondern die wahre Erscheinung, die Erscheinung sozusagen, wie sie sich vom Erscheinenden aus darstellt. Über die Bedeutung, welche das Staunen für die epische Art hat, Göttliches in der Erscheinungswelt zu sehen, haben wir schon oben (S. 58) gesprochen.

Neben dem **Vergleich** mit den Göttern allgemein ³⁴) gibt es den mit

---

³³) Bei der Behandlung von τοῖος ist auch an die Ausdrucksweise mit ὅς und σός, sein und dein, zu erinnern. Z. B. *E* 806: αὐτὰρ ὁ θυμὸν ἔχων ὃν καρτερόν, ὡς τὸ πάρος περ = bei seinem bekannten starken Mut; das ist nicht weit von τοῖος ἐών. Es wird mit ὅς wie bei τοῖος etwas vor Augen geführt, das aus der Erfahrung bekannte Bild. Den Zusammenhang mit der ständigen Erfahrung zeigt *Ω* 772, wo sie vorher geschildert wird.

³⁴) θεοείκελος, θεοῖς (ἀθανάτοις) ἐναλίγκιος, θεοῖσι γὰρ ἄντα ἐῴκει *Ω* 630, ἀθανάτῃσι φυὴν καὶ εἶδος ὁμοίη ζ 16, vorher sah er unscheinbar aus, jetzt gleicht er den Göttern ζ 243 u. sf. Zu einem solchen allgemeinen Vergleich gehört auch die Form, wenn verschiedene Götter zur Auswahl gestellt werden, z. B. ρ 37: Artemis gleich oder der goldenen Aphrodite. Interessant ist ν 89: Das Schiff trug den Mann θεοῖς ἐναλίγκια μήδε' ἔχοντα, das meint, er hat Gedanken wie die Götter (vgl. α 371: θεοῖς ἐναλίγκιος αὐδήν); der zusammengezogene Ausdruck zeigt, wie sehr der Vergleich mit den Göttern einfach das Herrliche an etwas meint, wie wir deutsch sagen: er hat göttliche Einfälle u. dgl. Eigenartig ist *Ω* 258, wo es von Hektor heißt: ὃς θεὸς ἔσκε μετ' ἀνδράσιν; 'Gott sein unter' tritt hier für das übliche 'wie ein Gott geehrt werden bei' ein.

besonderen Göttern; er geht dann auf etwas, was dieser Gottheit im besonderen zugehört [35]).

Die Vorstellung der **göttlichen Gabe** nun gibt ebenso wie der Vergleich mit den Göttern ein Auszeichnen, ein Göttlichsein von etwas am Menschen. Die Götter, diese mächtigen Wesen, können leicht nach eigener Lust und Willkür ins menschliche Leben eingreifen und ebenso zerstören wie fördern; doch dieses Wirken heißt nie Gabe der Götter. Wohl werden die Ereignisse des Schicksals als Gaben von Zeus gefaßt; aber diese Gaben liegen Zeus in seinen beiden Fässern bereits vor und er verteilt sie nur. Den Göttern aber eigentlich zugehörig sind die guten und schönen Gaben, sie sind die δωτῆρες ἐάων (ϑ 325) [36]). Als ihre Gabe wird ebenso Einmaliges: Sieg, Kraft, Mut, wie Anhaltendes: Ruhm, Schönheit, Herrschaft, Klugheit usw. gesehen, mit anderen Worten, die Vorstellung der Dauer liegt nicht in dem Begriff des Gottesgeschenks; sie kann, braucht aber nicht mit der Sache selbst gegeben sein. Die Gabe eines Gottes im Epos bedeutet nicht ein Geschenk, das einmal gegeben ist und dann notwendig mit dem Menschen verbunden bleibt; wie es auch nicht eine Person oder ein Ding als Ganzes ist, so wie Pandora als Ganzes ein Geschenk von den Göttern ist oder Sokrates sich (Apologie 30 D) als Gabe des Gottes an die Athener auffaßt. Sondern im Epos bedeutet δῶρον ϑεοῦ sozusagen eine Leihgabe, die in dauerndem Kontakt mit dem Geber bleibt, in jedem Augenblick neu gegeben wird und jederzeit zurückgenommen werden könnte [37]). Es besagt

---

[35]) z. B. *I* 389 f.: wenn sie mit der güldnen Aphrodite an Schönheit stritte, in kunstvollen Werken aber Athene der lichtgeäugten gleichkäme; *B* 169: Odysseus, Zeus gleichgewichtig an Denken (μῆτιν ἀτάλαντος; ἀτάλαντος häufig, meist bei der Kampfkraft); Helena gleicht Artemis in der Erscheinung δ 122, obschon sie doch eigentlich Aphrodite zugehört; ebenso Nausikaa u. s. f. Die verschiedenen Teile desselben Körpers können mit verschiedenen Göttern verglichen werden, ein Zeichen für das Interesse an den einzelnen Teilen, die nebeneinander stehen (vgl. oben Anm. 5): *B* 478 f. ὄμματα καὶ κεφαλὴν ἴκελος Διὶ τερπικεραύνῳ, / Ἄρεϊ δὲ ζώνην, στέρνον δὲ Ποσειδάωνι (Agamemnon). Jeder Teil hat seine eigene Vollkommenheit, die durch den Vergleich mit dem Gott bestimmt ist. An charakteristische Züge von Götterstandbildern (Ameis-Hentze) ist natürlich nicht zu denken. Kluger Blick und würdevolles Haupt gehören Zeus zu (cf. *A* 527 ff.), in den Hüften sitzt die Kraft, die dem blinden Wüten des Ares entspricht; zweifelhaft bleibt nur, warum die Brust zu Poseidon gehört; es wird wohl die kraftvolle Mächtigkeit gemeint sein.

[36]) Daß δῶρον ϑεοῦ das Erfreuliche, Herrliche meint, zeigt die eigenartige Gegenüberstellung im 2. Apollonhymnus, Hymn. in Ap. 190: ϑεῶν δῶρ' ἄμβροτα ἠδ' ἀνθρώπων τλημοσύνας.

[37]) Aorist und Präsens können wechseln, z. B. *N* 730/32 ἄλλῳ μὲν γὰρ δῶκε θεὸς πολεμήϊα ἔργα, / ἄλλῳ δ' ὀρχηστύν, ἑτέρῳ κίθαριν καὶ ἀοιδήν, / ἄλλῳ δ' ἐν στήθεσσι τιθεῖ νόον εὐρύοπα Ζεύς. Das zeigt, daß es ein dauerndes Geben ist, oder anders gesagt, die Gabe ist aoristisch gesehen, zeitlich unbestimmt.

also etwa, daß ein Besitz, Geschehen, Handeln, Können von 'Gottes Gnaden' und 'göttlich' = wunderbar, herrlich ist. Es geht auch nicht auf ein Ganzes, sondern immer nur auf einen Bezirk. Die Vorstellung geht eigentlich von der Tüchtigkeit und Musterhaftigkeit dieses Bezirkes aus und führt diese auf die Götter zurück. Ein klares Beispiel ist ϑ 244 ff. Odysseus wird sich einst der ἀρετή der Phäaken erinnern οἷα καὶ ἡμῖν / Ζεὺς ἐπὶ ἔργα τίϑησι διαμπερὲς ἐξ ἔτι πατρῶν; dann folgen die ἀρεταί der Phäaken. Zeus gibt diese ἔργα stets aufs Neue (διαμπερές), jede Ausübung einer solchen ἀρετή ist zeusgegeben, d. h. höchst vollkommen, aber nicht aus eigener Machtvollkommenheit. 252 f. ist derselbe Gedanke noch einmal mit der Vorstellung des Übertreffens gegeben: Odysseus soll zu Hause erzählen ὅσσον περιγινόμεϑ' ἄλλων / ναυτιλίῃ καὶ ποσσὶ καὶ ὀρχηστυῖ καὶ ἀοιδῇ. Dieses Übertreffen kann auch unmittelbar zu der Vorstellung der Gabe dazu gesetzt werden, z. B. N 727 f.: Οὕνεκά τοι περὶ δῶκε ϑεὸς πολεμήϊα ἔργα, / τοὔνεκα καὶ βουλῇ ἐϑέλεις περιίδμεναι ἄλλων; vgl. η 110 f. πέρι γάρ σφισι δῶκεν Ἀϑήνη / ἔργα τ' ἐπίστασϑαι περικαλλέα καὶ φρένας ἐσϑλάς. Gott gibt die einzelnen ἔργα, nicht die Anlage des Menschen dazu. Dieses Objektbezogene des göttlichen Gebens können wir schön an ϑ 167 ff. beobachten οὕτως οὐ πάντεσσι ϑεοὶ χαρίεντα διδοῦσιν / ἀνδράσιν, οὔτε φυὴν οὔτ' ἂρ φρένας οὔτ' ἀγορητύν: so ist es, nicht allen geben die Götter das Freudenbringende, den Menschen, nicht Wuchs sowohl wie Verstand und Rede [38]). Die Götter geben 'das Erfreuliche' χαρίεντα; das sind die Eigenschaften in ihrer Wirkung, die jeweils im betreffenden Moment eintritt, wie es die weitere Ausführung 169 ff. schildert. Die Wirkung ist eben wunderbar, herrlich, göttlich; in welcher Beziehung diese χαρίεντα zum Wesen des Menschen stehen, ist dabei nicht gefragt [39]). In der Ausführung 169 ff. tritt an die Stelle der Vorstellung von der göttlichen Gabe die von dem Hervorragen und den Göttern ähnlich sein [40]). Das spezifisch Epische des

---

[38]) Man erwartet hier die Formulierung: nicht allen geben die Götter körperliche und geistige Anmut zugleich, aber mit der Vorstellung des göttlichen Gebens drängt sich die der einzelnen jeweiligen Gaben vor, und die Gegenüberstellung folgt mit sowohl — als auch. Man braucht nicht mit Ameis-Hentze bei der Erklärung der Stelle zu resignieren oder einen Interpolator zu Hilfe zu rufen.

[39]) Zu der Verbindung von χάρις und ἀρετή vgl. E. Schwartz: Probleme der antiken Ethik S. 55, Jhb. d. Freien Deutsch. Hochstifts 1906.

[40]) ϑ 172 ff. μετὰ δὲ πρέπει ἀγρομένοισιν, / ἐρχόμενον δ' ἀνὰ ἄστυ ϑεὸν ὣς εἰσορόωσιν. / ἄλλος δ' αὖ εἶδος μὲν ἀλίγκιος ἀϑανάτοισιν, ... und 176 ὡς καὶ σοὶ εἶδος μὲν ἀριπρεπές, dann wieder eine neue Vorstellung: οὐδέ κεν ἄλλως / οὐδὲ ϑεὸς τεύξειε. Diese Fülle und dieser Wechsel im Ausdruck ist übrigens typisch für die Odyssee; mit einer Reihe von verschiedenen Ausdrucksformen wird das Gemeinte eingekreist. Ein besonders deutlicher Fall ist die Charakterisierung des Odysseus durch Athene ν 291 ff.

δῶρον-Komplexes, die momentane Erfüllung des Geschenkes, ist auch an folgender Wendung schön abzulesen: sie nahmen die Gabe des Schlafs (*I* 713, *H* 482, π 481, τ 427). Das Schlafen selbst, in jedem Augenblick und überhaupt, ist das Geschenk, d. h. erquickender Segen. Er ist ja ἀμβρόσιος, γλυκύς, μαλακός usw. Diese Gabe nimmt man so zu sich, genießt man wie etwa auch das Mahl. *Αἱρέομαι* stimmt hier deshalb mit dem δῶρον-Begriff zusammen, weil ein Natürliches, Gewöhnliches das δῶρον ist. Bei dem göttlichen Geschenk, das ein menschliches Hervorragen meint, wird immer der fremde, nicht im Machtbereich des Menschen liegende Ursprung hervorgehoben. Selbst nehmen kann sich der Mensch es nicht [41]). Der Begriff des αὐτός gehört zum Geber, der von sich aus, unmittelbar mit dem Menschen in Verbindung tritt (vgl. auch *E* 51 δίδαξε γὰρ Ἄρτεμις αὐτή; α 384). Der Begriff der 'Begabung', der für uns untrennbar mit dem der Naturanlage und des Charakters zusammengehört, ist dem epischen δῶρον-Komplex also fremd. Die einzige Ausnahme ist χ 347/48, eine Stelle, die eine moderne Denkweise zeigt. Der Bindung des Sängers in einer gegebenen, tradierten und anerkannten Kunst tritt hier die Eigenständigkeit des Individuums gegenüber, das als Autodidakt seine Berechtigung aus einer dauernden göttlichen Begabung ableitet: αὐτοδίδακτος δ' εἰμί· θεὸς δέ μοι ἐν φρεσὶν οἴμας / παντοίας ἐνέφυσεν; aber auch hier heißt es nicht, daß der Gott in ihm ein Dichtertalent erwachsen ließ, sondern die Dichtungen selbst. Es ist also nicht die bloße Anlage der Natur, das geborene Genie, abgesehen von den Leistungen, sprachlich ausgedrückt, sondern die Verwurzelung jedes einzelnen Gedichts im Dichter und anderseits seine göttliche Herkunft. Die Gabe der Gottheit bleibt noch auf das Geleistete, das dinghafte ἔργον ausgerichtet. Mit diesem Bezug auf das geleistete Werk bricht Archilochos Fr. 1 D unter Berufung auf eine souveräne, nicht weiter ableitbare Persönlichkeit (εἰμὶ δ' ἐγὼ . .), welche aus freien Stücken zwei verschiedene Berufe vereint: 'Ich weiß die Gabe der Musen' bedeutet hier nur soviel wie 'ich verstehe zu dichten'. Archilochos schreibt auch keine Epen mehr, die auf sich selbst stehen, sondern leidenschaftliche Lieder, Gelegenheitsdichtung.

Wenn die Besonderheit eines Gebietes bei der Zurückführung auf den göttlichen Geber hervorgehoben werden soll, so tritt eine einzelne Gottheit ein. Athene gibt ἔργα und φρένες, Aphrodite liebeerweckende Schönheit, Hermes Verschlagenheit [42]).

---

[41]) z. B. Γ 65 f. οὔ τοι ἀπόβλητ' ἐστὶ θεῶν ἐρικυδέα δῶρα, / ὅσσα κεν αὐτοὶ δῶσιν, ἑκὼν δ' οὐκ ἄν τις ἕλοιτο. Ν 729 ἀλλ' οὔ πως ἅμα πάντα δυνήσεαι αὐτὸς ἑλέσθαι; dem einen gibt Zeus das, dem andern das.

[42]) Athene z. B. η 110: von den Phäakenfrauen πέρι γάρ σφισι δῶκεν Ἀθήνη / ἔργα

Bei Fertigkeiten finden wir auch die Vorstellung des **göttlichen Lehrmeisters**. Damit wird der Blick mehr auf das menschliche Können, nicht auf die objektivierten Leistungen gelenkt. Bei Homer ist das Können göttlich, bei Pindar das Wesen, aus dem es entspringt. *E* 51 z. B. wird die Fertigkeit des Skamandrios in der Jagd auf unmittelbare Lehre durch Artemis zurückgeführt. Das bedeutet nicht, daß er auf Grund besonderer Geheimnisse, die ihm allein die Göttin offenbart hätte, eine besondere Kunst zu jagen hätte, anders als die übrigen Menschen, sondern die Lehre der Göttin bedeutet eine Vollkommenheit in der üblichen Fertigkeit. Seine Fertigkeit in der Jagd ist so vollkommen, daß ihn jemand anders ausgebildet haben muß als ein Mensch, die Göttin der Jagd selber. Ein Lehren der Götter im gegenwärtigen Augenblick treffen wir bei Telemach. Telemach ist im Übergang vom Knaben zum Mann, kannte vorher weder Wort noch Tat, die Tüchtigkeiten des Mannes. Als er unerwartet selbstgewiß zu den Freiern gesprochen hat, antwortet Antinoos (*a* 384 ff.): *Τηλέμαχ', ἦ μάλα δή σε διδάσκουσιν θεοὶ αὐτοὶ / ὑψαγόρην τ' ἔμμεναι καὶ θαρσαλέως ἀγορεύειν*. Telemach hat mit einer solchen Leichtigkeit eine solche Vollkommenheit erreicht, daß da die Götter im Spiel sein müssen; sie lehren ihn selbst. Hier geht ähnlich wie *χ* 347 (s. S. 63) die göttliche Einwirkung mit der eigenen Anlage gegenüber dem üblichen, rein menschlichen Erziehungsweg zusammen; auch Telemach ist ja eine Art Autodidakt. Der Gott lehrt nur einen solchen, den er mag. Gern haben und unterweisen treten meist zusammen auf; *Ψ* 306 *Ἀντίλοχ', ἤτοι μέν σε νέον περ' ἐόντα φίλησαν / Ζεύς τε Ποσειδάων τε καὶ ἱπποσύνας ἐδίδαξαν / παντοίας*; *ϑ* 481: die Muse lehrte die Sänger die Epen, *φίλησε δὲ φῦλον ἀοιδῶν*. Hier ist es eine ganze Zunft, welche die Gottheit gern mag und belehrt; das spezielle Wissen dieser Zunft überhaupt wird auf göttliche Belehrung zurückgeführt; das Können der Sänger ist als Ganzes ein besonderes, göttliches, mit dem sie sich vor allen Menschen auszeichnen. Der Metallgießer ist in seinem besonderen Kunstwissen gleichfalls göttlicher Unterweisung, der von Athene und Hephäst, verpflichtet (*ζ* 232 ff.); auch hier ist es das Handwerkliche, also Zunftwissen. Den Zusammenhang der Vorstellung göttlicher Lehre mit dem Vortrefflichen der einzelnen Werke zeigt klar *ψ* 160:

τ' ἐπίστασθαι περικαλλέα καὶ φρένας ἐσθλάς. Aphrodite z. B. *Γ* 54 f., Hermes *τ* 395 ff.: Autolykos *ὃς ἀνθρώπους ἐκέκαστο / κλεπτοσύνῃ θ' ὅρκῳ τε. Θεὸς δέ οἱ αὐτὸς ἔδωκεν / Ἑρμείας*. Zeus als Geber meint nicht viel mehr als die Gottheit schlechthin (*ϑ* 244 werden sämtliche *ἀρεταί* der Phäaken als Zeusgabe gefaßt). Seine besondere Gabe ist das Königtum vgl. z. B. *I* 37 ff. Stärke kann jede Gottheit verleihen.

Hephaistos und Athene lehrten den Goldschmied, χαρίεντα δὲ ἔργα τελείει. Eine allgemeine Kunstfertigkeit eines Einzelnen kann als ein φιλεῖν einer Gottheit angesprochen werden, was wieder zeigt, wie sehr bei der Kunstfertigkeit die Verbindung mit der Gottheit als eine in jedem Moment sich erfüllende gesehen wird: E 60 f. Harmonides ὃς χερσὶν ἐπίστατο δαίδαλα πάντα[43]) τεύχειν· ἔξοχα γάρ μιν ἐφίλατο Παλλὰς Ἀθήνη. Das ἔξοχα entspricht hier dem πάντα; d. h. Athene mag wohl jeden, der eine Kunstfertigkeit kann, ihn aber ganz besonders. Er entspricht ihr am meisten, da auch sie alles kann.

Allgemein göttlichen Ursprung bezeichnet ἀπό, welches göttlicher Gabe wie Unterweisung entspricht. Wenn es bei den Dienerinnen des Hephaistos Σ 420 heißt: ἀθανάτων δὲ θεῶν ἄπο ἔργα ἴσασιν, ist es soviel wie göttliche Lehre; bei denen des Alkinoos Χαρίτων ἄπο κάλλος ἔχουσαι (ζ 18) entspricht es der göttlichen Gabe.

Wie der Komplex des Unterstellens unter Götter, der göttlichen Gabe auf eine Tüchtigkeit, ein Hervorragen von etwas am Menschen geht, nach der Verwurzelung aber in der Gesamtnatur des Menschen nicht fragt, so umgreift anderseits die Gegenüberstellung des Menschen mit Tieren in den Gleichnissen nicht den Menschen als ein dauerndes Ganzes, sondern stellt nur etwas heraus, was im Menschen in gleicher Weise wirksam ist wie beim Tier, das μένος. Auf den spezifischen Unterschied des menschlichen Muts und des tierischen ist nicht geachtet, was mit einer Blickrichtung auf das dauernde Wesen von Menschen und Tier verbunden sein würde (vgl. Platos Bestimmung der spezifisch menschlichen ἀνδρεία im Gegensatz zu dem blinden Mut der Tiere), ebensowenig auf die Mannigfaltigkeit der Tiere als solche, die auf die bleibende Eigenart der einzelnen Tierart führen könnte. Verhaltensweisen des Menschen werden nach der Kategorie des μένος, nach seinem Vorhandensein oder Fehlen, durch den Vergleich mit tierischem Verhalten veranschaulicht. Zwei Gruppen von Einzeltieren treten als typisch heraus, die Raubtiere (Löwe, Wolf, Panther, Eber, Schlange) als Vertreter des μένος und demgegenüber die flüchtigen

---

[43]) Das epische πᾶς zielt oft mehr auf die Mannigfaltigkeit und Fülle als auf das Ausschließliche. Es bleibt gern inhaltsbezogen, entsprechend etwa dem deutschen 'all das'; z. B. meint A 5 οἰωνοῖσί τε πᾶσι 'all den Vögeln, die da herumfliegen', oder ν 292 klug müßte der sein, der dich überholen wollte ἐν πάντεσσι δόλοισι in all den Listen. Es führt vor Augen und entspricht damit dem, was wir oben bei τοῖος ausführten.

Tiere wie Hirsch, Hase, Reh, Schaf [44]). Nicht die charakteristische Sondereigenart jedes dieser Tiere interessiert, wenn sie auch mit dem Bild des Tieres selbstverständlich mitgegeben ist, sondern ihre Fähigkeit zum μένος. Das veranschaulicht eine Stelle wie P 20 ff.: οὔτ' οὖν παρδάλιος τόσσον μένος οὔτε λέοντος / οὔτε συὸς κάπρου ὀλοόφρονος, οὗ τε μέγιστος / θυμὸς ἐνὶ στήθεσσι περὶ σθένεϊ βλεμεαίνει, / ὅσσον Πάνθου υἷες ἐϋμελίαι φρονέουσιν. Da es nur auf die Größe des μένος ankommt, können die drei typischen Tiere zur Auswahl gestellt werden. Ähnlich liegt es, wenn mehrere ausgeführte Gleichnisse hintereinander gegeben werden. Λ 548 ff. wird das langsame und zähe Zurückweichen des Ajas zuerst mit dem Rückzug eines Löwen verglichen, der die ganze Nacht vergeblich versucht hat, aus der Hürde eine Beute zu holen, dann gleich anschließend mit der zähen Gleichgültigkeit des Esels, der sich durch Prügel nicht im Fressen stören läßt. Es ist klar, daß hier nicht auf die Naturanlage, den 'Charakter' der Tiere gesehen ist; dann könnten der königliche Löwe und der Esel, die Tiere, die sich in der Fabel oft als Gegensätze gegenübertreten, nicht nebeneinander stehen. Sondern das Verhalten, das bei ganz verschiedener Gesamtanlage und Situation bei beiden Tieren sich entspricht, denn bei beiden zeigt sich zähes μένος, wird mit dem gleichen menschlichen Verhalten verglichen [45]). Anderseits ist dies Verhalten kein beliebiges, das sich auch bei jedem anderen Tier zeigen könnte und bei diesen Tieren nur ganz zufällig aufträte, sondern entspricht durchaus der Anlage dieser Tiere, oder richtiger, einem typischen Bild. Aber das darf uns nicht verleiten, hier von Charakterbildern zu sprechen [46]). Denn nach der Verwurzelung dieser Verhaltungsweisen in dem bleibenden Wesen der Tiere ist garnicht gefragt. Das epische Hineinversetzen in das Innere einer Situation oder eines Wesens darf nicht mit dem Begriff des Charakters verwechselt werden. Wenn M 131 ff. das Standhalten von Polypoites und Leontes an den Toren durch das Standhalten zweier Bäume, die allem Unwetter trotzen, veranschaulicht wird, so ist doch dieses Standhalten bei den beiden Kriegern keine Charaktereigenschaft, also auch nicht als solche verglichen, sondern eben nur als ein Ver-

---

[44]) Von den Tieren, die im Weiberjambos des Semonides die Weiberarten charakterisieren, kommen bei Homer überhaupt nicht vor Fuchs, Wiesel, Affe; zum Vergleich wird nicht herangezogen das zahme Schwein; der Esel nur in dem vereinzelten Gleichnis Λ 558 ff. Der Jagdhund Argos ρ 306 ff. wird ganz auf seine Arete hin betrachtet.

[45]) Die zwei Vergleiche besagen hier natürlich nicht ganz dasselbe, sondern betrachten die Kampfsituation und das Verhalten unter zwei Aspekten: einmal der Trotz im Rückzug und dann die 'Härte im Nehmen', wie man in der Boxersprache sagen würde.

[46]) So Herm. Fränkel: Die hom. Gleichnisse. S. 61 Anm. 1 gegen Finsler. Die Frage, ob die Gleichnisse auf Personen o d e r auf Handlungen (so Finsler) gehen, ist nicht richtig gestellt. Fränkel beachtet das Nebeneinander der Gleichnisse nicht.

halten, und zwar ein solches, das die typische Tüchtigkeit des richtigen Kriegers ausmacht. Als die Situation sich ändert, gehen sie in ein anderes typisches Verhalten über, sie stürzen vor wie zwei Eber (146 ff.). Beide Verhaltungsweisen sind Zeichen ihrer Tüchtigkeit, beidemal vertrauen sie ihrer Kraft (135 und 153 πεποιθότες βίηφι). Das Verhalten kann wohl mit der Tüchtigkeit übereinstimmen und braucht doch nicht eine Charaktereigenschaft zu sein. Auch an der vereinzelten Stelle Ω 41 ff., wo ein Mensch nicht in einer bestimmten Situation, sondern allgemein mit einem Tier verglichen wird: Achill λέων δ' ὡς ἄγρια οἶδεν ist nicht gesagt, daß Achill dieselbe Natur wie ein Löwe hat, sondern nur, daß er sich so hart und wild benimmt wie ein Löwe; deswegen ist ein typisches Verhalten des Löwen in den folgenden Versen ausgeführt.

Eine weitere Form des Vergleiches ist vor allem in der Odyssee[47]) anzutreffen, die Ausdrucksweisen mit 'gleich aussehen' ἔοικα und 'gleichsetzen' εἴσκω; mit ihnen wird ein Unbekannter in eine bekannte Kategorie eingeordnet und so charakterisiert. Z. B. der fremde Odysseus λ 363 ff.: τὸ μὲν οὔ τί σ' εἴσκομεν εἰσορόωντες / ἠπεροπῆά τ' ἔμεν καὶ ἐπίκλοπον, οἷά τε πολλοὺς / βόσκει γαῖα μέλαινα πολυσπερέας ἀνθρώπους: wir gleichen dich nicht, wo wir dich anschaun, einem Beschwätzer und Betrüger (= wir schätzen dich nicht ein als), wie sie so viele die dunkle Erde nährt, vielverstreut. Der Einzelne wird hier also vergleichend neben die Klasse der Betrüger gehalten, die man aus seinen Erfahrungen zur Genüge kennt. Das Kennzeichnende für diese Ausdrucksweise ist, daß hier nur der Eindruck, den jemand macht, gegeben wird, und keine Aussage über sein wahres Sein. Anstatt daß Alkinoos sagt: 'ich sehe, du bist kein Betrüger', drückt er sich vorsichtiger aus: 'du machst nicht den Eindruck, daß du so einer bist, wie ...'. Das ist eine Art zu sprechen, wie man sie im alltäglichen Leben trifft: 'er macht keinen schlechten Eindruck' usf. Der Dichter hält sich hier also an die Art, wie die Menschen unter sich reden, und das ist für den Stil der Odyssee bezeichnend. Während, wie wir sahen, sonst Erscheinung und Sein in eins gefaßt werden, sozusagen das Sich-Darstellen an sich gegeben wird, wird hier mit menschlichem Auge von außen gesehen und zwischen dem Eindruck, den einem etwas macht, und Sein geschieden. An einer Stelle ist diesem bloßen Anschein auch das persönliche Durchschauen gegenübergestellt: ν 227 f. (Odysseus zu dem Rinderhirten

---

[47]) In der Ilias, soviel ich sehe, eigentlich nur an zwei Stellen, Γ 170 und 219, in dem stilistisch besonderen Zusammenhang der Mauerschau und der Schilderung, die dort einer der troischen Greise, Antenor, von einem Besuch des Menelaos und Odysseus gibt.

Philoitios): βουκόλ', ἐπεὶ οὔτε κακῷ οὔτ' ἄφρονι φωτὶ ἔοικας, / γιγνώσκω δὲ καὶ αὐτός, ὅ τοι πινυτὴ φρένας ἵκει . . . . . Wenn also einerseits mit dieser Feststellung des bloßen Eindrucks nicht auf das 'Wesen' des Menschen gezielt ist, so geht doch anderseits gerade diese Ausdrucksweise in die Richtung des Charakterbegriffs, indem hier verschiedene Kategorien und Typen von Menschen gesondert werden und damit Besonderheiten als Einheit abgegrenzt werden. Das ist die Art, wie sich der Charakterbegriff im täglichen Leben leicht bei den Menschen einstellt, und wir ihn auch bei Semonides trafen. Meist sind in der epischen Sprache diese Kategorien auf den einfachsten Gegensatz guter — schlechter Typ gestellt [48]). Auch bei der vereinzelten merkwürdigen Stelle *N* 275 ff., wo der Feige und der Tapfere in ihrem Verhalten im Hinterhalt gegenübergestellt werden, ist eine Art Typik angestrebt; das Verhalten ist hier nicht unmittelbar wie sonst auf das Tun bezogen (z. B. Standfestigkeit im Kampf), sondern auf eine mit Scharfblick realistisch beobachtete Reihe von Indizien, die Schlüsse auf die eigentliche Art zulassen. Aber auch hier ist der Maßstab, auf den die Typen abgestellt sind, durchaus die Arete (277 ἔνθα μάλιστ' ἀρετὴ διαείδεται ἀνδρῶν), von welcher der eine mehr, der andere weniger hat. Den Rahmen von schlecht — gut überschreitet die Typik an der interessanten Stelle ϑ 159 ff. (Euryalos zu Odysseus): „Ganz und gar nicht, Fremdling, gleiche ich dich einem Herrn, der sich auf Wettkämpfe, von denen es so viele unter den Menschen gibt, versteht, sondern einem, der mit vielberudertem Schiff umherzieht, ein Kapitän und so ein Kaufmann, der an Waren denkt und sich nach Fracht umsieht und nach Erraffen von Gewinn; und nicht einem Wettkämpfer gleichst du." Hier treten sich zwei Typen von verschiedenem Lebensstil gegenüber, der Aristokrat, der sich für Sport und Leistung interessiert, und der nur auf Gewinn ausgehende Kaufmann. Der Gegensatz guter — schlechter Typ liegt allerdings noch darin, insofern als das Krämertum vom Aristokraten verächtlich angesehen wird; Odysseus empfindet diese Einschätzung als Beleidigung. Eine solche Stelle veranschaulicht gut, wie sonst, vor allem in der Ilias, das aristokratische Sehen auf Bewährung ganz selbstverständlich das maßgebende ist. Ein solcher Blick wie hier, der den Aristokraten von außen als besonderen Typ betrachtet, ist auch sonst in der Odyssee bemerkbar; vgl. z. B. *ν* 223 das zarte, feine Aristokratenkind: Athene glich sich einem Mädchen παναπάλῳ, οἷοί τε ἀνάκτων παῖδες ἔασιν.

---

[48]) Königliches Aussehen ϱ 415 f., υ 194, ω 253; ζ 187 οὔτε κακῷ οὔτ' ἄφρονι / φωτὶ ἔοικας (= 327); α 411 κακῷ; ϑ 166 ἀτασθάλῳ ἀνδρί; σ 128 ἐπήτῃ ἀνδρί.

Gehen diese Formen des Vergleichens alle auf den sich darstellenden Menschen, auf das nach außen gerichtete Verhalten, und fragen nicht weiter nach dem dauernden Wesen, so treffen wir in der typisch epischen Form, Eigenschaften des Menschen als ein W i s s e n aufzufassen und auszudrücken, gleichfalls diese Richtung des Blicks auf das in der Wirklichkeit Erscheinende, in diesem Fall den realen Inhalt des Wissens. Das Bezeichnende für den epischen Wissensbegriff, wenn er so etwas wie Eigenschaften ausdrückt, ist, daß das Objekt immer im Plural, meist von dem Neutrum eines Adjektivs steht. Einer weiß πεπνυμένα, ἤπια oder ἤπια δήνεα, κέρδεα, ἀθεμίστια, ἀποφώλια, αἴσιμα usw. Das bedeutet, daß dieses Wissen nicht einen Satz oder Gegenstand an sich als wahr erfaßt, sondern daß es ein praktisches ist und auf die Erfüllung in den einzelnen Akten gerichtet ist. Wenn z. B. von dem Kyklopen Polyphem gesagt wird: 'er weiß Ungebührliches', so geht dieser Ausdruck von dem Verhalten des Kyklopen aus. Sein Betragen ist ungebührlich, es setzt sich aus einer Reihe von Ungebührlichkeiten zusammen. In dem Begriff des Wissens sind diese Ungebührlichkeiten zugleich Gegenstand wie Ergebnis dieses 'Wissens'; es meint darin so etwas wie: 'ihm stecken Ungebührlichkeiten im Sinn'. Diesem Wissen ist ein dauerndes Sich-Erinnern; es kommt ihm immer wieder etwas Ungebührliches in den Sinn [49]). Damit fassen wir eine Seite dieses Ausdrucks: gegenüber einer Vorstellung 'das ist seine Natur, sein Charakter', welche das Zwingende des So-Seins gibt, ist hier die geistige Spontaneität des Vorganges enthalten. Die andere Seite ist die Fähigkeit, etwas zu betreiben und hervorzubringen. Dieses Wissen steht dem handwerklichen Wissen, dem Wissen von ἔργα nahe. Das Ungebührliche ist sozusagen das Handwerk des Polyphem, das er betreibt; 'er kennt sich darin aus', 'versteht sich auf'. Wie die Person an sich ist, ist dabei ganz aus dem Blick gelassen. Wenn es vom Mann heißt, er weiß πολεμήϊα ἔργα, die Frau nicht (H 236),

[49]) Vgl. Hes. Theog. 235 f.: (Nereus) οὐδὲ θεμιστέων λήθεται, ἀλλὰ δίκαια καὶ ἤπια δήνεα οἶδεν. Auch das sonstige epische Wissen als ein Erfahrungswissen vollzieht sich im Sich-Erinnern. Deswegen geht es auch in die Breite und nicht die Tiefe. Der 'Kundige', 'Erfahrene' weiß vieles; παλαιά τε πολλά τε εἰδώς heißt es von einem Greis (η 157; vgl. β 188, ω 51); denn das Alter hat die längste Erinnerung: β 16 Aigyptios ὃς δὴ γήραϊ κυφὸς ἔην καὶ μυρία ᾔδη. Sehr interessant ist ν 46: Der Gott weiß 'mehr' als ein Sterblicher; das unterscheidet, nicht die 'Tiefe', Andersartigkeit des Wissens.
Sich-Erinnern und Vergessen treffen wir häufig bei Kampfsituationen; z. B. Π 356f. οἱ δὲ φόβοιο δυσκελάδου μνήσαντο, λάθοντο δὲ θούριδος ἀλκῆς = es tauchte in ihrem Geist die (bekannte) Flucht auf, der Kampf verschwand. Wie hier Vorgänge, die wir als emotionale fassen würden, intellektuell gesehen werden: 'der Kampf liegt einem im Sinn', 'geht einem aus dem Sinn', entspricht ganz dem behandelten Eigenschafts-Wissen, indem auch hier Trieb und Gedanke in eins gehen. Wir haben ab und zu ähnliche Ausdrucksweisen, z. B. 'da dachte er nicht mehr ans Lachen', 'da vergaß er das Grübeln'.

sie weiß ἀγλαὰ ἔργα (Webkunst und dgl.), so ist auch hier das Wissen ein praktisches. Freilich ist das eigentliche Beherrschen einer Fertigkeit, wie es im ἐπίσταμαι-Ausdruck vorliegt, bei dem Eigenschafts-Wissen nicht mitgegeben [50]). Daß dieses 'Wissen' auch nicht ein 'Bescheid wissen' = 'mit Bewußtsein unterscheiden können' meint, zeigt deutlich Ω 41, wo es von Achill heißt: λέων δ᾽ ὣς ἄγρια οἶδεν, ὅς ....; wenn der Vergleich sich auch mehr auf das ἄγρια als das εἰδέναι bezieht, denn von einem Tier wird das εἰδέναι nicht gesagt, so ist doch die ganze Vorstellung ἄγρια εἰδέναι zu dem Verhalten des Löwen in Beziehung gesetzt, kann also nicht meinen: er kennt das Wilde und das Gegenteil und entscheidet sich für jenes. Wissen = Bescheid wissen, erkennen und auseinanderhalten können, treffen wir z. B. σ 228: (Telemach von sich) αὐτὰρ ἐγὼ θυμῷ νοέω καὶ οἶδα ἕκαστα, / ἐσθλά τε καὶ τὰ χέρεια· πάρος δ᾽ ἔτι νήπιος ἦα. Ein solches Wissen steht über dem Gegenstand und läßt die Freiheit zum Wählen, wie sich auch Odysseus bei seiner Entscheidung Λ 408 ff. auf ein solches beiderseitiges Wissen besinnt [51]). Diese Wissensvorstellung ist also von den behandelten fernzuhalten. Daß anderseits das Wissen als Verhalten auch kein Wissen von Natur und aus der Veranlagung heraus meint, zeigen Ausdrucksweisen, bei denen eine Beziehung zu Personen oder Situationen dazutritt, z. B. Π 72 f.: εἴ μοι κρείων Ἀγαμέμνων ἤπια εἰδείη (vgl. φίλα εἰδότες ἀλλήλοισιν γ 277; ὅτι οἱ φρεσὶν ἄρτια ᾔδη E 326). Man kann jemand so oder so gesonnen sein; das hat nichts mit der dauernden Anlage zu tun. Das zeigt, daß dieses Wissen auch sonst nicht als ein in der Natur gegründetes gemeint ist. Ob jemand nur für den Augenblick ἤπια δήνεα weiß oder ständig so gesinnt ist, macht im Ausdruck keinen Unterschied. Auch die Zusammenfassung so verschiedener Schichten menschlichen Verhaltens wie tierähnlicher Wildheit

---

[50]) ἐπίσταμαι kann im Epos zwar selbst dort eintreten, wo es sich um ein bloßes körperliches Vermögen handelt, aber es bleibt doch immer ein besonderes zusätzliches Können; z. B. Π 142 (von der Pelios-Lanze): die konnte (δύνατο) kein anderer Achäer schwingen, sondern allein wußte (ἐπίστατο) sie Achilleus zu schleudern. Dieser weite Gebrauch von ἐπίστασθαι für ein Können entspricht dem französischen savoir.

[51]) In dem platonischen kleinen Hippias spielt das Problem, wie sich ein beiderseitiges Wissen zu einem einfachen Wissen verhält, eine wichtige Rolle. Derjenige, der das Gute und Schlechte wisse, sei vielleicht dem, der nur das Gute wisse, überlegen, da der erste bei der Wahl über den Dingen stehe (er handelt ἑκών), der andere aber gegen seinen Willen ins Unrecht fallen könnte; so stellt Sokrates es als mögliche Hypothese auf. Das Problem liegt in dem Verhältnis von technischem und ethischem Wissen, oder anders gefaßt, von Wissen und Willen. Die Anknüpfung dieser Probleme an Homerisches dürfte wie der ganze Dialog keineswegs nur geistreiches Spiel sein, wie es Wilamowitz und Friedländer wollen, sondern weist darauf hin, daß hier ein ernstes Aufklärungsgefecht in der Auseinandersetzung mit historisch gestellten Problemen ausgetragen wird. Eine Interpretation des kleinen Hippias müßte auch auf den epischen Wissens- und Willensbegriff eingehen.

(Ω 41) und listig kluger Gedanken (Γ 202) unter demselben Wissensbegriff zeigt, wie dieses Wissen nur ein geistiges Gegenwärtighaben und Hervorbringen bedeutet und auf das 'wie' und 'weshalb' dieses geistigen Vermögens nicht weiter gesehen ist. Nur an einer Stelle der Odyssee setzt eine neue und moderne Betrachtungsweise ein, die sich nicht mehr allein auf die Einzelakte des menschlichen Verhaltens richtet, sondern auf die dahinter stehende Person selbst zurückgeht: τ 329 ὃς μὲν ἀπηνὴς αὐτὸς ἔῃ καὶ ἀπηνέα εἰδῇ, 332 entsprechend ὃς δ' ἂν ἀμύμων αὐτὸς ἔῃ καὶ ἀμύμονα εἰδῇ. Daß hier neben die einzelnen Inhalte des Wissens noch ausdrücklich die Person an sich gestellt wird, bestätigt, daß sie sonst in den Ausdrucksformen des Wissensbegriffs gar nicht mitgegeben war. An dieser Stelle allein rückt das Beschaffensein des Menschen abgesehen von seinen Äußerungen, also der Persönlichkeitsbegriff in das sprachliche Bewußtsein. Denn hier handelt es sich nicht um eine bloße parallele Aufreihung verschiedener Ausdrucksformen wie z. B. in β 230 ff.[52]), sondern das αὐτός steht dem Wissensbegriff pointiert gegenüber. In differenzierender Abhebung von dem gebräuchlichen Wissensbegriff tritt hier der neue Persönlichkeitsbegriff noch unselbständig heraus. Deshalb kann man auch nicht sagen, daß mit diesem Persönlichkeitsbegriff schon der Begriff einer wesenhaften konstanten Substanz ausgesprochen ist, wohl aber, daß er in ihm angelegt ist. Bei einem vorübergehenden Verhalten könnte die Person selbst und ihr Verhalten, ihr 'Wissen' nicht gegenübergestellt werden. Wenn z. B. von Achill gesagt würde, er sei selbst wild und wisse Wildes, so ist das nicht mehr ein Verhalten, das nur in einzelnen Situationen aufzutreten braucht, wie es beim Wissensbegriff allein der Fall ist, sondern die Wildheit ist an den Achilleus an sich gebunden; er ist an sich wild, ist eine wilde Person.

In noch stärkerem Maße als die Ausdrucksweise des Wissens ist die des φίλον εἶναι auf die Gegenstände, den dinglichen Inhalt ausgerichtet, so daß sie eigentlich kaum etwas von dem Eigenschaftsbegriff an sich hat, obschon sie der Sache nach in diesen Bezirk reicht[53]). Im Epos kann dieses

---

[52]) μή τις ἔτι πρόφρων ἀγανὸς καὶ ἤπιος ἔστω / σκηπτοῦχος βασιλεύς, μηδὲ φρεσὶν αἴσιμα εἰδώς, / ἀλλ' αἰεὶ χαλεπός τ' εἴη καὶ αἴσυλα ῥέζοι. Zur Aufreihung verschiedener Ausdrucksformen vgl. S. 62 Anm. 40, zur Interpretation S. 51.

[53]) Bei φίλον ἐστίν ist auch das häufige μέλει und μέμηλεν zu erwähnen, womit die Zugehörigkeit von Dingen und Beschäftigungen zu Personen gegeben ist. Diese Ausdrucksweise läßt es offen, ob diese Zugehörigkeit, dieses 'Angehen' mit der Natur gesetzt und notwendig ist, oder auf beliebigem Ermessen beruht. Daß eine wesenhafte Verbindung sprachlich nicht ausgedrückt ist, zeigt der Vergleich der Wendungen: 'der Krieg geht die Männer an', 'gehört in den Bereich der Männer' (πόλεμος δ' ἄνδρεσσι μελήσει

φίλον εἶναι die Beziehung von eigenen Handlungen zu einer Person ausdrücken; er sagt also nicht nur von einem fremden Geschehen: 'das ist mir lieb, daß das so ist', so wie uns der Ausdruck geläufig ist, sondern auch von Gegenständen, die in meinem Verhalten wirksam sind, z. B. Kämpfe oder Listen sind mir lieb, mir zugehörig. Dieses 'Liebsein', 'Zugehörigsein', bedeutet ein Hingezogensein zu den Sachen, ein momentanes oder dauerndes Lusthaben z. B. zu kriegerischer Betätigung, nicht etwa einen Charakterzug. Wie es das Pferd nach dem Stall zieht und es gern dahinläuft, weil ihm das behagt, gewohnt und lieb ist [54]), so können den Menschen z. B. listige Worte anziehen, d. h. es kann ihm Spaß machen und seine Gewohnheit sein, listig zu reden, wie Athene von Odysseus sagt (ν 293 ff): „Du magst nicht aufhören mit Täuschungen und versteckten Worten οἵ τοι πεδόθεν φίλοι εἰσίν"; du magst sie gerne, sie sind ganz nach deinem Geschmack und dir zugehörig [55]). Als Umkehrung dieses Verhältnisses kann man die Wendung ἐφέλκεται ἄνδρα σίδηρος (π 294; τ 13): „es zieht (gewöhnlich) das Eisen den Mann an" ansprechen, wo die Anziehung vom Gegenstand aus allgemein gesehen ist.   Auf der Seite der Menschen ist dieses Gefallen und Vertrautsein von Dingen und Beschäftigungen nicht unter dem Aspekt eines verantwortlichen Willens gesehen, sondern ist Willkür. Sie ist für das Epos das Recht höheren Seins; sie geht im Epos aus einer objektiven Seinsfülle, keiner Charakterschwäche hervor. Die Willkür kommt deshalb vor allem den Göttern, den reinen Wirkensmächten zu. Ihr Verhalten zu den Menschen ist vorzugsweise das φιλεῖν, das in einer göttlichen Tüchtigkeit des Betreffenden seinen entsprechenden Gegenstand hat. Dadurch daß dies φιλεῖν einen entsprechenden Gegenstand hat, unterscheidet dieser Begriff sich von einer unberechenbaren, stets veränderlichen Willkür. Er gibt vielmehr gerade eine Gewohnheit. So wie der Gott bestimmte Kultstätten gern mag, die ihm besonders liegen, so zieht es ihn auch zu bestimmten Menschen. Wir können uns dieses φιλεῖν der Gottheit an einer Szene klarmachen, die vornehmlich eben dies Verhältnis von Gottheit zu Mensch zum Gegenstand hat, der Begegnung Athene-Odysseus im ν. Es ist sehr eigenartig, wie hier gar kein

---

Z 492) und μ 116: 'nun liegen dir schon wieder Kriegswerke an' (καὶ δὴ αὖ τοι πολεμήια ἔργα μέμηλεν); das 'nun schon wieder' zeigt, daß es als nichts Notwendiges, im Charakter Begründetes ausgedrückt ist. Das Gleiche zeigt der Zusatz von αἰέν (hier wieder ganz das kindlich-beschwerende) E 876 (Ares von Athene): οὐλομένην, ἧ τ' αἰὲν ἀήσυλα ἔργα μέμηλεν.

[54]) Λ 519 f. μάστιξεν δ' ἵππους, τὼ δ' οὐκ ἀέκοντε πετέσθην / νῆας ἔπι γλαφυράς· τῇ γὰρ φίλον ἔπλετο θυμῷ.

[55]) Weitere Stellen für diesen φίλον-Begriff sind: Α 107, Α 177 (= Ε 891), θ 248, ξ 222 ff. Β 796, ρ 15.

unmittelbares Vertrauens- oder gar Gehorsamsverhältnis besteht, sondern bei aller Vertrautheit eine kühle Sachlichkeit herrscht. Das Verhältnis ist sachlich begründet auf der Basis der Klugheit, in der beide Meister sind; aber anderseits ist die Kluft zwischen überlegener Gottheit und Mensch unüberbrückbar. Odysseus bleibt für sich allein, Athene fördert nur und gibt das Gelingen. Trotz dieser Kluft zieht es Athene zu Odysseus, weil sie sich sozusagen in dieser Atmosphäre wohl fühlt. V. 331 spricht sie es so aus: „Du bist immer klug; deswegen kann ich dich nicht verlassen, obwohl (!) du unglückselig bist." In diesem 'ich kann dich nicht' liegt die Willkür des φιλεῖν insofern darin, als in beiden Ausdrücken die Nötigung der Willensregung ohne weiteres anerkannt wird. Der Gott tut, was er nicht lassen kann. Bei einem Gott wird auch eine Handlung von ihm dadurch begründet, daß es ihm so beliebte (z. B. Α 564). Diese völlige Verschmelzung der Willkür mit dem Sein der Person gehört im Epos eigentlich nur den Göttern zu. Nächst ihnen in gewisser Weise den (auf göttliche Autorität gestützten) Königen; formuliert finden wir dies δ 689 ff.: Odysseus hat keinem Untertan je etwas Ungebührliches gesagt oder angetan, ἥ τ' ἐστὶ δίκη θείων βασιλήων· / ἄλλον κ' ἐχθαίρῃσι βροτῶν, ἄλλον κε φιλοίη. Der gewöhnliche Mensch in seiner schwächeren Seinsform ist mehr an Dingliches gebunden, das bedeutet, daß in der Ausdrucksweise: 'mir ist das und das φίλον' mehr der gegenständliche Inhalt hervortritt. Wenn Archilochos sagt: ich mag nicht (οὐ φιλέω) einen großen Offizier, der ... (Fr. 60), so maßt er sich mit dieser willkürlichen Ablehnung unter dem Einsatz seiner Person eine Geste an, die im Epos eigentlich nur den Göttern oder der göttlichen Autorität des Königs zukommt. Das φίλον εἶναι von ἔργα kann der epische Mensch, eben weil es nicht einem verantwortlichen Willen unterworfen ist, als fremd empfinden und es auf die Eingebung der Götter zurückführen (ξ 224 ff.)[56]. An dieser Stelle, die eine eigenartig realistische, unritterliche Wertung des Kriegers zeigt und das friedfertige, erwerbende Leben der gewöhnlichen Menschen von einer Art Raubritterleben abhebt, nähert sich das φίλον εἶναι, das ein spezielles ist und für das der Mensch nichts kann, da es ihm von den Göttern so gegeben ist, der Vorstellung einer besonderen Art; 'das gefällt mir nun einmal so' meint hier etwas wie 'das ist nun einmal meine Art'. Aber das ist nicht ausgesprochen, es steht nur dahinter; gesprochen ist von dem ständigen Reiz dieser Dinge. Zu dem Charakterbegriff gehört das Absehen von augenblicklichen Reizen, das Zurückgehen auf eine Substanz im Menschen selbst. Das freie Anerkennen und Bewerten des Reizes, den eine Sache für den Menschen hat, ist im

---

[56] ξ 222 ff. ἔργον δέ μοι οὐ φίλον ἔσκεν/ οὐδ' οἰκωφελίη, ἥ τε τρέφει ἀγλαὰ τέκνα,/ ἀλλά μοι αἰεὶ νῆες ἐπήρετμοι φίλαι ἦσαν / καὶ πόλεμοι καὶ ἄκοντες εὔξεστοι καὶ ὀιστοί, / λυγρά, τά τ' ἄλλοισίν γε καταριγηλὰ πέλονται, / αὐτὰρ ἐμοὶ τὰ φίλ' ἔσκε, τά που θεὸς ἐν φρεσὶ θῆκεν. / ἄλλος γάρ τ' ἄλλοισιν ἀνὴρ ἐπιτέρπεται ἔργοις.

übrigen echt griechisch und wirkt bis in die Lehre weiter, daß man das Gute um seines eigenen Reizes willen tun sollte.

Die einzige Form des Ausdrucks, die im Epos bei einer Eigenschaft das Dauernde mitgeben kann, ist das 'so und so geboren sein'. Die Herkunft gehört ebenso wie das Aufwachsen zu dem Bild des epischen Helden. Aber kennzeichnend für die epische Auffassung ist es gerade, daß die Menschen nicht als bloße Glieder einer übergeordneten Geschlechterkette verstanden werden, die den Einzelnen unausweichlich bestimmt, sondern daß das einzelne Individuum in seinem freien Leben und in seinem Tod hervortritt; denn erst das Ernstnehmen des Todes, wohl eine der entscheidendsten Leistungen des griechischen Epos, drängt dazu, das vergängliche augenblicksgebundene Leben jedes dieser 'Sterbemenschen' mit jener sehnsüchtigen und doch harten Leuchtkraft zu erfüllen, welche die Gebundenheit des Menschen in dem dauernden Geschlechterzusammenhang verblassen läßt. So entwertet Glaukos in seiner berühmten Antwort Z 145 ff. die Bedeutung der Abstammung durch den Gedanken der Vergänglichkeit. Nur der Ruhm wird an der Herkunft hervorgehoben: Z 211 ταύτης δὴ γενεῆς τε καὶ αἵματος εὔχομαι εἶναι. Oft bezeichnet die Abstammung nur den Ursprung zu einem späteren Zustand, ohne daß damit die Dauer dieses Zustandes oder eine unausweichliche Anlage gegeben zu sein braucht. Man ist zu etwas geboren, Thetis gebar Achill zu einem schlechten Schicksal (Α 418; cf. Φ 84 μινυνθάδιόν δέ με μήτηρ γείνατο; γ 95 περὶ γάρ μιν ὀϊζυρὸν τέκε μήτηρ). Wenn Hera ihre Stellung als ehrwürdigste Göttin mit dem Gedanken des 'dazu geboren seins' ausdrückt Δ 59 f. καί με πρεσβυτάτην τέκετο Κρόνος ἀγκυλομήτης / ἀμφότερον, γενεῇ τε καὶ οὕνεκα σὴ παράκοιτις, so sagt das nicht mehr, als daß sie das ehrwürdigste Kind des Zeus ist. Die Abstammung begründet nicht etwas Bleibendes; Gattin des Zeus ist sie erst später geworden. Ebenso liegt wohl auch Δ 400, wenn es von dem Verhältnis des Tydeus zu seinem Sohn Diomedes heißt: ἀλλὰ τὸν υἱόν / γείνατο εἷο χέρεια μάχῃ, ἀγορῇ δέ τ' ἀμείνω, der Ton nicht so sehr darauf, daß dies eine dauernde Anlage des Sohnes ist, sondern das γείνατο verstärkt mehr das Vater-Sohn Verhältnis (= aber sein Kind ist ...); Vater und Sohn sind ja gerade verschieden. Der Ausgangspunkt ist der Zustand des Diomedes; zu ihm hin hat ihn Tydeus gezeugt. In allen diesen Fällen bedeutet die Abstammung also den Ausgangspunkt zu einem 'Schicksal', dem 'Zugeteilten', und dieser Begriff der Geburt ist ähnlich dem in Z 489, wo es heißt: noch keiner ist seinem Zugeteilten entflohen, ἐπὴν τὰ πρῶτα γένηται. Eine wesensmäßige Verbindung aus der Abstammung heraus ist Δ 400 so wenig betont wie etwa dann, wenn Hektor (Z 476) zu den Göttern fleht, daß sein Sohn ihm gleich oder noch besser werden möchte.

Das ist anders in der Telemachie, in der ein bestimmender Gedanke die Entwicklung des Telemach auf Grund seiner vom Vater ererbten Anlage ist. Diese Bestimmtheit der angeborenen Anlage ist auch sprachlich ausgedrückt. Telemach sieht Odysseus ähnlich (α 206 ff. cf. δ 141 ff.). Als dem Sohn des Odysseus kann ihm Athene künftigen Ruhm voraussagen, α 222 f.: *οὐ μέν τοι γενεήν γε θεοὶ νώνυμον ὀπίσσω / θῆκαν, ἐπεὶ σέ γε τοῖον ἐγείνατο Πηνελόπεια.* Hier ist also in dem: 'da dich Penelope als einen solchen gebar' die dauernde angeborene Art gegeben; nur auf Grund einer solchen beständigen Anlage kann für die Zukunft Berühmtheit prophezeit werden; denn bis jetzt hat sich Telemach noch keinen Namen erworben. Der pindarische φυά-Begriff ist hier bereits ins Bewußtsein getreten. Allerdings nur von dem Ausgangspunkt aus: 'so bist du ans Licht getreten', nicht unmittelbar vom Wesen der Person aus. Der Übergang von dem Begriff der unbestimmten Dauer 'der ist immer so' zu dem Begriff der bestimmten Dauer 'der ist schon so geboren' ist naheliegender als zu der Vorstellung 'das ist das Wesen dieses Menschen'. Die Wendung: 'die Mutter gebar einen so und so', meint an sich garnicht eine Fortpflanzung der Art der Eltern auf die Kinder, sondern eben nur: der ist von Anfang an so. Das zeigt auch eine Stelle wie ζ 25: *Ναυσικάα, τί νύ σ' ὧδε μεθήμονα γείνατο μήτηρ;* Nausikaa ist eher trotz als wegen ihrer Mutter nachlässig. Wir können das Gemeinte umschreiben mit: 'Nausikaa, warum bist du ein so nachlässiges Geschöpf?' Die gleiche Umschreibung würde φ 172 f. und N 777 passen: 'du bist kein so kraftvolles Geschöpf, daß du ein Bogenschütze wärst' = 'du bist zum Bogenschützen nicht geschaffen' (*οὐ γάρ τοι σέ γε τοῖον ἐγείνατο πότνια μήτηρ, οἷόν τε . .*) und (N 777): 'da auch ich kein ganz schwächliches Wesen bin'. Es ist also auch genau genommen garnicht eine Eigenschaft als zum Wesen, zum Charakter gehörig angesprochen — es dreht sich überhaupt um tüchtig oder untüchtig, wie wir sagen: das ist ein kümmerliches Wesen — sondern als eine Daseinsart und -kategorie. Das gilt auch für die vereinzelte Stelle Π 33 ff. (Patroklos zu Achill): *νηλεές, οὐκ ἄρα σοί γε πατὴρ ἦν ἱππότα Πηλεύς / οὐδὲ Θέτις μήτηρ· γλαυκὴ δέ σε τίκτε θάλασσα / πέτραι τ' ἠλίβατοι, ὅτι τοι νόος ἐστὶν ἀπηνής.* Hier gibt die Abkunft die Steigerung eines Vergleichs oder von Ausdrücken wie 'steinern und erbarmungslos'. Gesagt werden soll: Du gehörst ja garnicht menschlicher Art zu. Eine solche Ableitung von unbelebten Dingen mag auf märchenhafte Vorstellungen zurückgehen. Das Mittel, anstatt eines Vergleiches, der nur auf das Verhalten gehen würde, die genealogische

Ableitung zu setzen, wodurch die Eigenart zu einer unausweichlichen wird, ist das des Semonides im Weiberjambos. Hier ist allerdings eine Verbindung in der Abkunft gesehen. Das ist auch der Fall an einigen Stellen der Telemachie, so δ 64: ἐπεὶ οὔ κε κακοὶ τοιούσδε τέκοιεν und δ 611 αἵματος εἶς ἀγαθοῖο, φίλον τέκος, οἷ' ἀγορεύεις; hier ist wirklich adlige Abstammung und bleibende Art bewußt gesehen.

Ausdruck und Gehalt

Die Durchmusterung der epischen Ausdrucksformen, die sich der Sache nach von dem Begriff Charakterart und -Eigenschaften aus betrachten lassen, hat gezeigt, daß dort nicht die Besonderheit einer Charakterart noch menschliche Eigenschaften als im Charakter verankert gegeben werden. Die Ausdrucksweisen gehen vielmehr alle dahin, wie sich der Mensch in und zu der Welt verhält, in ihr in Erscheinung tritt. Wie der einzelne Mensch an sich, abgesehen von diesem 'Sich-Repräsentieren' beschaffen ist, welches die Substanz ist, aus der sein Verhalten sich ergibt, ist für das sprachliche Bewußtsein nicht von Belang und außerhalb des Blickes. Das kann nun nicht bedeuten, daß diese Sehweise, die im Sprachlichen hervortritt, auch ohne weiteres der Maßstab für die dichterische Welt des Epos ist und mit dem Gehalt in eins zu setzen ist. Vor diesem vorschnellen Gleichsetzen, einem Fehler mancher Sprachuntersuchungen, müssen wir uns hüten. Es ist keineswegs so, daß das homerische Epos nur einen wechselnden Ablauf von Ereignissen und Taten beschriebe, an dem unter anderen Mächten auch die Menschen mitwirkten, und daß so die Menschen für sich garnicht heraustreten, sondern sozusagen nur der Einschlag, den sie im Gewebe des Geschehens darstellen. Wir brauchen uns vielmehr nur die Gestalten des Epos vor die Erinnerung zu rufen, um zu erkennen, daß die Menschen des Epos wirkliche Individuen sind, die geladen sind mit 'Selbst', die rein aus sich heraus wirken und in sich geschlossen sind. In einem beispielhaften und einfachen Geschehen stellen sich handelnd oder leidend wirkliche 'Personen' dar und insofern auch wirkliche 'Charaktere' [57]). Wenn die Götter, jene vollkommeneren

---

[57]) Mit Chr. Voigts sorgfältig beobachtender Untersuchung: Überlegung und Entscheidung. Studien zur Selbstauffassung des Menschen bei Homer. Berlin: Panverlag 1934 dürfte das letzte Wort zu dieser Frage noch nicht gesprochen sein. Aus der Formulierung

Wesen, auch in jedem Geschehen wirksam sein können, so bleiben sie doch dem Eigentlichen am Menschen seltsam fern und überlassen den Menschen darin sich selbst. Diese unüberbrückbare Kluft zwischen Gott und Mensch ist im Epos immer wieder angelegentlich herausgestellt. Die Menschen des Epos aber sind so angefüllt mit 'Person', daß sie nach außen in die Welt drängen, auf sich aber und ihre dauernden Eigenschaften nicht das Bewußtsein lenken; sie sind — ähnlich wie Kinder oder Götter — einfach gegenwärtig [58]. Was sollte auch, wo es sich darum handelt, sein Schicksal, das ist sein zugemessenes Teil in der Welt zu erfüllen, ein nach 'innen' blickendes Bewußtsein vom Charakter? Den großen und tüchtigen Menschen, der das Menschenmögliche ausschöpft und sich selbst im Untergang bewährt, will das Epos zeigen. Was ein Mensch als Mensch wirken kann und was dem Menschen beschieden ist, menschliches Schicksal und menschliche Aufgabe ist das Thema des Epos. Dazu ist 'Charaktereinheit' nur selbstverständliche, ungefragte Voraussetzung; die Besonderheiten der 'Charaktere' aber sind dafür ohne Belang. An der Frage also: was ist der Mensch', stellt sich dem Epos die Einheit des Menschen dar. Über sein 'Wesen' wird er sich da und insoweit bewußt, als er die Grenzen sieht, die ihm gesetzt sind. Die eigentliche Grenze aber ist für den 'Sterbemenschen' der Tod. So wie jeder Mensch im Tod für sich steht, kein Gott und kein Mensch ihm helfen kann, muß er auch sein eigenes Leben leben, Individuum sein. In den Hadesschatten, die für sich, ohne wirken zu können, dahindämmern, spiegelt sich die Individualität des homerischen Menschen ebenso wie anderseits in den 'Todfreien', den Göttern, welche das Wirken nicht wesentlich nötig haben, da sie in reinerem Sein leben. Die μοῖρα jedes Menschen aber ist es, sich einzusetzen, so sehr es sein Anteil erlaubt. So geht die Richtung des epischen Sehens, d. h. auch der epischen Ausdrucksmittel nicht auf den Kern des Menschen an sich, sondern sozusagen auf die Schale, darauf, wo sich der Mensch mit der Welt berührt, in seinem Verhalten und Tun und in seinem Erleiden.

---

seines Resultats: „Die Menschen Homers 'handeln' nicht eigentlich (d. h. mit vollem Bewußtsein eignen Handelns), sondern sie reagieren" (106) sieht man, daß hier das Selbstbewußtsein als das entscheidende Indiz des Handelns angesprochen ist, eine Voraussetzung, die, wie wir oben darlegen, bei Homer dem Tatbestand nicht ohne weiteres gerecht werden kann.

[58] Dieser Gegenwärtigkeit entspricht der epische Begriff der Dauer als eine unbestimmte Reihung einzelner Zeitpunkte. Der Zeitbegriff menschlicher Existenz, vom Menschen aus erlebt, ist dem Epos fremd. Aufschlußreich wäre ein Vergleich von homerischem und vergilischem Zeitbegriff. Ein Sein von der Vergangenheit her und auf die Zukunft hin, unter dem Druck einer schicksalsmäßigen Aufgabe, scheint eigentümlich römisch zu sein.

Von der Seite des Dichters bedeutet diese Art, daß er reines Schauen und Wissen ist. Aus ihm spricht die Muse, die alles weiß, alles Geschehen, göttlich geklärt, spiegelt [59]). Mit dieser Gegenwärtigkeit betrachtet der epische Dichter die Personen nicht forschend und urteilend, nicht mit der Frage, was beim Einzelnen sein Handeln bedingt, sondern erzählend geht er mit seinen Personen mit und blickt mit ihnen in die Welt, Form und Maß wie jene von dem geltenden Bild menschlichen Verhaltens nehmend. So wenig, wie die Personen über sich selbst reflektieren, tut es der Dichter; und auch das Gegenüber wird so als ein selbstverständliches Dasein gefaßt. Mit kindlicher Art hat diese Sehweise manches gemein, nicht aber ein Entscheidendes, das Zufällige und Formlose, die Primitivität. Diese selbstverständliche Einheit Mensch ist im Epos nicht einfach der gewöhnliche Mensch, sondern zugleich der vorbildliche. Nicht eine märchenhafte Wunschvollkommenheit, sondern die im Einsatz zu bewährende Tüchtigkeit, die das Geschehen meistert, bedeutet dieses Vorbildhafte; jedenfalls in der Ilias, denn in der Odyssee tritt zum Beispiel im Phäakenland die märchenhafte Art hervor, allerdings sprachlich unter den $ἀρετή$-Begriff genommen. Das allgemein Menschliche des Mythischen ist mit dem Aristokratischen vereint. Zu den typischen Verhaltensweisen treten daher die $ἀρεταί$, an denen die Menschen gemessen werden. In der Odyssee allerdings wird in dieser Hülle der Arete mehr und mehr die Beurteilung nach 'gerecht' und 'schlimm' sichtbar, also die Frage nach der ethischen Qualität anstatt der nach aristokratischem Hervorragen und menschlichem Wert im Handeln. An einigen Stellen der Odyssee wird auch, wie wir sahen, die selbstverständliche Einheit des vorbildlichen Menschen aufgegeben und mit realistischem Blick die Verschiedenheit von Arten eingesetzt. Der Dichter spricht hier durch den Mund von Personen, die einen andern oder sich selbst von dem Üblichen abheben. So spricht $ϑ$ 158 ff. der Phäake Euryalos mißgünstig zu dem unbekannten Odysseus, daß er nicht den Eindruck eines adligen Wettkämpfers mache, wie es die Phäaken sind und wie es sie viel auf der Erde gibt, sondern eines gewinnsüchtigen Kaufmannes. So hebt sich, in umgekehrter Weise, der Dichter Phemios lobend als Autodidakten aus der gewöhnlichen Menge der Sänger heraus ($χ$ 347 f.), und so stellt auch der Landsknechtstyp, als den sich Odysseus $ξ$ 222 f. gibt, seine Kampfeslust dem üblichen Gewerbsfleiß der anderen gegenüber. Hier wird also durch den Vergleich, wie es ganz natürlich ist, die Besonderheit erfaßt. Dies besondere Vergleichen setzt voraus, daß der Dichter sich mit den Menschen in

---

[59]) Im $Σ$ fertigt der Gott Hephaistos den Schild, auf dem die Welt in ihren typischen Bildern festgebannt ist. In dieser Hoplopoie schafft sich der epische Dichter eine Art Selbstdarstellung.

das natürliche alltägliche Dasein begibt und von da aus realistisch die Mannigfaltigkeit der Umgebung ansieht. Diese Stellung des Dichters ist in dem Weiberjambos des Semonides bis zu ihrer entschiedensten Form weitergeführt und der Gegensatz zur homerischen Sehweise ist hier am stärksten. Hier geht der Dichter von der ungerechten Mißgunst des alltäglichen Menschen aus (ϑ 158 ff. liegt bereits etwas davon vor) und benutzt die Schärfe dieses mißgünstigen Blickes, um charakteristische Arten des Übels Weib aufzudecken. In ihrem Grundbestand ist diese Betrachtungsweise des Semonides volkstümlich und viel urtümlicher als die homerische, vor allem, soweit diese das adlige Sich-Bewähren gibt. Neu ist bei Semonides nur, daß er diese Betrachtungsweise in die Literatur erhebt. Man kann eben nicht einfach von einer organischen Fortentwicklung vom Epos zur Lyrik sprechen, sondern die aristokratisch epische Welt zerfällt und viel urtümlichere Schichten tauchen auf.

Eine Vereinigung homerischen Aretebegriffes mit dem Begriff einer beständigen Anlage ist erst bei Pindar ins sprachliche Bewußtsein erhoben, d. h. in dem Augenblick der Gefährdung, wo der adlige Mensch des Mutterlandes, um sich zu rechtfertigen, sich mit dem Nichtadligen vergleicht und so sich selbst zum Gegenstand wird.

Der 'Charakter' in der Dichtung Pindars

Zur Sprache und Situation

Das Epos erstrebt gültige und treffende Prägungen, mit denen gleiche Vorgänge und Verhältnisse gleich wiedergegeben werden können. Es nimmt das Geschehen in der Welt und im Menschen unter bestimmte Kategorien der Vorstellung und Sprache auf und läßt so eine gleichmäßige Ordnung sichtbar werden, welche den Untergrund für das große Einzelschicksal abgibt. Pindar dichtet für Gelegenheiten und sein Lied soll gegenwärtige Feste schmücken. Diese Forderung erfüllt einmal kostbare, festliche Buntheit und feierliche Gehobenheit der Sprache, die durch den Stil chorischer Festpoesie schon vorgeformt sind. Im besonderen ist es Pindar eigen, den Sinn des Festes und Liedes aus einer Deutung der adligen Werte zu begründen. Der Dichter führt das Gemeinte nicht in aller Breite aus, sondern mit adliger Reserve deutet er nur an und zielt mit ein paar abrupten Worten ins Schwarze, 'die für die Verstehenden sprechen; aber für die Menge bedürfen sie der Ausdeuter. Weise, der vieles weiß aus ursprünglicher Art' (O. 2, 93 f.). Durch diese wechselnde Buntheit, diese kunstvoll verzierte Gehobenheit und dieses andeutende Zielen auf das Gemeinte ist der pindarische Stil bestimmt, so daß sich die Sprache nicht in bestimmten Prägungen verfestigt, sondern in immer wechselnder Wendung das Gemeinte hervortreten läßt.

Wollen wir also bei Pindar zusehen, wie dort 'Charakter' gesehen und ausgedrückt ist, ist es gegeben, nicht von einzelnen Sprachformen wie im Epos auszugehen, sondern das Gemeinte selbst zum Führer zu nehmen, und von da aus die einzelnen Ausdrucksmittel vergleichend zusammenzustellen und ihre Auswahl und Ausrichtung zu beleuchten.

Wir können diesen Weg umso eher wählen, als der Charakterbegriff zu einer zentralen Stelle pindarischer Anschauungsweise gehört, dem Begriff menschlicher Wesenhaftigkeit.

Pindar lebt in der Welt des dorischen Adels, denkt und empfindet wie er und dichtet für ihn und seine Feste. Wir wissen aus anderen Zeugnissen, daß in der Lebenszeit Pindars die Geltung dieses Adels bedroht wurde und zu Ende ging. In dieser Zeit der Gefahr und des Untergangs ist die geschichtliche Lage am reifsten dafür, daß der Dichter dieses Adels nicht mehr einfach dem geltenden Brauch und den Vorschriften des Adels nachkommt wie immer, sondern daß er tiefer geht und in der Verteidigung die Grundkräfte, welche diese Welt tragen und sich in ihren Werten aussprechen, aufsucht und darstellt. Diese Möglichkeit erfüllt Pindar. Er ergreift die gefährdeten Werte leidenschaftlicher und inniger, entzieht sie so dem Zufälligen der sozialen Lage und rettet sie reiner in die Dichtung. Von einer gegenwärtigen Bedrängnis des Adels hören wir nichts bei Pindar, aber der Gegensatz von Adligem und Unadligem schlechthin durchzieht seine Dichtung und an diesem Gegensatz läßt er das Bild adliger Art klar heraustreten.

Der wesentliche Unterschied zur epischen Auffassung des Menschen besteht nicht in den Zielen und Werten, die dem Menschen gesetzt sind; vielmehr findet man bei Pindar in vielem das, was im Epos unbewußte Voraussetzung ist, erst bewußt herausgestellt. Er liegt vor allem in der anderen Blickrichtung, in dem 'auf den Grund sehen', in dem Bewußtmachen des 'Eigentlichen' und der Deutung des Seins auf das 'Wesentliche' und 'Wahre' hin. Wird im Epos einfach das Mehr oder Minder an Arete sprachlich gegeben, die zugrunde liegende Verschiedenheit des Seins nicht weiter bewußt gemacht, so geht es bei Pindar um das 'Wie' der Arete, um die echte und die nur scheinbare. Nicht einfach die Personen, wie sie einmal existieren, sondern die Werte und die Substanz, die sie bedingen, werden in den Blick gerückt. Die gegenüber dem Epos intensivere Religiosität bei Pindar geht damit zusammen.

Grundgedanken

Wir greifen zwei zentrale Stellen heraus und nehmen an ihnen die Gedanken und Ausdrucksmittel auf, um sie dann weiter im Einzelnen zu verfolgen. N. 3, 40 ff.: συγγενεῖ δέ τις εὐδοξίᾳ μέγα βρίθει. ὃς δὲ διδάκτ' ἔχει, ψεφεννὸς ἀνὴρ ἄλλοτ' ἄλλα πνέων οὔ ποτ' ἀτρεκεῖ κατέβα ποδί, μυριᾶν δ' ἀρετᾶν ἀτελεῖ νόῳ γεύεται. 'Ansehn, das aus Angeborenem kommt, gibt dem Menschen großes Gewicht. Wer aber nur Angelerntes hat, ein dunkler Mann bald von diesem, bald von jenem erfüllt, beendet nie mit genauem Schritt seinen Weg, von tausenderlei Tüchtigkeiten kostet er mit nichts vollendendem Sinn'. In der Nebenreihung von verschiedenen Vorstellungen sind hier nicht zwei bestimmte Verhaltungsweisen gezeichnet, sondern ist eine Gesamtart angedeutet, die sich in diesen Verhaltungsweisen auswirkt, die dahinter steht, 'wesentlich' ist. Die verschiedenen einzelnen Vorstellungen rufen zugleich ihren Gegensatz hervor, und so ergänzen sich die beiden Seiten: Leichtigkeit und Gewicht, unbestimmte Dunkelheit und bestimmte Klarheit, unstäte Veränderlichkeit und zurückhaltende Ruhe, unsicheres Schwanken und Irren und sicheres Schreiten zum Ziel, ein Anfassen von tausenderlei, ohne etwas zu Ende zu bringen, und zielsicheres Vollenden von Wenigem. Die Scheidung ist in dem Angeborenen und dem nur Erlernten begründet. Ausgerichtet ist sie nach dem Seinsgrad, der Möglichkeit des Menschen, mit der Tat und dem Sein an dem Sein der Welt teilzuhaben. Die Züge, welche den 'nur Gelernten' kennzeichnen, könnte man in einem Gegenbild des großen, adligen Menschen zusammenfassen, dem unwirklichen, kraftlosen, unstäten und tatenlosen Schattenbild. Gesammelte, zum Wirken befähigte K r a f t ist also für Pindar die eine Seite, die menschliche Wesenhaftigkeit ausmacht. Diese für Pindar zentrale Anschauungsweise finden wir ausgesprochen O. 9, 100 ff.: τὸ δὲ φυᾷ κράτιστον ἅπαν· πολλοὶ δὲ διδακταῖς ἀνθρώπων ἀρεταῖς κλέος ὤρουσαν ἀρέσθαι· ἄνευ δὲ θεοῦ, σεσιγαμένον οὐ σκαιότερον χρῆμ' ἕκαστον. 'Das Angeborne ist immer das Stärkste. Viele Menschen eilen mit angelerntem Können sich Ruhm zu erwerben. Doch jegliches, was ohne Gott ist, wird, verschweigt man es, nicht gemindert' (d. h. es lohnt sich nicht, es zu loben). Hier zeigt der überraschende Wechsel 103: ἄνευ δὲ θεοῦ die eigentliche Begründung der Gegenüberstellung von Kraft und Unkraft, adliger Rasse und nur Erworbenem oder Erlerntem: in der Kraft, die angeboren ist, wirkt G o t t; das bloße Rennen und Streben dagegen ist schwach und unfruchtbar. Menschliches Unvermögen gegenüber der Stärke und Wirklichkeit des Göttlichen, aus diesem religiösen Aspekt, oder auch aus diesem Respekt des Aristokraten vor der höheren Macht und Autorität, aus der die seine herfließt, ist bei Pindar letztlich menschliches Wesen gesehen.

Unter den drei Aspekten Kraft, Anlage und Abhängigkeit vom Göttlichen wird also bei Pindar menschliches Wesen aufgefaßt. Verfolgen wir dies nun mehr ins Einzelne.

Kraft

Wenn im Epos von Kraft ausdrücklich gesprochen wird, handelt es sich um Kampfkraft, die sich im Andringen oder Standhalten bewährt, um einen inneren Antrieb und eine Härte, welche sich feindlicher Gegenwirkung entgegenstemmen und sich gegen sie behaupten. Diese Kraft ist also auf einen Gegner angewiesen, der in der Ilias mehr in einer gleichgearteten Kraft, in der Odyssee mehr in dem widrigen Schicksal gesehen wird. Darüber hinaus wird in dem Vergleich der Helden miteinander überhaupt die Kraftstufe herausgestellt, welcher der Einzelne zugehört, z. B. *A* 280: εἰ δὲ σὺ καρτερός ἐσσι, θεὰ δέ σε γείνατο μήτηρ, ἀλλ' ὅ γε φέρτερός ἐστιν, ἐπεὶ πλεόνεσσιν ἀνάσσει. Hier steckt die andere allgemeinere Abstufung der Seins- und Kraftarten mit darin, der Götter, Menschen und Schatten.

Ist im Epos auf die Stufen und ihre Abgrenzung die Aufmerksamkeit gelenkt, sonst aber einfach die Kraft als eine sich äußernde dichterisch dargestellt, so ist bei Pindar die Kraft überhaupt Gegenstand und ins Bewußtsein gerückt. Sie steht als Voraussetzung zur Tat und zum Gelingen im Mittelpunkt des Betrachtens. Indem Pindar das Verhältnis Gott—Mensch nicht mehr mit der objektiven und beherrschten Gerechtigkeit des Epos sieht, sondern es mit leidenschaftlicher Anteilnahme intensiviert, stellt er den Menschen als zwischen allen drei Seins- und Kraftstufen ausgespannt dar.

Am allgemeinsten ist diese Deutung menschlicher Kraft ausgesprochen im Proömium zu N. 6: Der Mensch ist durch die gleiche Herkunft verwandt mit den Göttern, ist ihnen irgendwie ähnlich an Geist und Körper, und doch trennt die Kraft, die in allem verschieden ist, so daß er ein Nichts ist, der eherne Himmel aber ewig fester Sitz bleibt. P. 8, 95 ff. heißt der nichtige, ganz vom Tage abhängige Mensch (88 ff.) 'Traumbild von einem Schatten'; beides sind Bezeichnungen, welche im Epos, genauer in der Odyssee, auf die unstäte Kraftlosigkeit der Seelen im Hades angewandt werden[1]). Wie hier mit der Vorstellung des Traumhaften und Schattenhaften die Kraftlosigkeit des menschlichen Seins im Gegensatz zu göttlicher Kraft erfaßt wird, so begegnet uns dieser Vorstellungsbereich auch in der Scheidung zwischen Mensch und Mensch. Wir haben oben gesehen, daß in N. 3, 40 ff. die Einzelzüge, welche den 'nur gelernten' Mann kennzeichnen,

---

[1]) *χ* 495 Teiresias allein hat im Tod den Noos behalten, 'die anderen aber schwirren als Schatten umher'. *λ* 222: Wenn die Menschen gestorben sind, geht Körperkraft und Thymos verloren. 'Die Seele aber flattert, wenn sie davongeflogen, wie ein Traumbild umher'. *λ* 207 beide Vorstellungen nebeneinander, wie sie bei Pindar ineinander sind: Odysseus will die Seele seiner Mutter umarmen, sie aber flog aus seinen Händen 'einem Schatten gleich oder auch einem Traumbild'. Es ist zu beachten, daß an allen Stellen der Gegensatz zu dem lebenskräftigen Menschen ausdrücklich gegeben ist, der Gegensatz zwischen Kraft und Unkraft also mit einer Bewußtheit erfaßt ist, die der pindarischen nahe kommt. Die Kraftlosigkeit der Seelen gibt der Ausdruck νεκύων ἀμενηνὰ κάρηνα *κ* 521; 536; *λ* 29; 49; das Gleiche vom Traum: *τ* 562 ἀμενηνῶν ὀνείρων.

sich auf der Grundlage zusammenfügen lassen, welche mit dem Anschauungsbereich des Schattenhaften gegeben ist.

In diesen Anschauungsbereich erstreckt sich vor allem auch das Begriffspaar D u n k e l - H e l l, welches bei Pindar thematische Bedeutung hat²). Der 'nur Gelernte' heißt N. 3, 41 ψεφεννὸς ἀνήρ. P. 8, 95f. wird der Schattenhaftigkeit menschlicher Existenz der gottgegebene Glanz gegenübergestellt. Das Licht kommt von Gott und ist deshalb für den Menschen immer ein Geschenk. Hell, strahlend ist das, was in die Welt hinein wirkt, zum Ende kommt und so sichtbar wird I. 4, 31: auch das Kämpfen, bevor es zum höchsten Ende (zum Sieg) kommt, hat noch 'Unsichtbarkeit des Gelingens'. Die echt adlige Schätzung des Glanzes verbindet sich bei Pindar mit der Schätzung alles wahrhaft Wirkenden. Alles was nicht Taten wirkt, ist dunkel. So bei den Tätern der, welcher nur Angelerntes hat und nichts fertig bringt (N. 3, 41), wie bei den Beurteilern der Tat, wo der Neid und hämische Tadel, selbst dunkel, nur das Große, Strahlende verdunkeln wollen; im Gegensatz zu dem adligen Dichter der Preisgesänge, den alles Strahlende noch mehr zum lobenden Erleuchten verpflichtet.

Der Bereich des Dunklen—Hellen geht in den des K r u m m e n — G r a d e n und V e r w o r r e n e n — G e w i s s e n über³). Das Grade und Einfache ist bei Pindar nicht so sehr das Anständige und Rechtliche wie der Weg kraftvollen Handelns. Wer kraftvoll ein Ziel erreichen will, geht gradezu; denn das ist der kürzeste Weg, der am schnellsten zum Erfolg, zur Wirklichkeit führt. 'Wenn Gott den Anfang zeigt zu jedem Handeln, grade ist dann der Weg, die Arete zu nehmen, und das Ende ist schöner' Fr. 108 und: 'Schnell ist das Handeln, wenn die Götter drängen, und die Wege kurz' P. 9, 67. Denn so ist das Handeln der Götter selbst. Der göttliche Repräsentant des Graden ist für Pindar Apollon; kaum hat er seinen Willen ausgesprochen, so hat er ihn schon erfüllt (P. 3, 43), er der Späher, der Trug nicht berührt, und den niemand hintergehen kann, der keinen Vermittler braucht, sondern nur einen 'gradesten Vertrauten' hat, seinen alles wissenden Sinn P. 3, 27 ff. So wirkt jede echte Kraft geradezu N. 1, 25 ff.: 'Künste haben wir verschiedene, Not tut aber, auf graden Wegen schreitend zu kämpfen aus dem Angebornen heraus. Schafft doch im Werk Kraft, im Rat Verstand das Zukünftige vorauszusehen, denen Angeborenes

---

²) vgl. H. Gundert, Pindar und sein Dichterberuf. Frankfurter Studien 10, 1935, der im 1. Kapitel 'Areta und Ruhm als Licht' dieses Thema verfolgt.

³) [Vgl. jetzt O. Becker: Das Bild des Weges und verwandte Vorstellungen im frühgriechischen Denken. Hermes Einzelschriften 4, 1937; bes. S. 85 ff.]

folgt.' Das zeigen Herakles, der seinen ersten Kampf in der Wiege versucht, und Teiresias, der herbeigeholt sogleich dessen ganze Zukunft voraussieht. Dieser gradzupackende Herakles erlegt manchen der Männer, die mit 'verquerem Überdruß' gehen (64f. σὺν πλαγίῳ κόρῳ). Der Schattenmann, der nur Angelerntes hat (N. 3, 41), kann nie einen Weg mit sicher abgemessenem Schritt (ἀτρεκεῖ ποδί) vollenden, sondern nascht an tausenderlei. 'Zu begrüßen ist es, wenn man bei jeglichem Werk nicht den rechten Augenblick irrend verfehlt, sondern imstande ist, sich des besseren Begehrens zu bemächtigen' N. 8, 4f. 'Doch hat der Sinne Verwirrung auch Weise abgetrieben' O. 7, 30 f. (vom graden Kurs vgl. Od. ι 81; Hypermnestra kam nicht ab N. 10, 6). Ixion (P. 2, 21/48) erhält zur Strafe für sein wahnwitziges Begehren ein Truggebilde, ein Weib aus einer Wolke gemacht, und muß ewig überallhin herumwirbeln. Diese Strafe verewigt sein triebhaft-maßloses Begehren. Die den Überdruß niederhalten, Gott schauen, haben länger das Glück; 'verqueren Sinnen aber gesellt es sich nicht in gleicher Weise, alle Zeit blühend' I. 3, 2 ff. Der Mensch muß also ausgerichtet sein nach der Grade des göttlichen Wegs.

Der Gegensatz zwischen dem Zielsicher-Kraftvollen und dem Verworrenen gilt bei Pindar auch im Gebiet des Sagens. Er wird dort durch die Gegenüberstellung von Adler und Krähen oder Dohlen veranschaulicht. Im Epos wird eine Kampfsituation, wenn ein starker Held hervorbrechend einen Haufen Feinde vertreibt, durch den Vergleich ausgebaut, wie ein starker Raubvogel heranschießend einen Haufen Dohlen oder Stare scheucht[4]). Pindar stellt allgemein die wesentliche Art des königlichen Raubvogels, des Adlers, und der niederen, Krähen oder Dohlen, gegenüber. Auch beim Sagen gilt der Wert gradzupackender Kraft, wie sie der Adler zeigt: N. 3, 80 ff. 'Es ist aber der Adler schnell unter den Geflügelten, der jäh, von fern aufsuchend, die blutige Beute mit den Klauen packt; die

---

[4]) Π 582 Hektor 'schoß (ἴθυσεν) aber durch die Vorkämpfer einem Habicht vergleichbar, schnellem, der scheucht so Dohlen wie Stare'. Das Dahinschießen eines Raubvogels allein: O 237 f. von Apollon, Φ 252 f. eigenartigerweise vom flüchtenden Achill. P 755 f.: vor Aeneas und Hektor fliehen die Achäer 'wie der Stare Wolke geht oder der Dohlen, heftig schreiend, wenn sie daherkommen sehen die Weihe, die Mord den kleinen Vögeln bringt'. Pindar setzt anstatt der Stare die Krähen, weil es ihm nicht auf die Situation Angriff-Flucht, die Gegenüberstellung angreifendes-flüchtiges Tier ankommt, sondern auf die Gegenüberstellung von zwei verschiedenen Wesensarten, welche sich vergleichen lassen, also von großartigem und niederem Raubvogel. Das Bild der Krähe als gemeinem Vogel wird er von der Fabel übernommen haben. Das Geschrei von Krähe und Dohle auch sonst sprachlich ganz geläufig, z.B. B 212 Thersites 'dohlt' (ἀμετροεπὴς ἐκολῴα; cf. κολῳός A 575 Spektakel), die Dohlen (Pindar N. 3, 82) 'krähen' κραγέται κολοιοί; κράζω das Krah-Schreien.

krächzenden Dohlen aber treiben Niederes.' Pindar trifft mit seinen Worten wie mit Pfeilen (O. 2, 91/94, 98 ff): 'Weise, der vieles weiß aus dem Wesen heraus. Die aber nur lernen, wie gierige Krähen in Allzüngigkeit schreien sie Unerfülltes gegen des Zeus göttlichen Vogel.' Die Gelernten mit ihrem ständigen Geschrei können nichts Treffendes und Wirkendes sagen, weil sie dazu weder Kraft an sich noch beherrschte Kraft haben; denn zum wirkenden Sprechen gehört jenes sichere Zurückhalten, welches Pindar ständig einprägt und selbst vormacht, welches allein die Übersättigung verhindert. 'Aber das Geschwätz von unbeherrschten Menschen pflegt Verborgenheit zu stiften der Edlen schönen Werken' O. 2, 106. Schädigende Mißgunst liegt nicht nur im Verschweigen, sondern gerade auch im gierigen Beschwatzen. 'Ein Leckerbissen sind Worte für Neidische' N. 8, 21. Das Große kann nur im beherrschten großen Sprechen zu Wort kommen. Verleumder und Schmeichler wispern ($\psi i \vartheta v \varrho o \iota$ P. 2, 75 ff.) und bringen kein kräftiges Wort wie der gradzüngige Mann zuwege. Der Neider, 'der Niederes atmet, brummt undeutlich' P. 11, 30, während der Adler aus großer Höhe seine Beute erspäht und erreicht [5]).

Neben der gradzupackenden, zielsicheren Kraft in allem Tun und Lassen hat auch die Wendigkeit der Klugheit ihre Berechtigung [6]). Weist Pindar N. 8, 32 ff. das hinterlistige, schmeichelnde Beschwatzen ganz zurück und wünscht sich, daß er nie solche Art habe, 'sondern auf einfachen Wegen möchte ich das Leben anfassen', so lobt er doch I. 4, 45 ff. neben dem Wagemut des Löwen die Schläue des Fuchses, der sich in der Not zu helfen weiß, 'der des Adlers Anschwung abwehrt, indem er sich ausbreitet', das meint, indem er sich auf den Rücken legt und das Gebiß wie die Pfoten gegen den Feind gebrauchen kann. Auch O. 11, 20 stehen Löwe und Fuchs sicher lobend nebeneinander, voraus geht rein lobend $\dot{\alpha}\varkappa\varrho\dot{o}\sigma o\varphi\acute{o}\nu$ $\tau\varepsilon$ $\varkappa\alpha\grave{\iota}$ $\alpha\dot{\iota}\chi\mu\alpha\tau\acute{\alpha}\nu$ 19.

---

[5]) Bacchylides gibt mit dem prächtigen Bild des Adlerfluges 4, 16/30 die Ausmalung der unendlichen Möglichkeiten seiner Kunst und Phantasie (tausendfacher Weg überallhin 31; dasselbe bei Pindar I. 4, 1 begründet mit der Sache, der Fülle der Arete des Siegers, nicht mit der Kunst allein); das hohe, ungehemmte Schweben, das im grenzenlosen Raum mit dem Wehen des Windes dahinzieht, interessiert Pindar nicht am Flug des Adlers, wie ihm überhaupt selbstgenugsame Kunst und unendliche Phantasie fremd sind. (Die Stellung und Schätzung der Phantasie in der frühgriechischen Dichtung wäre einmal zu untersuchen.) Er sieht beim Dichter und Adler auf das Zupacken-Können, das Erfassen der Wirklichkeit, welches Vereinigung von gesammelter Kraft und Zielsicherheit erfordert. So wie sonst mit dem Bild des Schießens Treffsicherheit ausgedrückt ist, z. B. O. 2, 98: 'Halte jetzt auf das Ziel den Bogen, auf mein Mut', wo sich die Vorstellung vom Schießen an die vom Adler anschließt. N. 5, 21 'Und über das Meer schwingen sich die Adler' ist auch die Kraft, weite Ziele zu erreichen, gegeben; der weite Sprung steht daneben.

[6]) [Vgl. hierzu O. Becker a. O. 89 ff.]

'Not tut, mit allen Mitteln den Feind zu vernichten', heißt es I. 4, 48 weiter. Das kunstfertige Überwinden des Stärkeren im Kampf ist nicht zu tadeln, wohl aber, wenn die bloße Techne gegen grade Kraft streitet, wo sich die Gemeinheit gern darin verbirgt, wenn nicht die Notlage des Kampfes vorliegt, sondern eine niedere Art von Menschen von sich aus das Große überlistet und herunterziehen will. P. 2, 77 ist nicht die Klugheit des Fuchses, sondern seine Charakterart, Gesinnung mit der der Verläumder verglichen (ὀργαῖς ἀτενὲς ἀλωπέκων ἴκελοι). Aus tiefem Mißtrauen gegen die Macht des Gemeinen, die sich gern mit dem Gerissenen verbindet, kann Pindar sich nicht an der Klugheit des Odysseus freuen, sondern bringt ihr Argwohn entgegen, wo sie sich mit dem graden, einfachen Aias mißt und ihn im Bund mit der gemeinen Menge zugrunde richtet. Hier stoßen wir auf einen Charakterbegriff, wie er uns geläufig ist, wenn wir von einem graden und edlen und einem verschlagenen, gemeinen Charakter sprechen. Hier meint 'Charakter' die Haltung und Gesinnung. Einen Ausdruck hat Pindar für diesen Charakterbegriff nicht; der Zusammenhang aber deutet die Stelle an, wo dieser Begriff einzusetzen wäre. Allerdings ist diese Vorstellung von Charakter auch nicht selbständig, sondern in Verbindung mit der andern von der wesenhaften Stärke und deren Gegenteil.

Diese Umschau unter den Ausdrucksmitteln, die menschliches Verhalten und menschliche Art geben, zeigt, daß bei Pindar die Gesamtart des Menschen erfaßt wird, daß Verhalten und Sein zusammengefaßt werden. Wenn N. 3, 41 von dem 'nur Gelernten' gesagt wird, er sei ein 'dunkler Mann', so ist damit seine ganze Existenz und sein gesamtes Verhalten gemeint; 'niemals' geht er mit sicherem Schritt seinen Weg. Dunkel—hell, schwankend—gewiß, wechselnd—stätig, schattenhaft—kräftig, nichtig—vollendend, alle diese Anschauungs-Kategorien bezeichnen Seinsformen.

Ausgewählt und ausgerichtet sind diese Anschauungsformen, in denen das Verhalten und Sein des Menschen gesehen wird, nach e i n e m Thema: großes, echtes Tun des Menschen. Durch wesenhaftes Handeln zeigt sich der Mensch als etwas Wesenhaftes und wird etwas Wesenhaftes; dadurch wird er, was er ist. Ohne Verwirklichung in der fruchtbaren Tat verwelkt er oder treibt in blindem Wähnen und Erwarten zum vernichtenden Zusammenstoß mit der Realität der göttlichen Weltordnung. Zweierlei gehört bei Pindar zu solchem Vollenden des Wesens durch die Tat: Kraft und Nüchternheit; das letzte bedeutet Erkenntnis der göttlichen Weltordnung (Nomos, Dike) und Sich-Einfügen an seinen Platz sowie Erkennen und Beherrschen der Gelegenheit (Kairos).

Nach diesem Begriff von Wesenserfüllung sieht Pindar das menschliche Geschehen überhaupt wie auch die 'Charaktereigenschaften' der einzelnen Menschen. Ihn interessiert deshalb nirgends die bunte Mannigfaltigkeit verschiedener Menschenarten, wie sie etwa der Jonier Semonides von den ärgerlichen Erfahrungen aus zeichnet. Das Einzelne geht bei Pindar immer ins Allgemeine über; der Einzelne wie die Menschen überhaupt haben Teil am Dunklen und Hellen, Klaren und Verworrenen und so fort. Hier zeigt sich das Unpersönliche, das auch in der Art des pindarischen Lobes bestimmend ist, und ihn von dem 'Persönlichen' bei Theognis unterscheidet, welches auf den zufällig so und so Bestimmten geht. In vergleichender Gegenüberstellung läßt Pindar die Eigenart von verschiedenen Wesen bewußt werden. Es stehen sich die beiden Bereiche des Wesenhaften und Unwesenhaften gegenüber, die wir in ihrem Grundbestand als die kraftlose Traum- und Wunschwelt und die kraftvolle Welt des Wirkens und Gelingens bezeichnen können. Jene kommt nicht zur gelingenden Tat, es gibt dort das Dunkle, das Wirre, das Unstäte und Unsichere, das blinde Erwarten und gierige Verlangen. Hier gibt es das nüchterne Bewußtsein von den Grenzen und Möglichkeiten, die Kraft zur Tat im Hellen, Graden, Ruhigen und Gewissen, Beherrschten und Treffenden. Die wesenhafte Kraft also und ihr Gegenteil, die sich in diesen Bereichen zeigen, ist bei Pindar das, worin sich der Charakter des Menschen darstellt.

Das gewachsene Wesen

Diese wesenhafte Kraft zum Handeln gilt bei Pindar als nicht erwerbbar, sondern als gegeben. Dem Adelsglauben entsprechend setzt bei ihm echte Arete das Angeborene, 'Rasse' voraus. In dieser 'Rasse' ist der Einzelne bedingt durch den Zusammenhang des Geschlechts, die Abfolge des Bluts.

Die Bedeutung dieses adligen Glaubens an das Blut tritt bei Pindar allenthalben heraus, in verschiedenen Ausdrucksformen. Die Nachkommen zeugen von den Vorfahren. Die Tiefe dieses Glaubens zeigt sich da am eindeutigsten, wo er trotz der Unbeständigkeit eines Geschlechts durchgeführt wird. Während im Epos Y 242 ff. (vgl. O 490 ff.; Π 688 ff.) grade angesichts einer ruhmvollen Geschlechtsabfolge (203 ff.) auf die völlige Abhängigkeit der Arete von Zeus Belieben hingewiesen wird und das Individuum und sein Tun und Leiden gegenüber dem Zusammenhang des Geschlechts heraustritt (s. o. S. 74), findet Pindar auch im ungewissen Wechsel ein Dauerndes bestätigt, nach der Regel, die alles Wachstum zeigt: Kraft sammeln und Kraft ausgeben. N. 6 sieht er den im Proömium ausgesprochenen Gedanken, daß die Menschen sich von den Göttern unterscheiden in Kraftlosigkeit und Unbeständigkeit und doch auch wieder mit dem ewig machtvollen Geschlecht der Götter verwandt sind, bezeugt in dem Geschlecht des Alkimidas, das in Wettkämpfen Kraft gezeigt hat und anderseits streckenweise versagt hat. Daß sich dieser Wechsel mit der Dauer des Bluts vereinen läßt [7]), wird an dem Vergleich mit den Feldern gezeigt, wo Frucht und Brache wechseln 8: 'Beispiel ist auch jetzt Alkimidas, daß man das Angestammte sieht nahe den fruchttragenden Feldern, die wechselnd dann dem Menschen fürs Jahr zu leben geben aus dem Boden, dann wieder setzen sie aus und schöpfen Kraft'. Daß hier auch der Zeit, wo die Arete sich nicht bewährt, selbst wenn es ein ganzes Menschenleben ist, ein gewisser Sinn für die Arete zugesprochen werden kann, ist ganz neu gegenüber der epischen Betrachtungsweise der Arete, welche auf ihre Praesenz achtet. Derselbe Vergleich ist N. 11, 38 ff. mit einem zweiten, dem Wechsel in der Fruchtbarkeit der Bäume verbunden: 'Alte Tüchtigkeiten bringen im Wechsel den Geschlechtern der Menschen Kraft wieder. Auf der Feste geben Frucht nicht die dunklen Felder, nicht die Bäume wollen in allen Jahrläufen wohlduftende Blüten tragen mit gleichem Reichtum, sondern wechselnd'. Das alte Blut väterlicher und mütterlicher Ahnen ist bei Aristagoras wieder zu erkennen gewesen 33 ff. [8]). Ist im Epos dargestellt,

---

[7]) Nur um die Dauer des Blutes zu betonen wird 16 zu πατροπάτορος noch ὁμαίμιον zugesetzt sein. Das Thema vom Geschlechtszusammenhang geht durch: 8 ff; 16; 31 παλαίφατος γενεά; 35 ἀπὸ ταύτας αἷμα πάτρας; 61 κλειτᾷ γενεᾷ. Der Ansicht von Boeckh und Wilamowitz (Pindar S. 399), daß nur im Gegensatz zu einem anderen rechtlichen Großvater der leibliche so unterschieden werden konnte, steht entgegen: 8 wird allgemein vom Wechsel im Angestammten ausgegangen, 12 wird der gegenwärtige Erfolg des Knaben gebracht, 15 kommt der Name des Praxidamas als Vorgänger, die nachgestellte Apposition 16 drückt zugleich den Wechsel und die Dauer aus: der Großvater, nicht der Vater, aber das gleiche Blut. Der Gedanke: er geht auf den Spuren seines leiblichen Großvaters, nicht seines rechtlichen, den er durch die Adoption bekommen hat, würde einen diesem Ablauf fremden Gedanken hereinbringen, indem damit nur die Dauer des Bluts, nicht der hier so wichtige Gedanke des Wechsels hervorgehoben würde. Der Zusatz ὁμαίμιον macht auch das Übergehen des Vaters weniger hart, weil damit der Blick mehr auf das Blut als auf die Personen gelenkt wird, die Frage grundsätzlich behandelt wird.

[8]) Von 33—42 ist nur von Wechsel und Dauer im Geschlecht gesprochen; erst mit 43 setzt der Gedanke von der allgemeinen Unbeständigkeit des Menschengeschlechts ein. Die Reihenfolge ist hier also umgekehrt wie in N. 6. Wilamowitz S. 431 versteht 33—42 von der Enttäuschung, die Aristagoras bei seinem vielversprechenden Adelserbe gewor-

wie der Ruhm der Herkunft, die Erinnerung an die Erziehung und die Rücksicht auf die Gemeinschaft zum entsprechenden Handeln treiben, ist also das Bewußtsein, das der Einzelne von diesen Bindungen hat, das Wichtige, so stellt Pindar gerade die unbewußten Bedingungen der Herkunft und des Lebenskreises heraus, welche die Existenz bestimmen.

Der Vorstellungs- und Ausdrucksbereich, in dem Pindar diese schicksalhafte Bedingtheit des Menschen vor allem darstellt, ist der des pflanzlichen Lebens, des Wachsens und Gedeihens. Wir trafen die beiden Vorstellungen von Fruchtfeldern und der Baumblüte, wo Taten und Ansehen als ein Fruchttragen und Gedeihen gefaßt sind. Von der Blüte und nicht dem Fruchttragen der Bäume, — wobei hier vorausgesetzt ist, daß dem Wechsel in der Blütenfülle der Wechsel der Fruchtfülle entsprechen wird — ist gesprochen aus der Schätzung des Prangens und Blühens, die wir bei Pindar auch sonst antreffen. O. 11, 8 ff.: 'Das begehrt meine Zunge zu pflegen, von Gott aber blüht der Mann in klugen Sinnen gleichermaßen', das heißt hier, von Gott kommt das Blühende, Prangende und Tüchtige des Sängers, wie der Erfolg des Siegers von ihm abhängt ($\delta\mu o i\omega\varsigma$ 10). So spricht Pindar auch von 'der Jugend prangenden ($\dot{\alpha}\nu\vartheta\acute{\eta}\sigma\alpha\nu\tau\alpha$) Frucht', vom Blühen des Reichtums P. 10, 18, des Ruhms N. 9, 39; P. 1, 66; Muse und Ares blühen in Korinth O. 13, 23. Von einem Reifen der Blüte zur Frucht spricht Pindar nicht[9]), wie ihm der Entwicklungsgedanke überhaupt fremd ist und

den ist, er faßt also Aristagoras jetzige Zeit als eine Zeit der Brache auf. Davon steht nichts da; Wilamowitz paraphrasiert: „Nicht jedes Jahr entspricht die Ernte der Blütenpracht", gesprochen ist aber vom Wiederaufleben der a l t e n Tugenden, so wie die Bäume zwischen ihren reichen Blütenjahren auch arme haben, wechselnd. Das kann nur auf den Wechsel im Geschlechtsablauf gehen, das alte Ahnenblut ist wieder bei Aristagoras aufgetaucht. Seine 16 Siege in der Umgebung (19 ff.) genügen zu dieser Identifizierung mit dem alten Blut: $\sigma\nu\mu\beta\alpha\lambda\varepsilon\tilde{\imath}\nu$ $\mu\grave{\alpha}\nu$ $\varepsilon\dot{\nu}\mu\alpha\varrho\grave{\varepsilon}\varsigma$ $\tilde{\eta}\nu$ 33. Auch Gundert S. 16 bezieht die Regel des Wechselns auf das Einzelschicksal, zugleich aber auch auf die Geschlechterareta; ich sehe keine Möglichkeit einer solchen doppelten Beziehung. Mit dem Schicksal des Aristagoras hat nur der allgemeine Gedanke, der an den Wechsel der Geschlechterareta 42 angeschlossen wird: die Unbeständigkeit des Menschengeschlechts und das Folgende zu tun; mit 42 ist nicht mehr das Paar Dauer-Wechsel Thema. In einem Preislied auf Aristagoras diesen als eine augenblickliche Brache zu bezeichnen, wäre eine grobe Taktlosigkeit. Auch in der dritten Strophe geht der Ablauf vom Lebenden, Frohen zum Düsteren, Mahnenden.

[9]) Wie bei Hölderlins, sonst ganz pindarischer, Vorstellung von der 'Pflanze Mensch' in 'Das Schicksal': 'Es reife von der Mittags Flamme / Es reife nun von Kampf und Schmerz / Die Blüt am grenzenlosen Stamme / Wie Sprosse Gottes dieses Herz'. Wenn Nietzsche, z. B. „Der Wille zur Macht" Nr. 966, von der 'Pflanze Mensch' spricht, sieht

auch in dem Ausdrucksbereich des Wachsens bei ihm keine Stelle hat; auf Kraft als Voraussetzung und auf die Erfüllung in Blüte und Frucht kommt es ihm an [10]).

Das Verhältnis von kräftiger Substanz und Blüte der Areta, die im Schicksal eines Einzelnen wechseln können, ist P. 4, 263 ff. behandelt. Pindar spricht da für die Rückberufung des verbannten Damophilos nach Kyrene und beantwortet die Frage, ob auch da noch Areta ist, wo sie durch einen Schicksalsschlag aus ihrer gegebenen Wirkungsmöglichkeit geworfen ist, durch den Vergleich mit einer großen Eiche, die gefällt und behauen, obwohl sie keine Frucht mehr tragen kann (265), doch noch von ihrer Kraft und Kernigkeit Zeugnis ablegt, als Brennscheit oder als Pfeiler. Während im Epos bei dem häufigen Vergleich des Fällens eines Baumes mit dem Todessturz eines Kriegers der Gegensatz des hochragenden stolzen Wuchses in der Landschaft mit dem Sturz in den Staub herausgearbeitet wird, in einem anderen Vergleich der Widerstand der Kämpfer mit der trotzigen Standfestigkeit der Bäume gegen den Wind verglichen wird, wird bei Pindar nicht das Geschehen und Verhalten, sondern die Substanz und die darin gesammelte Kraft verglichen, die noch im Unglück und Leiden zu erkennen ist.

Der Erfüllung in Frucht und Blüte, der Kernigkeit des Stammes entspricht die Verwurzelung: O. 2, 50 'von dorther seines Samens Wurzel ha-

---

er auf die Möglichkeiten der Entwicklung und Züchtung bei verschiedenem Standplatz, kennt nicht den pindarischen Gedanken der göttlichen Bedingtheit.

[10]) Es ist hier daran zu erinnern, daß Pindar den methodischen Weg zur Vollendung und Verwirklichung nicht hervorhebt, weder allgemein, wo er die τέχναι gegenüber der wirkenden Kraft zurückstellt, noch in der Erzählung, wo er nie das Interesse für den methodischen Ablauf einer Handlung zeigt, das für das Epos so bezeichnend ist, etwa bei der Zurüstung eines Mahls. Pindar hebt das Wesentliche heraus, gibt Anfang und Ende, ἀρχά und τέλος, als die entscheidenden Punkte und nennt sie auch gerne zusammen: P. 10, 10 'Apollon, süß wird der Menschen Anfang wie Ende, treibt der Daimon, gemehrt'. Fr. 137: 'Der Eingeweihte weiß des Lebens Ende, weiß den zeusgegebenen Anfang'. P. 8, 25: 'vollendeten Ruhm hat er von Anfang'; siehe auch N. 1, 8. Der Zusammenhang zwischen Zeugung und Frucht ist überall bei Pindar anzutreffen. Über den Kreislauf von Lied und Sieg, 'Wahrheit als Ursprung großer Tüchtigkeit', siehe Gundert S. 60 f., 72 ff. und sonst. Auch die Schätzung des graden Wegs gehört hiermit zusammen. Fr. 108 a: 'Zeigt Gott den Anfang zu jeglicher Tat, grade ist dann der Weg, die Tüchtigkeit zu nehmen und schöner das Ende'. Es ist die pindarische Grundanschauung, daß das Wahre, das 'Wesen' ohne viel Künste und Umschweife seinen Weg hat; vgl. N. 7, 51: 'leuchtenden Tüchtigkeiten ist die Hauptstraße der Worte von Haus aus' (οἴκοθεν), d. h. die Worte brauchen nicht lange gesucht zu werden, sind mit dem Großen und Echten gegeben, ihm 'eigen' (οἰκεῖος). Vgl. o. S. 84.

[Bei Becker a. O. hätte diese Eigenart Pindars, die Wegvorstellung zu benutzen, vielleicht noch stärker betont werden können.]

bend'; I. 8, 55 f. Achilleus mit seinen Taten vor Troja 'zeigte auf Aigina und seine Wurzel', d. h. seine Herkunft von Peleus und Thetis. Eine Musterstadt begründen, heißt 'der Städte Wurzel pflanzen' P. 4, 15. Das Geborenwerden eines Einzelnen ist ein Hervorsprossen. Aus der rechten Verbindung von Zeus und Aigina 'sproß hervor (ἔβλαστεν) der Sohn, Oinonas König, an Hand und Ratschlägen der Beste' N. 8, 7 f.

Das Erzeugen eines Geschlechts oder einzelner Helden ist auch öfters als 'Pflanzen' (φυτεύειν) ausgedrückt P. 4, 256: 'Da nämlich wurde das Geschlecht des Euphemos gepflanzt und ging auf in Zukunft immerfort'; P. 4, 144; N. 7, 84; N. 5, 7. Als Pflanzen faßt Pindar auch jedes feste Begründen eines Zustands, so I. 6, 12: 'wenn dazu (zu den gotterbauten Tüchtigkeiten) ihm der Daimon pflanzt Ruhm, geliebten'; N. 8, 17: 'denn mit Gott gepflanztes Glück ist dem Menschen ausharrender'; Fr. 141: 'Gott, der alles bereitet den Sterblichen, pflanzt auch Anmut dem Gesang'; P. 4, 69; P. 9, 111; N. 4, 59. Wir sehen, daß die Vorstellung des Pflanzens gern in Verbindung mit dem Göttlichen gebracht wird.

Vom Pflanzlichen kommt auch φύειν 'erwachsen' her. Im Epos wird es ausschließlich von Pflanzen gebraucht; vom Entstehen (und Vergehen) der Menschengeschlechter Ζ 149, wo es durch den Vergleich mit den Blättern gegeben ist. Nur χ 347 f. (s. oben S. 63) tritt ἐνφύω im menschlichen Bereich auf: 'Selbst gelernt bin ich; Gott ließ mir im Sinn mannigfache Gesänge wachsen' (ἐνέφυσε). Hier stellt sich ein Individualist gegen die traditionelle Kunst, die erlernt wird, unter Berufung auf eine besondere natürliche Begabung von Gott her; die Gedichte gehen unmittelbar und wesensmäßig aus ihm hervor, sie erwachsen in ihm. Bei Pindar ist mit φύειν keineswegs diese Wendung gegen die traditionelle Art genommen, sondern das φύειν gilt von allem Wesentlichen, allerdings im Gegensatz zum nur eigenmächtigen Anlernen [11]): P. 1, 42: 'Sind doch von den Göttern die Mittel alle für sterbliche Tüchtigkeiten und von ihnen erwachsen Kluge, Handstarke und Redegewaltige' [12]). Die Tüchtigkeiten sind hier als in einem 'Er-

---

[11]) Wenn das Scholion zu O. 9, 100 Σ 152 d τὸ δὲ φυᾷ κράτιστον ἅπαν erklärt: 'er deutet auf sich selbst; immer nämlich nennt er sich einen Autodidakten', so ist hier die pindarische Gegenüberstellung Angestammtes — nur Gelerntes falsch überspitzt und in der Richtung ausgedeutet, wie der individualistische Ionier jener Odyseestelle χ 347 ff. sich absondert von den anderen Sängern. Auch sonst finden die Scholien bei Pindar den hellenistischen Physisbegriff. Man darf nicht mit Gildersleeve (Einleitung 33 und zu den Stellen) von einem Glauben Pindars an die 'Natur' und einer Gleichsetzung von Natur und Gott sprechen.

[12]) ἐκ θεῶν ist auch zu ἔφυν zu ziehen; ἔφυν kann hier kaum, wie Gildersleeve die Stelle auffaßt („Pindar identifies φύσις with θεός" — das tut er niemals), betont allein stehen, da das nur in einem irgendwie ausgedrücktem Gegensatz zu bloß menschlichem

wachsen' begründet gesehen, und zwar von den Göttern her. In Verbindung mit einer Tüchtigkeit wie mit dem Göttlichen steht φύειν auch O. 10, 20 f.: 'schärfend den zur Tüchtigkeit gebornen (φύντ' ἀρετᾷ) möchte ihn zu gewaltigem Ruhm treiben ein Mann mit Gottes Hand', und hier ist auch ganz deutlich, daß bei Pindar das φύειν nicht im Gegensatz zur Unterweisung steht.

Auch bei den beiden Adjektiven σύμφυτος und ἐμφυής geht es um die Anlage zur Tüchtigkeit: σύμφυτος I. 3, 13: 'Die angewachsene Mannestüchtigkeit beschimpft er nicht' und ἐμφυής O. 11, 19: 'Die eingewachsene Art (ἐμφυὲς ἦθος) verändern nicht der leuchtende Fuchs noch der brüllende Löwe', das meint hier, der eine ist veranlagt zur Klugheit, der andere zur Kraft und zum Wagemut.

Diesen Adjektiven entsprechend stehen sonst solche vom Stamm γεν-, um das Angestammte zu bezeichnen: συγγενής O. 13, 13: 'unmöglich ists zu verbergen die mitgeborene Art' (συγγενὲς ἦθος), in dem Sinn von große angestammte Fähigkeit zur Areta; die zeigt sich immer wieder; N. 3, 40 'im Ansehen, das auf Angestammtem beruht (συγγενεῖ εὐδοξίᾳ) hat einer großes Gewicht; wer aber Angelerntes hat . . . .'; τὸ συγγενὲς N. 6, 8; P. 10, 12; συγγενὲς zu wirken und klug zu sein N. 1, 28; πότμος συγγενής N. 5, 40; das 'angeborene Auge' (συγγενὴς ὀφθαλμός) des Fürsten, d. h. der Blick des geborenen Fürsten P. 5, 17; σύγγοναι τέχναι von angeborener Sehergabe P. 8, 60; σύγγονος ἀτρεμία N. 11, 12; ἐγγενής: N. 10, 51 'ihnen ist es eingeboren, gute Athleten zu sein'. In allen diesen adjektivischen Ausdrucksweisen ist das Angestammte inhaltlich nach der Areta bestimmt und ist das eigentlich Wertvolle. Das hängt mit dem religiösen Aspekt zusammen, unter dem dieses Angeborne gesehen wird.

Bedingtheit durch Gott

Wenn es O. 11, 19 f. heißt: 'τὸ γὰρ ἐμφυὲς οὔτ' αἴθων ἀλώπηξ οὔτ' ἐρίβρομοι λέοντες διαλλάξαντο ἦθος', so ist damit nicht darauf gezielt, daß

Bemühen verständlich wäre; hier ist die Beziehung (γὰρ 41) zum vorausgehenden Gebet an Apollon klar, wo er um Erfolg und ein männergutes Land angerufen wird; dieser Zweiteilung entspricht die folgende von μαχαναὶ ἀρεταῖς und . . σοφοὶ . . . ἔφυν; zu beidem gehört ἐκ θεῶν.

kein Tier aus seiner Haut kann, daß es seine natürliche Besonderheit, die es von andern Tieren unterscheidet, kurz seine spezifische Beschaffenheit hat, sondern daß der Löwe Löwe bleibt, insofern er stark und mutig und gewaltig ist, daß er sich immer als ein mächtiges Tier bewähren wird, und daß ebenso der Fuchs Fuchs bleibt, nämlich überlegen klug[13]). Die Arete beider beruht auf einer Anlage; man kann deshalb für sie bürgen. Pindar begründet mit dieser Gnome sein Bürgen (16) für die Lokrer, die gastfreundlich, für das Schöne empfänglich, sehr klug und kämpferisch sind.

Pindar spricht auch nirgends davon, daß jemand eine schlechte Veranlagung habe, also garnicht gegen seine Natur kann und immer schlecht und gemein sein müsse. Sondern er spricht nur umgekehrt davon, daß zur echten Arete eine 'Anlage' gehört, daß sie durch Grundlagen, die sich dem Willen des Menschen entziehen, getragen sein muß.

Das 'Mitgeborne' bedeutet bei Pindar nicht eine besondere innere Veranlagung, die sich dann etwa gegen widrige äußere Lebensbedingungen durchsetzen müßte, die ein Individuum gegen die andern heraushebt, sondern gehört mit der gesamten Stellung des Menschen in der Welt zusammen, bedeutet die schicksalsmäßige Begründung des Handelns, die von Gott abhängt.

Theognis interessiert brennend das Problem, wie der Kern eines Menschen beschaffen ist, welcher unter seinem augenblicklichen Verhalten gegen den andern steckt; ob ein Mensch so echt und zuverlässig ist wie reines Gold, oder ob der Schein trügt und einer Prüfung nicht standhält (besonders 117 ff.). Bei Pindar spielt diese Fragestellung, welche nur auf das Verhältnis der Menschen untereinander geht, keine Rolle, weil bei ihm der Blick über das soziale Verhältnis der Menschen hinaus auf die Verwirklichung des Menschen im Handeln gerichtet ist.

Solon stellt (Fr. 4, 9 ff. D) der Vergänglichkeit des Reichtums die Dauer der Tüchtigkeit gegenüber: 'aber wir werden bei ihnen nicht eintauschen für die Tüchtigkeit den Reichtum, da das eine beständig fort und fort, Besitz aber hat bald der, bald jener der Menschen'. Pindar macht nicht an

---

[13]) Löwe und Fuchs stehen hier nebeneinander, nicht gegeneinander; so auch I. 4, 45 ff. Anders sind Fr. 237 Löwe und Füchse gegenübergestellt: 'hinter den frechen Füchsen liege ich ein blonder Löwe', ähnlich wie sonst Adler und Dohlen oder Krähen. Pindar pflegt gewachsene Kraft und die Unkraft des Angelernten oder Hämischen als Einzelnes und Menge gegenüber zu stellen. Bei der Gegenüberstellung Adler ≈ Dohlen, Krähen ist dies naturgegeben, da es Schwarmtiere sind; der Fuchs ist Einzelgänger. In der Aiasgeschichte ist bei Pindar die Menge der Hauptschuldige: N. 7, 24 'ein blindes Herz hat der meiste Haufe der Männer' u.s.f.; I. 4, 36; N 8, 21 ff: die heimliche Abstimmung das Zeichen der Feigheit des Haufens. O. 2, 93: die Einsichtigen — die Menge (τὸ πᾶν).

einer solchen Entscheidung zwischen Reichtum und Tüchtigkeit Dauer und Wesen der Areta klar, weil es ihm auf die schicksalmäßige Bedingtheit auch der Tüchtigkeit ankommt, darauf daß diese als dauernde Voraussetzung wie als Erfüllung nicht vom Menschen allein abhängt, sondern der göttlichen Begründung bedarf.

Wenn Pindar menschliche Art gern mit Vorstellungen und Ausdrücken, die vom Pflanzlichen stammen, darstellt, so deshalb, weil hier die Bedingtheit und Abhängigkeit des 'Gedeihens' anschaulich wird. Auch beim Menschen sind die Lebenskraft wie die Bedingungen des Aufwachsens entscheidend, und beides hängt nicht von ihm, seinem bewußten Wollen und Lernen ab, sondern vom Segen Gottes. Das 'Angeborne', 'Mitentstandene' meint in weiterem Sinne diese gesamte Bedingtheit. Zum adligen Menschen gehört außer dem Blut die gesamte adlige Lebensstellung, die sein 'Lebenselement' ist. Mit der Geburt tritt der Mensch in einen besonderen Lebenskreis ein und erhält so eine Bestimmung: N. 7, 5 f. 'Wir atmen nicht alle zu Gleichem auf. Es schließt ein, an das Geschick geschirrt, anderen anderes' und 54: 'Von Wuchs ($\varphi v \tilde{q}$ = Geburt, Entstehung) unterscheiden wir uns ein jeder, als Leben erlosend der eine dies, das andere'; so ist Sogenes bereits mit der Geburt zur Areta bestimmt (7 ff.). Zu diesem Lebenskreis gehört die Stadtgemeinde, welche oft den Wettkampf und seinen Preis, der wiederum zur Ausübung der Areta antreibt, besonders pflegt wie Aegina (9/10), vor allem die Sippe und ganze Verwandtschaft in Gegenwart und Vergangenheit, welche dieselben Ziele wie der Einzelne pflegt und das gleiche Blut trägt. Weil der Einzelne vom Schicksal in einen Zusammenhang gestellt ist, kündet jeder Sieg auch von diesen Bindungen, von Sippe und Gemeinde und letztlich von Gott. Erfolge und Wohlergehen eines Einzelnen kann als Teilhabe am Geschick einer ganzen Sippe gesehen werden. Oft findet der Dichter beim Einzelnen das alte angestammte Geschick wieder, den $\pi \acute{o} \tau \mu o \varsigma$ $\pi \alpha \tau \varrho \acute{\omega} \ddot{\iota} o \varsigma$ oder $\sigma v \gamma \gamma \varepsilon v \acute{\eta} \varsigma$ (O. 2, 39; I. 1, 40; N. 5, 40). Auch ein so vereinzeltes Geschehen wie ein Besuch der Dioskuren bei einem Vorfahren kann sich auf das ganze folgende Geschlecht auswirken, dem es damit 'eingeboren ist, gute Wettkämpfer zu sein', N. 10, 50 f.; dies 'eingeboren' meint hier also kein selbstgenugsames Inneres, sondern die Dauer der Areta, denn das Folgende zeigt, daß es darin besteht, daß die Dioskuren als Gottheiten der Wettkämpfe bei diesen sich dauernd des Geschlechts annehmen; 'und wahrlich, der Götter Art ist treu'.

Am prägnantesten ist bei Pindar die Einheit von 'Wesenhaftem' und schicksalhafter 'Gottbedingtheit' gegeben in dem Ausdruck 'φυᾷ'. φυή bedeutet im Epos und auch sonst überall, soviel ich sehe, den körperlichen Wuchs, meist lobend; so auch bei Pindar I. 6, 47; I. 7, 22; O. 1, 67. Bei Pindar finden wir φυά von dem gesamten Sein des Menschen gebraucht, als der dem verbalen φύειν oder dem adjektivischen ἐμφυής, σύμφυτος oder συγγενής entsprechende substantivische Ausdruck. Es ist möglich, daß diese Übertragung erst von Pindar vorgenommen ist. Es ist nun darauf zu achten, daß bei Pindar nur der Dativ φυᾷ vorkommt. Mit φυᾷ ist nur ein 'Wie', nicht etwas Gestalthaftes bezeichnet. Eine 'Natur' des Menschen, so wie wir im Attischen φύσις antreffen, kennt Pindar nicht [24]). Daß die φύσις eines Menschen ihren eignen bestimmten Willen hat, der durch ein artfremdes Verhalten schließlich durchbricht, wie es z. B. Thukydides III, 64, 4 darstellt: 'Von dem, worin ihr euch tüchtig zeigt, wie ihr behauptet, habt ihr jetzt bewiesen, daß es euch nicht eignet, was aber eure Natur (φύσις) schon immer wollte, das ist in aller Deutlichkeit an den Tag gebracht.' Ein Glaube an das 'Ganz Natürliche' läßt sich mit dem pindarisch-aristokratischen an die göttliche Allmacht, die alles, vor allem alles Große und Echte bedingt, nicht vereinen.

Ist in N. 7, 54: φυᾷ δ' ἕκαστος διαφέρομεν βιοτὰν λαχόντες ὁ μὲν τά, τὰ δ' ἄλλοι allgemein die Bedingtheit in Geburt, Stellung, Wesen gegeben, das 'Wie' seinem Inhalt nach unbestimmt, so ist sonst immer mit φυᾷ das Werthafte, was echte Areta begründet, gefaßt, also 'Rasse' im besonderen Sinne (gleich 'gute Rasse'), worunter allerdings nicht nur natürliche Beschaffenheit, sondern die ganze Wesens-Bedingtheit und -Kraft zu verstehen ist. Die Folie zu dem φυᾷ ist das nur Angemaßte und Angelernte, auch wenn diese Gegenüberstellung nicht direkt ausgesprochen ist wie P. 8, 44 und N. 1, 25. P. 8, 44 φυᾷ τὸ γενναῖον ἐπιπρέπει ἐκ πατέρων παισὶ λῆμα 'Wo er »von Wuchs« ist, da zeigt sich der edle Mut von den Vätern her entsprechend bei den Kindern'. N. 1, 25 ff.: τέχναι δ' ἑτέρων ἕτεραι· χρὴ δ' ἐν εὐθείαις ὁδοῖς στείχοντα μάρνασθαι φυᾷ· πράσσει γὰρ ἔργῳ μὲν σθένος, βουλαῖσι δὲ φρήν, ἐσσόμενον προϊδεῖν, συγγενὲς οἷς ἕπεται. 'Fertigkeiten haben andere andere. Not aber ist, auf geraden Wegen schreitend zu kämpfen vom Wesen aus. Schafft doch in der Arbeit Kraft, im Rat Klugheit, so daß man das Künftige voraussieht, wenn einen das Angestammte geleitet'. Hier entspricht φυᾷ dem συγγενές der beiden Haupttüchtigkeiten; es ist also werthaft, die Grundlage der Areta. μάρνασθαι φυᾷ bedeutet, sich mühen unter Einsatz dessen, was einem angehört und zur Verfügung steht, von Gott, dem gott-

---

[14]) Wilamowitz: Euripides Herakles 2. Bearb. 1909 Bd. 2, 398 spricht davon, daß man γέννα bei Parmenides und Empedokles meist durch das spätere φύσις, besser noch durch das dorische φυά ersetzen kann. Ich sehe nicht, wo dieser Begriff 'die φυά' vorliegt.

gegründeten Schicksal gegeben. Das ist die gottgewollte Stellung in der 'Umgebung' mit ihren Chancen zum Handeln, vor allem aber die innere Chance und Kraft, die im 'Wesen' gegeben ist. Die Mahnung zur Erfüllung dieser Gegebenheit ist mit dem γένοιο οἷος ἐσσὶ μαθών P. 2, 72 ausgesprochen, zur Erfüllung des umgebenden Schicksals in einer Gnome wie P. 3, 62 τὰν δ' ἔμπρακτον ἄντλει μαχανάν 'die durchführbare Möglichkeit schöpfe aus'.

Dem steht die andere Möglichkeit gegenüber, daß der Mensch nicht seine Möglichkeiten, die ihm das Schicksal, Gott gibt, erkennt, sondern sich fürwitzig etwas aneignen will, was ihm nicht gegeben ist. O. 9, 100 und O. 2, 94 ist diese Gegenüberstellung ausgeführt. Der Dichter bedarf wie jeder Sophos zu seiner Kunst noch einer Wesenhaftigkeit, die in göttlicher Gnade und göttlicher Wirklichkeit begründet ist, aber durch bloßes Lernen nicht anzueignen ist. O. 2, 94 ff.: 'Weise, der vieles weiß vom Wesen aus (φυᾷ), die aber nur lernen, wie gierige Krähen beschreien sie alles und Nichtiges lassen sie gegen Zeus göttlichen Vogel ertönen'. Der echte 'Kundige' wird hier dem unechten gegenübergestellt in dem φυᾷ. Der unechte hat nur τέχνη, Routine, während der echte einen schicksalhaften Auftrag hat; daß dieser dazu auch 'gelernt' sein muß, ist für Pindar selbstverständlich. Auch der große Tatmensch kann sein Wesen nur verwirklichen, wenn er lernt: γένοιο οἷος ἐσσὶ μαθών. Aber das Gelernte allein tut es nicht. Es muß 'Wesen' da sein, auf Grund dessen er das Wesentliche erkennen und nennen kann. Und dieses Wesen ist eben Schicksal, ist göttlich, d. h. in Gott begründet. P. 1, 41 f.: ἐκ θεῶν γὰρ μαχαναὶ πᾶσαι βροτέαις ἀρεταῖς καὶ σοφοὶ καὶ χερσὶ βιαταὶ περίγλωσσοί τ' ἔφυν. 'Von den Göttern nämlich sind alle Möglichkeiten für irdische Tüchtigkeiten und von ihnen erwachsen die Kundigen, die Handmächtigen und Sprachgewaltigen'. O. 9, 26 ff.: εἰ σύν τινι μοιριδίῳ παλάμᾳ ἐξαίρετον Χαρίτων νέμομαι κᾶπον· κεῖναι γὰρ ὤπασαν τὰ τέρπν'· ἀγαθοὶ δὲ καὶ σοφοὶ κατὰ δαίμον' ἄνδρες ἐγένοντο. 'Wenn ich durch einen Schicksalsgriff den auserwählten Garten der Chariten bestelle. Kommt doch von ihnen das Freudebringende. Tüchtige und kundige Männer werden nach dem Daimon'; dies zeigt die 'daimonische' Kraft des Herakles, der gegen drei Götter auf Grund seines Zeuserbes den Kampf besteht.

Wenn jemand ohne diesen Schicksalsauftrag, nur mit dem Angelernten ein σοφός oder ἀγαθός sein will, so maßt er sich etwas an, was ihm nicht zukommt. Die große Wirklichkeit, das wahre Wesen bleibt ihm verschlossen, weil er nicht die Substanz hat, um es aufzunehmen. Er vermißt sich 'ohne Gott' die echte Wirklichkeit, und das ist eben die göttliche, zu erfassen. Diese göttliche Begründung des 'von Wuchs' tritt deutlich, wie wir schon sahen, auch in O. 9, 100 ff. heraus: τὸ δὲ φυᾷ κράτιστον ἅπαν· πολλοὶ *δὲ διδακταῖς ἀνθρώπων κλέος ὤρουσαν ἀρέσθαι· ἄνευ δὲ θεοῦ, σεσιγαμένον οὐ σκαιότερον χρῆμ' ἕκαστον.* 'Was von Wuchs ist, ist immer das Stärkste. Manche Menschen rennen, nur mit erlernten Tüchtigkeiten Ruhm zu erwerben. Doch wo immer Gott fehlt, schadet Verschweigen der Sache nichts'. Daß das eigentlich Kraftvolle beim Menschen, seine Substanz und sein schicksalhaftes Wesen, als göttlich begründet, und daß umgekehrt das Gottgegebene in dem 'von Wuchs' gesehen wird, darin liegt der Kernpunkt der pindarisch-aristokratischen Auffassung vom Menschen.

In der Gegenüberstellung von göttlicher Begründung der Tüchtigkeit und bloßem menschlichen Begehren führt Pindar einen im Epos wichtigen Gedanken fort. Dort wird bei einem Menschen die Tüchtigkeit, die er von Gott hat, von der, die er nicht von Gott bekommt und sich auch nicht nehmen kann, geschieden. So wird *N* 727 ff. [15]) den kriegerischen Taten, die Hektor von Gott bekommt, die Klugheit im Rat gegenübergestellt, die er sich verblendet anmaßen will, weil er im Kampfe hervorragt, die ihm aber von Gott nicht gegeben ist; und selbst nehmen kann der Mensch sich nichts. Überragende Tüchtigkeit eines Helden, die sonst nicht weiter abgeleitet, sondern einfach dargestellt zu werden pflegt, wird hier als dauernd von Gott begründet angesprochen, aber als dauernde Leihgabe der Gottheit (s. oben S. 61 f.), nicht als wesenhaft und angewachsen. An der Begrenzung des Einzelnen und an der Verteilung der Bereiche des Könnens auf Verschiedene wird hier im Epos die Bedingtheit der Areta durch Gottes Gnade erfaßt.

Pindar intensiviert auch hier diesen Tatbestand der Verteilung, den das Epos — genauer die Ilias, denn für die Odyssee ist er nicht mehr zentral —

---

[15]) *N* 727 ff. Polydamas zu Hektor: 'Weil dir Gott überragend Kriegstaten gab, deswegen willst Du auch im Rat über die andern hinaus wissend sein. Aber keineswegs wirst du vermögen, alles zugleich eigenmächtig zu nehmen; einem nämlich gab Gott Kriegstaten, anderem aber setzt in die Brust Verstand der weitblickende Zeus, edlen' u.s.f. Andere Stellen, die eine solche Aufteilung bringen, sind *Δ* 320: Jugendkraft — Altersweisheit, *ϑ* 167: Gestalt — Rede (vergl. hierzu jedoch oben S. 56). *I* 37: Königstum — Kampfkraft.

Daß man zu den Gaben der Götter nichts tun kann, sie weder abweisen noch selbst nehmen, damit ist *Γ* 64 ff. die erotische Art des Paris entschuldigt.

Überall ist hier die F u n k t i o n das Göttliche, auch beim Königtum *I* 37: 'Gott gab dir durch das Szepter, über alle geehrt zu werden'. Pindar stellt auch beim Königtum das Angestammte heraus, P. 5, 17: Das angestammte Auge (= Blick), das Ehrfurcht heischt. Im Epos interessiert es nicht, daß einer ein 'geborener König' ist, vielmehr gilt das Interesse ganz der Funktion und so wird *B* 100 ff. das Königtum Agamemnons als zeusbegründet gegeben, indem das Szepter, der Träger der Königsfunktion, auf Zeus zurückgeführt wird.

von fernem Blickpunkt aus mit gleichsam unbeteiligter Gerechtigkeit sieht; er hat seine Stellung mitten in der begrenzten Menschenwelt. So stellt er nicht mehr das Nebeneinander, sondern das Gegeneinander dar, sieht nicht die Bereiche in ihrer Ausbreitung, sondern in ihrer verschiedenen Tiefe. Der wesenhaften, göttlich begründeten Areta tritt allgemein das bloße Begehren ohne Gott gegenüber. Diese beiden Seinsarten des kraftvollen Wesens von Gott und des scheinhaften Begehrens ohne Gott werden durch zwei Personen repräsentiert.

Sind im Epos entsprechend der Schätzung des augenblickgebundenen Wirkens die Götter vor allem höhere Individuen, die dem Menschen wirkend begegnen, ihn hemmen oder steigern, beraten oder täuschen, belehren und begaben, so ist bei Pindar auf 'das Göttliche' gesehen, welches sozusagen Atmosphäre, Substanz und Autorität der Welt überhaupt und der Menschen ist. Die Götter sind die Garanten des Seins und seiner Ordnung (vergl. N. 1, 72). So ist für den Menschen Teilhabe am wahren Sein, wesentlich, das ist 'Charakter' sein identisch mit von Gott gestützt sein.

In der Herkunft und Bedingtheit von den Göttern haben die großen und echten Menschen eine Art Verwandtschaft. 'Von den Göttern erwachsen (stammen) Kundige, Handgewaltige und Zungenmächtige' P. 1, 42. Auf dieser Verwandtschaft ruht auch das Verhältnis von echtem Täter und Sänger; sie bewirkt es, daß der Sänger, der 'Kundige' 'ebenbürtig' die Taten erkennen und nennen, daß er für sie 'bürgen' kann (s. z. B. den Schluß von O. 9), so wie, daß solche Lieder neue Taten hervorrufen. Denn 'Wahrheit ist der Ursprung großer Areta' Fr. 205. Unter anderem Aspekt ist die Verwandtschaft von Göttern und Menschen ausgesprochen im Proömium von N. 6: beide haben eine Mutter, die Erde.

Wir sehen, daß Pindar unter 'Charakter' menschliches Wesen und Kraft, die großes Tun und Vollenden ermöglichen, versteht. Nehmen wir die Begründung im Göttlichen dazu, so können wir sagen, 'Charakter' ist bei Pindar als die Teilhabe am schicksalhaft Göttlichen gegeben.

Wenn man Heraklits Wort: $\mathring{\eta}\vartheta o\varsigma\ \mathring{\alpha}\nu\vartheta\varrho\acute{\omega}\pi\omega\ \delta\alpha\acute{\iota}\mu\omega\nu$ als eine aristokratische Auffassung vom Menschen bezeichnet hat, so stimmt das wenig zu dem pindarisch-aristokratischen Glauben, den man in Umkehrung dieses Satzes $\delta\alpha\acute{\iota}\mu\omega\nu\ \mathring{\alpha}\nu\vartheta\varrho\acute{\omega}\pi\omega\ \mathring{\eta}\vartheta o\varsigma$ formulieren könnte, und der, wie wir beim Epos (vergl. S. 77) darstellten, auch dort, wenigstens in der Ilias, weitgehend Geltung hat, ohne allerdings bewußt und grundsätzlich ausgesprochen zu sein. Der Vergleich mit Heraklits unfrommem Gedanken von dem unausweichlichen Zwang der Anlage, durch welche die große $\varphi\acute{v}\sigma\iota\varsigma$ spricht, und welche der eigentliche göttliche Leiter des Menschen ist, läßt die dargestellte Eigenart der pindarisch-aristokratischen Frömmigkeit heraustreten.

Ausblick auf die attische Sprache

φῦναι und πεφυκέναι

Sahen wir bei Pindar, daß er zur Darstellung menschlichen Wesens die Vorstellung des Wachsens in verschiedenen Ausdrucksformen anwendet, so finden wir in der attischen Sprache vor allem in dem verbalen φῦναι und πεφυκέναι diesen Begriff des 'Wachsens', der in Verbindung mit Adjektiven menschliche Eigenschaften als ständig und wesentlich, also als Charaktereigenschaften gibt.

Die früheste Stelle ist Solon Fr. 23, 1 D: οὐκ ἔφυ Σόλων βαθύφρων οὐδὲ βουλήεις ἀνήρ· ἐσθλὰ γὰρ θεοῦ διδόντος αὐτὸς οὐκ ἐδέξατο. 'Solon ist von Natur kein heller Kopf und energischer Mann'. Hier sind durch das ἔφυ menschliche Eigenschaften als angewachsen und mit der Person verwurzelt gezeichnet.

Im Epos trafen wir φύω im geistigen Bereich des Menschen einzig an der neuartigen Stelle χ 348 'Ich bin Autodidakt. Gott ließ mir in den Sinnen mannigfaltige Gesänge wachsen'. Hier ist der wesenhafte Zusammenhang der Objekte mit dem Menschen gefaßt, die Verwurzelung der Gesänge im Innern des Dichters, der sich damit als etwas Besonderes, eine natürliche Begabung heraushebt (vergl. o. S. 63 u. 92)[1]).

Ähnlich ist in der Wendung πάρεστιν γὰρ ἐλπὶς ἑκάστῳ ἀνδρῶν, ἥ τε νέων στήθεσιν ἐμφύεται Semonides Fr. 29, 5 D die naturgegebene, notwendige Verbindung von jugendlichem Sinn und Erwartung ausgedrückt. 'Die Hoffnung wohnt naturgemäß und fest in der Brust des jungen Menschen'. Wie an der Odysseestelle ist hier nicht die Person selbst in ihrem Beschaffensein, sondern die natürliche feste Verbindung von etwas mit der Person gegeben. Entsprechend heißt es z. B. Sophokles Fr. 949 πάντ' ἐμπέφυκεν τῷ γήρᾳ κακά oder mit dem Zusatz ἀρχῆθεν Herodot 3, 80 (L. Sc. J.) φθόνος δὲ ἀρχῆθεν

---

[1]) Die feste Verbindung bezeichnet φύω im Epos in bildhaften Wendungen, wie bei der Formel, welche herzliche Begrüßung schildert: ἔν τ' ἄρα οἱ φῦ χειρί (Z 253 u. sonst) und ihren Abwandlungen, ferner in der Formel ὀδὰξ ἐν χείλεσιν φύντες (α 381 u. sonst). So auch περιφύειν vom Umarmen π 21, ω 320; vgl. προσφυής vom Fußschemel, der fest am Sessel sitzt τ 58.

ἐμφύεται ἀνθρώπῳ. 'Der Neid ist von Anfang an dem Menschen eingewachsen'.

In der Ausdrucksweise, wie wir sie bei Solon vorliegen haben, tritt die Person als solche in ihrer natürlichen und wesentlichen Beschaffenheit heraus. Dieses Naturgegebene im φῦναι oder πεφυκέναι beschränkt sich nicht auf eine Charaktereigenschaft im engeren Sinne, sondern kann jede menschliche Art und Fähigkeit bezeichnen. Euripides Hec. 743 heißt es z. B. οὔτοι πέφυκα μάντις oder Or. 702 οὐ γὰρ αἰχμητὴς πέφυκεν. Bei Aristoteles tritt das allgemein heraus in Ausdrücken wie εὖ πεφυκέναι πρὸς ἀρετήν, τάχος, ἡδονήν usw. = eine gute Anlage haben zu etwas (s. Bonitz, Index Aristot. s. v. φύω).

Daß bei Solon diese Ausdrucksweise nicht neu geformt ist, sondern als eine gängige aufgenommen ist, dafür spricht die weite Verbreitung dieses Ausdrucksmittels in der attischen Literatur. Ferner, daß in diesen Versen ethopoietisch die Meinung der Vielen wiedergegeben ist, die Solon auslachen, weil er die günstige Gelegenheit nicht weidlich ausgeschlachtet hat. Bei dem muß es oben nicht ganz richtig sein (4 θυμοῦ δ' ἁμαρτῇ καὶ φρενῶν ἀποσφαλείς) meinen sie. Wir können das Ethos des ersten Verses umschreiben mit 'Weit reicht der Mutterwitz des Solon nicht, und er hat keine Energie im Leibe', 'seine Anlage ist der Situation nicht gewachsen'.

Besonders deutlich zeigt die Leistung eines solchen Ausdruckes mit φῦναι eine Stelle wie Sophokles Elektra 322: θάρσει· πέφυκεν ἐσθλὸς ὥστ' ἀρκεῖν φίλοις. 'Sei zuversichtlich; sein Wesen (Charakter) ist edel, so daß er den Freunden hilft'. Das ἐσθλός wird als dauerndes Wesen angesprochen, mit dem man rechnen und auf das man sich verlassen kann.

Dieser Wille und diese Fähigkeit, in den Eigenschaften des einzelnen Menschen seine natürliche Beschaffenheit und sein Wesen zu sehen, scheint der attischen Sprache eigentümlich zu sein. Im Drama wie bei Plato treffen wir eine solche Ausdruckweise häufig.

Es wäre hier allerdings zu untersuchen, wie das Verhältnis zu der Auffassung von verschiedenen Menschentypen ist, die von Natur so und so bestimmt sind. Diese Betrachtungsweise, welche Menschengruppen nach übergeordneten Bedingungen zusammenfaßt, hat sich auf jonischem Boden entwickelt. Hier wird von einer den Einzelnen bestimmenden allgemeinen Natur ausgegangen. In der attischen Ausdrucksweise mit φῦναι dagegen ist die Person für sich in den Gesichtskreis gerückt und auf ihre natürliche wesentliche Beschaffenheit hin angesprochen.

Register

1. Wörter und Sachen

Adjektiv im Epos als Eigenschaft 50 f. 52_{17}
ἀεί 51 ff.
Das Angelernte 81 f. 97 ff.
ἀνάγκη 23 f.
Anlage 53. 75. 82. 88 ff. 93 ff. 98_{15}
ἀρεταί 55
Begabung 61 ff.
Begrenzung des Menschen 74. 77. 83
Charakter episch = Verhalten 45 ff. 51. 65 ff. Vom andern gesehen 53. Charakter und Schicksal 77. 94 ff. 99. Charaktertypen bei Semonides 41 ff.
Dauer unbestimmt 45 ff. 53. 61_{37}. 77_{58}. Dauer und Wechsel 88 f.
διαμπερές 54_{21}
Dunkel-hell 84
ἕκαστος 44_{4}
ἔοικα, ἐΐσκω 67 f.
Erfahrung und Charakter 51 ff.
Erinnern 69_{49}
Erscheinung 56 f. 59. 67
Fabel 10. 41
Frauentyp im Epos 57 f.
Geborensein 74 f.
Gemeinheit 87
Geschlechtszusammenhang 74. 88 ff. 95. 99

Gott allgemein 8. als Ursprung 82. 95 ff. Vergleich mit Göttern 60 f. göttliche Gabe 61 ff. 98. als Lehrmeister 64 f. das Göttliche 99
Handeln als Maßstab 55. 87 f. 94
Hart (σιδήρεος, χάλκεος, ἀτειρής) 49_{14}. 51. 53
Individuum 76 ff.
Klugheit 86 f. 93 f.
Können 64
Körper und Körperteile 44_{5}
Kraft 82 ff. 89. 97 f.
Krumm-gerade 84 ff. 91_{10}
Lachen 27
Die Launische 18
μέλει 27. 71_{53}
νόος 44 ff.
οἷος 58 ff.
ὀργή 13 f. 19
Pandora 17
πάρος 54
Pflanzenhaftes Sein des Menschen 90 ff.
φιλεῖν 72 f.
φίλον εἶναι 71 ff.
φυᾷ 59. 92_{11}. 95 ff.
φύειν 63. 92 f. φῦναι 92 f. 100 f.
πολύς und πᾶς 10 f. 65_{43}. 69_{49}
ψυχή 47_{12}.

Das Schattenhafte 82. 83 f. 88
Seinsstufen 81. 82. 83. 87
Semonides Weiberjambos ~ Hesiod 40. ~ Phokylides Fr. 2. 40$_{45}$. Volkstümliches 37 ff.
Staunen 58. 60
συγγενής, ἐγγενής 93
Tadel und Charakteristik 42
ϑυμός 47 ff.

Tiervergleich 14 f. 20. 65 f. 85 f. 94$_{13}$
τοῖος 58 ff.
Traumwelt 83. 87 f.
Tüchtigkeit 54 ff. 59 f. 61 f. 78. 81. 89. 91. 95 ff.
Übertreffen 55 f. 62.
Verworren-gewiß 84 ff.
Wesen 81. 87 f. 88 ff. 93 ff. 101
Wissen als Eigenschaft 69 ff.

2. Stellen

Archilochos
1 63
18 20$_{17}$. 22$_{20}$
48 10
60 56. 73
68 47$_{11}$
88 25
103 10

Aristophanes
Ach. *254 ff.* 22
906 f. 25$_{22}$
Eir. *1127 ff.* 32
1150 ff. 22
Neph. *1 ff.* 23
43 f. 24
Plut. *693* 22
Thesm. *149 ff.* 27
558 22

Ps. Aristoteles
Physiogn.
810 b$_2$ 26$_{24}$
II, 231, 21 27$_{26}$

Bakchylides
4, 16/30 86$_5$

Euripides
Hek. *743* 101
Or. *702* 101

Heraklit
119 99

Herodot
3, 80 100 f.

Hesiod
Erga *11 ff.* 36
94 ff. 37$_{40}$
227 ff. 28$_{27}$
236 f. 29
304 13
373 26
702 f. 34
Theog. *235 f.* 69$_{49}$
521 34$_{35}$
596 ff. 28

Homer
Ilias
A 3 45$_5$
5 65$_{43}$
177 52
225 15
280 83

B 100 ff. 98$_{15}$
211 ff. 57
269 54$_{20}$
478 f. 61$_{35}$

Γ 59 ff. 46. 52. 54
65 f. 63$_{41}$. 98$_{15}$
161 ff. 57$_{20}$
170 67$_{47}$
208 ff. 57
219 67$_{47}$

Δ 59 f. 74
309 46
399 58
400 74

E 51 64
60 f. 65
696 48$_{12}$
806 50. 60$_{33}$
876 72$_{53}$
891 52

Z 145 ff. 74
444 f. 53
506 ff. 23
137 98$_{15}$
629 ff. 48
713 63

Λ 519 f. 72$_{54}$
548 ff. 66
558 ff. 20
783 ff. 53

M 131 ff.	66	257	59	292	65_{43}
		384 ff.	63. 64	293 ff.	72
N 75	44_5			330	52
275 ff.	68	β 16	69_{49}	331 f.	73
727 f.	62. 98	116 ff.	58_{30}		
730 ff.	45_7. 61_{37}. 63_{41}	230 ff.	51. 71_{52}	ξ 222 ff.	73. 78
777	75	315	48	421	46
				441	58_{31}
Π 33 ff.	75	γ 266	46	458	53
72 f.	70			490	44_3
356 f.	69_{49}	δ 64	76	491	59
		141 ff.	75		
P 20 ff.	66	250	59	π 294	72
204	51	611	76	398	46
279 f.	56	689 ff.	73		
670 f.	51				
		ε 23	46	ϱ 453	56
Σ 105 f.	59 f.	188 ff.	46 f.		
				σ 136 f.	47
T 300	51	ζ 25	75	228	70
		187	68_{48}	331 ff.	47
Υ 242 ff.	88	232 ff.	64		
467	51	320	45_7	τ 329 ff.	71
				334	12.
Χ 263	50. 54_{21}	η 157	69_{49}		
279 ff.	50	312	59	υ 14 ff.	19
356 ff.	49			46	69_{49}
		ϑ 36	54	227 f.	67 f.
Ψ 252	51	158 ff.	68. 78. 79	365 f.	45_6
306	64	166 ff.	56 f. 62		
627	44_5	177	45_7	φ 172 f.	75
		244 ff.	62		
Ω 40	47	481	64	χ 347 f.	63. 64. 78.
41 ff.	67. 70	573 ff.	47		92. 100
376	58				
545	53	ϰ 495	83_1	ψ 160	64
629	58				
762 ff.	51. 52	λ 207	83_1		
		222	48_{12}. 83_1	Phokylides	
		337	44	2	28. 40_{45}
Odyssee		363 ff.	67		
				Pindar	
α 3	47	μ 116	72_{53}		
173	19			O. 2, 39	95
206 ff.	75	ν 223	68	91 ff.	86. 94_{13}
222 f.	75	255	52		

O. 2,94 ff.	11. 97	51	91_{10}
7,30 f.	85	54	95. 96
9,26 ff.	97	8,4 f.	85
100 ff.	82. 92_{11}. 97 f.	21 ff.	94_{13}
		32 ff.	86
10,20	93	10,50 f.	93. 95
11,8 ff.	90	11,12	93
19 f.	48. 86. 93 f.	38 ff.	89
13,13	93	Fr. 108 a	84. 91_{10}
		Fr.237	94_{13}
P. 1,41 f.	92. 97. 99		
2, 21/48	85	Semonides	
72	59. 97	1	38
77	87	6	34
3,27	84	7	6—42
43	84	16	23
4,256	92	29	34. 38. 100
263 ff.	91		
5, 17	93. 98_{15}		
8, 25	91_{10}		
44	96		
60	93	Solon	
95 ff.	83. 84	4, 9 ff.	94
9,67	84	8,5 f.	44_4
10, 10	91_{10}	23, 1 ff.	43. 100
12	93		
		Sophokles	
I. 1,40	95	El.322	101
3,2 ff.	85	Fr.949	100
13	93		
4,1	86_5		
31	84	Theognis	
36	94_{13}	117 ff.	94
45 ff.	86. 94_{13}	213 ff.	14
N. 1,25 ff.	84. 93. 96	Thukydides	
3,40 ff.	81 f. 84. 85. 87. 93	III, 64, 4	96
80 ff.	85	Xenophon Oikon.	
5,21	86_5		
40	93. 95	7 ff.	27. 33_{34}
6,1 ff.	83. 99		
8 ff.	89. 93		
7,5 ff.	95		
24	94_{13}		

MORALS AND LAW IN ANCIENT GREECE

An Arno Press Collection

Apffel, Helmut. **Die Verfassungsdebatte Bei Herodot (3,80-82)**, Wuest, Karl, **Politisches Denken Bei Herodot** and Bruns, Ivo, **Frauenemancipation in Athen.** Three vols. in one. 1957/1935/1900

Bevan, Edwyn. **Stoics and Sceptics.** 1913

Bolkestein, Hendrik. **Wohltaetigkeit und Armenpflege im Vorchristlichen Altertum.** 1939

Bolkestein, Johanna Christina. **Hosios En Eusebēs,** and Bolkestein, Hendrik, **Theophrastos' Charakter der Deisidaimonia als Religionsgeschichtliche Urkunde.** Two vols. in one. 1936/1929

Bonner, Robert J. **Evidence in Athenian Courts,** and Harrell, Hansen Carmine, **Public Arbitration in Athenian Law.** Two vols. in one. 1905/1936

Caillemer, Exupère. **Études Sur Les Antiquités Juridiques D'Athènes.** Ten parts in one. 1865-1872

Clerc, Michel. **Les Métèques Athéniens.** 1893

Fustel De Coulanges, [Numa Denis]. **Recherches Sur Le Droit De Propriété Chez Les Grecs** and **Recherches Sur Le Tirage Au Sort Appliqué À La Nomination Des Archontes Athéniens.** 1891

Croissant, Jeanne. **Aristote et Les Mystères.** 1932

Davidson, William L. **The Stoic Creed.** 1907

Demosthenes. **Demosthenes Against Midias.** With Critical and Explanatory Notes and an Appendix by William Watson Goodwin. 1906

Demosthenes. **Demosthenes on the Crown.** With Critical and Explanatory Notes; An Historical Sketch and Essays by William Watson Goodwin. 1901

Demosthenes. **Demosthenes Against Androtion and Against Timocrates.** With Introductions and English Notes by William Wayte. Second Edition. 1893

Demoulin, Hubert. **Épiménide De Crète.** 1901

Diogenes, Laertius. **La Vie De Pythagore De Diogène Laërce.** Édition Critique Avec Introduction et Commentaire par A[rmand] Delatte. 1922

Dyroff, Adolf. **Die Ethik Der Alten Stoa.** 1897

Egermann, Franz. **Vom Attischen Menschenbild** and **Arete und Tragisches Bewusstheit Bei Sophokles und Herodot.** Two vols. in one. [1952]/1957

Erdmann, Walter. **Die Ehe im Alten Griechenland.** 1934

Ferguson, John. **Moral Values in the Ancient World.** 1958

Forman, Ludovico Leaming. **Index Andocideus, Lycurgeus, Dinarcheus** and Preuss, Siegmund, **Index Aeschineus.** Two vols. in one. 1897/1896

Gernet, Louis. **Droit et Société Dans La Grèce Ancienne.** 1955

Gigante, Marcello. **Nomos Basileus.** 1956

Glotz, Gustave. **L'Ordalie Dans La Grèce Primitive.** 1904

Guiraud, Paul. **La Propriété Foncière En Grèce Jusqu'à La Conquête Romaine.** 1893

Haussoullier, B[ernard]. **La Vie Municipale En Attique.** 1883

Hemelrijk, Jacob. **Penia en Ploutos.** 1925

Hirzel, Rudolf. **Agraphos Nomos,** and Marg, Walter, **Der Charakter in Der Sprache Der Fruehgriechischen Dichtung.** Two vols. in one. 1900/1938

Hirzel, Rudolf. **Der Eid:** Ein Beitrag Zu Seiner Geschichte. 1902

Hitzig, Hermann Ferdinand. **Das Griechische Pfandrecht.** 1895

Hruza, Ernst. **Die Ehebegruendung Nach Attischem Rechte** *and* **Polygamie und Pellikat Nach Griechischem Rechte.** Two vols. in one. 1892/1894

Jost, Karl. **Das Beispiel Und Vorbild Der Vorfahren.** 1935

Kohler, Josef and Erich Ziebarth. **Das Stadtrecht Von Gortyn Und Seine Beziehungen Zum Gemeingriechischen Rechte.** 1912

Koestler, Rudolf. **Homerisches Recht** and Vos, Harm, **Themis.** Two vols. in one. 1950/1956

Kunsemueller, Otto. **Die Herkunft Der Platonischen Kardinaltugenden** and Wankel, Hermann, **Kalos Kai Agathos.** Two vols. in one. 1935/1961

Leisi, Ernst. **Der Zeuge Im Attischen Recht** and Schlesinger, Eilhard, **Die Griechische Asylie.** Two vols. in one. 1908/1933

Lotze, Detlef. **Metaxy Eleutherōn Kai Doulōn** and Hampl, Franz, **Die Lakedaemonischen Perioeken.** Two vols. in one. 1959/1937

Lofberg, John Oscar. **Sycophancy in Athens** and Barkan, Irving, **Capital Punishment in Ancient Athens** (Doctoral Dissertation, The University of Chicago, 1935). Two vols. in one. 1917/1935

Martin, Victor. **La Vie Internationale Dans La Grèce Des Cités.** 1940

Maschke, Richard. **Die Willenslehre Im Griechischen Recht.** 1926

Meier, Moritz Hermann Eduard and Georg Friedrich Schoemann. **Der Attische Process.** 1824

Menzel, Adolf. **Hellenika:** Gesammelte Kleine Schriften. 1938

Minar, Edwin L., Jr. **Early Pythagorean Politics in Practice and Theory.** 1942

Oliver, James H., **Demokratia, The Gods, and The Free World.** 1960

Phillipson, Coleman. **The International Law and Custom of Ancient Greece and Rome.** Volume I. 1911

Pickard-Cambridge, A[rthur] W[allace]. **Demosthenes and the Last Days of Greek Freedom, 384-322 B.C.** 1914

Pringsheim, Fritz. **Der Kauf Mit Fremdem Geld.** 1916

Robinson, David M. and Edward J. Fluck. **A Study of the Greek Love-Names.** 1937

Romilly, Jacqueline De. **Thucydides and Athenian Imperialism.** Translated by Philip Thody. 1963

Schaefer, Arnold. **Demosthenes Und Seine Zeit.** Three vols. 1856/1856/1858

Schodorf, Konrad. **Beitraege Zur Genaueren Kenntnis Der Attischen Gerichtssprache Aus Den Zehn Rednern** and Demisch, Edwin, **Die Schuldenerbfolge Im Attischen Recht.** Two vols. in one. 1904/1910

Schulthess, Otto. **Vormundschaft Nach Attischem Recht.** 1886

[Shellens], Max Salomon. **Der Begriff Der Gerechtigkeit Bei Aristoteles.** 1937

Szanto, Emil. **Das Griechische Buergerrecht.** 1892

Toutain, Jules. **The Economic Life of the Ancient World.** Translated by M. R. Dobie. 1930

Voegelin, Walter. **Die Diabole Bei Lysias.** 1943

Vollgraff, [Carl] W[ilhelm]. **L'Oraison Funèbre De Gorgias.** 1952